青岛市海洋与渔业局项目

"胶州湾历史文化资源调查研究"最终成果

项目指导：毕玉广　李继强

胶州湾历史文化资源

主　编　曲金良

副主编　郭泮溪　张树枫　周兆利　邱玉胜

　　　　朱　雄　徐文玉

编　委　戴靖怡　郝志刚　周劲聪　王可佳

　　　　刘　惠　苗旭慧　高冬冬　薛程程

　　　　翁贤良　樊晶晶　宫　磊　崔海洋

　　　　杜光辉　高孟钰　张梦杰

中国海洋大学

"胶州湾历史文化资源调查研究"课题组

中国海洋大学出版社

·青岛·

图书在版编目(CIP)数据

胶州湾历史文化资源 / 曲金良主编.—青岛：中国
海洋大学出版社,2019.12
ISBN 978-7-5670-1818-1

Ⅰ.①胶… Ⅱ.①曲… Ⅲ.①文化史－研究－青岛
Ⅳ.①K295.23

中国版本图书馆 CIP 数据核字(2019)第 297730 号

出版发行	中国海洋大学出版社			
社　　址	青岛市香港东路 23 号		**邮政编码**	266071
出 版 人	杨立敏			
网　　址	http://pub.ouc.edu.cn			
电子信箱	cbsebs@ouc.edu.cn			
订购电话	0532－82032573(传真)			
责任编辑	孙宇菲		**电　　话**	0532－85902469
印　　制	青岛国彩印刷股份有限公司			
版　　次	2019 年 12 月第 1 版			
印　　次	2019 年 12 月第 1 次印刷			
成品尺寸	170 mm×230 mm			
印　　张	24.25			
字　　数	400 千			
印　　数	1~2000			
定　　价	106.00 元			

发现印装质量问题,请致电 0532－58700168,由印刷厂负责调换。

目 录

第一章 总 论

一、胶州湾历史文化资源研究与保护的价值

历史文化资源是区域历史文化的直接体现,是当代人了解历史上生活在此的先民们生产生活面貌的重要载体,是民族的根,是根植于民族骨子里的文化基因。对历史文化资源的有效保护与可持续利用,是传承民族优秀文化、延续民族文化血脉、增强民族凝聚力和向心力、保持中华民族文化特色的重要战略任务。

胶州湾历史文化遗产资源丰富多样,既有与航海和贸易相关的航海港口历史文化遗产,又有渔业、盐业及城市文化等历史文化遗产;既有物质的海洋文化遗产,又有非物质的正在民俗社会生活中传承的海洋民俗文化遗产;既有海滨海岸等陆上文化遗产,又有沉没于水下的历史文化遗产。这些文化遗产近代以来几乎一直处于高速城市化的"大青岛"的"城区"范围之内,现代城市、现代经济的快速发展,对丰富多样但看上去"过时"的胶州湾历史文化资源的保护和利用带来了前所未有的挑战。因此,在对胶州湾的自然环境与资源进行大力保护的同时,高度重视和大力保护胶州湾历史文化资源,就成了摆在青岛市政府和市民面前的刻不容缓的任务。

那么,胶州湾历史文化资源主要包括哪些内容? 其"家底"如何? 其历史文化内涵、价值、现存状况如何? 无疑,要对其加强保护,就必须先搞清楚保护对象的"家底"、价值和现状;而毋庸讳言,截至目前,尽管个别、部分的研究、梳理和介绍不时见诸报端,但全面、系统的研究、梳理和介绍还是一项空白。

胶州湾是青岛的"母亲湾"。没有胶州湾,也就没有历史上的环胶州湾的人文社会发展和今天的青岛市。随着青岛城市规模的发展越来越大,胶州湾逐渐被城区所包围,变成了青岛城市的"内湖"。多年来为保护胶州湾,青岛市一直不遗余力。尤其是自《青岛市胶州湾保护条例》2014 年 9 月正式实施以来,胶州

湾保护体制机制初步建立，胶州湾保护利用总体规划、海域和海岸带保护利用规划、湿地保护规划、环湾概念性城市设计、沿岸陆域控制性详细规划等已经编制施行，环湾流域污染综合整治行动方案和渔业养殖设施清理方案也已经制定实施。此外，青岛市还组织实施了白沙河下游、红岛岸线、小港湾岸线综合整治；规划建设环湾绿道全长约 197.4 千米，已建成 58 千米，修筑防潮堤 9.82 千米；实施退池还海，清理湾内海域面积 20 余平方千米，清理湾内的养殖池塘并收回虾池 2.67 平方千米，胶州湾岸线围合面积比 2010 年增加了约 25 平方千米；实施环湾河道综合整治，完成 20 多条污染较重河段的治理；改扩建李村河、海泊河、张村河等河流沿岸的污水处理厂和污水管网，建成运行污水处理厂 13座，建成污水排水管网 4813 千米；完成青钢集团、海晶化工、染料厂、啤酒麦芽厂等一批沿岸工业企业搬迁。为加大对胶州湾的保护力度，环湾区域的项目审批也更加严格，在胶州湾的保护区域内和入湾河流的两侧 500 米范围内禁止新建、扩建工业项目和畜禽养殖项目；同时，要求现有的皮革、农业、化工等项目搬迁。[①]

《青岛市胶州湾保护条例》要保护的主要是胶州湾海域与沿岸的自然环境与资源，这固然十分重要，而且势在必行。但胶州湾的海陆自然环境与资源是环胶州湾人文社会生存与发展必要的空间和条件，因此"自然的胶州湾"与"人文的胶州湾"是一体的。也就是说，胶州湾的海陆自然环境和资源是有"历史"、有"灵魂"的，亦即是有"文化"的。而这种有"历史""灵魂"亦即"文化"既附着、渗透、负载于"自然的胶州湾"之中，又有其非自然的"文化"的资源内涵与载体，如果被忽视、被破坏，"胶州湾"也就变成了没有"历史"、没有"灵魂"亦即没有"文化"的胶州湾。

因此，全面系统地梳理胶州湾历史文化遗产资源，对于认知和认同、保护和传承胶州湾区域特色文化，促进胶州湾暨青岛市区域特色文化的发展，提升胶州湾暨青岛市悠久、深厚的海洋历史文化的内涵价值及其在国内外的知名度和影响力，同时也是促进整体、全面、综合意义上的胶州湾保护，都具有重要的战略意义。

这就是本课题研究亦即本书编写的宗旨所在。

---

① 赫旭、周兆岗、陈静《青岛市会诊胶州湾保护》，《中国环境报》2016 年 12 月 12 日第 6 版。

二、胶州湾历史文化资源的内涵与特性

(一)"文化资源"与"历史文化资源"

历史文化资源是文化资源的主要类型。文化资源具有文化属性和资源属性。作为文化形态与内涵的文化资源,是在人类社会漫长历史发展过程中所积淀凝聚而成的,它通过文化的创造、积累和延续而形成,表现为一种满足人类精神文化需求的物质产品和精神产品。它的主体部分是历史文化资源,而以可以被人类所利用的价值性为表征。① 因此,基于价值论视角,可以说,文化资源就是人们从事文化生产、文化活动所需的可供利用的各种文化要素。②

作为文化资源重要组成部分的历史文化资源,是指人类历史文化遗存诸多实体当中具有独特功能、现代价值,能够科学合理地开发利用,甚至进行扬弃升华的部分。③ 历史文化资源一般可以分为有形遗产资源和无形遗产资源两部分,今多称之为物质文化遗产和非物质文化遗产。其中,有形遗产资源即物质文化遗产,包括历史遗迹、文物、历史建筑群在内的文化遗产资源和具有高超艺术欣赏价值和旅游价值的自然遗产资源;无形遗产资源即非物质文化遗产,主要是指历史文献典籍、历史传说典故、传统道德观念、传统技艺、传统民俗等。在很长一段时间里,人们对文化遗产的认识主要停留在物质文化遗产层面,这是很片面的。无论是物质文化遗产,还是非物质文化遗产,都具有重要的历史价值、文化价值、产业价值与品牌价值④,都必须给予足够的重视和传承保护。

"传统",就是一直传承播布、相沿成习的"正统"。现代中国如果没有对传统文化的传承,没有对传统文化的主体意识、自觉意识,我们就会被外来的所谓"现代文化"所同化。历史文化资源是中国传统文化的重要载体,保护和传承历史文化资源,就是保护和传承中国传统文化。在现代中国的"现代性"条件下,历史文化资源的重要性表现得日益突出。只有基于自己的传统的文化,才是

---

① 姚伟钧《从文化资源到文化产业——历史文化资源的保护与开发》,华中师范大学出版社 2012 年版,第 2~4 页。
② 胡郑丽《文化资源学》,光明日报出版社 2016 年版,第 33 页。
③ 向志学、向东《谈谈资源和历史文化资源》,《武汉大学学报》(人文科学版)2006 第 3 期,第 333 页。
④ 胡郑丽《文化资源学》,光明日报出版社 2016 年版,第 33 页。

属于自己的文化。只有传承发展自己的文化,才有可能形成自己的文化的优势。基于文化的优势,是最根本的,最难替代和模仿的,最持久和最核心的竞争优势。[①] 文化资源保护与可持续发展的状况关系到一个国家的文化软实力。我们要提高自己国家的民族自信、历史自信、文化自信,就必须加强对自己的历史文化资源载体的重视、保护与传承。这是中国文化发展繁荣的题中应有之意。

(二)历史文化资源的基本特性

1. 区域性

中国丰富多样的历史文化资源是在广阔的陆海空间和多民族大家庭的背景下产生和发展积淀形成的,这是就总体而言。而具体言之,则任何人文社会、历史人事都是在具体的地理区域发生并给予后世以影响,由此而逐渐形成一地不同于他地的历史人文景观和社会风貌。"齐鲁文化",不同于"三秦文化""三晋文化""巴蜀文化""八闽文化""吴越文化"等其他区域文化或曰地域文化,所谓"十里不同风,百里不同俗""一方水土养一方人"就是这个道理。区域地理环境的差异性对形成各具特色的地域文化产生了重要影响。即使都在"齐鲁文化圈"内,"胶州湾文化"也显示着与"泰山文化""孔府文化""沂蒙文化""黄河文化""渤海湾文化"等其他"亚区域"文化不同的风貌和特点。因此,重视历史文化资源的保护与可持续利用,应充分重视文化资源的区域性特点。

2. 海洋性

历史上胶州湾沿岸世世代代的人们在认识、利用海洋的过程中形成了丰富多样的历史文化,其性质是海洋历史文化;作为文化遗产资源,是海洋文化遗产资源。从人类海洋活动的类型来看,既有与航海和贸易相关的航海港口历史文化遗产,又有渔业、盐业历史文化遗产;从遗产的实物形态来看,既有物质的可移动与不可移动的海洋文化遗产,又有非物质的正在民俗社会生活中传承的海洋文化遗产;从空间布局来看,既有海滨海岸等陆上文化遗产,又有沉于水下的历史文化遗产。这些历史文化遗产因海洋而产生,表现出凸显的源海性。即使是胶州湾沿岸陆上的历史文化资源,也是沿着海岸线展开而呈现环形分布,所

---

① 王强《北京市历史文化资源若干典型案例研究》,经济科学出版社 2013 年版,第 34 页。

依存的环境和资源或直接源自海洋,或受海洋的影响较大。它们都是传承青岛历史文脉、丰富城市文化内涵的重要载体。①

3. 基因性

中国各地丰富多样的历史文化资源之所以能以不同的形态在历史的长河和地理的空间中被传承下来而表现出强大的生命力,是因为其所负载和呈现的是经历了历史淘汰选择而传承沉淀下来的优秀传统文化。它具有该地区最广泛认同的优秀价值功能,已经成为一个区域社会的文化基因。胶州湾历史文化资源也是同样的,对于环胶州湾社会即今天的"大青岛"来说,胶州湾的一波一浪、一山一岸、一草一木、一船一网都负载着胶州湾人深厚的"故土"亲情,这是一方水土一方人的融化于血液的"乡愁",是深入于骨髓的文化基因。

4. 无可替代性

正是因为有如上的区域性,"此物只应本地有",亦即有了唯一性。"世上没有相同的两片树叶",每一片树叶都有其不可替代的价值。唯一性也就是不可替代性。或问:文化是可以传播的,甲地文化传播到乙地,可不可以替代乙地文化,亦即移植为乙地文化?曰:不可。所谓"江南为橘,而江北为枳",说的就是这种"移植"包括"文化移植"的必然变异性,亦即不可、不能移植性。如前所举之例,人们不可能将"齐鲁文化"移植到"三秦""三晋""巴蜀""八闽""吴越"等地;即使都在"齐鲁文化区"或曰"齐鲁文化圈"或曰"齐鲁文化体"内,也不可能将"胶州湾文化"移植到泰山、曲阜、沂蒙、渤海湾等其他地区。文化传播的结果只能是影响(包括相互传播、影响),只可以吸收、借鉴而丰富自己的文化,而不能移植和替代。

5. 不可再生性

不可再生性主要表现在物质文化遗产资源方面。如历史文化遗址、文物等,都是以往特定历史和社会环境中活动的产物,具有时空规定性、环境制约性、唯一性和独特性,一旦时过境迁就不再重复,一经消失就不会再生。②

正是基于历史文化资源的如上特性,历史文化资源才显得如此珍贵,丢弃

---

① 尹锋超《2012 年度青岛胶州湾及附近海域水下考古调查工作的收获和意义》,《中国文物科学研究》2014 年第 3 期,第 95 页。

② 姚伟钧《从文化资源到文化产业——历史文化资源的保护与开发》,华中师范大学出版社 2012 年版,第 5 页。

不得、破坏不得,必须加以保护和传承。我们对胶州湾的历史文化资源,也必须如此。

(三)胶州湾历史文化资源的主要内容与价值

1. 胶州湾历史文化资源的地理与环境基础

胶州湾位于山东半岛南岸,是以团岛岬(36°02′36″N,120°16′49″E)和薛家岛脚子石(36°00′53″N,120°17′30″E)连线为其南端外口,以大沽河入海口为其北端湾底的"Ω"形海湾,面积为 370.6 平方千米[①]。内嵌入山东半岛腰部的南面内陆,外与黄海相通,是我国大陆除渤海湾之外的最大半封闭型内湾,也是我国18000 多千米大陆海岸线上内嵌大陆的最大海湾。又以团岛头和黄岛的黄山咀连线分为内湾和外湾,外湾主要包括黄岛前湾和海西湾。

胶州湾是一个典型的半封闭型基岩海湾,湾口宽度仅 3 千米,湾内宽阔开敞,其北部沿岸和西北部沿岸地区都是平原,东部沿岸是崂山山脉,西南和南部为小珠山山脉,有海泊河、李村河、白沙河、墨水河、洪江河、桃源河、大沽河、南胶莱河、洋河、曹汶河、岛耳河、龙泉河、辛安河等河流入海。[②] 其整体自然环境与资源条件有相对的独立性。[③]

胶州湾沿岸环绕的青岛市区,其行政划分东岸由南向北、西岸由北到南分别是市南区、市北区、李沧区、城阳区、胶州市、黄岛区(西海岸新区)。

胶州湾地理位置优越,是我国沿海重要中心城市青岛市、世界大港青岛港的"母亲湾"。随着改革开放的不断深入与海洋战略的大力推行,青岛及胶州湾在国家经济中的重要战略地位日益凸显。区内交通便利,于 2018 年建成的济青高速铁路是我国"四纵四横"高铁网太青客运通道的重要组成部分,西联济南枢纽,与京沪高速铁路和石济、石太等客运专线相连,形成了山东半岛东部到京津冀地区、东北地区、中原地区、长三角地区、朝鲜半岛和日本列岛地区的海陆空枢纽。目前,青岛市已被确定为国家中心城市、经济重心城市之一;青岛港已成为世界十大港口、国家五大港口之一。

---

① 胶州湾面积一直处于变化中,2015 年山东省海洋局公布的面积为 370.6 平方千米。详见 http://hyj.shandong.gov.cn/xwzx/mtjj/201506/t20150612_501826.html。
② 张志恒《胶州湾海岸带利用现状与评价》,中国海洋大学硕士论文,2009 年,第 6 页。
③ 史经昊《胶州湾演变对人类活动的响应》,中国海洋大学硕士论文,2010 年,第 10 页。

2. 胶州湾历史文化溯源

胶州湾优越的地理环境条件为区域人类社会的早期活动奠定了基础。[①] 根据考古发掘的成果和对相关资料的分析研究,在距今 5000 年前后的大汶口文化时期,繁衍生息在胶州湾"Ω"形地带的青岛滨海先民已经驾驶着独木舟等船筏到湾内和外海捕鱼,并与湾外地区和海外世界航海交流来往了。[②] 到了先秦时期,这里是齐国重要的"海洋经济区"之一,胶州湾外口沿岸考古发现的"齐国三量"表明当时这里已经是一重要港口"都会";秦代,这一带是秦始皇三度巡海驾幸之地;汉代,这一带是皇家封国之地,汉武帝刘彻少时在此封国为胶东王,立为太子后入朝,登基为汉武帝后更是多次巡海驾幸此地,在胶州湾畔的女姑山上建明堂;唐代,在胶州湾畔置板桥镇,同样显示出此地政治、经济和军事的重要性;宋哲宗元祐三年(1088 年),在板桥镇设置掌管航船和贸易、管理海外事务的密州市舶司,成为宋代长江以北唯一的国家对外开放港口,在当时与南方的泉州港同为宋代全国两个最大的港口;元代,开凿了连接胶州湾和莱州湾的胶莱运河,大大方便了国家南北大海运,漕船载米可从黄海直入胶州湾,贯通胶莱运河,入渤海直达天津(时称大沽口),转输京师;明清时期,环胶州湾各港口商埠建起的天妃、天后宫香火缭绕、庙会不断,彰显着胶州湾人文社会与文化的繁荣;直到晚清时期的 1865 年,胶州湾南端口外东侧的青岛口"百物鳞集,千艘云屯",天后宫庙会早已经常性人山人海,天后宫戏台上早已经常丝竹管弦不断,娱神娱人,热闹非凡。总之,数千年来,人们依托胶州湾优越的自然条件,以湾兴港,以港兴市,认知、开发、发展着胶州湾的"渔盐之利、舟楫之便",创造了可歌可泣的历史,留下了丰富多彩、无可替代、不应泯灭的历史文化资源——既有"渔盐之利、舟楫之便"内涵的渔业、盐业、航海与港口等传统社会生产生活类历史文化资源,也有依托海岸陆地产生的古、近代城市建筑等海陆工程类历史文化资源;既有文物、遗址等有形历史文化资源,也有传统民俗、技艺等无形历史文化资源;既有水上历史文化资源,也有陆上历史文化资源;等等。它们构成了胶州湾整体内涵的有机部分,甚至可以说是主要部分,因为它们是胶州湾历史的见证,是胶州湾文化的载体,是胶州湾的灵魂所系。

---

① 高振华、武桂秋《胶州湾开发方针的探讨》,《海岸工程》1986 年第 5 期,第 9 页。
② 郭泮溪《帆都记忆:青岛六千年海洋文明简史》,中国社会科学出版社 2009 年版,第 12 页。

3.胶州湾历史文化资源的价值

胶州湾历史文化资源,是中国作为世界海洋文化大国的重要组成部分。世世代代的"(环)胶州湾人",亦即今日话语里的"青岛人"与胶州湾"相依为命",他们捕鱼、制盐、造船、航海、贸易,同五湖四海的商人做生意,同万国来朝的海客交朋友。他们自己也航海闯世界,他们吃着海鲜,唱着渔歌,欣赏着海洋景观,感叹着海市蜃楼,探索着海洋的秘密,开发利用着海洋资源,构建着他们自己的海洋海岸社会及其生活模式,经营、维护着他们自己的生计和权益,维护着国家的、也是他们自己的社会和谐和海洋和平……这一切,不仅仅在当时产生社会价值、经济价值、文化价值,对于当今社会也同样如此;在其文化资源意义上,具有无可替代的传承、开发、发展价值。[①]

三、胶州湾历史文化资源保护利用的问题与应有对策

(一)胶州湾历史文化资源存在的问题

1.重视自然生态环境保护而忽视历史文化资源与自然生态环境的整体性保护

文化资源与其所依托的自然生态环境是一个有机不可分割的整体。中国人已经把"天人合一"的人与自然和谐共处的理念植入到了历史文化的创造中。历史上形成的各类型的文化遗产都会或多或少地融入创造者对区域自然地理环境的深度把握。比如一座古建筑在外形设计中要考虑与周围山体高度的完美统一;建筑色彩的选择也要考虑与周边环境的协调统一。因此对历史文化资源的保护与传承,不仅仅是对历史文化资源本体的保护,而是要把文化资源所依托的周边环境作为一个整体进行系统性保护。如果周边环境遭到破坏,那么历史文化资源的整体性就已经遭到破坏。因此,需要加强对历史文化资源所依托的整体自然环境的保护。近些年来,胶州湾保护形势日趋严峻,水域面积急剧缩小,污染日益严重,海洋生存遭到严重破坏。[②] 区域环境的破坏不仅对生态环境造成了严重的威胁,也对文化资源造成了严重的影响。如环境污染导致珍贵文化遗产受到影响;人为改造海洋和陆地景观地貌导致文化资源所依托的自

① 曲金良《中国海洋文化基础理论研究》,海洋出版社2014年版,第18页。
② 方芬、刘志荣《"终极性、永久性保护"的郑重承诺——〈青岛市胶州湾保护条例〉出台侧记》,《山东人大工作》2014年第7期,第22页。

然环境发生变化;大规模城市建设对一些文化遗址造成了严重破坏。针对日益严重的生态环境威胁,青岛市加大了胶州湾生态环境保护的力度,专门成立了胶州湾保护委员会,制定出台了《青岛市胶州湾保护条例》,同时获批成立了胶州湾国家级海洋公园,严格划定了保护红线。严格的保护措施为胶州湾生态环境的保护奠定了基础,也为胶州湾历史文化资源的整体环境保护提供了保障。但是也应该看到,由于历史文化资源与其所依托的自然环境的相互依存的关系,仅仅对自然环境的保护不仅把自然环境与人文历史人为地割裂开来,不利于文化资源的本体保护,而且也不能使区域自然生态环境得到真正整体全面、系统有效的保护。

2. 经济的快速发展与城市化进程的加快为胶州湾历史文化资源的保护带来严峻挑战

胶州湾位于我国东部沿海经济发达的青岛市。经济的区位优势必然会带动城市化进程的加快,大拆大建导致城市面貌焕然一新,却也使得一些分散的历史文化遗产在现代化建设的大浪潮中显得脆弱不堪。胶州湾具有良好的开发利用条件,在发展与保护关系上势必会面临诸多冲突。如何在保护的基础上促进历史文化遗产的可持续利用,同时又要兼顾到经济发展,将是胶州湾历史文化资源保护中所面临的又一重要课题。

3. 胶州湾现有历史文化资源"家底"还未摸清,全面系统保护还缺乏对保护对象的全面系统掌握

文化遗产保护的前提是摸清胶州湾历史文化资源的"家底"。如果对现有的遗产资源的类型、内涵、空间分布、主要价值等基础性问题没有做一个系统的调研、整理、分析与总结,就无法制定有针对性的历史文化资源保护方案,以此为基础的创意利用与可持续发展便是空谈。

(二)胶州湾历史文化资源保护与可持续发展的应有对策

1. 尽快摸清胶州湾历史文化资源的"家底",为全面系统保护奠定基础

通过相关文献资料梳理与实地调研相结合的方式,全面系统地调研梳理胶州湾历史文化资源的基本情况,摸清"家底",时不我待。这也是开展本项目研究、编写本书的目的。

2. 树立整体性保护理念，重视保护胶州湾的"灵魂"

对胶州湾历史文化资源的保护应坚持整体性保护的理念，要把自然生态环境与历史文化资源的保护有机地融为一体。同时，要充分认识到胶州湾自然环境与资源是有"灵魂"的，是与人类社会活动和历史文化相互作用在一起形成的。单一的对于胶州湾生态环境的保护只保护了本体而未保护"灵魂"。事实上，过去对胶州湾的破坏是因为我们没有怀着一份敬畏之心去重视胶州湾的"灵魂"。因此，未来在保护自然生态和谐的基础上，也要重视胶州湾人与胶州湾和谐相处的历史文化统一和历史文化遗产。

3. 树立从政府到公众的全社会保护理念，加强文化遗产保护的法规建设，促进胶州湾海洋历史文化资源的有效保护与合理利用

历史文化资源是区域历史文化的直接体现，是当代人了解历史上生活在此的先民生产生活面貌的重要载体，是民族的根，是根植于人民骨子里的文化基因，传承到现在仍然焕发出强大的生命力。当前，国民的物质生活水平得到了极大的改善，如果不通过有效的方式保护住这些民族的根，国民的精神寄托与民族文化的传承就无法实现。为此，需要梳理从政府到公众、全社会遗产保护的理念。文化遗产保护的政府相关部门应把历史文化遗产的保护纳入当地国民经济社会发展计划中，形成从法规制定、措施监管、公众遗产教育等全方位的保护与传承体系。

公众参与遗产保护与可持续发展是历史文化遗产保护的重要发展趋势。随着移动互联网技术的飞速发展，公众将遗产保护中的所见所闻通过智能手机及时传递给相关部门，为文化遗产的有效保护与管理提供了强有力的保障。与此同时，公众在参与遗产保护与管理的过程中不仅充当了民众"传感器"的重要作用，而且也增长了知识，提高了遗产保护的责任，增强了文化遗产保护意识，为全社会共同参与遗产保护奠定了基础。

4. 采用新技术系统保护胶州湾历史文化资源

当前新技术发展的不断成熟，在各行业中的应用不断深化，这也为胶州湾历史文化资源的保护与可持续利用提供全新的解决方案。一方面，以卫星遥感（RS）、地理信息系统（GIS）、全球卫星导航系统（GNSS）、虚拟现实（VR）为代表的空间信息技术不仅可以为传统考古学的研究提供帮助，例如地域分布较广的大遗址考古，而且有助于推进自然考古学和环境考古学、景观考古学等方面的

发展。① 另一方面,空间信息技术也为历史文化遗产的保护与管理提供了全方位的技术支持。比如遥感技术可以定期监测历史文化遗产的本体与周边环境的变化情况(如遗产地周边道路、建筑物、植被的变化情况),为制定文化遗产的保护规划提供客观环境支持;全球卫星导航系统能够精确记录胶州湾历史文化遗产的地理位置;地理信息系统能够把收集到的历史文化遗产的空间位置数据、文本数据、矢量数据以及栅格数据等集合在一起建立胶州湾历史文化遗产资源空间数据库,为下一步开展胶州湾历史文化遗产的深入研究、制定胶州湾历史文化遗产的保护方案与保护措施提供基础数据的支持。伴随移动互联网技术的不断发展与智能手机的日益普及,公众可以方便地通过智能手机获取胶州湾遗产保护与可持续发展的相关信息,也可以方便地上传遗产保护的相关信息,为公众参与胶州湾历史文化遗产的保护提供便利的平台。Web2.0 技术的不断发展产生了海量的基于公众的主动式与被动式大数据,我们通过对这些大数据的分析能够获得公众感知到的遗产保护问题、公众对遗产景观的关注度、公众对遗产保护与可持续利用的创新性建议等内容。

　　总之,对于新技术的应用应在两方面有所侧重。一方面,各级文化遗产相关部门应树立遗产保护的技术理念,要从战略的高度重新认识技术对于文化遗产保护的重要作用。在制定遗产保护规划与保护措施时,充分考虑技术对于遗产保护当前和未来潜在的影响。另一方面,应大力推进空间信息技术、移动互联网技术、大数据技术在胶州湾历史文化遗产保护领域的实际应用。从当前的应用情况看,最重要也是首先要解决的问题是在调研的基础上建立胶州湾历史文化遗产的空间数据库,为下一步开展全方位的内涵分析和现状检测,及时采取保护措施奠定必要的基础。

四、胶州湾历史文化资源调查研究暨本书的内容和意义

1. 胶州湾历史文化资源调查研究暨本书的内容

　　本次胶州湾历史文化资源调查研究暨纳入本书内容的,包括 16 个专题,即 16 章。一、总论;二、胶州湾海陆景观与环境资源,这是胶州湾历史文化资源的环境空间基础;三、胶州湾人文社会历史变迁,概述胶州湾历史文化资源产生、

---

① 毛锋《空间信息技术考古学应用方法》,电子工业出版社 2016 年版,第 28 页。

发展的大体历史脉络;以下为分类梳理举例:四、胶州湾渔业历史文化资源;五、胶州湾盐业历史文化资源;六、胶州湾航海历史文化资源;七、胶州湾港口历史文化资源;八、胶州湾军事历史文化资源;九、胶州湾宗教历史文化资源;十、胶州湾民俗历史文化资源;十一、胶州湾城市历史文化资源;十二、胶州湾工程历史文化资源;十三、胶州湾文学艺术资源与遗产;十四、胶州湾中外名人评传,"人"是历史文化资源创造、传承的主体;十五、胶州湾历史事件一览,以概见胶州湾历史文化资源之"历史"内涵所系的"历史"事件;十六、附录,列出与胶州湾文化保护相关的几个法律法规文件,以资政府相关部门和社会读者参考。

2.胶州湾历史文化资源调查研究暨本书编写内容的空间范围

本次胶州湾历史文化资源调查研究暨纳入本书编写内容的空间范围,依据的是《青岛市胶州湾保护条例》所确定的胶州湾保护范围内的海陆空间主体区域。

胶州湾保护范围包括胶州湾海域和胶州湾沿岸陆域。胶州湾海域为胶州湾保护控制线的围合区域。胶州湾保护控制岸线,是指经青岛市人民代表大会常务委员会批准的,东起团岛湾头,沿沧口湾、红岛、河套、海西湾,西至凤凰岛脚子石的连线。胶州湾沿岸陆域为自胶州湾保护控制线至陆域控制线的区域。陆域控制线,是指东起团岛湾头,沿团岛路、团岛一路、四川路、冠县路、新疆路、胶济铁路、仙山西路、双元路、河东路、滨河路、胶州湾高速、双积路、红柳河路、千山北路、淮河东路、江山路、嘉陵江路、漓江东路,西至薛家岛脚子石的连线。[1]

需要说明的是,考虑到胶州湾某些历史文化资源的空间跨越性与完整性,需要把跨越空间区域范围的与胶州湾历史文化资源紧密相关的相邻区域的历史文化资源也纳入此次调研研究和梳理编写的范围。

3.本次胶州湾历史文化资源调查研究暨本书编写的意义

首先,全面系统地摸清胶州湾历史文化资源的基本"家底",将对胶州湾海洋历史文化资源的整体性保护与可持续利用奠定基础。对经济指标的单一追求与快速城市化所带来的大拆大建对海洋历史文化资源产生了诸多不利的影响。胶州湾也不例外,海洋历史文化资源本体或其依附的整体环境遭到不同程度的破坏;一些无形的文化资源在市场经济的浪潮中仅靠自身的保护与传承显

---

[1] 青岛市海洋与渔业局《青岛市胶州湾保护条例》,2014年,第1页。

得后继乏力;空间分布较为分散的资源单体为其整体性保护与管理带来了较大难度;等等。而解决此类问题的前提是系统地摸清胶州湾历史文化资源的基本"家底",包括资源类型、空间布局、历史沉淀过程、特色内涵、资源价值、保护与管理现状,从而为下一步胶州湾历史文化资源的系统性保护、管理以及可持续利用奠定基础。

其次,对胶州湾历史文化资源的全面系统梳理将对区域海洋文化产业的发展产生积极影响。一方面,海洋文化产业发展的核心是创意,而胶州湾多样丰富的历史文化资源在某一特定历史时期都极具创意,对这些文化资源创意性的深入把握将为当今海洋文化产业的发展提供创意层面的经验借鉴。这些创意的借鉴不仅包括对历史资源作为基础素材的直接利用,而且也包括对这些丰富历史文化资源蕴含的思想内涵的深入挖掘与形态要素的分析解构与创意转换,从而为当今海洋文化产业的发展提供创意层面的全方位借鉴。另一方面,以区域特色文化资源为载体发展各具优势的特色文化产业是中国未来文化产业发展的重要方向。胶州湾历史文化资源丰富,在文化资源保护基础上的特色产业化利用将带动胶州湾及区域特色海洋文化产业的发展。

第三,对胶州湾历史文化资源的系统调查与研究将为打造区域特色名片提供支撑。快速的城市化进程导致城市旧城大拆大建,也必然导致城市历史文脉的丧失,城市处处高楼林立,缺乏具有特色标签的历史传承。结合当前青岛城市发展的实际,我们可否做这样的设想:将胶州湾特色历史文化资源进行分析,一方面加强对其保护,一方面对其提炼与创意创新,从而打造出既基于历史又面向未来的"青岛特色"即"胶州湾特色"的具有青岛"城市地标"性质的城市文化形象!作为我国沿海重要中心城市青岛市、世界大港青岛港的"母亲港"与"内湖",胶州湾理应承担这样的历史重任。

本课题的调查研究暨本书的编写,无疑将会对此做出应有的、必要的基础性贡献。

第二章 胶州湾海陆景观与环境资源

第一节 概 说

胶州湾在上古和中古时期有"少海""麻湾""胶澳"等称呼,是一扇形半封闭性港湾,也是青岛市最大的一个海湾。海湾以团岛和薛家岛连线为界,湾内水深、域阔、浪小、淤微、冰轻、锚地宽阔,为我国少有的宜建深水港的天然优良海湾之一。[①] 其内大体可分为东海岸、西海岸和北海岸三个区域,分别是团岛—孤山一线、城阳海西村—红岛后阳村一线、大沽河口—薛家岛一线。[②] 作为青岛的母亲湾,是黄海沿岸水运枢纽,也是青岛地区发展的依托重点,乃至为整个山东省重要的海上通道之一,也是我们国家对内对外的贸易"窗口"。

胶州湾不仅有着优越的地理环境和丰富的环境资源,历史上胶州湾地区的人们经历了这片海湾的沧桑巨变,也遗留下丰富的历史文化资源。每一个在青岛生活的人都应该知道,胶州湾是青岛形成与发展的摇篮。

胶州湾周边陆上区域范围主要沿四川路—冠县路—胶济铁路线—杭州路—四流南路—洛阳路—重庆路—白沙河—流亭立交桥—308 国道—正阳路—环胶州湾高速—江山路—嘉陵江路—漓江路(滨海大道黄岛段)至唐岛湾海岸沿线以内。[③] 据历史记载,胶州湾面积一直呈下降趋势。1863 年为 578.5 平方千米,1935 年为 559 平方千米,1971 年为 452 平方千米,1988 年为 390 平方千米,2001 年为 364.86 平方千米,2012 年为 343.09 平方千米。在过去近 150 年里,胶州湾海域面积减少 235.41 平方千米,占原来(1863 年)胶州湾海域面积的

---

① 国家海洋局第一海洋研究所《胶州湾自然环境》,海洋出版社 1984 年版,第 278 页。

② 中国海湾志编委会《中国海湾志·第四分册(山东半岛南部和江苏省海湾)》,海洋出版社 1993 年版,第 15 页。

③ 青岛市规划局、青岛市海洋与渔业局《环胶州湾保护控制线划定与岸线整理规划方案(草案)》,青岛市第十五届人大常委会 2012 年,第 1 页。

41%。[①]

作为青岛最大的海湾，胶州湾东依崂山，南靠小珠山，西北部与大沽河下游平原相连，东南部有一出口与黄海相通，而这一狭窄出口宽度仅 3 千米，是典型的束河拥湾的地貌景观。从地图上来看，大体呈葫芦状，也呈簸箕形。胶州湾周围地势从西北到东南逐渐升高，西北为大沽河冲积平原，东部为花岗岩丘陵区，西南为较高的低山丘陵。胶州湾及周边地区在大体构造上位于胶南威海造山带与胶南坳陷东南缘的中部，地质构造复杂。总体上看，胶州湾地区是稳定背景下的断裂活动区，地区范围内有三组断裂带，周边地区侵入岩、脉岩和火山岩都很发育。狭窄的湾口区水深亦有不同，总体而言中部水域深度较大。

胶州湾的水下地形，总体呈西北浅、东南深。其中西北部有宽阔的浅水区，而深度最大的湾口地区，水深均在 30 米以上，最深处为 64 米，位于黄岛和团岛之间。

胶州湾地区气候温和，属于北温带季风性气候，海洋性气候显著，雨量充沛，温度适中。其受海洋环境影响，夏无酷暑，冬无严寒，是北方沿海的典型代表，也是北温带海洋性气候最显著的地区。[②] 截至 2018 年底，青岛市常住人口已达到 939.48 万[③]，而胶州湾区域包含了青岛市老城区（市南区、市北区、李沧区）及城阳、胶州、黄岛等区市的诸多沿海繁华地区，人口数量必十分庞大。

拥有丰富的自然景观与环境资源的胶州湾，在很长一段时间以来得不到应有的重视与保护，其景观与环境受到相当大的破坏，无论是自然的还是人文的资源都有所损耗。据相关史书记载，对胶州湾海域的开发，可追溯到公元前 6 世纪。海上航运和渔业的发展带动了环胶州湾地区经济的逐步繁荣，使之成为黄海之滨一颗璀璨的明珠。特别是新中国成立以后，伴随着全国经济的迅猛发展，青岛市发展所依托的胶州湾及其周边海岸带利用也发生了巨大变化。

胶州湾凭借其得天独厚的港口海运条件和良好的水产、盐业、旅游和海洋空间等资源，成为青岛市构建国际化大都市发展的中心区。随着青岛市与胶州湾的发展，人类开发活动的加剧，胶州湾先后经历了盐田建设、填湾造地、围建和改建养殖池、开发港口，以及公路跨海大桥、海底隧道、临港工业区等大型项

---

① 马立杰等《胶州湾海域面积变化及原因探讨》,《地理科学》2014 年第 3 期,第 366 页。

② 汪海欧、於琍、吕明辉等《胶州湾地区居民对气候变化的感知与适应》,《资源科学》2017 年第 39 卷第 1 期,第 158 页。

③ 青岛市统计局、国家统计局青岛调查队《青岛统计年鉴(2019)》,中国统计出版社 2019 年版,第 2 页。

目的建设,且这种势头在黄岛、胶州等地区依然在轰轰烈烈地进行。[①] 环胶州湾区域开发迅速,原有的美丽自然景观更多地被人工所代替。最重要的是,胶州湾的海岸线经历了巨大的变化,红岛、黄岛相继与大陆相连,海水养殖、围填海工程使得人造岸线快速蔓延,湿地及天然岸线不断被利用,随之发生的海湾自净能力下降、物质能量交换被阻隔等问题,最终将导致生态系统破坏、生物种群及数量的降低。[②] 很长一段时间以来,导致湾内污染的主要原因包括工业污水和生活污水的排放、船舶含油废水的排放、对虾养殖污水的排放和突发性溢油事件排污、固体垃圾填埋等,这些都对湾内水质、海底地质以及海域内生物造成了严重的影响。[③] 好在近几年胶州湾的重要性得到政府与人们的持续性关注,"三点布局,一线展开,组团发展""一湾,两翼,三级""一环,一桥,一隧""环湾保护拥湾发展战略"等围绕胶州湾进行保护及发展的战略陆续出台。与此同时,《青岛市胶州湾保护条例》和《环胶州湾保护控制线划定与岸线整理规划》的通过与实施,都说明胶州湾的现实重要性得到相应的重视。

第二节　胶州湾海陆景观

一、胶州湾海陆变迁

2015 年,胶州湾面积为 370.6 平方千米,但在历史上胶州湾的面积远远大于此,海陆形态也不是现在的样子。全新世之前胶州湾是一个内陆侵蚀盆地,全新世大暖期最大海侵侵入山东半岛内陆,而后形成水体,盆地内有河谷地貌及冲积层发育。冲积层之上的海相层[14]C 测年为 11000 年前,说明海水自黄海侵入胶州湾是在全新世初期,也就是说胶州湾形成于全新世早期。当时的海平面高程可能处于 16~35 米。[④] 此后,由于内外营力和相互作用在很长时间内才形成。最初,距今 12000~20000 年的晚更新世末期,青岛附近的黄海及海湾曾

① 孙长青、王学、孙英兰、娄安刚《填海造地对胶州湾污染物输运影响的数值研究》,《海洋科学》2002 年第 26 卷第 10 期,第 48~51 页。
② 印萍、路应贤《胶州湾的环境演变及可持续利用》,《海岸工程》2000 年第 19 卷第 3 期,第 14~22 页。
③ 印萍、路应贤《胶州湾的环境演变及可持续利用》,《海岸工程》2000 年第 19 卷第 3 期,第 14~22 页。
④ 韩有松、孟广兰《胶州湾地区全新世海侵及其海平面变化》,《科学通报》1984 年第 20 期,第 1256 页。

是陆地环境。12000 年前的黄海海岸线位于潮连岛南部水深 50～60 米处的海区。[①] 长岩岛、大公岛一带为侵蚀堆积平原,而胶州湾等诸海湾当时是一些内陆侵蚀盆地。平原上为河流泛滥堆积区,有黄土状堆积发育。现在的海中岛屿为分布于前陆架平原上的孤山丘陵。大沽河水系、五龙河水系穿越这些盆地,延伸注入东侧的黄海。[②]

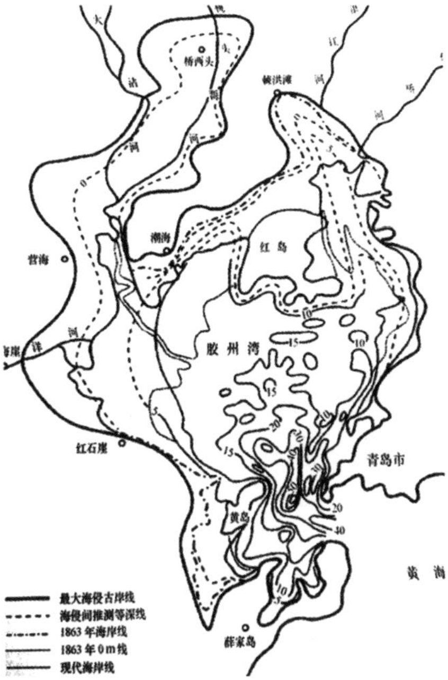

图 2-1　胶州湾海岸线变迁[③]

图 2-2　胶州湾更新世晚期古地貌[④]

　　12000 年以来,随着海平面的上升,海水逐渐由黄海侵入青岛地区,在距今 11000～12000 年前淹没了早期的平原和盆地,形成陆架浅海和海湾。如今的胶州湾雏形形成于 11000 年前,是由于海平面持续上升,在距今 8000～11000 年

---

① 徐家声、高建西、谢福缘《最末一次冰期的黄海——黄海古地理若干新资料的获得与研究》,《中国科学》1981 年第 5 期,第 607～608 页。

② 韩有松、孟广兰《青岛沿海地区 20000 年以来的古地理环境演变》,《海洋与湖沼》1986 年第 3 期,第 199～200 页。

③ 李乃胜、于洪军、赵松龄《胶州湾自然环境与地质演化》,海洋出版社 2006 年版,第 149 页。

④ 韩有松、孟广兰《青岛沿海地区 20000 年以来的古地理环境演变》,《海洋与湖沼》1986 年第 3 期,第 198 页。

前最后形成胶州湾。距今 8000 年前，海水进而侵入现在的滨海河谷平原，深入内陆达 5000~20000 米，在今天的胶州湾西岸可达胶县李小庄、营海、洋河崖一线。在大沽河河谷，侵入内陆达 20 千米以上，至蓝村以南的胶济铁路线一带。[1]在胶州湾北岸的李家庄，桥西头两处进行探测，海相层底部的牡蛎礁[14]C 测年分别为（8080±115）年和（8240±120）年，牡蛎礁所处的高程在 0 米以上，可知海水在 8000 年前已侵入现代沿海陆区，并形成河口湾。[2]

在距今 5000~6000 年，海侵达到最强，在桥西头和李家庄的探测中发现诸多沉积构造和生物化石群，反映出典型的滨岸河口湾和潮滩环境。这些沉积层的高程为 4~5 米，推算昔日的海平面高程为 5~7 米，它代表着本区当时的最高海面高程。[3]当时，海水淹没了沿岸海拔 5 米以下的陆地，之后形成了大沽河麻湾与丁字河湾两个古河口湾。在河口湾内发育有牡蛎礁特殊微地貌体，5 米等高线构成全新世海侵最大海侵阶段的古海岸线。当时的海平面比现在的海平面高很多，出现了高海面。[4]在距今 3500~4000 年，根据探测李家庄、桥西头、李小庄的沉积剖面，海相沉积层上又覆盖着厚 1 米左右的现代冲积或湖沼沉积物，说明高海面之后海水退出了本区一些较高的地段，陆相沉积迭置于海相层之上。李家庄南面的王林庄剖面，海相层底部的牡蛎壳[14]C 测年为（3490±80）年。毛家庄（南）村东剖面海相层上部的牡蛎壳[14]C 测年为（3835±80）年。它们所处的高程在 0.5 米左右，表明海平面在 3500~3800 年前已回降到现代海平面附近。在大沽河口的山角底，位于河谷内超漫滩上的海相贝壳层年代为 3000 年前，其高程已处于 0 米以下。因而认为本区高海面阶段之后，曾发生过海平面的回降趋势。海平面呈下降趋势，与河岸泥沙堆积作用结合，使得海平面回到现代海岸附近。由于海陆变迁作用，滨海平原最终成为冲积-海积平原[5]，青岛沿海平原是距今 3500 年以来形成的。

自有文字记载以来的历史时期，胶州湾的海岸线继续其变迁历程。分区域

[1] 韩有松、孟广兰《青岛沿海地区 20000 年以来的古地理环境演变》，《海洋与湖沼》1986 年第 3 期，第 198 页。
[2] 韩有松、孟广兰《胶州湾地区全新世海侵及其海平面变化》，《科学通报》1984 年第 20 期，第 1256 页。
[3] 韩有松、孟广兰《胶州湾地区全新世海侵及其海平面变化》，《科学通报》1984 年第 20 期，第 1256 页。
[4] 韩有松《牡蛎礁与新河古海岸线》，《海洋科学集刊（第十六集）》，科学出版社 1980 年版，第 59~65 页。
[5] 韩有松、孟广兰《青岛沿海地区 20000 年以来的古地理环境演变》，《海洋与湖沼》1986 年第 3 期，第 200 页。

来说,东、北、西三处海陆变迁各有不同。

(一)胶州湾东岸

湾内团岛—孤山一线海岸线比较稳定。这个地区属于基岩海岸地带,历史上土地贫瘠,人口稀少,农业开发力度不大。注入胶州湾的海泊河比较短,而且含沙量不高,在海岸发育中不起太大作用。该区域属于大港—红岛顺时针漩涡余流系统,水从胶州湾西部广大水域流向北部,到红岛南边转向东,向南,顺沧口水道流到大港附近。[①] 按常理推算,胶州湾西部的泥沙会在海水动力的搬运下堆积在此处,但该区域处于沧口水道的核心地带,海水较深,淤积不易显现,海岸附近会堆积少量泥沙,形成较窄的滩地。滩地受到沧口水道的限制不能继续前进,因而海岸较为稳定。自孤山至现今城阳京口村一带,虽然处于基岩地带,但是由于位于沧口水道的边缘,海水较浅,泥沙容易堆积。李村河、白沙河、墨水河等河流在此处入海。这些河的中上游经过人类开发,造成水土流失。河流挟沙而至,受到海水运动的影响堆积在不同区域,从而使海岸发育。根据明清时期《即墨县志》、烟墩山碑记等,我们知道了明永乐年间(1403—1424 年),自沙岭庄至东北方向的盐滩村,再转至西北方向到达烟墩山脚下一带为当时的海岸线。清朝中后期胶州湾东岸海岸线发生了些许变化,而其中的盐滩村在这段时期也已是徒有其名,其附近海岸线地区已逐渐退化。尤其是清同治(1862—1874 年)之后,此处岸线淤涨加速,在泥沙淤积与海水动力相互作用下,沿海岸线多处地方逐渐成为陆地。

(二)胶州湾北岸

现在的城阳海西村至红岛后阳村一线和红岛北缘到今日城阳潮海村一线,处于胶州湾的最北端,处于胶莱平原和即墨盆地的最南缘,地势低洼。胶州湾的几条主要河流都在此处入海,大沽河、胶莱河等河流挟带的泥沙大都堆积在这附近,造成此地区的海岸在历史时期发育明显,海岸线一再向海推进。棘洪滩湾位于胶州湾东北部,为一片淤泥质海滩。滨海沿岸地势西南高、东北低,自西南向东北倾斜,局部低洼。历史时期,棘洪滩海岸线变化不是太大,但也有少许的变化。棘洪滩地区的地势是西南高、东北低。民国之后,棘洪滩的海岸发

---

① 李繁华《山东近海水文状况》,山东地图出版社 1989 年版,第 154 页。

图2-3 胶州湾北岸海堤景观

育是明显的。在海水动力的作用下,周围的泥沙被大量带进湾内,导致海水下降,出现了大量滩涂。而阴岛(红岛),历史时期,尤其是自清同治之后,该处海岸变化剧烈。明万历《即墨县志》记载"阴岛,在县南海中"。这个记载明确地说明了阴岛的地理情况,当时阴岛孤悬海中,并没有看出有同陆地相连接的迹象。到清同治年间,阴岛和对岸之间的海底发生了变化,阴岛已不再孤悬海中。至迟在同治年间,阴岛北部已经有了变化,岛上居民修筑了阴岛桥,可以出入岛内外。这表明当时海底已经在淤浅,人们可以在较浅海域内修建桥梁。但同时,潮汐还在影响着这一区域。自此之后的变化不像以前那样缓慢,而是变得异常激烈,波浪运动导致大量泥沙迅速堆积在阴岛周围。根据《崂山县地名志》、民国《胶澳志》等记载,清末当阴岛北岸淤积之后,人们在此地开辟大量盐田,阴岛已逐渐形成半岛。阴岛的西岸和北岸泥沙越来越多,已经变为陆地。

(三)胶州湾西岸

由于地理位置的差异,胶州湾西海岸分为三个部分。自北向南依次为大沽河口—营海镇东营村一线、东营村—红石崖一线、黄岛—薛家岛一线。大沽河口—东营村一线位于胶州湾的西北定角一带,这里地处大沽河、胶莱河入海口,属于胶莱洼地的末端,地势极低,各条大河挟带大量泥沙顺流而下,堆积在河口附近。在海水动力的作用下,泥沙被继续向外搬运,从而造成了历史上这一区域的海岸发育明显。东营村—红石崖一线位于胶州湾西侧,洋河在此入海。洋河发源于胶南丘陵地带,虽然流域不大,但由于其河道短、比降陡、水流急,而且其上游和两岸支流多系山岭地带,所以每年挟带大量的泥沙入海。洋河所带泥沙大都在河口周围堆积,造成河口地带堆积地貌的明显发育。黄岛—薛家岛一线位于胶州湾湾口区,岸线曲折复杂。历史时期,薛家岛内侧海岸发育不明显,一直维持在较为稳定的岸线基数上。黄岛是胶州湾湾口的一个重要小岛，随着自然环境的演变和人力的作用，黄岛在历史时期逐渐形成陆地。隋朝时期，陈村有一港口，称为陈村港。[①] 古时，海神庙一般位于海岸线地区，而当时海神庙设置于板桥镇附近，即今天的水寨街一带。

图 2-4　胶州湾西岸沙地景观

并且在宋哲宗元祐三年（1088 年），朝廷在板桥镇设置市舶司和抽解务等管理机构"掌蕃货、海泊、征榷、贸易之事"，说明宋朝时期海岸线维持在胶州城附近。而且，通过对胶州地区村落形成历史的梳理，也可以证明当时水寨街东面确实是一片海。而位于水寨街东南的王家滩村，600 年前相当于明永乐年间（1403—1424 年）建村时，周围还是一片海滩。因而以此上溯 300 年，这里原是海岸线所在地应该是可以相信的。宋朝时，王家滩至李滩一带维持着一条海岸线，南庄和大小西庄则是当时这一区域北岸线的所在地。元朝时，这条海岸线大体上维持了原有的格局。到明永乐年间，岸线有所变化，东南一带开始有聚落形成。唐湾位于胶州城南门外，云溪河入海口处，是明初胶州港口的所在地。此处海水较深，能泊大船，而且商船可循云溪河直接开到胶州城。[②] 清康熙年间（1662—1722 年），胶州城东的海岸稍有淤积，但是还存在有少量的海水，没有完全成陆。海口附近泥沙淤涨也较为严重，形成了大片的浅滩，只有在大潮时，海水方能覆盖其上。嘉庆（1796—1820 年）之后，尤其是道光（1821—1850 年）后，海岸带淤积加速，岸线变化明显。清朝之前，黄岛始终悬于海外，直到民国时期（1912—1949 年），黄岛成陆速度加快，已经基本上与内陆相连。民国《胶澳志》云："黄岛在团岛岬之西约四海里，旧隶胶县。南距薛家岛之北端亦约四海里，西距海岸不足一海里。潮满则宛在水中央，潮退则接连平陆。居民六村，多业鱼盐。西有小岛俗呼大

① 于世永、朱诚等《近 1300 年来古胶州港位置的变迁》，《海洋湖沼通报》1995 年第 4 期，第 16 页。

② 于世永、朱诚等《近 1300 年来古胶州港位置的变迁》，《海洋湖沼通报》1995 年第 4 期，第 20 页。

赶岛,西南方有小岛,面积更微。"①黄岛成为陆地,是在人们1970年建拦海大坝之后形成的。

二、胶州湾湿地

胶州湾湿地是青岛市面积最大、功能较为齐全的湿地,被列为国家重要湿地,同时也是山东半岛南部最大的海湾河口湿地。胶州湾湿地生物多样性资源丰富,是亚太候鸟迁徙线路上的重要驿站。不仅如此,胶州湾具有重要的生态区位,涉及青岛市北区、城阳区、李沧区、黄岛区、胶州市五个区市。其

图 2-5　胶州湾西岸湿地景观

中,自然湿地包括海域湿地(滩涂和浅海湿地)、河口湿地、河流湿地;人工湿地包括水库坑塘、养殖池、盐田。

环湾近海与海岸湿地总面积243平方千米。河流湿地1平方千米,人工湿地75平方千米,已列入中国重要湿地名录。② 如今的湿地规模状况是经过较长时间形成的,其湿地类型需要区分开来。1985—1995年间,湿地总面积(景观面积)在增加,主要是滩涂养殖、盐田和水库面积迅速增加所致;而1995—2014年间,因大面积的养殖池和盐田被废弃掉或转为城市建设用地,从而使湿地总面积减少。1985—1995年间人工湿地面积快速增加,使自然湿地和人工湿地的面积趋于均衡化;而1995—2014年间,大面积养殖池和盐田被废弃或被转为城建用地。③ 在胶州湾所有类型的湿地中,接下来我们将介绍最主要的,也是在胶州湾地区所占比例最大的滨海湿地。滨海湿地主要分粉砂淤泥质海岸、砂质海

---

① 民国《胶澳志·方舆志》,成文出版社1968年版。
② 王宝斋、陆忠祥、张磊《山东青岛胶州湾湿地现状、问题及保护对策》,《湿地科学科学与管理》2016年第12卷第12期,第25页。
③ 张绪良、张朝晖等《胶州湾滨海湿地景观格局变化及环境效应》,《地质论评》2012年第58卷第1期,第193~195页。

岸、人工湿地和盐田等类型。

(一)粉砂淤泥质海岸

粉砂淤泥质海岸主要分布在胶州湾北岸养殖池塘的向海侧,地形平坦,大沽河口附近可达数千米。底质以黏土质粉砂和粉砂质黏土为主,在湿地上部有零星的大米草草甸分布,滩面下陷,有大量生物洞穴发育,底栖类动物中以蛤蜊、螃蟹类为主;中部分布有较浅的侵蚀坑,滩面上部洞穴较上部少,底栖类动物以蛤蜊为主;下部滩面没有生物洞穴,水动力较强。这样丰富的生物资源可为鸟类提供觅食场所。

(二)砂质海岸

砂质海岸主要分布在胶州湾西岸南侧,滩面地形平坦,宽度在 1 千米以上,底质为粉砂质沙。海岸线以上有少量沙生植物生长,海岸线以下有零星的碱蓬。底栖生物以菲律宾蛤仔为主。

(三)人工湿地

人工湿地包括养殖池塘及水库。养殖池塘主要分布在胶州湾北岸海岸线附近,主要养殖鱼、虾、蟹等,周围生长有芦苇等植被。环湾地区水库主要位于沿海河流流经地区,且多数位于大沽河流域。[①]

据中国卫星遥感图像测算,胶州湾湿地 1988 年 508.51 平方千米,2008 年 348.25 平方千米,平均每年减少约 8 平方千米。随着湿地面积的减少,加之大沽河入海口周边滩涂没有实施统一的保护管理,滩涂湿地过度围垦、侵占、排污已经造成

图 2-6　胶州湾少海湿地公园

① 青岛市史志办公室《青岛市志·水利志》,新华出版社 1995 年版,第 125～156 页。

自然环境的严重破坏,间接中断了河口海湾湿地生物的自然演替过程,致使许多鸟类失去了原本良好的栖息地和觅食地,对过路的鸟类种群结构、数量、驻留性质、驻留时间及活动范围产生严重影响。[①] 滩涂植被和鱼类、贝类资源急剧减少,自然生境遭到破坏,不再适宜水鸟栖息,最终导致生物多样性消失。1985年胶州湾湿地曾调查到鸟类206种,但现在仅发现156种。20世纪30年代以来胶州湾产卵索饵的鱼类达近百种,目前仅调查到33种。

图 2-7　团岛近海岸湿地污染

而湿地退化的原因在于围垦、港口和道路建设、污染排放、海岸侵蚀、入海河流输沙量减少和气候变化导致的海面上升等。如此重要的湿地景观遭到破坏,我们应该加强对它的保护,减少人为的破坏因素。截至2015年,青岛已建成胶州市少海和黄岛区唐岛湾2处国家级湿地公园。为了更好地针对胶州湾湿地进行保护,目前正规划建设胶州湾北岸红岛绿洲湿地公园。湿地公园的建设将大大推进胶州湾保护的进程,并为整个胶州湾东岸和西岸的湿地保护起到示范作用。增强胶州湾湿地保护能力,除规划建设湿地公园外,当前还应积极争取国家湿地保护补助资金及国家预算等措施。

(四)盐田

盐田主要分布在大沽河口东西两侧,现在大部分盐田已经荒废。盐田周边的植被稀疏,覆盖度较低。[②]

三、胶州湾河流

胶州湾附近的河流很多,仅注入胶州湾的河流就有大沽河、墨水河、海泊

---

① 杨红生《胶州湾资源与环境》,海洋出版社2012年版,第24~25页。
② 崔保山、杨志峰《湿地生态系统健康研究进展》,《生态学杂志》2001年第3期,第31~36页。

河、李村河、白沙河、洋河、洪江河、王家滩河、漕汶河、岛耳河、龙泉河等 12 条。还有一些消失在历史上但具有重要的人文价值的内陆运河，如胶莱运河及其所包含的马濠运河等。在这里介绍几条在历史上具有重要地位的河流。

(一)大沽河

大沽河是今天青岛市最大的一条河流,位于胶东半岛西部。("沽尤"名称最早见于《春秋左氏传》,沽即大沽河,尤即小沽河。)大沽河发源于招远市阜山, 在 $120°04'\sim120°23'$ E, $35°18'\sim36°18'$ N 之间。[1] 其流域北部为山区和低山丘陵区,大沽河南部为山麓平原和平原洼地,地势北高南低,地形坡度由北向南逐

图 2-8　大沽河生态湿地

渐变缓。流域总面积 4631.3 平方千米,河流全长 179.9 千米,平均宽度 460 米,年平均径流量 $6.61×10^8$ 立方米。[2] 流域内山区面积 527.6 平方千米,丘陵区面积 1597.4 平方千米,平原区面积 1705.1 平方千米,洼地面积 801.2 平方千米,分别占流域面积的 11.4%、34.5%、36.8% 和 17.3%。其自招远市由北曲折南流,至城阳入胶州湾,流域范围包括烟台市的招远、栖霞、莱州、莱阳和青岛市的莱西、平度、即墨、胶州、城阳。

大沽河流域大部分分布在青岛地区,是一条水量充足的大河,也是一条文化色彩浓厚的古河流。由于大沽河每年携带大量泥沙入海,使得大沽河流域内形成了胶州湾沿岸地区最大的河口冲积平原。[3]

(二)墨水河

墨水河在即墨与胶州境内都有,为同名河流,这里主要讲的是即墨地区的

---

① 张绪良、张朝晖等《胶州湾海岸湿地生物多样性特征》,《科技导报》2009 年第 13 期,第 36～41 页。
② 杨红生《胶州湾资源与环境》,海洋出版社 2012 年版,第 41 页。
③ 杨红生《胶州湾资源与环境》,海洋出版社 2012 年版,第 41 页。

墨水河。其原名淮涉河,简称墨河,位于胶东半岛南部,是青岛市区北部区域的一条入海河流。它发源于城阳区的三标山之阴,向北入即墨区龙山街道,再转西北横穿即墨区与龙泉河相汇后,转西南入城阳区境内,至皂户村南注入胶州湾。河道全长 41.52 千米,流域面积 317.2 平方千米,其中即墨境内河道长 21.3 千米,流域面积 276.1 平方千米。其主要支流有龙泉镇的留村河、华山镇的龙泉河以及马山东麓的西流峰河。①

在墨水河南岸不远处曾有元朝建起的淮涉寺,古城、塔影、山光、水色,相映成趣,沿河形成了许多的景点。古有"淮涉八景",分别为"平沙清流、锁龙泉石、古寺塔影、水阁临风、岸柳含烟、高堤垂钓、淮涉春浣、长桥卧波"。

(三)海泊河

海泊河是青岛市老城区的重要河流之一,它发源于青岛市区东部的浮山西麓,全长约 6.8 千米,平均宽 15 米,流域面积 27 平方千米。② 海泊河穿过市北区,沿 8 号码头北侧注入胶州湾。海泊河曾清澈见底,环境优良,是青岛城市最早的水源地。但是近期在经济发展的过程中,不断受到污染和破坏。为提升海泊河道的环境质量,改善附近人们的生活环境,从 2008 年起青岛市对海泊河进行了综合治理。③

(四)李村河

李村河是青岛市李沧区的一条主要河流。李村河主干流发源于崂山山脉李沧区内的石门山麓,流经李村至曲哥庄桥与张村河交汇,从胜利桥流入胶州湾。河流全长 16.7 千米,流域总面积 40 平方千米,是青岛市区最大的水系。④ 李村河既是青岛水源地,也是市区主要的防洪排涝河道,水清沟河、郑州路河、大村庄河等共 9 条支流汇集于此。李村河是一条典型的间歇式河流,暴雨季节,河道水位暴涨,而平时河床中则水量较少。其上游河床窄而坡度大,水流湍

---

① 青岛市史志办公室《青岛市志·自然地理志·气象志》,新华出版社 1997 年版,第 89 页。
② 青岛市史志办公室《青岛市志·自然地理志·气象志》,新华出版社 1997 年版,第 91 页。
③ 霍峰《海泊河污水处理厂"扩容" 竣工后出水水质将达到国家一级 B 标准》,《青岛日报》2008 年 12 月 27 日。
④ 杨红生《胶州湾资源与环境》,海洋出版社 2012 年版,第 42 页。

急,汛期时河水由上游携带大量泥沙而下,形成河床两岸带状的冲积平原。① 李村河流经青岛市区,水质受到不少污染,河水流入胶州湾后对湾内的环境质量必定有所影响,河口及海域主要污染物部分超标。②

(五)白沙河

白沙河是崂山山区最长的河流,也是青岛地区水位最高的河流,号称"青岛天河"。其发源于崂山巨峰海拔千米的太乙泉,从崂山之巅穿山越涧、曲曲折折,越过崇山峻岭汇入"月子口"后地势平坦、河床宽阔,再经黄埠、流亭、赵村、西后楼等村跨崂山区和城阳区流入胶州湾。其全长 32 千米,流域面积 215 平方千米。③ 河床宽度上游 50~100 米,中游 200 米左右,下游 300 米左右。上游河床多为岩石、粗砂、砾石,通常常年有水;中游有崂山水库;下游河床多细砂,河道多顺直,冬春断流,地下水丰富且水质优良。其支流主要有五龙河、石门河、惜福镇河及小水河等。④

(六)胶莱河

胶莱河南起黄海胶州湾,北抵渤海三山岛,流经现胶州、平度、高密、昌邑和莱州等,位于 $36°12'$~$37°6'$N,$119°30'$~$120°6'$E 之间。河流全长 130 千米,南北贯穿山东半岛。河流东侧是胶东半岛,西侧是山东内陆,沟通黄渤两海。胶莱运河自平度姚家村东的分水岭南北分流。北段为北胶莱河,古称"胶水",其主要支流有泽河、

图 2-9　胶莱运河示意图

淄阳河、双山河、龙王河等。胶莱河全长 130 千米,流域总面积 5479 平方千米。其中北胶莱河长 100 千米,流域面积 3974 平方千米;南胶莱河长 30 千米,流域

---

① 侯英民《山东海情》,海洋出版社 2010 年版,第 56 页。
② 蒲晓强、钟少军、刘飞等《胶州湾李村河口沉积物中硫化物形成的控制因素》,《中国海洋大学学报》2009 年第 38 期,第 332~333 页。
③ 杨红生《胶州湾资源与环境》,海洋出版社 2012 年版,第 44 页。
④ 李乃胜、于洪军、赵松龄《胶州湾自然环境与地质演化》,海洋出版社 2006 年版,第 23 页。

面积 1505 平方千米。①

　　胶莱运河开创于元世祖至元中期（1264—1294 年）。至元十七年（1280 年），莱州人姚演向朝廷提出，利用原有河道，开凿胶莱运河工程，以通南北漕运，缩短海运航程。元世祖忽必烈当即批准了这个大胆的设想，委任山东最高长官阿巴赤率"万人开河"。两年之后，即至元十九年（1282 年）八月，胶莱运河开通，史载"凿地三百余里……谓之胶莱新河"②。自此，来自江南的运粮船队，不必再绕胶东半岛，只需进入胶州湾，随海潮驶入胶莱运河，再经莱州湾北上，即可直达塘沽。胶莱运河历史上也称"运粮河"，是因江南粮米由此运往京师而得名。自元朝开凿以来，经历了一段曲折的历史，其中有兴盛的时期，也有被冷落的年代。近年来，一大批水利学家、地理学家、海洋学家等，围绕胶莱运河是否重建展开了热烈的讨论，因为若重建，其后果将会影响到一个内海、两个海湾、多座城市甚至半个山东半岛。

（七）马濠运河

图 2-10　马濠运河旧址

　　马濠运河的开凿和通航运营是与胶州湾、胶莱运河的开通和运营直接关联的，是元、明两代相继开凿的唯一的海水运河。马濠运河的前身是胶州湾西南端与黄海之间的黄岛半岛上的马家濠。黄岛半岛是船舶由黄海进入胶州湾继而进入胶莱运河的"横门闩"，即船舶凡要进出胶州湾，必须绕过横挡在湾口的该半岛长长的岬角。因此，随着胶莱运河的开凿开通、进出胶州湾的漕运和商贸船舶的增多，将该半岛拦腰打通，使船舶直接进出胶州湾，便被提上了议事日程。

　　至元十九年（1282 年）胶莱运河开

---

① 山东省地方史志编纂委员会《山东省志自然地理志》，山东人民出版社 1996 年版，第 232 页。
② （清）张廷玉《明史·河渠志五》，中华书局 1974 年版，第 2139 页。

通后,便开凿马濠运河,但遇石而罢。① 明嘉靖十四年(1535 年),世宗朱厚熜任用监察御史擢山东按察司副使王献言,命其再开凿马濠运河。运河两侧设官厅,至今留有官厅、濠南头、濠洼、濠北头四村庄名。② 如今,尽管马濠运河早已被废弃,但其历史遗迹仍然存在。1997 年,黄岛区进行马濠运河遗址改造工程,并于当年竣工。河长 2073 米,分成 3 段,南段为黄浦江路至长江路,为暗涵,上面覆土;北段香江路至嘉陵江路,为管涵,上面覆土;中段香江路至黄浦江路为明渠,底部常年保有深 1 米左右的清水,两壁石砌,修建成了马濠公园。

四、胶州湾岛屿

胶州湾海域岛屿众多,包括冒岛、团岛、鲍岛、红岛、黄岛等。如今,这众多岛屿随着胶州湾发展变迁,有不少都成了陆连岛,如红岛、黄岛、团岛、鲍岛等。

(一)红岛

红岛是胶州湾内的第一大岛,位于胶州湾北岸,东、南、西三面为胶州湾水域,北面通过大沽河口至墨水河口一线与陆地相连。

红岛南北最长处 7.2 千米,东西最宽处 6.8 千米。岛呈伞形,中部高、四周低。境内守山最高,海拔 51.6 米。近海有冒岛、母猪礁、唐礁等岛礁。红岛东大山有宽

图 2-11 红岛渔船码头

600 多米的海蚀台,由火山岩构成。东岸的东大洋村和南岸的西大洋村前湾岸,有宽 50~100 米的沿岸堤。③ 红岛原名阴岛,其得名,相传是秦始皇当年巡海驾幸胶州湾时所赐。又据史料记载,约在 19 世纪末,阴岛还是胶州湾内的一座孤

---

① 乾隆《莱州府志·山川》,凤凰出版社 2004 年版,第 42 页。
② (清)张廷玉《明史·河渠志五》,中华书局 1974 年版,第 2140 页。
③ 李乃胜、于洪军、赵松龄《胶州湾自然环境与地质演化》,海洋出版社 2006 年版,第 62 页。

岛,因形如莲花,又有"莲花岛"之称。1967 年 1 月更名为红岛。红岛原与陆地相分离,1913 年红岛北部盐田与上马之间填海筑成土堤,后来盐田逐步扩大,红岛与陆路完全连接,成为一个半岛。2012 年 7 月,青岛市红岛经济区成立,范围包括城阳区的红岛街道、河套街道、青岛国家高新区、青岛出口加工区四部分。

(二)黄岛

图 2-12　黄岛海湾

黄岛位于胶州湾西岸,东与青岛市区隔海相望,海上距离 2.26 海里。东西长 4.3 千米,南北最大宽度 2.1 千米,最小宽度 0.8 千米,面积 5.33 平方千米,海拔 58 米,海岸线长 13.5 千米。整个岛的地势西北高、东南低。由东至西有黄山、乳山、黑山三个山头。[①] 东北部有山间谷地,中部地形平缓,西南部较高,但地势较缓。其海岸地貌有海蚀崖、侵蚀平台、砂质海滩。在其周围有丰富的海洋生物资源,如对虾、梭鱼、乌贼等。其与团岛隔海相望,相距 4.5 千米。西距大陆最近点小石头村 2 千米,东南隔海与薛家岛相对。战国时期属齐地,又称"齐伯山"或"齐伯岛"。[②] 在很长一段时间内,黄岛是孤悬海湾内的孤岛。据传因古时岛上土地贫瘠,又被称为"荒岛"。民国《增修胶志》载:海子口之北为少海,海中有岛为黄岛。[③] 而距今较早之时,在胶州湾西部,岛上原有 4 个村庄,居民以渔业为生。德军占胶澳时,黄岛划在胶澳租界内,以后筑了一条大堤与陆地相连,新中国成立后又筑了第二条大堤,使黄岛也成了"半岛"。20 世纪 70 年代,因拦海造田,在岛西端建成两条岛陆相连的拦海公路大坝,使之成为陆连岛;八九十年代又进行填港,最终使得黄岛成为现在的样貌。如今,在黄岛已

---

① 青岛市黄岛区政协文史资料委员会《黄岛文史资料》(内部发行)1999 年印行,第 58 页。
② 山东省科学技术委员会《山东省海岛志》,山东科学技术出版社 1995 年版,第 167 页。
③ 民国《增修胶志·山川》,成文出版社 1968 年版,第 215 页。

经设置有黄岛区。而在黄岛西南方位还有两个较小的岛屿——赶岛和小赶岛，在此不多做介绍。

（三）团岛

团岛亦称坦岛，在胶州湾口北端。东有团岛鼻，西有团岛嘴。团岛角与薛家岛隔海相望，是胶州湾的入海口。其距大陆最近点 0.115 千米，最高点海拔 24 米，为三角形岬口。团岛呈东北—西南走向，长约 0.45 千米，宽约 0.2 千米，面积约 0.182 平方千米，岸线长 3.1 千米。岛上地形平坦，海蚀平台分布广泛，常见

图 2-13　团岛海面

裸露礁石。在岛周围海域里有海参、鲍鱼生长。[①] 团岛周围原有大批礁石群，古称"淮子口"。因处胶州湾入黄海处，海水湍急，海船触礁沉没很多，"舟人视为畏途"。德占青岛时期，修建连岛堤坝，使之成为陆连岛。青岛建市以后，把团岛周围的明礁、暗礁一起镇平，使团岛与陆地相连成了一个长长的半岛，胶州湾口虽然小了，但已无乱礁，航行安全了。

（四）冒岛

冒岛隶属于青岛市崂山区红岛乡，该岛小而不高，像刚冒出水面，故名冒岛。该岛面积 0.0196 平方千米，岸线长 0.76 千米，最高点海拔 11 米，距陆最近点 0.796 千米。该岛西南部岸边为岩礁，呈圆形；东北部岸边则为砂质，岸线较直。岛上地层为白垩系青山组，岩性为火山岩，地势较平，东高西低。有水井一眼，水质较差，勉强可饮。植物以杂草为主，无树木，无耕地。岛上有房屋一处，但无居民。岛周围水域适宜养殖扇贝、菲律宾蛤仔等，并且产鱼虾，崂山区红岛

---

① 李乃胜、于洪军、赵松龄《胶州湾自然环境与地质演化》，海洋出版社 2006 年版，第 64 页。

乡已在岛周围水域进行扇贝养殖。①

(五)鲍岛

鲍岛,亦称饱岛、槟榔屿,是一个仅有 0.009 平方千米的小岛。德国租借胶州湾后,在鲍岛建青岛小港码头,把小岛修在防波堤里,这座小岛就不再单独存在了。②

(六)薛家岛

薛家岛古称"陈家岛",是位于黄岛区境内的半岛,与团岛隔海相望,是与团岛共扼胶州湾的门户。薛家岛海岸基本由基岩海岸、砂质海岸、粉砂淤泥质海岸三大类型组成,其东、南、北三面环海,海岸线长 72 千米③,位于胶州湾和灵山湾之间,岛呈东北—西南走向,东北部为山地,中部为平原,西南部为丘陵。在胶州湾内,拥有优良的地理环境,使得薛家岛湾风平浪静,海藻丰富。薛家岛拥有肥沃的海洋有机物和独特的海底地质层,薛家岛湾出产的海参个大、皮厚、肉质软糯、无腥味,营养价值丰富,药疗、食补价值高。同时,薛家岛湾也是鲍鱼养殖区。据当地的《薛氏家谱》记载,明洪武二年(1369 年)薛遇林由陕西韩城县迁徙于此,因薛姓族居,又因环以山海,故名薛家岛。又据历史记载,薛家岛地名,来源于明永乐年间(1403—1424 年)骠骑将军薛禄。薛禄,原名薛六,发迹以后改"六"为"禄"。明初,燕王朱棣发动靖难之役,薛禄从征,因作战勇敢,屡立战功,遂擢升。真定之战,生擒建文帝左副将军李坚,此后每战必胜。明成祖定都北京后,因薛禄战功卓著,授奉天靖难推诚宣力武臣,特进荣禄大夫桂国,封阳武侯。仁宗即位后,加封太子太保,并佩镇朔大将军印。宣德五年(1431 年),薛禄因病而卒,宣宗亲自撰文祭之。薛禄死后归葬故里,葬于薛家岛村东南。岛上居民多属薛姓,皆为薛阳武侯后裔,薛家岛也由此而得名。④ 而薛家岛形状又如飞凤,故又有"凤凰岛"之称。1995 年,薛家岛被山东省人民政府设立为国家级旅游度假区。"黄庵日出""朝海古刹""上泉晓钟""渔嘴雪浪""石雀海鸣""凤凰戏珠""志门夕照""凤凰山色"等八大景观为薛家岛的魅力景点。

① 山东省科学技术委员会《山东省海岛志》,山东科学技术出版社 1995 年版,第 46 页。
② 鲁海《胶州湾岛屿变迁》,《海洋世界》1994 年第 8 期,第 8 页。
③ 薛峰《青岛薛家岛岸线及海域资源利用研究》,中国海洋大学硕士论文,2013 年 6 月,第 8 页。
④ (清)张廷玉《明史·薛禄传》,中华书局 1974 年,第 4247 页。

　　胶州湾多彩的景观是优良的生态环境的体现,同时也吸引着国内外众多游客前来观赏,对于经济发展也有着极强的推动力。我们相信胶州湾会在保护中发展得更好。

第三节　环境资源

一、胶州湾土地资源

　　土地资源是人类的生产资料和劳动对象,既具有自然属性,也具有社会属性,是"财富之母"。[①] 胶州湾有着独特的自然环境属性,但是土地资源和发展空间较为有限。一般我们所说的土地资源是指已经被人类所利用和可预见的未来能被人类利用的土地。胶州湾沿岸地区多为沿岸平原滨海低地及滩地,除了湾口处有部分凸起外,很少有山地及丘陵地带。而大多山地及丘陵位于胶州湾腹地较远地区,这里不做介绍。

　　胶州湾地区的土地若按自然属性来区分,其平原主要分布于城阳、胶州、黄岛三区市。其中,有胶州与黄岛之间的王台平原、黄岛区的辛安平原等山前平原,有大沽河下游的沿河平地等。[②] 胶州湾沿岸主要土地为滨海低地及滩地,面积约为365.33平方千米。若按社会属性来区分,其沿岸土地资源主要为宜水产养殖类土地,还有其他部分宜林牧荒类土地和一些河流、沟渠、盐田、裸岩砾石地。环湾地区土地资源还应包括一些未经评价的已经作为居民

图2-14　胶州湾北岸沙地

---

① 刘彦随《中国土地资源研究进展与发展趋势》,《中国生态农业学报》2013年第1期,第127～133页。
② 青岛市史志办公室《青岛市志·土地志》,新华出版社1999年版,第9页。

点用地及其他一些建设用地。① 如今,青岛市对于胶州湾地区的空间利用规划也在做着多方面考虑,尽量将生态破坏的影响降到最低。

二、胶州湾水产资源

　　胶州湾是一个封闭性较强的浅海湾,湾内外海水交换仅通过狭窄的湾口进行,受到较多限制。但是它的地形、潮汐和潮流的特点又使它具有较好的交换条件。这些优势不仅为生物的生存和发展创造了良好的条件,也为水域生物资源的增值和生产力的进一步提高提供了物质基础。② 胶州湾生物资源丰富,是多种经济鱼类及无脊椎动物的产卵、育幼和索饵场。③ 所以胶州湾一直是基础生产率较高的海域,是一些重要的经济鱼贝类栖息繁殖的场所。④ 水产资源亦称渔业资源,广义上指水域资源、水生经济动植物资源、从事水产业的劳动力资源以及服务于水产业的科技人员与水产业的物质装备资源;狭义上仅指水域资源和水生经济动植物资源。在这里我们主要陈述其狭义概念的内容。胶州湾地区的水产资源有游泳生物资源、底栖生物资源及养殖生物资源。

(一)游泳生物资源

　　20世纪80年代,胶州湾周年调查共捕获鱼类109种,其中温暖性种占60%,暖水性种占23%,冷温性种占17%。可见暖温性种鱼类是胶州湾的优势群类。⑤ 2003年10月到2004年12月的调查表明,胶州湾及其邻近水域共记录75种鱼类,可见胶州湾鱼类的种类丰度明显减少。⑥ 胶州湾内的鱼类资源的多样性程度较高,而经济种类的优势较低。没有在数量上占突出优势而资源量比较高的鱼种有斑鰶、绿鳍马面鲀、梭鱼3种,其次有青鳞鱼、长绵鳚、牙鲆、带鱼和黑鲷5种,这8种占总资源量的70%。⑦ 鱼类的类群种类有常栖类群、暖季类

① 青岛市史志办公室《青岛市志·土地志》,新华出版社1999年版,第9～10页。
② 杨东方、高振辉、马媛等《胶州湾环境变化对海洋生物资源的影响》,《海洋环境科学》2006年第25卷第4期,第39～42页。
③ 黄凤鹏、黄景洲、杨玉玲等《胶州湾鱼卵、仔鱼和稚鱼的分布》,《海洋科学进展》2007年第25卷第4期,第468～473页。
④ 吴桑云、王文海、丰爱平等《我国海湾开发活动及其环境效应》,海洋出版社2011年版,第416页。
⑤ 刘瑞玉《胶州湾生态学和生物资源》,科学出版社1992年版,第352～379页。
⑥ 杨红生《胶州湾资源与环境》,海洋出版社2012年版,第142页。
⑦ 吴桑云、王文海、丰爱平等《我国海湾开发活动及其环境效应》,海洋出版社2011年版,第417页。

群、夏季短时类群、冷季类群、冬季短时类群。

常栖类群在一年中绝大多数栖息在胶州湾内,2003—2004 年调查结果(以下简称为调查)显示出主要为 16 种鱼类。暖季类群在升温季节来到湾内,降温季节离去,在调查中仅捕获 16 种。夏季短时类群在夏秋最暖月份连续出现 3～5 个月,有部分在夏季个别月份进入湾内,调查中仅捕获 5 种。冷季类群在降温季节进入湾内,第二年春末离去,在调查中仅捕获 2 种。冬季短时类群在冬季或初春进入湾内,2000 年调查中捕获 5 种。[①]

除了鱼类外还有无脊椎动物,胶州湾内无脊椎动物中有重要经济价值的主要是甲壳类中的中国对虾、鹰爪虾、周氏新对虾、三疣梭子蟹、日本蟳、双斑蟳和口虾蛄,软体动物头足类中的无针乌贼、金乌贼、枪乌贼、长蛸和短蛸。其中,三疣梭子蟹、日本蟳和口虾蛄常年栖息在沿岸海域;其余种类在春季进入沿岸海域繁殖,秋末冬初转入深水区越冬。无脊椎动物多数种类生命周期较短,种群结构简单,春季由繁殖群体组成,秋季基本上是由当年繁殖的个体组成。[②]

(二)底栖生物资源

胶州湾内底栖生物资源中最重要的是菲律宾蛤仔,其次是脉红螺、扁玉螺和泥蚶。菲律宾蛤仔广泛分布于胶州湾的潮下带。多年资料表明,由于捕捞过度,原胶州湾的自然种群几近消失,现在主要是由福建的莆田、厦门等地引进品种进行养殖。2003 年菲律宾蛤仔的养殖产量占贝类养殖总量的 60%。[③]

(三)养殖生物资源

胶州湾地区养殖生物资源也很丰富,主要品种为贝类(菲律宾蛤仔、扇贝、牡蛎、皱纹盘鲍等),虾蟹类(中国对虾、日本对虾、梭子蟹等),鱼类(鲈鱼、六线鱼等)和大型藻类(海带、裙带菜、紫菜等),这些都产量颇丰。总的来说,20 世纪后期胶州湾地区水产资源十分丰富。黄岛沿岸适于海参、鲍鱼生长的浅海水域面积有 3.33 平方千米,优于其他海域,尤以竹岔岛为盛。胶州海域以鲻鱼、梭鱼产量为佳;城阳沿岸(过去属即墨)以黄鱼、黑裙鱼、鲈鱼、虾虎鱼、对虾、鹰爪虾、

① 杨红生《胶州湾资源与环境》,海洋出版社 2012 年版,第 142 页。
② 吴桑云、王文海、丰爱平等《我国海湾开发活动及其环境效应》,海洋出版社 2011 年版,第 418 页。
③ 吴桑云、王文海、丰爱平等《我国海湾开发活动及其环境效应》,海洋出版社 2011 年版,第 418 页。

海蜇为多。① 胶州湾海水养殖业是从 1959 年开始的,这是由于自然渔业资源不断退化导致的。

如今的胶州湾水产资源依旧很丰富,不过胶州湾渔业资源处于持续变动中,资源结构在不断发生变化,虾蟹类和低值的小型鱼比重不断加大。在高强度的捕捞下,并且随着工农业发展及城市化进程的加快造成的大量污染物排至胶州湾,海洋生态环境也在承受着巨大的压力。② 连人工养殖也遇到不少难题,胶州湾受陆源污染,使得海水养殖业发展受到影响。③ 养殖业与其他产业发生冲突也会影响海水养殖业的发展④,此类问题应引起人们的高度关注。

三、胶州湾矿产资源

在营海、河套、红岛沿岸,城阳区西北部及大沽河与墨水河口外有地下卤水分布;在薛家岛有砂矿资源分布;在红岛南岸有黑曜岩及石英岩分布,等等。可以看出,胶州湾砂矿资源较多,而其他矿产资源较少。其他种类矿产在这里不做过多介绍,主要介绍地区内最为丰富的砂矿。砂矿多分布于河口,如白沙河、女沽河、海西、红石崖等地。这几处矿产的锆英石含量较高,而且多数矿点的矿物都遭到大量开采。胶州湾外离海岸线 5 千米处存在一处大型建筑用砂矿矿床。胶州湾砂矿资源丰富,遍布湾内、河口和湾外的广大区域,但是重矿物含量较低。其中,绿帘石和角闪石含量最高。⑤

四、胶州湾盐业资源

胶州湾地区还有较丰富的盐业资源,历史上,盐场在胶州湾北岸地区分布较为集中,在西岸的黄岛、胶州两地也有分布。

---

① 青岛市史志办公室《青岛市志·水产志》,新华出版社 1995 年版,第 21 页。
② 吴桑云、王文海、丰爱平等《我国海湾开发活动及其环境效应》,海洋出版社 2011 年版,第 418 页。
③ 杨东方、高振会、马媛等《胶州湾环境变化对海洋生物资源的影响》,《海洋化境科学》2006 年第 25 卷第 4 期,第 39~42 页。
④ 杨纪明《关于我国第 4 次海水养殖浪潮的初思》,《海洋科学》2001 年第 25 卷第 1 期,第 41~51 页。
⑤ 杨红生《胶州湾资源与环境》,海洋出版社 2012 年版,第 166~178 页。

图 2-15 今青岛高新区东风盐场①

南万盐场,东起白沙河,西至羊毛沟,面朝胶州湾,背靠女姑等村庄,盐田占青岛盐田总面积的(以下简称占比)25.99%;东风盐场,东起羊毛沟、西至大沽河,面朝胶州湾,背靠程哥庄等村庄,盐田占比 33.78%;东营盐场,东起大沽河,西至洋河口,面朝胶州湾,背靠东营、西营等村庄,盐田占比 14.39%。还有龙泉盐场、尹家山盐场、小场盐场及黄岛区盐场等,虽然规模较小,但都是胶州湾地区不可忽视的盐场,它们共同构成了环湾地区丰富的盐业资源。②

五、胶州湾历史文化遗址

胶州湾一带早在先秦时期为东夷之地,春秋时齐灭莱后归属齐国。大汶口文化遗址、龙山文化遗址在胶州湾一带皆有遗存,其中三里河文化遗址、城子遗址等都具有重要的考古文化地位。在其后绵延漫长的历史进程中,胶州湾地区在不同时期留下了具有不同内涵与特点的文化遗址,有古城、卫所、寺庙、港口等,各有其功能与价值,共同构成了胶州湾地区丰富的历史文化资源。

胶州湾地区束河拥湾,拥有丰富多样的海陆景观风情和环境资源,既是大自然的馈赠,也是胶州湾地区的人们在长期历史进程中共同发展创造的结果。人们之所以称胶州湾为青岛的"母亲湾",其意义就在于此。胶州湾是青岛的历

---

① 纪丽真《山东盐业史》,山东人民出版社 2019 年版。
② 青岛市史志办公室《青岛市志·盐业志》,新华出版社 1996 年版,第 12~14 页。

史记忆,也是青岛的未来所在。如今由于"现代化"观念的指导和发展模式的影响,青岛暨胶州湾地区在快速大规模城市化、工业化和环境资源人工化、社会经济化的同时,也在不断消耗着胶州湾的资源,破坏着胶州湾的景观,因此需要更加重视胶州湾地区自然与人文环境资源和生态景观的存在价值,切实加以保护,而且必须保护好、传承好、发展好。

第三章　胶州湾人文社会历史变迁

第一节　胶州湾海洋文明的萌芽与形成

一、三里河先民的海洋社会生活

三里河史前遗址位于今胶州市（原胶县）南关街道办事处三里河村。1962年,三里河史前遗址被考古界发现。中国科学院考古研究所山东工作队会同潍坊地区艺术馆和胶县文化馆共同组成了考古发掘队,于 1974 年秋和 1975 年春对该遗址进行了两次发掘,揭露面积 1570 平方米,取得重大考古成果。从遗址的叠压关系上看,明显分为两层,上层为龙山文化遗址,下层为大汶口文化遗址。同时,这里也是一处具有滨海特色的新石器文化遗址。

图 3-1　三里河遗址纪念碑

这一考古成果表明龙山文化是在大汶口文化的基础上发展起来的,具有密切的继承关系。在三里河大汶口文化—龙山文化遗址中共出土各类文物 7000 多件。包括生产工具、常用器皿、原始宗教器物等,涉及范围广,蕴涵的信息量大,充分展现了距今四五千年前胶州湾一带海洋文明的灿烂和辉煌。

在三里河遗址大汶口文化层中,发现了大量陶器,有陶鬶、陶鼎、陶豆、陶壶、陶罐、陶尊、陶缸、陶杯、陶盆、陶碗等。其中,2 件仿生陶鬶,即猪形鬶和狗形鬶,都是生动形象的艺术品,反映了原始先民的生活状况。在三里河遗址龙山文化层出土的陶器中,新的器种主要有陶盉、陶罍、陶盉、黑陶高脚杯等。其中,黑陶高脚杯因为其胎体薄如鸡蛋壳,被称为"蛋壳黑陶"。"薄胎高柄杯代表了当时制陶手工业的发展水平。这种陶器的器壁厚度,多数不到一毫米,确与蛋壳相似,是名符其实的蛋壳陶。"①

从考古发掘得知,三里河遗址文化层下的生土层属于海相沉积,说明在距今5000多年前胶州湾海岸线前移的事实,就是说那个时期的三里河紧靠着碧波浩渺的胶州湾。② 中国科学院海洋研究所专家在《三里河遗址出土的鱼骨、鱼鳞鉴定报告》中指出:"从出土鱼类的分布和洄游来看,除有河口

图 3-2 三里河遗址

性和沿岸近海者外,还有外海性洄游性鱼类,在新石器时代,人们能捕捞各种不同习性和分布的鱼类,尤其能捕捞外海游泳迅速的鳓鱼和蓝点马鲛,捕捞工具中一定有先进性者。"③这说明当时的先民已经掌握了一定的捕鱼技术,能够把这些深海洄游的大型鱼类捕捞上来。另外,20世纪90年代,考古工作者在荣成龙须岛毛子沟出土了一具商周前的独木舟残骸。④ 由于在胶州三里河遗址中还没有出土独木舟遗物,我们可以从荣成毛子沟残骸上得到启示:距今5000年前后的三里河人,也有可能驾驶着类似的独木舟到外海中捕捞"游泳迅速的鳓鱼和蓝点马鲛"。大汶口文化时期的三里河人,应属于早期闯荡大海的先民之一。⑤

---

① 中国社会科学院考古研究所《胶县三里河》,文物出版社1988年版,第91页。
② 郭泮溪《帆都记忆:青年六千年海洋文明简史》,中国社会科学出版社2009年版,第19页。
③ 中国社会科学院考古研究所《胶县三里河》,文物出版社1988年版,第189页。
④ 王永波《胶东半岛上发现的古代独木舟》,《考古与文物》1987年第5期。该文认为:"考虑到自然界的复杂性,即使作为一个谨慎的估计,这一独木舟的年代不会晚于商周时期,即当是公元前二千年至一千年之间。"
⑤ 郭泮溪《对青岛海洋文明历史中几个问题的初步探讨》,《东方论坛》2009年第5期,第84页。

二、赵家庄稻作遗址——胶州湾与域外的文化交流

赵家庄遗址位于山东省胶州市里岔镇韩家庄村南的一级阶地上,介于低丘陵区和鲁北冲积平原交界地带。它的发现揭示了龙山文化时期水稻传播的重要途径,被认为是水稻由中国传向朝鲜半岛和日本列岛的证明。

最早发掘赵家庄遗址是在 2005 年 5 月到 8 月。当时山东省文物考古研究所为了配合济南—莱芜—青岛高速公路的建设,与青岛市文物局、胶州市博物馆联合组成了考古队,对胶州市赵家庄遗址和遗址附近的汉墓群进行了抢救性考古发掘。考古工作者在抢救发掘过程中,在龙山文化地层中发现了距今 4000 多年前的 370 粒稻米和稻田、蓄水坑以及水沟等稻作遗存。出土的碳化稻米颗粒饱满,纹理清晰。这随即引发了相关研究者的关注。山东大学东方考古研究中心植硅体实验室又对稻作遗存做了进一步考察,认为这是中国北方地区首次发现和采用植硅体分析方法系统确认古代稻田,这不仅是中国稻作农业研究的重要发现,也为稻作农业北传和东亚地区稻作农业东传路线的研究提供了依据。[①] 关于赵家庄遗址发现碳化稻米和稻作遗存的意义,山东大学东方考古研究中心靳桂云认为:"山东地区新石器时代稻田遗迹的确认和研究,不仅是中国稻作农业历史研究中的重要问题,也是东亚地区稻作农业东传路线研究中的关键内容,由于受到考古资料和研究方法的局限,一直没有发现山东地区新石器时代的稻田遗迹。在田野考古发掘工作中识别了可能是稻田遗迹的基础上,系统分析了胶州赵家庄遗址稻田遗迹土样的植硅体,结果证明该遗址保存有 4000 年前的稻田。这是中国北方首次采用系统的植硅体分析方法确认的新石器时代稻田遗迹,对于东亚地区水稻东传路线的研究也具有重要意义。"[②]

当考古工作者在栖霞杨家圈遗址的草拌泥红烧土之中发现了稻壳、稻茎和稻叶的印痕等遗存后,中国著名考古学家严文明先生曾撰文指出:"过去有所谓北路说、中路说和南路说,后二说事实上不大可能,而前一说又缺乏证据。杨家圈的发现证明北路说是有道理的。如前所述,从大汶口文化直到岳石文化的长

① 靳桂云、燕生东、宇田津彻郎等《山东胶州赵家庄遗址 4000 年前稻田的植硅体证据》,《科学通报》2007 年第 62 卷第 18 期,第 2161 页。

② 靳桂云、燕生东、宇田津彻郎等《山东胶州赵家庄遗址 4000 年前稻田的植硅体证据》,《科学通报》2007 年第 62 卷第 18 期,第 2161 页。

时期中,山东半岛的史前文化是单方面向辽东半岛传播的,而辽东半岛史前文化对朝鲜半岛的影响也很明显。因此我提出了一个从山东半岛经辽东半岛、朝鲜半岛再到日本九州,以接力棒的方式传播过去的说法,简称为北路接力棒说,后来因为朝鲜平壤附近的南京遗址和大连大嘴子遗址都发现了稻谷遗存而得到了相当的证实。"①

另外,关于稻作农业由山东半岛东传朝鲜半岛以及日本列岛这一问题,考古专家认为,另据 2005 年,胶州市赵家庄遗址考古发现的 370 粒碳化稻米和稻田、蓄水坑以及纵横交错的水沟等稻田遗存,与连云港藤花落遗址、辽东半岛的大连大嘴子遗址、朝鲜平壤附近的南京遗址及日本列岛诸遗存中的碳化水稻都是一致的。这就为稻作农业从中国南方的江苏一带传入

图 3-3 东方海上丝绸之路示意图

胶东半岛,然后出胶州湾海口又传到辽东半岛、朝鲜半岛和日本列岛这一路线提供了有力的支撑。由此可以推断,最晚距今 4000 多年前,一条由胶州湾沿岸海岸线北上传播,然后经过辽东半岛、朝鲜半岛到日本列岛的畅通的"东方海上丝绸之路"雏形就已经形成了。

另外,赵家庄遗址的时代与距离其不远的胶州三里河遗址的时代基本上是吻合的。根据三里河遗址的遗存发现,胶州湾开始进行域外交流最晚在距今 4000 多年前,甚至可能更早。

三、"Ω"形滨海文明带——胶州湾海洋文明的形成

在这片古老的海陆区域里,最具有海洋文明特色的是沿着曲折的黄海海岸线自然形成的"Ω"形滨海文明带。这条孕育了数千年青岛海洋文明的"Ω"形滨海文明带,东北端始于即墨金口丁字湾的莲阴河口,西南端止于胶南海青的白马河和吉利河口,全长 730 多千米,宽约 20 千米。若从空中鸟瞰,在这条"Ω"形

---

① 严文明《胶东考古记》,《文物》1998 年第 3 期,第 39 页。

滨海文明带的中间部位,有一个半封闭型天然海湾——胶州湾。以胶州湾为中心向东北和西南两段延伸的这条文明带,恰似一个大写的希腊字母"Ω"。[①] 在距今 4000~7000 年这一史前文明时期,这条"Ω"形滨海文明带发生了怎样的变迁呢? 充分利用考古资料去追溯这条文明带的萌芽、形成和发展,也就能充分了解胶州湾海洋文明的形成过程。

从目前的考古成果来看,胶州湾在新石器时代就已经进入了较发达的早期海洋文明阶段。根据现有钻孔资料发现的湾底的晚更新世(相当于考古学的旧石器时代晚期)沉积物显示,当时的胶州湾可能是一个小型断陷盆地,真正成为海湾还不到 1 万年。随着气候变化造成的周期性冰期与海侵,这个盆地以及其北边相邻的胶莱剥蚀准平原,因海平面的不断上升和冲刷而被淹没,形成"Ω"形海湾;后海水后退,胶州湾又一度缩小,又经历了全新世的几次海退与海侵现象交替形成的波动,在距今大约 3000 年才逐渐稳定下来。[②]

以胶州湾为中心形成的"Ω"形滨海文明带,分别向东北和西南延伸。"在这条'Ω'形青岛滨海地带的东北部,古文化遗址众多,其中属于新石器时代的北辛文化遗址、大汶口文化遗址就有 10 多处。这些史前文化遗址主要是北阡遗址、南阡遗址、东演堤遗址、河东遗址、南疃遗址、孙家周疃遗址、丁戈庄遗址等,其中的北阡遗址最具有代表性。"[③]在"Ω"形滨海地带中心部位的史前文化遗址主要有即墨贾戈庄遗址、胶州三里河遗址、城阳城子遗址等,"Ω"形滨海地带西南部有黄岛台头遗址、郭家河岩遗址、海崖遗址、董大庄遗址、甲旺墩遗址等众多大汶口文化、龙山文化遗址。[④]

20 世纪 70 年代,由中国科学院考古研究所山东工作队主导发掘的胶州三里河遗址,其上层属于龙山文化时期,下层属于大汶口文化后期。考古工作者在该遗址的大汶口文化层中发现了大量的鱼骨、贝壳以及鱼鳞堆积,出土了很多陶器、石器、蚌器、骨器以及少量的玉器等,还发现了多处房址、窖穴、储藏粟类粮食的库房、猪圈以及数十座墓葬。随葬物中有鱼骨、长条形蚌器、獐牙等。"用鱼作为随葬品的墓葬有 M105……第十一座……这些鱼骨经鉴定有鳓鱼、黑鲷、梭鱼和蓝点马鲛……有的墓有意识地在人骨架周围放置疣荔枝螺,是当时

① 郭泮溪《对青岛海洋文明历史中几个问题的初步探讨》,《东方论坛》2009 年第 5 期,第 81 页。
② 国家海洋局第一海洋研究所《胶州湾自然环境》,海洋出版社 1984 年版,第 254 页。
③ 郭泮溪《帆都记忆:青岛六千年海洋文明简史》,中国社会科学出版社 2009 年版,第 3 页。
④ 孙德汉《青岛文化通览》,山东人民出版社 2012 年版,第 27 页。

出现的又一种葬俗"①。用猪下颌骨随葬的墓有 18 座,其中随葬猪下颌骨数量最多的 M302 中有 37 块。墓葬中的猪下颌骨是财富的象征,"三里河大汶口文化居民饲养的家猪,就成为一种私有财产,并做为私有财产的象征而随葬"②。三里河遗址大汶口文化层中的大量鱼骨、贝壳、鱼鳞堆积以及随葬的猪下颌骨等,反映了距今 5000 年前后胶州湾早期海洋文明的特征。

第二节　先秦秦汉时期胶州湾的人文历史

一、环胶州湾:齐国重要的海陆疆域

到了春秋战国时期,黄海海面上有莒国、吴国、莱国和齐国的各种帆船,"Ω"形胶州湾滨海地带作为齐国的重要海陆疆域,也开始空前繁忙热闹起来。

齐国开国之初就实行"通商工之业,便渔盐之利"的政策,齐桓公时,全面贯彻实施。《管子·轻重甲》中记载:管仲建议齐桓公以通商为手段,通过与邻国的来往以臣服之,即用齐国的货物与南方的吴、越和东方的发、朝鲜通商,"吴、越不朝,珠象而以为币乎? 发、朝鲜不朝,请文皮毤服而以为币乎……然后八千里之发、朝鲜可得而朝也"③。

到了齐庄公时期,琅琊港成为齐国的大港。齐景公时期,在齐相晏婴的辅助下,齐国更加强盛。齐景公巡游少海,海上扬帆,六月不归,场面壮观。《晏子春秋》和《孟子·梁惠王下》等均记载齐国君齐景公"吾欲观于转附、朝舞,遵海而南,至于琅琊……",巡视海疆"六月不归"的情形。转附就是今天的烟台芝罘,朝舞即今天的威海成山。琅琊港不仅是齐国的军港,还是商港和造船基地。巡视海疆,是齐景公游海"六月不归"的真实意图。《淮南子》中记载:"东方大渚,曰少海。"④后世论者认为是胶州湾。

齐国君如此大规模、高规格的海上巡视活动,说明当时的造船技术、船队规模和航海水平已经达到了一定的水平。

---

①　中国社会科学院考古研究所《胶县三里河》,文物出版社 1988 年版,第 35 页。
②　中国社会科学院考古研究所《胶县三里河》,文物出版社 1988 年版,第 155 页。
③　(明)刘绩补注《管子补注·轻重甲》,凤凰出版社 2016 年版,第 474~475 页。
④　陈广忠译注《淮南子·地形训》,中华书局 2012 年版,第 205 页。

二、徐福东渡：华夏文明的海上传播

秦始皇二十六年（前 221 年），秦王嬴政统一六国，建立秦朝。建立政权几年后，秦始皇便开始寻找长生不老之药，才有了后来的徐福东渡寻仙之事。"齐人徐市等上书，言海中有三神山，名曰蓬莱、方丈、瀛洲，仙人居之。请得斋戒，与童男女求之。于是遣徐市发童男女数千人，入海求仙人。"①在秦始皇大量的人力、物力、财力的支持下，秦始皇二十八年（前 219 年），徐福浩浩荡荡的船队扬帆远航。

从此，这支有组织、有方向的数千人船队就开始了一次伟大的海外探险活动。"秦皇帝大说，遣振男女三千人，资之五谷种种百工而行。"②徐福第二次东渡时，除了三千童男女之外，还带上了很多五谷种子和拥有各种手艺的技人。

图 3-4　徐福东渡雕塑

2200 多年前，在没有罗盘、航海图而全凭目测与航海经验的条件下，徐福第二次东渡究竟到达何处？《史记·淮南衡山列传》中记载："徐福得平原广泽，止王不来。"③陈寿在《三国志·吴书》中论述徐福东渡最终到达的地方是亶洲："（孙权）遣将军卫温、诸葛直将甲士万人浮海求夷洲及亶洲。亶洲在海中，长老传言秦始皇帝遣方士徐福将童男童女数千人入海，求蓬莱神山及仙药，止此洲不还。世相承有数万家，其上人民。时有至会稽货布，会稽东县人海行，亦有遭风流移至亶洲者。所在绝远，卒不可得至……"④

据学者研究判断，距今 2200 年前徐福东渡的可行性路线如下：从山东半岛的琅琊港起航之后，先后经过灵山湾和胶州湾，再循海岸线向东北航行到达山

---

① （汉）司马迁《史记·秦始皇本纪》，中华书局 1982 年版，第 247 页。
② （汉）司马迁《史记·淮南衡山列传》，中华书局 1982 年版，第 3086 页。
③ （汉）司马迁《史记·淮南衡山列传》，中华书局 1982 年版，第 3086 页。
④ （晋）陈寿《三国志·吴书·吴主传》，中华书局 1982 年版，第 1136 页。

东半岛东端的成山头,继续向西行驶,沿着山东半岛北岸来到芝罘,再从蓬莱经庙岛群岛,到达辽东半岛南端的老铁山。然后,沿着海岸线东航抵达鸭绿江口,再沿着西朝鲜湾南下到朝鲜半岛。随后再从这里出发,借北风扬帆向西南航行,至九州海岸,再经关门海峡进入濑户内海,沿着大阪海湾南航入纪伊水道,最后到达熊野滩。

距今 2200 多年前,徐福两次率领航海队伍从琅琊港扬帆出海,到达了朝鲜半岛和日本列岛,带去了中国的先进文化。有学者认为,徐福先后率领"童男女数千人""振男女三千人,资之五谷种种百工"扬帆远渡,实际上是假借着为秦始皇寻海上三神山求仙药之名,行到海外开拓新事业之实。徐福一行到朝鲜半岛东南部,特别是当时先进生产力相对落后的日本列岛,带去了发达的秦代造船技术和农耕文明,以及发达的百工技艺和文化习俗,推动了朝鲜半岛与日本列岛的社会的发展。

三、汉武帝东巡:海上交通的延续与发展

汉高帝五年(前 202 年),汉朝建立。汉朝立国之初,吸取秦朝灭亡的教训,崇尚无为而治,采取轻徭薄役、与民休息的政策。社会政治、经济开始慢慢恢复,国力强盛起来。到了汉文帝、景帝时期,出现了经济繁荣、政治清明、社会稳定的局面,历史上称为"文景之治"。汉武帝外击匈奴、内削藩国,逐渐消除内忧外患之后,开始亲自东巡山东地区。

《汉书·武帝纪》记载,汉武帝曾经于元封五年(前 106 年)末六年初、太始三年(前 94 年)和太始四年三次巡幸今青岛一带。汉武帝非常崇奉神仙,他在长安城东南建了一座泰一祭坛,又在甘泉宫修建了泰一祠坛,上供泰一神,下供五帝,可见泰一神在他心目中的特殊地位。征和四年(前 89 年),汉武帝最后一次踏上齐鲁大地,"行幸东莱,临大海"①。

汉武帝作为一代帝王,先后八次幸临胶东半岛,绝不是仅仅为了寻仙山而来,还有着深刻的政治原因。

胶东半岛所在的齐地在汉代的疆土中有着举足轻重的地位。汉代实行郡国并行制,汉初田肯曾对汉高祖刘邦说:"夫齐东有琅琊、即墨之饶。南有泰山

---

① (汉)班固《汉书·武帝纪》,中华书局 1962 年版,第 210 页。

之固。西有浊河之限。北有渤海之利。持戟百万。齐得十二焉。祸根。故此东、西秦也。非亲子弟莫可使王齐矣。"①由此可以看出齐国重要的战略地位,所以刘邦才把自己的庶长子刘肥封为齐王,后来又陆续分封了淄川、济南、胶东、高密、城阳等诸国。汉武帝如此频繁地巡狩山东,也有稳定政权的目的。

第三节　唐宋元明清时期胶州湾的繁荣

一、唐宋密州板桥镇——开启胶州湾海内外交通的辉煌

经过从汉代到宋代数千年的发展,中国古代海洋文明已进入了空前繁荣的历史时期。到了赵匡胤黄袍加身成为大宋皇帝之后,以船舶建造业、远洋航海业和指南针的应用为标志的中国海洋文明已经遥遥领先于当时的东西方各国。② 于唐高祖武德六年(623年)设立、北宋初年达到发展顶峰的板桥镇,开启了胶州湾海外贸易的繁荣。

唐武德六年,唐高祖统一全国后,决定在胶州湾北岸设置滨海重镇——板桥镇。

位于今天胶州市的板桥镇毗邻胶州湾,在军事和对外贸易上居于相当重要的地位。唐高祖最初设置板桥镇的目的是作为唐朝对外用兵的重要中转港口和补给基地。唐朝初期,朝鲜半岛处于高句丽、新罗、百济三国鼎立的时期,三国之间经常发生战事。唐朝希望三国可以和平相处,采取多种方式介入,但都没有取得理想的效果。

唐太宗贞观年间(627—649年),对于高句丽攻伐新罗,唐太宗多次出面规劝高句丽,却不起作用。后来应新罗国请求,唐王朝曾两次从山东半岛出兵,经海路征讨高句丽。唐高宗时期(649—683年),百济在高句丽的支援下"数侵新罗"。唐朝在多次干预无效的形势下,发动10万大军从山东半岛渡海去朝鲜半岛,联合新罗军队大败百济,俘虏了百济国王并"大破其国"。在征讨百济和高句丽期间,板桥镇一直是集结军队和提供后勤保障的重镇。众多战船从板桥镇扬帆远航。新罗国统一朝鲜半岛以后,与唐朝之间的来往更加密切。唐朝与新

① (明)李贽《史纲评要·汉记·太祖高皇帝》,中华书局1974年版,第121页。
② 郭泮溪《帆都记忆:青岛六千年海洋文明简史》,中国社会科学出版社2009年版,第134页。

罗国之间的贸易主要有两种形式：一是随同双方使节往来而进行的官方贸易；二是民间商人之间进行的贸易。唐朝与新罗之间的官方贸易主要是以"朝贡"和"赐物"的名义进行的。自唐板桥镇设置以来，日本的使船和商船就开始在这里登陆。登陆者中除了遣唐使、商人外，还有许多僧人、留学生等。当时的密州板桥镇一带还有一些新罗人的社区。这里有时也会停泊着从遥远的西亚、南亚辗转来到唐王朝从事丝绸、茶叶、陶瓷贸易的船只。

宋代朝廷极为重视海外贸易，北宋初年在唐代的基础上，先后在广州、泉州、明州（今浙江宁波）、杭州等地的通商口岸设置了市舶司，负责对本国海商发放到海外贸易的"公凭"，检查各国往来的商船并征收关税等。当时，密州板桥镇是长江以北唯一设置市舶司的大口岸，负责与高丽、新罗、日本的贸易往来等事宜。北宋中期以后，板桥镇的进出口贸易已经超过了长江以南的明州（今宁波）和杭州。宋代板桥镇所在地就在今天的胶州市。另外，大量的宋代钱币和名窑瓷片的出土，也见证了密州板桥镇的繁荣。

1996年，胶州一家建筑公司在施工过程中，挖到离地面5米深的大量胶结在一起的锈蚀大铁块，初步确定为北宋时期的铁钱锈结体。后又发现附近有宋代瓷片。在这次出土北宋铁钱以前，胶州市境内就已经发现和出土了许多北宋铜钱和少量铁钱，例如1983年8月在胶州马店镇官路小学出土北宋铜钱1000多千克；1987年9月在胶州铺集镇沟里路村前出土北宋铜钱15千克；1990年6月在胶州苑戈庄出土窖藏铜钱150千克、铁钱5千克等。[①] 这些都见证了这片环胶州湾古老的陆海区域曾经有过繁荣的经济贸易。宋钦宗靖康二年（1127年），"靖康之变"后北宋灭亡。南下的金兵攻陷了潍县（今山东潍坊）、青州等地，曾经一片繁荣的胶州湾及其北岸的板桥镇也随之衰落了。

二、胶莱运河—马濠运河：打通胶州湾南北"三湾两海"的大型工程

胶莱运河南起胶州湾，北抵渤海三山岛，流经现胶州、平度、高密、昌邑和莱州等，全长130千米，南北贯穿山东半岛，沟通黄渤两海。而马濠运河位于胶州湾西南岸的青岛井冈山路东侧，南口唐岛湾，北口黄岛前湾，是元、明两代相继开凿的我国唯一的海水运河。

---

① 宋和修《胶州史话》，中国文联出版社2001年版，第43页。

元世祖至元十六年(1279年),元世祖忽必烈消灭了南宋,作为政治中心的元大都(今北京),城内有人数众多的王室成员、庞大的军事机构和政府机构,他们都依靠着南方的供给。为解决南粮北运问题,忽必烈于次年接受莱州人姚演的建议,开凿胶莱运河,通南北漕运。

元至元十九年(1282年),胶莱运河主体工程竣工,从胶州湾陈村口到莱州湾海仓口,全长130余千米,水路比绕行山东半岛缩短数倍。随即开始试航运,尤其在运粮时节,非常繁忙。与胶莱运河同时开工的还有马濠运河。马濠运河河道较短,全长只有7千米①,但是因为开挖处是石岗地,难度极大,受到当时技术条件的限制,最终半途而废。据《元史》记载:"水浅舟大,恒不能达,更以百石之舟,舟用四人,故夫数增多。"②再加之河道淤塞、海水倒灌,至元二十六年(1289年),这条连接胶州湾与莱州湾的运河被朝廷下令停用了。从史料可知,元代朝廷放弃的只是胶莱运河作为官方漕运南方粮食的主航道而已,民间还在继续使用。

明嘉靖十四年(1535年),明世宗朱厚熜采纳山东按察司副使王献的建议,命其再开马濠运河。王献访问当地父老、查看图志,制定了重修马濠运河的详细方案。嘉靖十六年(1537年)正月,在原马濠运河旧址以西20米处重新开凿了马濠运河。三个月后,马濠运河凿成了,运河两侧的官厅、濠南头、濠洼、濠北头四村庄皆因此得名。

胶州湾畔这两条运河的开通和疏浚,使南方北上的船舶可以直接从唐家湾进入马濠运河,然后再经过胶州湾北岸进入胶莱运河。胶州湾畔两运河对经济的发展起到了强大的助推作用,它缩短了水运行程,使南北方之间船舶往来畅通,增强了海上运输的稳定性和安全性。与此同时,也为运河沿岸带来了经济发展和文化繁荣,为胶州湾地区留下了丰富的历史文化资源。

第四节　清末民国时期胶州湾文化的转型

清顺治元年(1644年),清军入关,攻占北京,明清易代。清初因东南海疆未定,朝廷实行海禁政策。至康熙二十四年(1685年),宣布开海:"今海内一统,寰

---

① 青岛市文物局《青岛明清海防遗存调查研究》,中国海洋大学出版社2017年版,第189页。
② (明)宋濂等《元史·世祖本纪》,中华书局1976年版,第274页。

宇宁谧,满汉人民相同一体,令出洋贸易,以彰富庶之治,得旨开海贸易。"①康雍乾三朝,国家统一,社会稳定,经济得到迅速的恢复和发展。胶东半岛以其优越的地理位置和悠久的海洋传统,在开海政策实施以后迅速恢复了生机,海上活动日益频繁起来。明代,南北来往的船舶络绎不绝,促进了沿岸地区各通商口岸的崛起,胶州的塔埠头,即墨的金家口、女姑口、青岛口等胶州湾沿岸的港口出现了前所未有的繁荣局面。

塔埠头港在胶州湾北部,成为当时山东半岛沿海各港口发展最快、经营规模最大的通商口岸之一。时人这样描述当时的盛况:"自塔埠头至淮子口名少海,商船停泊处也。岸西为土堰百余丈,拒潮,且便登舟。旁列廛居,略如阛阓状。每秋冬之季,估客骈集。千樯林立,与潮波上下,时而风正帆悬,中流萧鼓,转瞬在隐约间,又令人想蜃楼海市,咫尺云烟矣。"②由此可见当时胶州塔埠头的繁荣景象。

女姑口位于胶州湾东北岸,在女姑山下的白沙河与墨水河的入海口处。女姑口是一处有着 2000 年以上历史的主港口。

胶州湾外口东侧的青岛口,也开始"有市有关"。③ 在清雍正《山东海疆图记》和清乾隆《胶州志》中,已经开始出现"青岛口"的记载。在清末德占青岛之前,青岛口是一处海路四通八达、商贸初具规模的海滨市镇。

1891 年,清政府在青岛设防,移登州总兵府于青岛,此为青岛作为军政建置城市之始。

1897 年,德国出兵占领胶州湾,辟建近代意义上的港口城市,改变了胶州湾沿岸地区原有的社会和经济发展模式。特别是随着青岛大型港口工程和胶济铁路工程的竣工和投入使用,商品、资本及劳动力迅速向新兴口岸城市,即青岛集中,胶州湾走上了近现代发展模式的快车道。但也正因为如此,日本帝国主义觊觎已久,于 1914 年打败德国,强行占领了青岛。直至 1922 年主权才被中国政府收回。然而 1937 年日本大规模侵略中国,又重新占领青岛,直到 1945 年日本被彻底打败,青岛才重新回到祖国的怀抱。1949 年 6 月 2 日青岛解放,青岛才真正获得了新生。

---

① (清)嵇璜、刘墉等撰,纪昀等校《清朝文献通考》,新兴书局 1965 年版,第 5155 页。
② 青岛市黄岛区地方史志编纂委员会办公室《黄岛区志》,齐鲁书社 1995 年版,第 586 页。
③ 曲金良《蓝色青岛》,青岛出版社 2012 年版,第 76 页。

第四章 胶州湾渔业历史文化资源

第一节 胶州湾渔业资源概述

一、胶州湾的渔业生态环境

胶州湾具有良好的渔业生态环境。作为一个半封闭的海湾,其沿岸地貌类型多样,气候条件良好,隐蔽安静,港宽水深,这为渔业资源的发展提供了不可多得的自然条件。胶州湾具有典型的港湾海岸与淤泥质海岸的特征,沿岸广阔的陆架水域和滩涂特别适合海洋生物栖息洄游繁殖。胶州湾及其周围地区属于温带季风气候区,每年的汛期7～9月份,周围区域的11条河流,即漕汶河、岛耳河、洋河、南胶莱河、大沽河、桃源河、洪江河、石桥河、墨水河、白沙河、李村河,一齐注入胶州湾,在河口地区形成宽阔的河口三角洲。河水携带大量的营养盐类和有机物入海。泥沙带来丰富的养料,使大量浮游生物和底栖生物得以滋生繁殖,为各种海洋鱼类及其他生物的生存繁衍提供了充分的饵料。

二、胶州湾主要渔业资源

胶州湾水质肥沃,资源丰富,是鱼、虾、贝、蟹的天然产卵场。在清代,沿海渔民根据鱼虾定期洄游生殖规律,开辟了许多相对稳定的近海作业场所,每年都有大量渔民在这些渔场扬帆驾船,竞相捕捞。在黄海地区有两个较大的渔场,分别是长山群岛渔场和烟威渔场。胶州湾作为青海渔场(山东半岛南部)的一部分,北接海即渔场,南连苏北的海州湾渔场。主要的渔获有:对虾、鲅鱼、鲐鱼、鲳鱼、带鱼、黄姑鱼、白姑鱼、鳕鱼、青鱼、真鲷、乌贼、鹰爪虾等。[①] 据现代海洋生物学者研究,山东黄渤海海区的鱼类200余种,主要为暖温性种,其次为暖

---

① 陈冬生《清代山东海洋渔业举要》,《古今农业》1996第4期,第69～79页。

水性种,冷水性种很少。在这其中,软骨鱼类共有 6 目 21 科 32 种,硬骨鱼类共有 15 目 77 科 193 种。贝类 400 余种,包括多板纲、腹足纲、掘足纲、双壳纲和头足纲等。藻类 170 多种,哺乳类动物鲸目 15 种,鳍足目 2 种。① 胶州湾近海温度适宜,自然条件优越,成为大量底层鱼类和虾类混栖的重要场所。海洋生物资源种类多且资源量丰富,这就为渔业的发展创造了有利条件。胶州湾渔业以红岛地区为主,外海以沙子口地区为中心,胶州湾渔业有着固定的捕捞作业方式和交易形式,是一个很好的渔业生产基地和鱼产品交易市场。

三、胶州湾渔业生产与渔业发展

胶州湾附近海域,海岸线比较曲折,春季水温上升,冬季下降,又因潮流的关系,适宜鱼类的洄游和繁殖。鱼类每年随水温而南北洄游、索饵、产卵、繁殖,形成春、秋两大鱼汛,主要有小黄鱼、青鱼、鲐鱼、真鲷鱼鱼汛等。明代,青岛是即墨县一个以捕鱼为主的村庄,当时的县令向朝廷上疏建议开放海上运输,以发展海上贸易,明朝廷采纳了他的意见,在即墨县内开放了青岛、女姑口、金家口等海口。到清代,清朝廷在烟台建立了东海关后在青岛口设立了分关。清光绪年间(1875—1908 年),胶澳地区已有渔村 160 余处。沙子口、登窑、女姑口为域内主要渔港。当时以木帆船、网捕为主,女姑口有木船 370 余只,阴岛(今红岛)有 120 余只,多在近海作业,所捕有青鱼、带鱼、蛤、贝、蛎、蟹等。② 渔业生产的主要工具便是渔船和网具。胶州湾传统的渔业捕捞所使用的渔船则主要有帆船、风船两类。沿海的渔民根据沿海地区的地形地貌以及海洋生物的习性等,在长期的社会实践中制造了各种渔具,主要有圆网、袖网、流网、曳网、拖网、挂网、延绳钓等。渔民靠海为生,在与海洋"斗智斗勇"的社会实践当中,渔业生产技术和捕捞技术不断得到提高,渔获量也逐渐增加。

早在汉代,胶州湾地区就有广泛的聚落群出现,秦汉之后长达 1000 多年的时间内,胶州湾沿海地区的渔业发展较为缓慢。到了宋代,胶州湾已成为当时对外贸易的重要大港之一。德占胶澳时期,青岛地区设有水上巡捕房以及海面巡捕分局等,负责沿海岛屿、海滨地区的治安保护。1913 年之后,日本渔船侵入青岛海域,设置专门机构负责胶州湾附近海域鱼产品的加工与销售,掠夺胶澳

---

① 山东省地方史志委员会《山东省志·海洋志》,海洋出版社 1993 年版,第 2 页。
② 光绪《海阳县志·盐法》,潮城谢存文馆 1900 年版,第 54 页。

地区的渔业资源。在1914—1945年的30余年间,胶州湾的渔业都笼罩在日本侵鱼活动的阴影之下,造成了非常恶劣的影响。新中国成立之后,胶州湾渔业资源的发展受到了青岛市政府的重视和关注,20世纪50年代以后胶州湾迎来了全新的开发和利用阶段,人们受到号召"向海滩要地,向海滩要粮",围海造田,导致胶州湾水域面积不断减少。胶州湾水域面积的减少引起政府的重视。2016年,国家海洋局印发《关于批准建立大连仙浴湾等9处国家级海洋公园的通知》,胶州湾国家级海洋公园正式建立。这是全国最大的半封闭海湾国家级海洋公园,总面积达200.11平方千米。

　　胶州湾渔业的发展促进了渔业生产技术的不断提高。渔民靠海而生,海洋对渔民的生产生活造成了巨大的影响,为改善生活条件,增加经济效益,渔具、渔船、渔业捕捞方法就必然会不断地改进。渔民捕鱼,家境宽裕者购置重舟,家贫力弱者则以小船捕捞,或集资购置船网等渔具,合力进行渔业捕捞活动。使用不同的渔船和渔具对渔业的产量有直接的影响。清光绪年间,胶州湾地区已有渔村160处,沿海居民有万户之多,但沿海捕捞的渔网用具简陋,大大局限了捕捞范围。而渔业生产方式世代因袭,缺乏改进。民国之后,当局筹划大力发展海洋渔业,推动渔业改良,出现了许多不同类型的渔具,渔业生产技术大大提高,沿海各类网具已不下百余种,各种大中型木帆渔船万余只,渔业捕捞生产已具有相当规模。胶州湾渔业的发展促进了胶州湾地区渔民社会的形成。居住在沿海地带的渔民,以海为生,在长期与自然、海洋的搏斗中形成了诸多的涉海习俗,包括海洋生产习俗、渔家生活习俗、祭海习俗、海洋禁忌、海洋民间节庆等多个方面。这些海洋民俗是胶东文化不同于其他内陆文化的重要特征。[1]

　　胶州湾附近海域是当地渔民赖以生存的家园,在长期的出海活动中,形成了与内陆完全不同的渔民社会和富有特色的渔民文化。

第二节　胶州湾渔业历史文化资源

一、胶州湾先民的渔业文化遗址

　　胶州三里河遗址发现的蓝点马鲛鱼骨是胶州湾沿海地区渔业发达的有力

---

[1]　刘焕阳、陈爱强《胶东文化通论》,齐鲁书社2015年版,第149页。

证明。蓝点马鲛属于暖温性中上层鱼类,是船拖钓的主要鱼类之一,主要生活在我国东海、黄海和渤海深水水域、岩礁海岸、岛屿附近。三里河遗址发现于今胶州市城南三里河村前的一块高土台地上,面积约 5 万平方米,共发掘了 1500 余平方米的面积,从发掘的情况看,遗址文化堆积可分两层,出土了大

图 4-1　胶州湾传统渔码头

量的史前大汶口时代和龙山时代的文物,统计的数量多达 1200 件。从遗址发现的遗物看,当时人们定居的农耕生活已相当发达,不但有剩余的粮食储存,而且还私养家畜。养猪已经十分普遍,大汶口文化墓中随葬的猪下颌骨共有 143 块,数量十分惊人;龙山文化也有 70 块,它们多在个人墓葬中出现,应是私人圈养的。养猪还需要消耗部分粮食,可见在当时,人们并不缺吃少穿。[①] 除农耕外,人们凭借临海优势,到海边捕捞和采集。遗址中大量的贝壳、鱼鳞及鱼骨便是这种状况的证明。依鱼骨鉴定发现,当时人们可以捕捞到外海的鱼类,由此可见,渔民的航海能力不可低估。

二、胶州湾传统渔业生产知识、工具与技术

(一)渔港利用

胶州湾沿岸海岸线曲折,优良渔港很多。现对区内的优良渔港做一简要介绍。青岛渔港,位于胶州湾东南侧,有中港和小港。沧口湾,位于李沧区(原沧口区)沧台路西侧,西向敞口,忌西风,浅滩低潮时干出,为渔船和民间贸易船的良港,胶州湾沿岸红岛、女姑口一带的小型渔船,多在此港卸鱼,是李沧区(原沧口区)主要渔货交易港口。湖岛湾,位于原四方区(现市北区)湖岛村西,西向敞

---

① 肖贵田《山东古文化遗址之:胶州三里河遗址》,《走向世界》2004 年第 2 期,第 66～67 页。

口,忌西风,浅滩低潮时干出,有少量小渔船停泊。黄岛区沿岸的安子湾、顾家岛西湾、连岛湾、前湾、南屯前、北屯后、施沟后、辛岛后为渔船避风港湾,锚泊条件较好。在胶州湾内的红岛沿岸还有 6 处渔业港湾:西大洋港口,原为浅滩,泊船条件差;后阳港湾,1940 年建有两个小码头,年久失修,附近的 4 个村的渔船停泊于此;东大洋、邵哥庄、西嘴子、潮海等 4 个港口,属天然港湾,邻近渔船收港停泊,西嘴子、潮海两处避风条件较好。女姑山海口和宋哥庄湾,是胶州湾东北沿岸的两个渔船泊地,附近的五六个渔村的渔船泊于此。

图 4-2　女姑山

图 4-3　女姑祠旧址

(二)鱼汛知识

根据鱼虾的洄游规律,胶州湾地区渔民下海主要集中在春、秋两汛期。从春分到谷雨,分布在渤、黄两海越冬的青鱼、叫姑鱼、梭鱼、鲻鱼、鲈鱼、比目鱼、鹰爪虾、毛虾等渔业资源,随沿岸水温的逐渐升高,开始由深水区到近岸水域产卵。清明节前后,对虾、小黄鱼等也相继游至近岸,形成鱼汛。从谷雨到大暑,前来产卵的鲐鱼、鲅鱼、鳓鱼、带鱼等陆续游至沿海各产卵场,形成上半年的又一次鱼汛。在胶州湾附近海域形成的鱼汛主要有:小黄鱼鱼汛,每年农历的三月中旬到四月中旬,黄海深水域的越冬小黄鱼游向黄海沿岸各产卵场,先后形成鱼汛;鲅鱼鱼汛,每年农历四月初和九月在胶州湾形成鱼汛;青鱼鱼汛,青鱼属黄海地方鱼种,主要产卵场在荣成、威海、胶州及莱州湾近海水域,每年二月,在胶州湾形成春汛;鲐鱼鱼汛,每年的农历三月鱼群北上,四月在胶州湾地区形成鱼汛;鳓鱼鱼汛,每年农历三月至四月洄游鱼群先后在青海、海即与龙须石岛渔场形成鱼汛;黄姑鱼鱼汛,每年的农历二月到三月,黄姑鱼前往海州湾产卵,同时在青海渔场胶州湾沿岸形成鱼汛;真鲷,是山东省近海名贵经济鱼类,黄海水域的青海渔场和莱州湾渔场是真鲷的主要产地,在青海渔场农历四至五月是旺汛。

对虾	真鲷	黄花鱼	带鱼
青鱼	黄姑鱼	鲐鱼	鲅鱼

图 4-4　胶州湾主要鱼类一览

(三)胶州湾传统渔船

胶州湾传统的渔业捕捞所使用的渔船主要有帆船、风船两类。这两类船只都需要借助风力和潮流的推动,受到自然因素影响很大,渔获量也受到限制。经过一系列改良和革新,胶州湾海面上的渔船焕然一新。起初,胶州湾地区的传统渔船并未被完全抛弃,而是购置新式机器,给渔船安装动力机械,这便在很大程度上使渔船不再受风力的限制。渔船有了新的动力,增强了可控性,也节省了人力和时间,为较远航行创造了条件,也扩大了渔业生产的规模。随着日占时期的竞争,传统渔船慢慢退出渔业捕捞活动,民族资产阶级便引进了新式渔轮。新式渔轮船体龙骨部呈锐尖形,重心在下,经得起风浪,而且新式渔轮马力大,能使用拖网捕捞底层鱼,渔获量远比旧式帆船要大。1928 年之后渔轮业逐步改进,以构造坚固轻便、马力大、速度快及操作便捷为发展趋势,经过改良,胶州湾沿海地区的渔船已基本实现了捕捞作业的动力化和机械化,渔业的生产力和生产效率大大提高。

图 4-5　红岛蛤蜊丰收

图 4-6　旧式渔船

(四)网具五花八门

网具是胶州湾渔民用于海洋捕捞的主要工具,"渔海之力在网罟"一句说明了网具的重要性。网具种类繁多,用途不一,下面介绍几种胶州湾地区常见的网具。

图 4-7　加工后堆积如山的蛤蜊壳

拖网类网具。拖网分为地曳网和船拖网。地曳网呈长带形,通常由数十段片网连接而成,故又称"作网",亦俗称"拉网"。地曳网中间部分的网片高于两边的网片且网目加密,在地曳网的上下分别结附浮子和沉子。流行在山东沿海地区的船拖网有裤裆网、桃花虾网、海参网、百袋网、顶网、蚶子网等多种。

刺网类网具。刺网分定置刺网和流刺网两类。定置刺网多用于近岸浅海,网具的底边一般用木橛或碇石固定于海底,并根据捕获对象将网具定置在海水的上层或下层。在刺网类中,使用最广的是流刺网。流刺网因与船体一同随风和海流漂移,刺挂鱼类,故又称"流网"。流刺网作业不受海水深浅与底质的影响,需费人力少,成本低,因此被沿海渔民所广泛使用。流刺网按作业水层,又分上层流刺网与底层流刺网。上层流刺网多捕获鲅鱼、鲐鱼、燕鱼、鲳鱼等,底层流刺网多捕获黄花鱼、黄姑鱼、青鳞鱼及真鲷等鱼类。

围网类网具。围网是围捕集群鱼的大型网具。全部网具为横长带形,网的中间部分网目加密,两端网衣网目较稀,以便包兜鱼类。胶州湾沿海地区使用的围网主要是风网和圆网。

张网类网具。张网一般都张设在鱼虾较密集的海域或洄游通道上,依靠水流冲击,迫使鱼虾进入网内。网具随水流的缓急而升降,以捕获小型鱼虾为主,部分大型网具在鱼汛时亦能捕获大型经济鱼类。张网根据装置方式,可分桩张网、橛张网和船张网。

插网类网具。插网是一种定置网具。作业时,在浅水滩涂地带将竹、木杆按一定距离插成排,杆上张挂网衣,形成长垣状,截留涨潮游来的鱼虾,待落潮后拾取。根据网具结构和定置形式,插网具有滩网、须子网、泥网、柳网、地网、迷魂阵、跳网、帘网等多种。

20世纪30年代后期,青岛近海及胶州湾地区捕捞网具,以圆网为主,其次是流网、挂网、拉网、站网、袖网、裤裆网、挡网、钓钩等。沿岸使用的小张网、大网等定置网具和旋网、抄网等小网具,逐渐被淘汰。钓鱼业及潜水渔业有所发展,胶州湾地区渔民个体或搭伙在近海张滩网,逢鱼汛旺季,高产时每网一潮可捕姑鱼2000余千克,张挡网每网一潮可捕白虾2500余千克。[1]

图4-8 传统捕鱼网

在胶州湾地区,沿海地区人民的生产生活离不开海洋,渔民长期生活在水上,其饮食也与水有很大关系。居住在沿海地区的渔民饮食以各种海产品为主,常见的有鱼、蛤、螺、蟹等,而且因为要外出捕鱼,所以往往一天只吃两顿饭。渔民为了采集丰富的水产资源,大多靠海而居,过着以船为家的生活。在长期

---

[1] 胶州市志编纂委员会《胶州市志》,新华出版社1992年版,第392页。

的社会实践当中,形成了与内陆地区迥然不同的生活习俗,下面是一段清末民初关于胶州地区的风俗描写:

> 胶民朴野,勤耕绩,士重儒术,敦志节。莱州府志曰,民以农为务,士敦经术,俗多狷介,衣冠文物有古风。旧州志谓,生理疏阔,民贫俗俭,士矜功名,颇尚气,大抵相袭为文,若弗暇,详考生者爱采其里俗,以四民所业,五礼所行与古今之宜,丰杀之等悉。①

耕种艰难,海上自然灾害频发,渔民也逐渐养成了忠厚而不畏艰难、淳朴而不尚奢华的性格。胶州湾地区靠近海洋,人们的生活习俗中也带有浓厚的海洋色彩,海上航行有风险之忧、谋生之难,所有关于海神的信仰都是满足人们的精神需要产生的。胶州湾地区作为海神被人们崇拜的有龙王、龙王母、妈祖娘娘以及一些海洋动物,如鲸鱼、海鳖等。

三、近代日本对胶州湾渔业资源的掠夺

(一)日本对胶州湾渔业的掠夺

胶州湾深入青岛腹地,濒临黄海、渤海渔场,渔业资源十分丰富,是我国北方渔业最发达的地区之一,因而也成为日本侵渔活动的重灾区。近代日本对胶州湾及附近海域的侵渔活动长达 30 年,大致可分为三个阶段:1914—1922 年为第一阶段,此阶段是日本对青岛第一次占领时期,因属于非法占据,其掠夺政策带有野蛮性特点;1923—1937 年为第二阶段,日本被迫交还青岛及山东后,仍利用所保留的殖民特权继续从事侵渔活动,但遭到了中国政府及当地渔民的顽强抵制,中日渔业冲突及交涉不断,其侵渔政策带有力求维持殖民特权的特点;1938 年日本第二次侵占青岛到 1945 年战败投降为第三阶段,日本对青岛渔业实现了全面独霸。

第一阶段,日本主要是在胶州湾内外海的灵公山岛、大公岛、小公岛、塔连岛一带海域从事捕捞。1913 年 10 月,日本汽船拖网株式会社在德国胶澳当局的许可下,派渔轮在胶州湾一带从事捕捞。1914 年日军占领青岛后,在青岛设立军政署进行统治。自此之后,日本渔民大量来到青岛,在青岛附近海域,任意

---

① 民国《增修胶志·疆域志》,成文出版社 1968 年版,第 465 页。

捕捞,日本渔轮更是屡屡驶入山东海域,制造浸渔事件,劫掠黄海各渔场渔业资源。1916 年日本还在青岛成立水产组合,开始在胶州湾从事渔轮手操网渔业。至 1917 年,在青岛的日本渔船有 130 余艘,"南至海州,北至成山,皆属日本渔人活动之范围矣"①。1919 年由日本政府出资补助,日人建造大型渔船 7 只,使日船渔业捕捞能力大为提高,同时派船于山东半岛沿海海域捕捞。于是,自海州至山东石岛的广大海域,完全成为日本渔业的活动范围。②

第二阶段,日本于 1922 年结束在青岛的统治,但是日本对胶州湾及附近海域的侵渔活动还在继续,日本的水产组合并没有伴随日军的撤退而解散,而是顽强地存活着。1925 年底,青岛捕鱼的日本渔轮——机船底曳网渔轮增加到了64 艘,从事渔业人员达 700 多人,渔获量达 1750 多万千克。1930 年时共有 60多艘日本水产组合的渔船在青岛沿海作业,渔获总额高达 40 万元。1932 年时日本在青岛的渔船、网具和各种设备的资本总价值就已达到 100 万元以上,据1935 年的《经济年鉴》记载:"1932 年时日人所获鱼计 3965264 贯(每贯合1005335 华量),值洋 1955708 元。"这一时期每年大约有 500 名日本渔夫在青岛从事渔业活动,渔获额约 600 万千克,价值约 100 万元。表 4-1 为 1929—1933年日本渔轮在胶州湾及附近海域的渔获量统计。③

表 4-1　1929—1933 年日本在胶州湾及附近海域渔获量统计

年度	鱼货数量(市斤)	渔获金额(元)
1929	3564460	762175
1931	5443018	999024
1932	21019646	1255171
1933	35279798	1883251

由上表可以看出,日本渔轮的渔获量呈现逐年上升的趋势,这一时期日本并没有放松对胶州湾及附近海域渔业的侵略,反而变本加厉,无所顾忌。"民国十四年(1925 年)山东沿海一带,日本渔轮满先丸等四十艘,先后在蓬莱、黄县、

① 民国《胶澳志·方舆志》,成文出版社 1968 年版。
② 中国第二历史档案馆《中华民国史档案资料汇编》(第三辑),江苏古籍出版社 1991 年版,第 695 页。
③ 张震东《中国海洋渔业简史》,海洋出版社 1983 年版,第 102 页。

屺拇岛、掖县、石虎咀等处,大肆捕捞,并任意将吾国渔人之网绳、钩线等渔具,
拖拉毁损,我政府束手无策。"[1]直到 1938 年日本再次侵占青岛,日本渔船一直
在胶州湾沿岸及附近海域侵渔,青岛渔业奄奄一息。

　　第三阶段,1938 年日本再次占领了青岛。青岛的农业、渔业、盐业等纷纷被
纳入日本战时体制当中,严格控制了整个胶州湾及附近海域。日军在各个港口
设立监视机关、水上警察、水上宪兵队,任意地扣留青岛渔船,渔民不得任意进
入各个港口,使得渔民的生活无法继续。反观此时的日本渔轮,竞相涌入胶州
湾地区,不断增加和使用各种网具,捕捞强度远远超出了胶州湾渔业资源的再
生能力,不顾鱼类的生长期或繁殖期,盲目地乱捕乱捞,致使渔业资源逐渐枯
竭,给青岛渔业带来毁灭性的打击。然而,日本渔船往往实行高强度的作业,在
一个渔区内滥捕滥捞,等渔业资源消失殆尽时就辗转至另一个渔区进行相同的
强盗行为。

　　表 4-2 和表 4-3 分别是 1938 年日本渔获量统计和 1943 年渔获量统计。

表 4-2　1938 年日本渔获量统计表[2]

鲜鱼			
鱼类	金额(元)	鱼类	金额(元)
加吉鱼	55172	黑鱼	11026
鲅鱼	28341	鳌鱼	13213
片口鱼	25738	黄姑鱼	6917
鳝鱼	15664	海参	3022
鲈鱼	15664	墨鱼	5242
白鱼	6792	鲻鱼	4560
咸鱼			
鱼类	数量(贯)		金额(元)
虾	100881		107434
黄花鱼	288969		70247
刀鱼	489912		138917
合计	879762		316599

---

① 张震东《中国海洋渔业简史》,海洋出版社 1983 年版,第 101～102 页。
② 山东省水产志编纂办公室《山东省水产历史资料汇编》(第二辑),山东水产志 1985 年版,第 360 页。

表 4-3　1943 年日本渔获量统计表①

渔区	渔获量(吨)	渔获数额(万元)	渔区	渔获量(吨)	渔获数额(万元)
阴岛	2100	300	灵山卫	55	11
沙子口	347	39.2	浮山	100	15.3
薛家岛	550	110	黄岛	55	15.8
沧口	1813	598	高峪	135	21
即墨二、三区	869	243.2	张村	70	22.5
两栏共计	6094	1376			

注:灵山岛、营海、崂东三个区的资料缺失。

由以上两表的对比可知,日本不断加强对胶州湾及附近海域渔业资源的掠夺。根据日本水产组合的规则,对青岛渔民采取种种限制措施征收苛捐杂税。在抗日战争时期,日本对山东各个沿海地区实行严格的封锁制度,渔民正常的捕捞工作无法继续。为了维护战争的需要,日本急需运送大量青壮年劳动力回本国从事生产。1939 年,日本从青岛港掳去了包括农业、渔业、商业、土木、建筑、交通运输、杂役等各行各业的劳动力达 44319 人。② 本来渔业的从业人员就少,经此掠夺更所剩无几,渔民数量不断减少,渔业也一蹶不振。"青岛全区以渔为业者一百六十余村,昔时每村渔户占全村户数之大半,现除海西一隅尚有以捕鱼为正业外,海东方面改业者甚多,渔业大有日见衰退之势。"③20 世纪二三十年代青岛渔业人数维持在七八千人,渔船 1500～2000 只,渔业取得一定进步。从 1937 年开始,青岛长期处于战乱之中,青岛渔业备受摧残,风帆渔轮和手操网渔轮毁坏严重。1945 年末,青岛渔轮仅余 39 艘。日本政府设立青岛水产统制组合、华北水产协会青岛支部、山东渔业株式会社等八处机构来控制渔业,这一时期每年约有 100 艘日本渔船徘徊在胶州湾及附近海域,疯狂地掠夺渔业资源,霸占原本属于胶州湾沿岸渔民的渔获物,胶州湾本土渔业奄奄一息,几近毁灭。

① 青岛市史志办公室《青岛市志·水产志》,新华出版社 1995 年版,第 64 页。
② 寿杨宾《帝国主义与青岛港》,山东人民出版社 1983 年版,第 150 页。
③ 青岛市水产局《青岛市水产志》,青岛出版社 1994 年版,第 57 页。

(二)中国政府的应对措施

日本政府在胶州湾及附近海域如此毫无顾忌的捕捞活动,侵犯了中国渔民的正当权益,为了保卫中国的海权,中国政府和民间的有识之士采取种种措施与日本人进行斗争。

(1)颁布相关法律,保护胶州湾海域的渔业发展。清朝末年著名实业家张謇就认识到渔业的重要性,主张维护渔民的合法利益,北洋政府工商部于1914年颁布了《渔轮护洋缉盗奖励条例》和《公海渔业奖励条例》,但在当时的条件下,这两个法律法规只能是一纸空文,不能得到很好的实施。1924年,山东省实业厅颁发《山东省渔业管理章程》,详细划定了对渔场、渔具、渔期和鱼类的捕捞标准,又"依照万国公法有关规定,首次划定沿岸50里禁止汽船拖网作业,一则防止外国汽船在近海侵渔,藉此维护渔权,二则亦禁止本国汽船拖网,保护近海水产资源"①。1929年,为充分调动渔民从事渔业生产的积极性,南京国民政府农业部颁布了《中华民国渔业法》与《中华民国渔会法》,后又颁布《中华民国渔业法施行细则》,实行水产保护政策和划定禁渔区并设置标志来辨识界限。1932年,还在青岛设立冀鲁区海洋渔业管理局,主要工作是派舰实行护渔。尽管政府认识到了渔业的重要性,但是因为当时的政府并未采取强有力的措施来确保法律的执行,使得这些条例往往流于形式,未实现其初衷。

(2)成立股份公司,与日方积极竞争。在日本水产组合对青岛渔业的大力侵略之下,民族资产阶级联合起来,成立了青岛渔业股份公司。公司由民族资产阶级宋雨亭为首倡办,采取股份制,参与的股东必须为中国国籍。公司的股东和董监会大多是青岛商界的重要人物,许多商人并不经营和渔业相关的业务,但他们有着保卫祖国渔业和维护渔民利益的极大热忱。公司主要经营的业务有:①购买渔船,采捕鱼类;②设立鱼市场,竞卖鱼类;③设冷藏库,存储鱼类;④设金融部,便利渔民;⑤制造贩卖各种鱼类;⑥请领渔区养殖水产;⑦筹设工厂,制造水产;⑧其他有关渔业的一切事项。青岛渔业股份有限公司同时将鱼市场的业务包括在内,涵盖了捕捞、加工、冷藏、贩卖和渔具的制造各个方面。经过大家的努力,从筹备到正式成立渔业公司只用了短短一个月的时间,为渔业公司业务的开展提供了保障。因手操网发动机渔轮所获利润是旧式渔轮的

---

① 山东省地方史志编纂委员会《山东省志·水产志》,山东人民出版社1991年版,第380页。

数倍,所以渔业公司购进"永安"和"久安"两艘新式渔轮,采用新式渔具捕鱼,渔获量大幅度上升,年渔获量为200余吨,势头良好。第二年,渔业公司又增加了8艘渔轮。渔业公司总计10艘渔轮,年渔获额增加为2000吨,增强了与日本水产组合竞争的资本。可惜好景不常在,日本1938年再一次占领青岛后,青岛的私营渔轮业迅速走向没落,青岛渔业公司及鱼市场遭受到巨大的破坏,日本完全垄断了青岛渔业。

抗战胜利后青岛建立了一系列渔业合作社,主要有:①青岛市渔业合作社联社;②青岛市小港二路渔业生产合作社;③青岛市沧口渔业生产合作社;④青岛市阴岛渔业生产合作社;⑤青岛市沙子口渔业生产合作社;⑥青岛市港东村渔业生产合作社;⑦青岛市石老人渔业生产合作社;⑧青岛市女姑山村渔业生产合作社;⑨青岛市浮山所渔业生产合作社。① 由此希望能够恢复被日军破坏的青岛渔业,促进渔业经济的早日发展。但以上所列诸多合作社,虽然数目众多,但很多都未开展任何业务。因没有渔业资源,由此也可看出日本对青岛渔业破坏力之大,影响之远。胶州湾及附近海域渔业资源以及渔业生态环境需要很长时间才可恢复到正常水平。②

四、胶州湾渔民的信仰与习俗

(一)渔民的信仰和祭祀

渔民出海作业,经常遇见风暴,出于对海洋的敬畏,人们常常会在出发前去海神庙里祈福,希望得到海神的庇佑。胶州湾沿海的海神信仰主要有龙王、天后等。道光《重修胶志》卷一三记载:"国朝康熙二十三年,江浙闽广抚镇奏请加封国庇民妙灵昭应宏仁普济天后。"青岛天后宫占地面积近4000平方米,建筑面积1500平方米,为二进庭院。其有正殿、配殿、前后两厢、戏楼、钟鼓楼及附属建筑共计殿宇16栋80余间,是一处典型的具有民族风格的古建筑群。每年的农历正月初一到正月十五的天后宫庙会时期,当地民众都纷纷赶往、烧香、看戏、赶庙会盛况空前。当地的渔民祭祀天后的仪式,一般有送愿船、送灯、送衣物、杀发财猪、庙会唱大戏等。渔民出海在船上供奉海神娘娘也有一定的讲究:

---

① 青岛市史志办公室《青岛市志·水产志》,新华出版社1995年版,第58页。
② 张爽《近代日本对青岛渔业的侵略述论》,曲阜师范大学硕士论文,2013年,第31页。

过去,稍微大一些的船上都专门设置神像供奉海神娘娘。渔民每次出海遇到风浪时,船上的所有人员就会祭拜海神娘娘。

图 4-9　青岛天后宫

图 4-10　青云宫

(二)渔民的饮食和居住环境

胶州湾沿岸的居民靠山吃山,靠海吃海。日常生活中的海鲜菜品主要有:茼蒿清炖刀鱼、清蒸咸刀鱼、海蛎子炒白菜、虾酱炒豆腐、虾皮炒鸡蛋、烤干柳叶鱼、红烧鲅鱼段、海蛎子肉炖豆腐、蛤蜊肉炒鸡蛋、清炖红头鱼、蒜泥拌海蜇皮、大葱蘸虾酱,等等。渔民在做鱼时,大多直接用海水清炖,其味道鲜美无比。每年谷雨时节春鲅鱼上市之时,新女婿都要买两条新鲜的大鲅鱼送给岳父品尝。春季上市的新鲜鲅鱼口味绝佳,用蒜薹炖鲜鲅鱼是这个时候家家必备的菜品,

图 4-11　渔家宴

也可以用鲜鲅鱼包饺子等。另外萝卜咸鱼冻也是沿海渔民常吃的一种下酒菜,把青萝卜切成小方块与咸鱼块一起煮,煮熟后放在盘里打成冻,吃的时候用刀切成块装进盘子里就可以了,味道很鲜美。待客的饭菜和平时吃的还是有区别的,待客和摆供讲究要用带鳞的海鱼,比

如小黄鱼、大黄鱼、梭鱼、大偏口鱼等。在酒宴中上鱼也是很讲究的,一般最后一道菜要上带鳞的全头全尾海鱼,鱼头对着主人,鱼肚要对着主客,即所谓"头朝主,肚对客"。座次也要有讲究:"宴席座次,一般民间家宴多设在炕上,用炕桌(小桌),桌上置案盘。"向外方位之左为首席,右次之,余以此类推,最末席坐炕下;若用方桌,亦仿此次序。饭菜设置,普通为四盘炒菜,四碟小菜;丰盛则八盘八碗。儿娶女嫁一般设四一六席、四二八席、四四八席、四六八席,等等。①

　　渔民的生活是十分艰难的。为了捕捞丰富的渔业资源,胶州湾沿岸的渔民大多都靠海而居,遇到海水涨潮时便会将房屋淹没。又因沿海地区交通不便,建筑材料十分缺乏,加上渔民依靠捕捞生存,经济能力有限,所以普通人家的房子都十分简陋,大多以草房为主。

第三节　胶州湾渔业文化资源的当代价值与保护

一、胶州湾渔业文化资源的当代价值

(一)经济价值

　　胶州湾沿岸地区已经成为山东省水产加工转移的重要承接区域,是山东省较大的水产品加工出口基地。渔业的快速发展,为胶州湾地区经济发展和社会进步做出了重要贡献,也有力地推动了山东省渔业经济的持续健康协调发展。胶州湾海洋渔业特别是养殖业发展基础良好,资源、区位优势突出,发展渔业经济潜力巨大。分布或洄游在胶州湾近海的海洋渔业生物资源主要有鱼类、虾蟹类、头足类、贝类、棘皮动物类等,丰富的海洋资源为渔业资源的合理开发创造了条件。

　　在胶州湾沿海地区的海产品加工业,历史上以腌干为主要加工手段。以带鱼、白鳞鱼、鱿鱼、老板鱼、海蜇等品种为多。其中渔民自行加工多以大缸腌制,鱼商鱼行以腌鱼池为主。随着科技力量的发展、新品种的探索和研发、新设备的引进,新型的加工方式如雨后春笋般涌现出来,市场上不再是传统的冷冻海

---

① 王婷荣《青岛传统渔村文化研究》,中国海洋大学硕士论文,2014年,第22页。

产品和简单的干制品,而是口味更完美、营养更丰富的海产品①,其中便于携带且保鲜时间更长的小包装食品更受年轻人的欢迎,比如海带芝麻蜜饯、红焖鱼罐头、"佳元"牌冷冻鱼片、"沙子口"牌金钩海米、"老尹家"牌海参、"贡参宝"牌即食海参、"海滨小金"牌海参、"海良"牌杂色蛤肉、"红岛"牌蟹肉罐头、"龙盘参鲍"牌淡干海参、"唯帆"牌金钩海米、"琅琊台"牌淡干鲅鱼等。

　　休闲渔业是将现代渔业方式与休闲活动相结合的新兴产业,从消费者的角度来看,可将其划分为运动休闲型、观光游览型、渔业体验型、科普教育型、文化展示型、鱼食品尝型及综合休闲型等。在休闲渔业的各种类型中,观览观光型、综合休闲型和以游泳、沙滩活动等为主的运动休闲型发展较成熟、占据最大的市场份额。② 基于胶州湾丰富的渔业资源,渔业体验型和海产品品尝型的休闲业都在胶州湾地区休闲渔业中占据重要地位,而科普教育型和文化展示型的休闲渔业的发展较为薄弱。休闲渔业以船为主,或以体验式养殖、垂钓为主,将海岛、滩涂、渔业的特点有机融合,将胶州湾渔业资源进行充分利用。韩家民俗村,位于胶州湾北部的城阳区红岛街道后韩家村东古渔场和古盐场遗址处,是一处具有"渔、盐、耕、读"特色的集旅游度假、园林景致观光、民间民俗文化展示为一体的民俗文化旅游景区。

(二)生态价值

　　胶州湾丰富的鱼类资源促进了该地区生物多样性的良好发展。胶州湾海洋湿地位于国际三大地区候鸟迁徙路线之一的亚太地区沿海候鸟迁徙的路上,滩涂湿地上各种水生动植物资源丰富,许多珍稀鸟类从此越冬(冬候鸟)和逗留(旅鸟)。据青岛市鸟类保护环志站的调查,每年春、秋季节迁经胶州湾湿地的水鸟达数百万只,在湿地越冬的水鸟也达数万只,其中包括 10 余种国际濒危稀有水鸟和丹顶鹤、白鹤、中华秋沙鸭、大天鹅、鸳鸯、灰鹤等 21 种国家一、二级保护鸟类。③ 胶州湾沿岸渔业资源丰富,为迁徙的鸟类提供丰富的食物,促进了胶州湾地区生物多样性的良好发展。

---

① 王刚《青岛市海产品加工业发展现状及其对策研究》,中国海洋大学硕士论文,2013 年,第 22 页。
② 李伟、江秀辉《山东半岛蓝色经济区海岛休闲渔业开发评价》,《南方农业学报》2013 年第 44 卷第 11 期,第 1932~1936 页。
③ 张绪良《海岸湿地退化对胶州湾渔业生产和生物多样性保护的影响》,《齐鲁渔业》2004 年第 9 期,第 34~36 页。

二、胶州湾渔业文化资源保护的问题与对策

(一)面临的问题

就目前的情况来看,胶州湾渔业资源的发展面临以下几个问题。

1. 环境污染严重,鱼类品种减少

图 4-12　被污染的近海岸

近些年来,随着环湾城市与经济的快速发展,胶州湾水域遭到严重的污染,主要有:渔业养殖水域的外来污染,大量工业废水的排入,机动船油的排入以及人们日常生活污水的排入,含磷洗衣粉的排入。这些使胶州湾沿岸的内河、湖泊、水库等水域不堪重负。主要是漕汶河、岛耳河、洋河、南胶莱河、大沽河、桃源河、洪江河、石桥河、墨水河、白沙河、李村河等 11 条河流的上游大量工业污染物,特别是化工污染物,流入胶州湾。汛期过后,污染更为严重,对水产生产造成严重损失。其次是水产养殖业自身的污染,近些年随着水产养殖业的迅猛发展,养殖水域富营养化也随之加剧,致使赤潮发生次数明显增加。高密度集约化养殖模式的应用推广,在提高了经济效益的同时,也对养殖水体产生了严重污染,一些残饵、粪便,以及养殖过程中使用的化学药品等沉积,引起水质恶化;养殖网箱布局不合理,密度过大超过了水域自身净化能力;养殖污染未得到人工处理。海洋工程影响生物的栖息环境,建港、筑路、填海、造池等工程使胶州湾面积逐年缩小,近十几年来每年减少 2～3 平方千米。加之纳潮量减少,海水自净能力减弱,使鱼、虾、贝、蟹等栖息、产卵、繁殖场所遭到破坏。近年由于建港、挖沙,习惯穴居黄色泥沙滩中被列为国家一级保护珍稀动物的黄岛长吻柱头虫、多鳃孔舌形虫和三崎柱头虫已难找到。

2. 渔业资源过度消耗,竭泽而渔

胶州湾海渔业捕捞强度大,超过了渔业资源的承受能力,造成了海洋渔业资源的枯竭。渔业养殖生产者普遍缺乏生态意识,在经济利益的刺激下,片面强调密集高产,超出了环境的负荷程度,结果导致水生生物和环境被破坏。长期实施捞网作业,几乎把鱼子、鱼孙"一网打尽",造成对渔业资源的重大打击。当前有一部分渔民法制观念淡薄,只图眼前利益,不服从禁渔期规定,使用禁渔网具,滥捕滥采,既破坏了资源,又破坏了滩质,再加上近海作业渔船过多,捕捞强度过大,致使胶州湾自然资源逐渐衰退。目前,胶州湾近海大部分水域基本上已无鱼可捕,海洋"荒漠化"的现象开始出现。而且目前胶州湾的渔业产业结构也不合理,海洋捕捞资源越来越匮乏,海水养殖由于环境污染的日益加剧,导致病害连年发生,养殖成功率下降。

3. 渔业生产方式粗放,生产水平不高

目前,胶州湾渔业的发展是一种数量型、粗放型的产业经济。这种产业经济的特点是商品化程度不高,生产方式比较落后;生产规模比较小,多数为分散经营,种质退化现象严重,良种化程度普遍较低;养殖品种的病害防治技术仍然比较落后,至今仍没有十分有效的控制措施。

4. 渔业产业化和深加工水平较低

胶州湾现有渔业生产基地规模偏小,缺乏特色和优势,加工企业数量不足,缺乏拳头产品,市场体系不完善,缺乏活力和辐射能力,生产、加工、销售三大环节衔接不够,缺乏互相促进和制约机制。而且水产品加工和综合利用方面还比较落后。加工产量比较低,水产品加工比例不到总产量的1/3,其中淡水水产品不足5%;加工技术含量低,高附加值产品少;废弃物综合利用水平不高,加工过程中的鱼头、内脏、鱼鳞、鱼骨、虾头、蟹壳、变质水产品等废弃物,主要用来生产饲料鱼粉,对其中有价值的成分尚未充分提取和利用;传统产品加工技术落后,几千年来形成的许多传统风味水产食品仍然沿用传统作坊式手工加工方法。

5. 水产品质量存在隐患

目前,胶州湾渔业水域环境恶化,加之投喂的饲料、使用的鱼药不够规范,导致鱼体内药物、激素残留超标,产品质量受到严重影响。而且据不完全统计,20世纪90年代以来山东近岸海域发生溢油事件近30起,其中重大溢油事件

16起,总溢油量超过3500吨。2002—2005年山东近岸海域发生重大溢油和渔业资源污染损害事件5起,直接经济损失超过6.5亿元。[①] 2005年山东近岸海域海水的主要污染物仍为营养盐、石油类和重金属铅等。污染海域主要集中在小清河口、漳卫新河口等河口区海域和临海企业直排口附近海域及莱州湾、胶州湾海域等。石油、重金属及农药等有害物质残留问题已成为影响水产品品质的主要因素。

(二)应有的保护对策

面对渔业资源的日益缺乏,胶州湾近海地带几乎面临无鱼捕捞的境况,为谋取较大利润,渔船往往开往深海领域,可船油等化工品又会加大对深海领域的污染,如此循环往复,只会对胶州湾的渔业环境造成愈来愈严重的后果。大力发展高效水产养殖业,在某种程度上会缓解深海鱼群的压力,更能为渔民提供较为稳定的收入,减小出海捕鱼的风险。近些年来,优秀高效水产养殖迅速崛起,水产品加工发展势头迅猛,渔业领域不断拓展,产业结构得到明显优化,设施渔业、远洋渔业、休闲渔业发展较快,胶州湾地区成为山东地区重要的两头在外的水产品加工基地。

设置禁渔区和休渔期,是当前全国沿海普遍施行的制度,也是胶州湾渔业管理施行的制度。经过多年的努力,政府部门针对胶州湾沿岸地区建立起较为完整的渔业法律法规体系,贯彻农村税费改革政策,全面取消了农林特产税,大幅减轻了渔民负担;贯彻养殖证制度,进一步明确了养殖水面使用关系,保护了渔民权益。积极探索渔业合作经济组织新形式,大力发展各类渔业合作组织,提高了渔民的组织化程度。面对渔业资源过度捕捞的现状,实行渔业资源修复,设置禁渔期和禁渔区,海洋伏季休渔等重大资源管理和养护措施,初步缓解了渔业资源衰退的势头,增强了渔业的可持续发展能力。

面对胶州湾目前所面临的环境污染严重、资源利用过度、海洋工程开发以及渔政力量薄弱等问题,在进行调查研究的基础上,必须制定符合胶州湾长远发展的新的机制对策,切实抓好污染源的治理工作,对排放的污染物进行处理。对污染严重的企业,应责令其整改或关停,严格禁止新上污染严重的企业。

必须加强胶州湾渔业资源保护的立法与执法,对一切破坏行为实行严刑

---

① 涂忠《山东省渔业资源修复功能区划》,中国海洋大学硕士论文,2008年,第9页。

峻法。

　　胶州湾文化资源保护的主体是环胶州湾市民,要把执法和监督的权利交给市民,让市民真正成为胶州湾的主人,这样市民才能够自觉,这样的保护才能够真正收到实效。

　　大力发展休闲渔业,减少机动船只的使用,才能使胶州湾渔业成为生态渔业,才能使胶州湾的生态真正得以保护。

　　休闲渔业又被称为"绿色产业",对休闲渔业的建设要统筹规划,因地制宜,使其服务功能更趋多元化,结合养殖基地、渔港、海洋牧场等渔业设施及增殖放流等渔业活动,大力发展休闲渔业。以市场为导向,以休闲渔业为核心,整合周围旅游名胜、人文景观等各类资源,深度推进渔业与旅游业的融合。加强基地的基础设施建设和装备配备,建设多功能的休闲娱乐基地。这既能满足休闲放松的要求,又能不断挖掘、传承、创新与渔业相关的观赏文化、餐饮文化、民俗文化,充分利用胶州湾丰富的渔业历史资源,促进经济增长。

第五章　胶州湾盐业历史文化资源

第一节　胶州湾早期盐业文化资源

一、夙沙氏煮盐传说

胶州湾的盐业历史最早可以追溯至夙沙氏煮海为盐。《世本》中有载："黄帝时,诸侯有夙沙氏,始以海水煮乳,煎成盐。其色有青、黄、白、黑、紫五样。盐之作,自此始。"①《古今鹾史》中有载："古史:黄帝时宿沙氏号滨老,煮海为盐,利民用。鲁连子曰:'夙沙瞿子善煮盐,使煮溃沙,虽十宿不能得也。'按宗志,宿沙卫在齐地。齐居海滨,故多鱼盐之利。"②《青岛通鉴》中也有载："相传位于今胶州湾一带的夙沙(又称宿沙)部落发明制盐术,开始以海水煮乳成盐,为中国制盐之始。史载:夙沙,古国名,在今山东胶东地区;夙沙氏,炎帝诸侯;瞿子,夙沙部落中精于制盐者。其盐业早兴,盐座最著。"③

2011年,"夙沙氏煮海为盐传说"成为青岛市级非物质文化遗产项目。

二、盐神信仰崇拜

在盐业生产与经营的过程中,几位盐业神祇被人们塑造起来。"百工技艺,各祠一神为祖"。古代有所谓盐业"三宗",即盐工之宗宿沙、盐商之宗胶鬲、盐官之宗管仲。④ 在胶州湾地区,夙沙氏的传说流传广泛,夙沙氏也成为中国盐业

---

① 中国海洋文化编委会《中国海洋文化山东卷》,海洋出版社2016年版,第110页。
② 中国海洋文化编委会《中国海洋文化山东卷》,海洋出版社2016年版,第110页。
③ 青岛市档案馆《青岛通鉴》,中国文史出版社2010年版,第6页。
④ 于云汉《海盐文化研究(第二辑)》,中国海洋大学出版社2015年版,第212页。

的宗师,被奉为"盐神"。"夙
沙部落将食盐的生产规模化、
规范化,不仅成为后来胶莱半
岛乃至整个沿海地区海盐业
发展的基本模式,也为促进内
陆井盐和池盐的发展提供了
精神动力,因此不论海盐、池
盐和井盐业都尊宿沙为'盐
宗',宿沙成为古代盐业的精
神领袖也是理所当然的。"①
"夙沙氏煮海为盐的事迹流传

图 5-1　夙沙煮盐传说

于先秦,但为其立庙祀之,却是在汉代。据记载,盐宗庙始建于汉代。"②山东沿
海产盐区多修建有专门祭祀"盐宗"的庙宇。吕忱云:"夙沙氏煮海,谓之盐宗,
尊之也。以其滋润生人,可得置祠。"③在此之后,后人修建了许多"盐宗祠",供奉
"盐宗"。同时,在山东其他地区,还存在着祭拜夙沙氏的盐神庙,也有"盐神节"的
习俗。夙沙氏"煮海为盐"的传说至今还盛传着,成为华夏民族共同信奉的盐宗。
"盐业神祇既是人们借以团结同行的旗帜和纽带,也是盐业行业权威的树立。"④

三、齐国的"官山海"

　　吕尚被分封于齐国,齐国的疆域逐渐扩大,很快扩大到整个山东半岛大部
分地区。齐国实行"便鱼盐之利"的政策,富国强兵,从而称霸。《史记·齐太公
世家》记载:"太公至国,修政,因其俗,简其礼,通商工之业,便鱼盐之利,而人民
多归齐,齐为大国。"⑤《史记·货殖列传》也有载:"故太公望封于营丘,地潟卤,
人民寡,于是太公劝其女功,极技巧,通鱼盐,则人物归之,繦至而辐凑。故齐冠
带衣履天下,海岱之间敛袂而往朝焉。"⑥

----

① 于云汉《海盐文化研究(第二辑)》,中国海洋大学出版社 2015 年版,第 216 页。
② 于云汉《海盐文化研究(第二辑)》,中国海洋大学出版社 2015 年版,第 216 页。
③ 于云汉《海盐文化研究(第二辑)》,中国海洋大学出版社 2015 年版,第 216 页。
④ 于云汉《海盐文化研究(第二辑)》,中国海洋大学出版社 2015 年版,第 220 页。
⑤ (汉)司马迁《史记·齐太公世家》,中华书局 1982 年版,第 1480 页。
⑥ (汉)司马迁《史记·货殖列传》,中华书局 1982 年版,第 3255 页。

《史记·平准书》中记载："齐桓公用管仲之谋,通轻重之权,徼山海之业,以朝诸侯,用区区之齐显成霸名。"①管仲采用"官山海"的政策,提高盐利,从而增加国家财政收入。《管子·海王》对"官山海"有解释:"桓公曰:'何谓官山海?'管子对曰:'海王之国,谨正盐策。'"②管仲倡导盐产品专卖,官方垄断盐利。"今此给之盐策,则百倍归于上,人无以避此者,数也。"③另外,管仲"设轻重鱼盐之利",控制盐产量,通过盐产定额管理政策,抬高盐价。《管子·轻重甲》云:"孟春既至,农事且起……北海之众,无得聚庸而煮盐。若此,则盐必坐长而十倍。"④《青岛通鉴》也有载:"管仲首先创制了官营工商业的禁榷制度,成为列国中唯一实施禁榷制度的国家。禁榷的物品是盐和铁,即将盐和铁收归国家,由政府垄断,实行盐铁官营,但盐的生产放给私人。随着煮盐冶铁为主的家庭手工业的兴起,一些拥有巨资的豪民,集中于齐国沿海'聚庸煮盐',并以此致富,成为大手工业工场主。春秋末期,齐国改变盐铁官营,允许人们自由生产和运销盐铁产品,一度实行免税,'鱼盐蜃蛤',刺激了私营盐铁业的大规模经营,包括胶东在内的齐国沿海城邑出现'采铁石鼓铸煮盐,一家聚众或至千余人'的大手工业工场。齐国的海盐,除供应本国外,还出口内陆国家,'枭之梁、赵、宋、卫、濮阳',可换取黄金万斤。"⑤

四、西汉的盐官管理

《汉书·地理志》记载了全国有 37 或 38 处有盐官。⑥ 其中,包括琅琊郡的海曲、计斤、长县三县。而计斤,治所在今胶州市西南,说明胶州湾地区的海盐生产至少从西汉就开始设置盐官管理。《青岛通鉴》也有载:"西汉武帝元狩三年(前 120),实行盐铁官营,将煮盐业收归官府经营,在全国各地区产盐区设置盐官,统领盐工煮盐,征收盐税。秦统一中国后,在计斤故址设置计斤县,属琅琊郡辖。琅琊郡作为重要产盐区,即在计斤设置盐官,隶属大司农。依汉官例,盐官秩次如县令。东汉时期盐官归郡县管辖。其后历代各朝对盐务均极为重

---

① (汉)司马迁《史记·平准书》,中华书局 1982 年版,第 1442 页。
② (明)刘绩补注《管子补注·海王》,凤凰出版社 2016 年版,第 431～432 页。
③ (明)刘绩补注《管子补注·海王》,凤凰出版社 2016 年版,第 432 页。
④ (明)刘绩补注《管子补注·轻重甲》,凤凰出版社 2016 年版,第 471 页。
⑤ 青岛市档案馆《青岛通鉴》,中国文史出版 2010 年版,第 14 页。
⑥ (汉)班固《汉书·地理志》,中华书局 1962 年版,第 1550～1629 页。

视,皆设局置官,但名称各异,机构繁简不一。"①
《新唐书·地理志》也记载,河南道莱州即墨、胶水
两县有盐。② 即墨,治所在今青岛即墨区。胶水,
治所在今青岛平度市。因此,胶州湾地区盐业在
汉唐时期就具有一定规模。

　　综上所述,胶州湾盐业历史悠久,盐业历史文
化资源丰富,经过数千年来的发展、演变,具有了
深厚的文化积淀。而今天,对胶州湾盐业历史文
化资源的保护,更加离不开对其历史文化资源的
梳理与对其历史发展脉络的探究。盐业的制度文
化、盐业信仰、盐业遗址等都是盐业历史文化资源
值得探讨的问题,也是亟须我们保护的资源。

图 5-2　管仲像

第二节　元明清时代的胶州湾盐业文化资源

一、元代的胶州湾盐场:石河场

　　元武宗"至大元年之后,岁办正、余盐为三十一万引,所隶之场,凡一十有
九。"③《元史·百官志》也记载了山东东路都转运盐使司所辖盐场有 19 个,其中
包括石河场,这是我们在史料中第一次查到石河场。终明一朝,石河场一直存
在。清朝时期,山东盐场有过多次裁并,但石河场却一直保留了下来。

二、明代的胶州湾盐场设置、管理与生产技术

(一)明代胶州湾的盐务机构和盐场的设置

　　明代胶州湾盐场设置。明代山东地区的海疆划分,"莱州府,治所在掖县,

---

① 青岛市档案馆《青岛通鉴》,中国文史出版社 2010 年版,第 19 页。
② (宋)欧阳修等《新唐书·地理志》,中华书局 1975 年版,第 995 页。
③ (明)宋濂等《元史·食货志》,中华书局 1976 年版,第 2388 页。

所属掖县、平度、昌邑、胶州、高密、即墨等滨海"①。而这些州县靠近海，盛产海盐，胶州也在其中，"惟滨海泥质斥卤，富产盐碱，居民藉以谋生者甚夥"②。嘉靖《山东通志》也记载了明清时期山东海盐业的状况："青、登、莱三郡，凭负山海，民殖鱼盐以自利。"③明清时期的莱州府辖胶州地区，说明此地的鱼盐业也在发展。

嘉庆《山东盐法志》记载："山东旧设盐场十九处，信阳、涛洛、石河、行村、登宁、西由、海沧七场，隶胶莱分司。"④胶莱分司治所在胶州西关，下设 7 个盐课司。⑤ 明代设置的盐场，完全沿袭了元代的旧制。这些史料说明了明代在胶州湾设置的盐场为石河场，隶属于胶莱分司的管辖。

明代盐务管理机构。明代户部虽然职掌"天下户口田粮政令"，但大体限于事务性的承办手续，主要通过设置运盐使司、分司、盐场盐课司三级盐务机构的办法来掌管盐业。⑥《明史·食货志四》记载："山东所辖分司二，曰胶莱，曰滨乐；批验所一，曰洛口；盐场十九，各盐课司一。"⑦即山东都转盐运使司辖胶莱、滨乐两分司，洛口一个批验所和 19 个盐场盐课司。周庆云《盐法通志》记载："都转运使掌管盐盬之事，同知、副、判分司之。"即都转运使司，具体负责盐的生产、管理和纳税事宜，协调产盐区与行销区的关系。⑧ 胶莱分司管辖的各场分布比较分散，石河场隶属于胶莱分司的管辖。石河场设置石河场盐课司，坐落在胶州，"是管理盐业的生产、盐产收购、盐课管理的基层部门，发挥着支配地方盐产资源的功能"⑨。

(二)明代胶州湾盐业生产技术

"据《明史》卷八〇《食货志四》记载：'山东之盐，有煎有晒。'由此可明确推断，明代山东的海盐生产，煎盐法和晒盐法两种技术都有采用。"⑩一般有四道工

---

① 纪丽真《山东盐业史》，山东人民出版社 2019 年版，第 139 页。
② 纪丽真《山东盐业史》，山东人民出版社 2019 年版，第 139 页。
③ 纪丽真《山东盐业史》，山东人民出版社 2019 年版，第 139 页。
④ 嘉庆《山东盐法志》。
⑤ 纪丽真《山东盐业史》，山东人民出版社 2019 年版，第 147 页。
⑥ 纪丽真《山东盐业史》，山东人民出版社 2019 年版，第 144 页。
⑦ (清)张廷玉等《明史·食货志四》，中华书局 1974 年版，第 1933 页。
⑧ 纪丽真《山东盐业史》，山东人民出版社 2019 年版，第 145 页。
⑨ 纪丽真《山东盐业史》，山东人民出版社 2019 年版，第 144～147 页。
⑩ 纪丽真《山东盐业史》，山东人民出版社 2019 年版，第 151 页。

序,即取卤→淋卤→试卤→煎晒成盐。① 据《盐法通志》所引《盐法纲要》所载:"煎盐之器,淮南谓之㼝,长芦谓之锅,广东亦曰锅,山东谓之盘,浙江亦曰盘,福建谓之釜。"②从以上材料可知山东使用的煎盐工具主要是盘。明政府在胶州湾地区设立的盐场是石河场,作为山东盐场的一部分,在此可以推断此时石河场的盐业生产技术很有可能已经煎盐法、晒盐法兼有采用,使用的煎盐工具很可能就是盘。

(三)明代胶州湾的盐政

明代灶户。"明代山东灶户归山东盐运司管辖。旧例每五年编审一次,编审时需胶莱分司、滨乐分司两分司官遍历各场。"③《山东盐法志·灶籍》记载了明末山东十九场灶丁数额,其中石河场的灶丁为 688 丁④,在十九场灶丁总额中只占 3.24% 的比例,说明此时的石河场的规模相对较小,还没有彻底发展起来。

明代盐课。"正德三年(1508 年),巡盐御史宇文钟疏称:信阳等八场征收的布匹,因无海船运送,以致年久堆积湮烂,要照涛洛各场折银事例。于是,正德三年以后,西由、信阳、石河、登宁、行村、海沧并固堤、官台八场,原折布盐课,比照涛洛场事例,每一大引折银 0.15 两。行令该运司递年照引征收,汇解本部,通送太仓,收候辽东官军布匹之用。"⑤从中,我们可以看到,石河场盐课之前为折布征收,在正德三年(1508 年)以后盐课开始折银征收,其原因正是因为无海船运送,布匹年久溃烂。

雍正《山东盐法志》记载了明末山东各场征收的灶丁、灶地、草荡、滩池、锅面等的盐课额。其中石河场的灶丁银为 200.51 两,灶地银为 70.50 两,草荡银为 3.053 两。⑥ 另外,我们也可以知道石河场灶丁则数有 1857 则,征银按则,每则征银额为 0.108 两。⑦ 从以上史料我们可以得出,此时石河场的灶课是以折银的方式缴纳的。石河场的灶丁银约占十九场灶丁总额的 3%,灶地银约占其

---

① 纪丽真《山东盐业史》,山东人民出版社 2019 年版,第 151 页。
② 纪丽真《山东盐业史》,山东人民出版社 2019 年版,第 151 页。
③ 纪丽真《山东盐业史》,山东人民出版社 2019 年版,第 165 页。
④ 雍正《山东盐法志·灶籍》。
⑤ 纪丽真《山东盐业史》,山东人民出版社 2019 年版,第 168 页。
⑥ 雍正《山东盐法志·灶籍》。
⑦ 纪丽真《山东盐业史》,山东人民出版社 2019 年版,第 174 页。

总额的 2%,灶丁约占其总额的 3%,也说明此时石河场的规模很小,还处于初步发展阶段。

三、清代的胶州湾盐业发展

(一)清代胶州湾盐场的设置

清代在胶州湾设置的盐场仍然为石河场。清代山东盐场初为 19 场,经过多次调整。"第一个阶段经过三次调整,时间分别在康熙十六年(1677)、康熙十八年(1679)、雍正八年(1730),这之后成为 10 个盐场。"①康熙十六年,将行村场裁去,归并石河场管理。②

嘉庆《山东盐法志》记载:"现在设场十处,永利、富国、永阜、王家冈、官台等五场,隶滨乐分司;西由、登宁、石河、信阳、涛洛等五场,隶胶莱分司。"③乾隆十九年(1754 年),十盐场的坐落,据王守基《盐法议略·山东盐务议略》所载:"山东盐场,旧一十有九,嗣后历经裁兵,定为十场……一曰西由,坐落掖县西由庄;一曰登宁,坐落福山县北五里盐场村;一曰石河场,坐落胶州,距州城二里;一曰信阳,坐落诸城县东南隅;一曰涛洛,坐落日照县南乡,皆胶莱分司所辖。"④山东十个盐场的设置,持续了百年有余。

道光十二年(1832 年),又裁登宁场并入西由场,裁信阳场并入涛洛场。这是第四次归并。此次归并后,只剩下八场:永利、永阜、王家冈、官台、富国、西由、石河、涛洛。"光绪二十年(1894 年),黄河大水冲毁了永阜盐场,山东盐场到清末实际只剩七场。"⑤纵观整个清代盐场发展变迁史,石河场一直存在,在胶州湾以及青岛地区的盐业发展中有重要地位。

清代石河场灶地。《盐法通志》记载了山东八场的实在灶地额、草荡滩池地额,其中石河场的灶地额为 46922.51 亩,草荡滩池地额为 5305.87 亩。⑥ 石河场的灶地额在八场当中居于下游,但是草荡滩池地额在八场当中位居第四位。

---

① 纪丽真《清代山东沿海盐场变迁》,《盐业史研究》2014 年第 3 期,第 82 页。
② 纪丽真《山东盐业史》,山东人民出版社 2019 年版,第 178 页。
③ 纪丽真《山东盐业史》,山东人民出版社 2019 年版,第 179 页。
④ 纪丽真《山东盐业史》,山东人民出版社 2019 年版,第 179 页。
⑤ 纪丽真《清代山东沿海盐场变迁》,《盐业史研究》2014 年第 3 期,第 83 页。
⑥ 纪丽真《山东盐业史》,山东人民出版社 2019 年版,第 180 页。

　　清代石河场盐锅。嘉庆《山东盐法志·场灶上》记载,当时的石河场坐落于胶州,共有盐锅211面,"所属胶州滩场11副,盐锅43面;即墨县滩场15副,草荡4处,盐锅93面;莱阳县滩场2副,草荡4处,盐锅21面;海阳县滩场12副,草荡24处,盐锅54面,共211面"①。当时山东共有九个盐场,盐锅707面,石河场的盐锅约占30％。嘉庆《山东盐法志》、《盐法通志》中也记载了山东各场的盐锅额。其中石河场的盐锅额为211面②,在山东八场中数量位居第一。而这是因为石河场已经合并了行村场,因此盐锅数量增加,说明石河场的产盐规模也是相当大的。

　　清代石河场滩池形制。《清盐法志》中记录了道光十二年(1832年)后的山东各场的滩池副数,尤其是标出了各场滩池形制的圈池数。其中石河场沟滩副数及形制为斗子511副,每副池四方至十数方不等,并滩副数及形制并没有记载。③ 石河场与其他七场的形制不一。

　　清代石河场晒滩。嘉庆《山东盐法志》记载了雍正八年(1730年)至道光十二年(1832年)之间的山东十场晒滩数额。其中石河场沟滩数额为40副,盐锅数额为211面。④ 沟滩数额在市场中所占比例较小,但是盐锅数额比较大。说明在此期间石河场已经采用了煎盐法。《盐法通志》记载了道光十二年(1832年)至光绪二十年(1894年)之间的盐滩数额。其中石河场大沟滩为69副,小沟滩为86副⑤,说明石河场此时已采用沟滩法晒盐,并且石河场盐滩数量相对较多,因此产盐数量也比较多。

　　《盐法通志》中,记载了宣统年间(1909—1911年)山东各场的产量。其中石河场在宣统元年(1909年)、宣统二年(1910年)、宣统三年(1911年)连续三年的产量都为70800包,说明石河场的盐产量比较平稳,波动不大,而且数量算是比较多的,稳居前三,甚至在宣统三年位居第一。⑥ 石河场在此时已经成了山东产盐的主要盐场之一。

---

① 纪丽真《近代青岛港对日本和朝鲜海盐输出问题研究》,《理论学刊》2014年第6期,第104页。
② 纪丽真《山东盐业史》,山东人民出版社2019年版,第190页。
③ 纪丽真《山东盐业史》,山东人民出版社2019年版,第197页。
④ 嘉庆《山东盐法志》。
⑤ 纪丽真《山东盐业史》,山东人民出版社2019年版,第201页。
⑥ 纪丽真《山东盐业史》,山东人民出版社2019年版,第202页。

(二)清代胶州湾盐业生产技术

1. 煎盐法

嘉庆《山东盐法志》记载了清代山东十盐场时,各场的制盐方法:"东运煎盐之场三:登宁、石河、信阳;晒盐之场三:永利、永阜、王家冈(永利、永阜二场,仅有收并盐锅数面,其产盐之丰,则专藉滩晒);煎晒兼者四:富国、西由、涛洛、官台。"①说明此时石河场采取的主要还是煎盐法。

清代山东采用的煎盐法,与明代山东基本相同,采用摊灰或刮土法取卤→淋卤→试卤→煎卤成盐。② 嘉庆《山东盐法志·场灶上》《盐法通志·场产九·制法一》中记载了山东各场煎盐的卤取、试卤、煎制方法。其中,石河场的取卤方法为于盐滩掘通水沟,将场灰散布场地,取水倾泼灰上。春夏一二日,咸气即入灰;秋冬必三四日始入视,灰变黑色则咸齐已透,谓之得灰。将灰刮聚成堆,挑水浸灌,渗滴成卤,前为卤井以承之,此为灰淋法。③

石河场开始煎盐的时间分春夏、秋冬两次,各用卤三十筒,每锅需要柴草三百五十余斤。春夏成盐二十五斗,秋冬成盐二十二三斗,每斗约重二十斤;一昼夜成盐一盘。④ 从中可以看出煎盐法费时费力,且成本较高,效率低下,最终不免为晒盐法所替代。

2. 晒盐法

《清盐法志》对清后期山东各场的晒盐方法有详细的记载。其中,石河场采用沟滩晒法,沟滩法为引潮晒制,具体晒盐法为:石河场就海滩之洼下处,四围筑堤,堤外凿沟,宽六尺,深九尺,引潮水入沟。堤内分池二十方、三十二方或六十方不等。用斗子一副,每斗二人,取水入第一池,俟其蒸发,再放入第二池,依次灌放,至最后一池即成盐粒。⑤《盐法通志》记载了山东各盐场的盐品。其中,石河场盐明而白,卤耗轻,其味厚,粒小而轻,坚度较富国场所产稍次。⑥ 石河场的盐品居于中间等级。

---

① 嘉庆《山东盐法志》。
② 纪丽真《山东盐业史》,山东人民出版社 2019 年版,第 204 页。
③ 纪丽真《山东盐业史》,山东人民出版社 2019 年版,第 211 页。
④ 纪丽真《山东盐业史》,山东人民出版社 2019 年版,第 212 页。
⑤ 《清盐法志》。
⑥ 纪丽真《山东盐业史》,山东人民出版社 2019 年版,第 220 页。

(三)清代胶州湾盐政课

民运票课。《清盐法志》记载了清山东的民运票课。莱州府下的胶州额征为 503.148 两,豁除 7.044 两,实征 496.104 两,加课 2961 两。[1] 胶州的额征以及加课在山东各县当中已经居于前列,处于比较重要的位置。民运票课的加课,是在清末开征的,其目的是为了解决巨额赔款之需。《清盐法志》还记载了清后期,除文登、海阳、昌邑、胶州、高密、即墨等 6 州县划入租界及铁路占压地亩应豁除票 488 张,应减征银 81.845 两外,实应领销额余票 30427 张,岁应征银 5337.536 两。[2]

灶课。雍正《山东盐法志·灶籍》记载了康熙七年(1688 年)蠲免石河、信阳、涛洛三场灶丁银 73.761 两,实征灶丁银约 4939.38 两。[3] 雍正《山东盐法志》同卷中还记载了山东各场灶丁银、滩池地银、锅面银征收则例。其中,石河场灶丁征银旧制分为三等九则,每则征银 1 钱 8 厘,锅面每面征银 1 钱,灶地和草荡每亩征银 6 厘[4],锅面征银价格相对其他各场要低。雍正《山东盐法志·灶籍》记载了雍正前山东十二场灶课数额。石河场的灶丁银 318.088 两、地亩银 281.104 两、草荡滩池银 31.835 两、锅面银 7.000 两、鱼盐课钞银 0.160 两,合计 638.187 两,在山东各场中居于中间位置。[5]

嘉庆《山东盐法志》记载了清中期山东十场灶课额。石河场的灶丁银 281.535 两,草荡银 31.835 两,加摊丁银 232.97 两,盐锅银 21.1 两,鱼盐课钞银 0.16 两,合计 567.6 两。[6] 石河场的加滩丁银在十场中最多。《清盐法志》记载了清后期山东八场的灶课。石河场的灶丁银 281.535 两,草荡滩池银 33.335 两,加摊灶丁银 232.97 两,锅面银 19.6 两,鱼盐课钞银 0.16 两,合计 567.6 两。[7] 石河场灶课数额在清中期和清后期相同,说明石河场的灶课比较稳定。

---

[1]　纪丽真《山东盐业史》,山东人民出版社 2019 年版,第 318 页。
[2]　纪丽真《山东盐业史》,山东人民出版社 2019 年版,第 318 页。
[3]　雍正《山东盐法志·灶籍》。
[4]　纪丽真《清代山东海盐灶课考》,《中国海洋大学学报》(社会科学版)2012 年第 4 期,第 66 页。
[5]　雍正《山东盐法志·灶籍》。
[6]　纪丽真《山东盐业史》,山东人民出版社 2019 年版,第 326 页。
[7]　纪丽真《山东盐业史》,山东人民出版社 2019 年版,第 327 页。

(四)清代胶州湾的盐业管理和运销体系

清代,管理盐政事务官吏的设置基本沿袭了明代。山东盐政管理机构自上而下可以分为四个层次:第一层,雍正时(1723—1735 年)由长芦盐政兼管;道光十二年(1832 年)后,改归山东巡抚兼管;宣统年间(1909—1911 年),复以山东巡抚兼会办盐政大臣管理。第二层为山东都转盐运使司,具体掌管整个山东的盐政事务。第三层为一分司,长官为滨乐分司运同兼管胶莱分司运判事。第四层为盐场大使。

《清盐法志·山东十八·职官门》记载了清代山东盐运司的各级机构设置、职官名称及人数、职责、经费等。山东都转盐运使司设置盐运使一员,驻地山东省城,是山东盐政的主管机构,岁支俸银 130 两,养廉银 4000 两。一分司职官为滨乐分司运同兼管胶莱分司运判事一员,驻地蒲关,辖八场两所,掌催各场灶课兼司监掣放关,岁支俸银 105 两,养廉银 200 两。① 石河场设置石河场大使一员,驻地胶州城内,掌收灶课,督察煎晒、商人赴场、春筑按引、秤验截角,稽查窝囤、私贩并场垣盗扒诸弊,岁支俸银 40 两,养廉银 200 两,公费银 30 两。② 另外,清政府对职官的考成十分重视。顺治八年(1651 年),山东因引课未完,胶州知州郑朝凤就遭到议处。可见,盐法考在当时是实行的,也可以看出皇帝对盐政的重视。

王守基《盐法议略·山东盐务议略》备载了山东盐行销的引地和民运票地、商运票地的州县。其中,莱州府为民运票地,所辖六县:掖县、平度、昌邑、胶州、高密、即墨。③ 从中可以得知胶州为民运票地。

山东票课包括红扒、黑扒两类。其中,红扒额票为 57717 张,黑扒额票为 113523 张,共额票 171240 张。黑扒票内除登州 10 属县及莱州之掖县(今山东莱州)、平度、昌邑、胶州、高密、即墨和青州之安丘、诸城共 18 县民运民销之地,无商民运额票 30105 张应归灶课外,计商额票共 141135 张。④《清盐法志·山东五》也记载了山东盐运司行销各州县的票地票额表。山东莱州府的胶州只行

---

① 纪丽真《山东盐业史》,山东人民出版社 2019 年版,第 226 页。

② 纪丽真《山东盐业史》,山东人民出版社 2019 年版,第 228 页。

③ 王守基《盐法议略·山东盐务议略》。

④ 纪丽真《清代山东盐课正课考》,《齐鲁学刊》2009 年第 2 期,第 48 页。

销黑扒额票,为 3000 张,并未行销红扒额票,另外内豁除 42 张。①

　　石河场食盐运销的方式后改为民运民销。山东实行民运民销的时间是在雍正八年(1830 年),长芦巡盐御史郑禅宝疏准:"山东青、登、莱三府所属之安丘、蓬莱十八州县票盐,旧系招商办课,民情未便。嗣后请革除商名,听民自行领票销卖,其应纳课银摊入地粮征收追报。"②其范围是在登州 10 个属县及莱州之掖县、平度、昌邑、胶州、高密、即墨 6 县,青州之安丘、诸城 2 县,共 18 州县,原属票地之区。③ 民国《牟平县志·政治志三·实业·盐业》有载:"山东安丘、诸城、掖县、平度、昌邑、高密、胶县、即墨、蓬莱、黄县、福山、栖霞、招远、莱阳、海阳、牟平、文登、荣成十八县,附近滩场,清雍正间,因商人无法运销,屡召屡逃,将十八县额票应征课税,摊入各该县地丁内征收,听民间自由贩卖,谓之民运区域。"④改行民运民销的主要原因是登、莱、青三府 18 州县原属票地的区域,无法招到商人行商,影响政府在此地的财政收入。

第三节　近代胶州湾盐业历史文化资源

　　胶州湾盐业历史悠久,最早的时候采用煎盐方式制盐。清代赵执信《再宿胶水客舍》中云:"去海三十里,北望空冥冥。斥田秋草白,古灶盐烟青。"道光《重修胶州志·盐法》:"石河场坐落胶州,距城二里……胶州滩场十一副,盐锅四十三面;即墨县滩场十五副,草荡四处,盐锅九十三面;莱阳滩场二副,草荡四处,盐锅二十一面;海阳县滩场十二副,草荡二十四处,盐锅五十四面。"⑤此时的石河场已经采用晒盐和煎盐两种方式。"光绪十七至十八年(1891～1892)即墨县大桥村张义春等 14 人在村南海滩上开建 7 副盐田,面积约 700 公亩,建滩晒盐。光绪二十二年(1896),即墨县泊子村也开滩晒盐。从此,石河及胶澳各场先后改煎为晒,青岛盐区煎盐的历史结束。"⑥

　　1897 年,巨野教案发生后,德国趁机占领了青岛。次年,随着《胶澳租界条

① 纪丽真《山东盐业史》,山东人民出版社 2019 年版,第 253 页。
② 纪丽真《明清山东盐业研究》,齐鲁书社 2009 年版,第 190 页。
③ 纪丽真《山东盐业史》,山东人民出版社 2019 年版,第 263 页。
④ 纪丽真《山东盐业史》,山东人民出版社 2019 年版,第 263 页。
⑤ 中国海洋文化编委会《中国海洋文化山东卷》,海洋出版社 2016 年版,第 120 页。
⑥ 青岛市档案馆《青岛通鉴》,中国文史出版社 2010 年版,第 74 页。

约》的签订,胶州湾连同青岛都被德国侵占。1899 年 7 月 1 日,德国在青岛设立胶海关。"德国侵占青岛后,租界内的原石河场环胶州湾的盐田改为胶澳盐场,东起女姑口,西到黄岛。德占之初,环胶州湾盐田废弃过半,盐业生产几乎停顿,附近居民食盐亦不够用,靠购买邻区私盐维持生计。之后,便在阴岛(今红岛)附近开滩晒盐。光绪二十六年(1900),阴岛后韩家村韩高志等 3 人合伙,在养鱼港建了 4 副盐田。光绪三十四年(1908)又有阴岛肖家村肖廷藩,以接近现代初期的晒盐方法,即每副盐田分为荒水池、卤池、结晶池的结构来改进晒盐。至 1912 年,阴岛周围已有盐田 900 多副,面积 18 万公亩,年产海盐 3.5 万吨,盐民人数 1800 余人。"[①]

德占胶州湾时期,1908 年德商顺和洋行投资的哥伦比亚有限公司在胶州湾沿岸购买了大片滩涂,围造盐田,使用晒盐法进行大规模生产,并采取新工艺从这些盐田中制造的粗盐中提炼出了食用盐。

胶澳督署垄断胶澳制盐权。"1910 年 3 月 12 日,德国胶澳督署公布《征收盐课章程》,规定德国胶澳督署垄断胶澳制盐权,凡在德占境内以海水制成盐斤,不论晒盐或煮盐,按规定征收盐税。盐税税额每 100 斤征收银 0.03 元,并按制盐使用土地面积征收盐斗税,每付斗子(5000 平方米)每年纳税 4 元。1912 年,调整盐斗税,每付斗子增至 15 元。日本第一次侵占青岛时期,盐税仍沿用德占时期的规定征收。"[②]

"一战"期间日本对胶州湾盐业的侵占。第一次世界大战爆发后,德国无暇东顾,日本趁机出兵青岛,并于当年非法取得了德国在青岛的盐田和盐政权。日本不仅沿袭德国征收盐税的政策,而且组织大规模盐业公司,竭力开滩辟田,把胶澳变为其盐原料产地,青盐出口也迅速转为以日本为主。"青岛在日本人占领以前,所有盐的销路,香港居十分之六,海参威(即海参崴)居十分之二点五,朝鲜居十分之一点五。迨日人占领青岛以后,形势大变,主销于日本本部,次为朝鲜,再次方为香港。""欧战期内,日本工业扩充需盐骤增。昔年需盐一千万担内外,至是增至一千六七百万担。日本政府虽广设精盐工厂,应用新法改良民食,然原盐取之民间,而民间则仍循用中国煎盐古法,产量少而工本巨,每年总额不越一千万担。其不足额,则赖青岛盐、金州盐(日人称为关东州盐)、台

① 青岛市档案馆《青岛通鉴》,中国文史出版社 2010 年版,第 74 页。
② 青岛市档案馆《青岛通鉴》,中国文史出版社 2010 年版,第 140 页。

湾盐、安南盐以供给之。""朝鲜每年需盐四百万担,而当地盐产仅得半额,亦赖石岛、青岛、金州为之补助。"青盐输日的大权完全被资本雄厚的日商控制,主要有东洋盐业株式会社、大日本盐业株式会社、青岛盐业株式会社、平田盐业株式会社、中日盐业株式会社等20多家。[①]

"1923年3月12日,根据《解决山东悬案条约》有关协定,中国政府以600余万元赎回胶州湾沿岸日本人所占的盐田及盐业公司,并以国币300万元全部由青岛永裕盐业公司得标承办,分15年偿还,在未偿结前,所有盐田仍属官有性质。"[②]1923年胶澳商埠政府统一管理。

永裕盐业公司核准成立。"日本第一次侵占青岛期间,共有盐滩1004.75副;国人私有盐田也增加到1071副,合计2075.75副,盐田面积553187公亩,生产规模为德占时期的3倍。平均年产98635吨,比德占时期提高181.81%。盐工盐民人数4151人。

1922年北洋政府收回青岛后,日本人经营的所有盐业资产,以日金300万元赎回,至1923年12月10日交接完毕。此前的1922年9月,由中国化工工业的开拓者天津久大精盐公司经理范旭东和青岛盐商张成勋等,同济南东纲公所合资共同创办了青岛永裕盐业公司(以下简称永裕公司)。1923年4月,呈报北洋政府盐务署,9月5日核准成立,在北洋政府招标中,以国币300万元中标承办原日本人经营的胶州湾所有盐业资产,其中,盐田1380副。另有国人私有盐田1064副,合计2444副,面积651326公亩。1924年7月5日,胶澳盐田移交永裕公司经营。该公司接收后由于经济困难,无力全部修复,所以到1937年盐田仅剩750副,比接收时减少45.65%,但民户私有盐田却达到1290.37副,比接收时增长21.28%。盐田合计1995.37副,面积531776公亩,生产规模比接收时缩小18.35%。1922~1937年,平均年产海盐161832吨,比日本第一次侵占时期提高64.07%。1935年产盐则高达379045吨。盐工盐民人数3991人,实物劳动生产率每人每年40吨,比日本人第一次侵占时期提高66.67%。"[③]

"1923年10月至12月,胶澳盐民组成民户盐田联合会,两次冲击永裕盐业公司,要求取消专营,维护盐民权益,并包围胶澳督办公署,将北洋政府盐务署

① 纪丽真《近代青岛港对日本和朝鲜海盐输出问题研究》,《理论学刊》2014年第6期,第105页。
② 青岛市档案馆《青岛通鉴》,中国文史出版社2010年版,第194页。
③ 青岛市档案馆《青岛通鉴》,中国文史出版社2010年版,第199页。

驻青特派员驱出青岛。1924 年 7 月,永裕盐业公司正式接管盐产召开股东大会时,盐民冲击会场,再次发生冲突。督办高恩洪召集双方谈判。永裕盐业公司同意将承购的盐滩租与盐民,并准许隋石卿等商人一次性临时出口盐产品作为经济补偿。至此盐潮方告平息。"①

1922 年北洋政府收回青岛后,永裕盐业公司中标承购原日本人经营的胶澳盐业,并于 1924 年 7 月正式接收胶澳各处盐田盐厂。其中包括 17 处日商精盐厂(专业洗涤盐厂 5 处,洗涤盐兼精盐加工厂 12 处)。

"永裕盐业公司接收 17 处精盐厂时,设备严重失修,厂房多已损坏,有的仅剩露天简易厂房。1925 年 2 月 21 日,该公司将各种设备拆卸归并,加以修复,精盐工厂即得以开工生产,并规定除洗涤盐外,年产精盐 150 万担。北洋政府指定永裕公司为输出日本盐专门供应商,每年向日本提供精盐 150 万担。由于日方不履行协定,拒绝购买青岛精盐,而国内只能按北洋政府规定的内销口岸(只要是南方大城市)销售,加之南方盐商勾结官府多方阻挠,因而内销口岸销售也无法保证。1928 年 4 月起北盐不许南销,永裕公司精盐的销路益困。而国内十几家精盐公司则竞争激烈,市场供过于求,再加内地惯食粗盐,以致精盐销路不畅,生产时开时停,勉力支撑。但加工工艺日益改进。1931 年国内 12 家精盐公司中,只有青岛永裕盐业公司和上海五和改良天产精盐股份有限公司有洗涤机、粉碎机和开口锅生产再制盐、洗涤大粒盐和洗涤粉碎盐,其余 10 家精盐公司均为锅熬再制盐。"②

自行明订食盐品质标准。"胶州湾盐田,历来是中国北方重要的海盐产区和主要出口基地。海盐质量,在德国侵占时期和日本第一次侵占初期,因海盐销路不佳,生产者和盐商利微,对品种和质量要求也不尽一致,一般仅注意色相方面,以白、黑、黄区分盐的优劣。尤其是 1919 年 12 月的盐样,不溶物竟达 5.5%,其大部分是泥土。1919 年,日本盐业公司使用洗涤法,使盐的氯化钠含量达 88%,不溶物下降到 0.65%,盐的质量有所提高。1921 年 1 月,在大港又设立盐质检定所,小港设派出所。2 月 1 日起,对收购盐、内销和出口盐进行盐质检定。

北洋政府收回青岛以及胶州湾后,保留大港盐质检定所。1923 年,北洋政

① 青岛市档案馆《青岛通鉴》,中国文史出版社 2010 年版,第 199 页。
② 青岛市档案馆《青岛通鉴》,中国文史出版社 2010 年版,第 210 页。

府盐务署、盐务稽核总所联合颁布《青岛盐质检定规则》，其盐质检验标准和有关要求及方法，与前大体相同。1930年，青岛开始自行明订食盐品质标准，要求含氯化钠85％以上，水分10％以下，色泽洁白，不得掺入苦卤泥沙和妨碍卫生诸杂质及过量水份。1931年，新盐法复定：一等食盐含氯化钠90％以上，水份不得超过5％；二等食盐含氯化钠85％以上，水份不得超过8％；含氯化钠不足85％者，不得用作食盐。

日本第二次侵占时期和南京国民政府第二次统治时期，盐质检验仍沿旧制，机构保留，仅有人员更迭。1942年盐专卖条例和1947年盐政条例均重申了1931年新盐法规定。胶州湾分3等5级，盐质低于天津长芦，好于江苏省的淮北。"[1]

永裕盐厂复业。"1938年2月，日商山东盐业株式会社霸占永裕公司的盐田工厂，逼迫员工开工生产，同时设立山东盐业化成工厂，并于1941年8月～1944年4月建成投产。厂址在沧口沔阳路5号和6号，占地面积156976市亩，职工315人，设计能力年产溴素24～30吨、氯化钾30吨、氯化镁60吨、40～45度液体烧碱300吨、漂白粉300吨。但生产不到1年，即因资源不足，原料缺乏，生产状况恶化而停产。"[2]

盐务局改称胶澳盐场公署。"1945年12月，国民政府在青岛组建山东盐务管理局。1946年2月又成立青岛盐务管理分局，与山东盐务管理局合署办公，专管胶澳盐场产、销、运输业务。同时将敌伪山东盐业株式会社盐田、工厂改组为青岛制盐厂（含青岛永裕精盐公司的盐田、工厂）。1947年6月，裁撤青岛盐务管理分局，成立胶澳盐场公署，与山东盐务管理局划分工作范围分开办公，由上海路6号迁址大港沿2号；胶澳盐场公署下辖12个盐区，盐警139人。同时，撤销青岛制盐厂，并将作为敌产予以没收的原青岛永裕精盐公司的盐田、工厂发还给该公司。1949年2月17日，山东省盐务局发文，撤销了胶澳盐场公署，该局自3月1日起自办场务至6月2日青岛解放。"[3]

抗战期间日本对胶州湾盐业资源的掠夺。日本占领山东盐区后，于1938

① 青岛市档案馆《青岛通鉴》，中国文史出版社2010年版，第250～251页。
② 青岛市档案馆《青岛通鉴》，中国文史出版社2010年版，第308页。
③ 青岛市档案馆《青岛通鉴》，中国文史出版社2010年版，第360页。

年1月成立了伪山东省盐务管理局。[1] 胶澳场"由青岛设立专局管理"[2]。直至1944年，日本仍然掌握着胶澳、威宁、莱州、永利、金口场的全部，王官场、涛青场的大部分，石岛场的一部分。日本掠夺胶澳、金口、石岛等场的食盐大部分运往日本、朝鲜等地；莱州场、涛青场运往内地。[3] 抗战时期，山东沿海产盐地区由北向东再向东南可分为渤海、胶东、滨海三个区域，都备受敌人低价购盐之苦。[4] 在敌占区，日本实行食盐统制配给制度。

近代胶州湾盐场运销管理体系。20世纪30年代，汽车运盐方式逐渐推广，永利、王官、莱州、威宁、胶澳等场都使用长途汽车运盐。山东各盐场还使用海轮，甚至巨轮来运盐。民国时期，莱州、威宁、石岛、金口、胶澳五场的盐运销18县，属自由贸易区域，不规定运盐路线。[5] 后来，还使用胶济铁路运盐，但是由于盐的价格比沿线地区较低，因此成了一种变相的走私盐的形式。

近代胶州湾盐场管理机构演变。滨乐分司署初设于明代，管辖信阳、涛洛、石河、行村、登宁、西由、海沧七场……1832年，裁胶莱分司，其所辖西由、石河、涛洛等归滨乐分司兼管。1911年，颁布《盐政院官制》，改督办盐政处为盐政院，作为全国最高盐务机构，统辖全国盐务。其中山东的盐务由盐政院下辖的北盐厅负责。1935年，《财政年鉴》记载山东盐运使署辖有王官场、金口场、石岛场、莱州场、胶澳场、威宁场、永利场、东岸盐务坐办处、王官场食盐检定所、黄台场食盐覆查所。1937年，南京国民政府在青岛盐区成立胶澳、金口两个盐场。1945年，南京国民政府成立青岛盐务管理局，实行盐业生产和销售自由政策。山东"全区盐场有八……就中以胶澳盐场为最大，产量亦最丰"[6]。

1912年，山东继续沿用晚清时期的盐场大使的称谓。次年7月1日，富国、西由、石河三场在继官台、王冈、永利、涛洛之后也改称为场务所长。1914年，场

---

[1] 宋志东《抗战时期山东盐业的曲折发展》，于云汉《海盐文化研究（第二辑）》，中国海洋大学出版社2016年版，第124页。

[2] 宋志东《抗战时期山东盐业的曲折发展》，于云汉《海盐文化研究（第二辑）》，中国海洋大学出版社2016年版，第124页。

[3] 宋志东《抗战时期山东盐业的曲折发展》，于云汉《海盐文化研究（第二辑）》，中国海洋大学出版社2016年版，第126页。

[4] 宋志东《抗战时期山东盐业的曲折发展》，于云汉《海盐文化研究（第二辑）》，中国海洋大学出版社2016年版，第127页。

[5] 宋志东《论近代山东盐业运销管理》，《盐业史研究》2008年第3期，第5页。

[6] 财政部盐务署盐务稽核总所《中国盐政实录（第四辑）》，财政部盐务署盐务稽核总所1948年版。

务所长又改场知事,也称场长。"次年冬,增设胶澳场公署,归盐运使署直辖,负责管理场滩和青岛的全部 7 所滩务处。1931 年春天,大、小港两坨务局改为隶属于胶澳场公署,并分别更名为场务所和坨务所⋯⋯山东盐运使署驻青坐办办事处与胶澳场公署是分工合作关系。"①

第四节　胶州湾盐业文化资源现状及其保护

一、胶州湾盐业文化资源现状

胶州湾红岛自古以来就是有名的渔盐产地。红岛盐场历史悠久,在 1937 年版《青岛概览》记述的阴岛(今称红岛)八景中就有"盐场银海"一景。红岛原有 60 平方千米盐场,其中东风盐场有 32 平方千米,在国家对红岛区的开发中,现在减为 8.6 平方千米,而产量由原来的每年 20 万吨,也减为了 5 万吨。"青岛东风盐场东起羊毛沟,西至大沽河,面临胶州湾和红岛,背靠程哥庄、马哥庄、潮海等村庄,有盐田 364318 公亩,占青岛盐田总面积的 33.78%。"②

作为青岛最后一片盐场,东风盐场第三工区的年产盐量已经大不如前,从年产 20 万吨缩减到 4000 吨,很多盐田也已经不复存在。但无论产量怎样缩减,"红岛人"都有一个信念,那就是海盐是在胶东半岛被发现的,而且"盐宗"就是出自胶州湾畔的红岛。无论是世代在盐场居住生活的胶州湾北岸的一带居民,还是如今机械化生产的大型晒盐企业,都延续了此处"海盐子孙的血脉"。他们不仅传承了吃苦耐劳、朴实无华的晒盐精神,还尽力想把"海盐"的历史传承下去以及想要留住最后一片盐场。

二、胶州湾盐业文化资源保护面临的问题

(一)城市化、围海建设——胶州湾面积缩小

胶州湾具有明显的区位优势,港深水阔,浪小波轻,是难得的天然良港。近几十年,胶州湾经历了 20 世纪 50 年代的盐田建设、70 年代前后的填湾造地和

---

① 宋志东《近代山东盐务行政管理机构的演变》,《盐业史研究》2006 年第 3 期,第 17 页。
② 青岛市史志办公室《青岛市志·盐业志》,中国大百科全书出版社 1996 年版,第 12 页。

80年代以来的围建养殖池塘、开放港口、建设公路和工厂等几波填海高潮,胶州湾面积不断被蚕食。1966—1986年,胶州湾东岸经历了较大规模的填海造陆工程,原来的自然海岸已经逐步变为人工海岸,岸线大幅度向湾内推进。1986—1996年,由于环胶州湾高速公路的修建以及其他工程的进行,海岸线变得平直。1996—2005年,海域面积减少了3.6平方千米。1935年红岛还是独立的岛屿;20世纪30年代后期,红岛被人工建坝连成陆连岛;到1966年已与陆地相连。20世纪70年代以前,黄岛是一个独立的岛屿,后来也被人工建坝连成陆连岛。① 据统计,"1928年胶州湾海域面积为560 km²,1958年为535 km²,1977年为423 km²,1988年为390 km²,2001年为367 km²,2003年为362 km²,45年间胶州湾面积减少了173 km²,面积缩小了35%。尤其是近年来,沿岸的围海造地项目和海洋工程数量增加得很快,据不完全统计,仅2002年以来,青岛市各级政府和部门在胶州湾内就批准了20余个用海项目。"②

近年来随着城市化的快速发展,城市用地更加紧张,因此为了增加用地面积,胶州湾的开发和利用程度加大,海域面积在急速缩小。

(二)盐在国民经济中的比重下降

盐是人们生活的必需品,从古至今,盐与我们的生活息息相关。《汉书·食货志》称盐为"食者之将,人人仰给"。《管子·轻重甲》中称"无盐则肿",百姓不食盐则四肢无力,盐是人生存的必备之品,人们的日常生活离不开盐。另外,食物无盐则没有滋味,难以下咽,因此盐是重要的调味品,号称"百味之王"。此外,在古时候,食物储存也是一个问题,而盐是腌制食品必不可少的材料,经过盐腌制之后的食物可以储存较长时间。盐在古时候是政府重要的财政收入来源,是国家重要的经济标志。《三国志·魏书·卫觊传》称:"夫盐,国之大宝也。"《新唐书·食货志》称:"天下之赋,盐利居半,宫闱服御、军饷、百官俸禄,皆仰给焉。"《元史·食货志》称:"国之所资,其利最广者莫如盐。"因此,古时政府一直十分重视盐政,将盐铁收归官营,从而垄断盐利。

近代,随着现代盐业加工工艺的普及,提取食盐质量的提高,食盐产量大幅

---

① 周春艳、李广雪、史经昊《胶州湾近150年来海岸变迁》,《中国海洋大学学报(自然科学版)》2010年第7期,第102页。
② 高振会、马文斋、刘娜娜、马国义《"环湾保护、拥湾发展"战略背景下的胶州湾及邻居海域生态环境问题研究》,《海洋开发与管理》2009年第26卷第10期,第87~88页。

度提升。食盐成了最普及的生活必需品,而且价格低廉,品种多样,日常生活随处可以买到。盐税从 1994 年以后就开始纳入资源税的征收范围。据统计,1998 年,盐税只占国家税收收入的 0.061%,并且这个比例还在逐年下降。2013 年,盐税只占国家税收收入的 0.015%。[①] 从中可以清楚地看到盐税在国家税收收入的比例极小,在国民经济中的比重在逐渐下降。

三、胶州湾盐业文化资源保护应有的措施

(一)建立盐业生产体验区

建立盐业生产体验区,设计多种体验项目。首先,可以让游客亲自参观盐业生产流程,了解我们日常所食用的盐到底是怎样生产出来的。其次,可以让游客亲自动手制盐,采取煎盐,或者晒盐的方式,了解古时候盐业生产工艺,体会到古时候盐工艰苦的生活。最后,可以进行盐知识有奖问答竞赛、制作盐业工艺品等有趣的环节。

(二)建立胶州湾盐文化博物馆

随着城市化的发展,红岛盐场逐渐被现代化的大潮所湮没。因此,为了使胶州湾盐文化的记忆不被泯灭,建立盐文化博物馆是十分必要并有效的保护方式。运用文字描述、图片展示、文献资料记载等传统方式,以及音频、摄影、录像等现代科技手段,尽可能再现胶州湾盐业的发展、演变过程,再现盐商、盐工的生活。这些展示让过去的盐业历史文化变得更加生动、立体化,引起人们的好奇与兴趣,从而加深人们对胶州湾盐业的理解,增加对其认同感。

(三)发展盐业遗址旅游

把盐业现存的旧址和周边涉及盐业生产景点等连点成线,建立以保护盐业文化遗产、留存盐业文化记忆、宣传盐业文化历史为主线的"盐业特色"文化景点。同时,要完善相关旅游配套设施,将胶州湾盐业遗址建设成一个集观光、休闲、娱乐、美食、购物、接待为一体的盐文化度假中心。通过整合旅游资源,打造

---

① 周小梅、史腾腾《我国食盐业专营制度与放松管制政策》,《价格理论与实践》2017 年第 1 期,第 29 页。

特色盐文化旅游品牌,提高竞争力。另外,要注意保护性开放原则,合理开发旅游资源,根据当地特有的旅游资源,将古盐场、古渔村、制盐工具等盐文化元素相互组合,设计出独特的参观项目;并且可以定期开展盐文化旅游节,进行与盐有关的表演,引起人们的兴趣。

(四)开展盐文化资源保护宣传教育工作

目前,盐文化历史资源正在面临严峻的形势,因此开展盐文化历史资源宣传教育工作刻不容缓。首先,要积极整理盐业历史文化资源保护名录,宣传盐文化,让人们认识到保护以盐为特色的文化历史资源的重要性,大力推动各种以保护盐业历史文化资源为目的的官方和民间活动,并为这些活动提供政策支持。其次,加强盐业历史文化资源保护的教育工作,让更多的人加入其中。教育要从小抓起,在各小学、中学开展盐业历史文化资源保护的宣传教育工作,为传承盐业历史文化孕育力量。

第六章　胶州湾航海历史文化资源

第一节　胶州湾航海历史文化资源概述

一、基本内容

胶州湾海上丝绸之路的起源可以追溯到 4500 多年前的新石器时代，航海历史文化悠久。其航海历史文化资源基本可以分为三个方面。

一是航海路线的开拓。自史前时期，胶州湾先民已经开始了海上活动，他们在捕获外海鱼类的同时，也开始沿着海岸线尝试着探索北上或者南下的航路，并产生了"东方海上丝绸之路"的雏形，即开拓了自胶州湾至日本列岛的海上航线。秦汉以来，经过以使节为代表的外交往来，以丝绸、瓷器为代表的贸易往来，以海上战争、海上迁徙为代表的政治活动，从徐福扬帆东渡到东方海上丝绸之路，使胶州湾的海外航线以及国内南北航线更加成熟。

二是港口及管理机构的设立。胶州湾以其优越的地理优势形成了许多优良的港湾。如春秋战国至西汉早期的琅琊港，秦统一六国以后，琅琊成为帝王巡海、祭祀的圣地。《史记》中记载秦始皇到琅琊巡幸的具体地点就不下十处，曾驻跸琅琊三个月，移民三万户，并在此派徐福带领规模宏大的远航船队东航海外。琅琊为秦一大郡，辖地包括胶州湾。胶州湾地区自先秦时期开始就是航海活动十分活跃的地区，东北岸的不其港是秦汉时期重要的港口，因此不排除秦始皇、徐福航海屡经胶州湾的可能性。到了魏晋南北朝时期，北方战争频发，琅琊港逐渐因为割据战争以及经济重心转移和自然灾害的原因而衰微，地位逐渐下降。山东地区的海港活动重心，开始逐渐转向胶州湾西北海岸的胶州港。至北宋时，胶州湾内侧的港口城市板桥镇取代胶东半岛北岸的登州、莱州，很快发展成了北方第一大港，南北客商云集，使节出入频繁，不仅成为国内货物贸易运输的中转站，而且还是外贸活动的北方基地，更是北宋与高丽交往的重要枢纽。为了有效地推动并控制海上贸易，北宋于宋哲宗元祐二年(1087 年)在密州板桥镇设立了当时北方唯一的市舶司。金代时,胶西港是延续南北海上贸易的重要港口。明清时期的陈村口、塔埠头、金家口、女姑口、青岛口、沧口、董家口、贡口、沙子口等通商口岸也呈"点"状散布在这条滨海地带上。

三是航海工具和航海技术。胶州湾的一系列航海活动反映了其航海工具和航海技术的进步。自史前时期开始,胶州湾先民已经可以捕获外海鱼类。春秋战国时期,齐人甘德的《天文星占》及《考工记》等书已推算出北斗星及其他星座的位置,磁石司南也已发现,这些技术对海上导航的准确性无疑有很大帮助。秦始皇二十六年(前 221 年),秦朝建立起中国历史上第一个统一的中央集权封建政权,新政权通过融合齐、吴、越三个传统海上强国的造船工艺和航海技术,使秦代的造船和航海事业获得空前发展,足以支持秦始皇多次到琅琊的巡游以及徐福船队大规模的海上活动。汉朝以来,从汉武帝东巡胶东半岛到王仲举家东渡,从北魏与刘宋的不其之战到宋金之间的唐岛海战,可知造船技术和航海经验支撑了空前活跃的海上扬帆活动。近代以来,胶州湾的航海活动逐渐具备了先进技术上的支持。1898 年,德国人在青岛创办观象台,随后进行地震、地磁、潮汐观测和地形测量工作。1928 年 11 月,青岛观象台设立海洋科。该科于 1929 年 1 月起,每月在胶州湾进行一次海洋观测。观象台的使用保证了胶州湾海上活动的正常运行。

二、历史变迁

胶州湾自古以来就有东夷先民在胶州湾周边繁衍生息。距今 4000 余年前的新石器时代,在胶州湾西北海滨的今胶州市三里河形成了规模较大的东夷氏族村落,从该文化遗址考古发掘中可以看出,三里河的东夷先民已经创造了先进的农业和渔猎文化。具有鲜明特色的贝丘遗址也向我们传达着这片土地的文明从一开始就有着海洋文明的特征。[①]

春秋战国时期,胶州湾的航海文化又翻到了新的一页。被称为"海王之国"的齐国出于自身政治、经济、军事的需要,制定了"鱼盐之利""舟楫之便"的国家政策,依靠沿海优势,利用船舶作为运送物资的交通工具。可以推定,当年的胶州湾也起到了作为运送物资的港航作用。

自秦始皇二十六年(前 221 年),秦始皇统一中国,新政权通过融合齐、吴、

---

① 郭泮溪《帆都记忆:青岛六千年海洋文明简史》,中国社会科学出版社 2009 年版,第 11 页。

越三个传统海上强国的造船工艺和航海技术,使秦代的造船和航海事业获得空前发展。这个时期胶州湾的琅琊港作为海上活动的起航点在胶州湾航海史上占有重要地位。

汉代时,胶州湾的不其港和朝鲜半岛之间的海上航线日渐成熟,同时日益发展的造船技术支撑了从不其港出发的大规模海上迁徙。

至魏晋南北朝时期,北方战争频发,海上战争对胶州湾一带的航路通达起了重要的推动作用。琅琊港逐渐因为割据战争以及经济重心和自然灾害的原因而衰微,地位逐渐下降,山东地区的航海活动重心,开始逐渐转向胶州湾西北海岸的胶州港。

隋唐时期,胶州湾沿岸的密州板桥镇成为航海活动重要的节点之一。到了北宋时期,宋辽、宋金对峙,登州港作为军事港口的战略地位突出。在登州港面临国家边防形势严峻的情形下,山东半岛南岸胶州湾内侧的港口城市板桥镇取代登州、莱州,很快发展成了北方第一大港,航运繁荣。宋哲宗元祐二年(1087年)北宋在此设立市舶司。

金人南侵,宋王朝南渡,胶州湾一带的水手、渔民等利用自己掌握的航海技术活跃在胶州湾及附近的海面打击金兵。金熙宗皇统二年(宋高宗绍兴十二年,1142年),金朝在胶州湾西北岸的胶西设置榷场。胶西榷场成为金宋通过海道实现交流的唯一互动市场,胶州湾一带的海上贸易也因为胶西榷场而发展繁荣。

元明清三代,胶州湾地区的政治、经济、文化中心一直是胶州湾西北侧的胶州(原胶西县)。元世祖至元十七年(1280年),为解决南粮北运的难题,元世祖忽必烈采纳大臣姚演的建议,开凿了胶州湾到莱州湾的胶莱运河,从而直接连通黄海和渤海之间的海运路线的一条"海—陆—海"运河,使得胶州湾在运输粮食物资方面的作用变得重要起来。明朝初年,出于防御倭寇入侵的军事需要,在胶州湾东西两侧设置了"两卫五所"的海防体系,保证了胶州湾一带海运航道的安全,促进了航海活动的发展。明朝中叶,在胶州湾西岸开凿了一条连接唐岛湾与胶州湾的马濠运河,促进了胶州湾地区的经济与航运业发展。

清朝中后期,出于列强对胶州湾的觊觎以及胶州湾的优越地位,1892年清军在青岛口驻军设防。德国占领胶州湾后,1898年创办了青岛观象台。1922年青岛回归后,正式命名为青岛观象台。从1929年1月起,青岛观象台海洋科每月在胶州湾及近海一带进行海洋观测,测量水温及海流方向和速度,采集海水及海底沉积物,为胶州湾的海洋活动提供科学和技术上的保障。

第二节 胶州湾主要航海历史文化资源举要

一、史前至先秦航海历史文化资源——东方海上丝绸之路的雏形

自古以来就有东夷先民在胶州湾周边繁衍生息,由于深受海洋的影响,东夷文化具有浓厚的海洋文化性质。

(一)渔产遗址

位于胶州湾西北岸的胶州三里河遗址,是胶州湾一带最具代表性的海洋渔产遗址。该遗址出土了 5000 年前的海产鱼骨和成堆的鱼鳞,主要是鳓鱼、黑鲷、梭鱼和蓝点马鲛这四种鱼,经鉴定:"从出土鱼类的分布和洄游来看,除有河口性和沿岸近海者外,还有外海性的洄游性鱼类,在新石器时代,人们能捕捞各种不同习性和分布的鱼类,尤其能捕捞外海游泳迅速的鳓鱼和蓝点马鲛,捕捞工具中一定有先进性者。"[1]这类先进的捕捞工具,肯定不是漂浮在海面上随波逐流的木筏子,而应该是能够乘风破浪,船体比较灵活的较大型的独木舟。20世纪 90 年代,考古工作者在山东半岛东端的荣成龙须岛郭家村毛子沟,出土了一具大约原始社会末期至商周时期的独木舟残骸。[2]

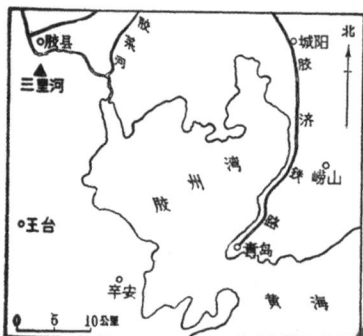

图 6-1　三里河遗址地理位置示意图[3]　　图 6-2　毛子沟商周时期独木舟模型复原图

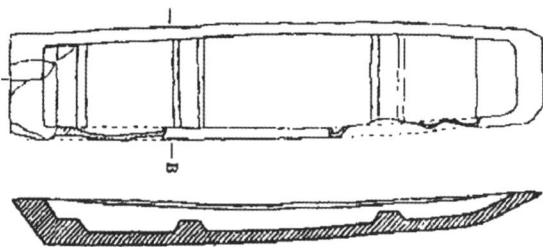

---

① 中国社会科学院考古研究所《胶县三里河》,文物出版社 1988 年版,第 189 页。
② 王永波《胶东半岛上发现的古代独木舟》,《考古与文物》1987 年第 5 期,第 29～31 页。
③ 中国社会科学院考古研究所《胶县三里河》,文物出版社 1988 年版,第 1 页。

　　由于在胶州三里河还没有出土独木舟遗物，人们可以从荣成郭家村毛子沟出土的独木舟残骸上得到启示：距今 5000 年前的三里河人，也有可能是驾驶着类似的独木舟到外海中捕捞"游泳迅速的鳓鱼和蓝点马鲛"[①]。《竹书纪年》里说，夏代时，禹的八世孙帝芒"命九夷，东授于海，获大鱼"。这些都表明生活在新石器时代的先民已经能够从事近海的捕捞。这也是胶州湾早期的航海活动。

(二)稻米之路

　　胶州赵家庄遗址位于胶州市里岔镇赵家庄村南，胶州湾西南岸，2013 年 5 月，被国务院核定公布为第七批全国重点文物保护单位。由该遗址的考古发现及学术成果证明，东夷人的航海活动开拓了东北亚海上的传统航线，即由胶州湾沿海岸线北上，越过渤海，经辽东半岛、朝鲜半岛再间接传到日本列岛。

　　胶州赵家庄遗址考古发现的碳化稻米和稻田、蓄水坑以及纵横交错的水沟等稻田遗存，与连云港藤花落遗址、辽东半岛的大连大嘴子遗址、朝鲜平壤附近的南京遗址以及日本列岛诸遗存中的碳化水稻都是一致的[②]，表明当时可能存在一条稻米之路，即稻作文化很可能在龙山文化时期由胶州湾沿海岸线北上传播，越过渤海，经过辽东半岛、朝鲜半岛再间接传到日本列岛的海上传播路线。由此推断，最晚距今 4000 年前，由胶州湾出海口经庙岛群岛辗转辽东半岛，至朝鲜半岛、日本列岛的"东方海上丝绸之路"已经萌芽。最后，靠海用海和屡涉风涛，使东夷人产生了人面鸟身的海神信仰和鸟与太阳通体崇拜的信仰习俗。

　　航海的前提是能够制造抗风浪的船只，在中国古代史上，南方的越族以善于舟楫而著称，《越绝书·吴内传》记载的释文却说："越人谓船为须虑……习之于夷。"可见东夷人应该很早就能造船了，沿海地区的人们已经掌握了船的平衡性和稳定抗沉性能。根据东夷人的一系列海上活动，认为东夷已经能够制造抗水浪的好船应该是没有问题的。

(三)海王之国

　　春秋战国时期，胶州湾为齐国东部重要的滨海地区，是齐国兴"渔盐之利，

---

①　郭泮溪《帆都记忆：青岛六千年海洋文明简史》，中国社会科学出版社 2009 年，第 34 页。
②　靳桂云、栾丰实《海岱地区龙山时代稻作农业研究的进展与问题》，《农业考古》2006 年第 1 期，第 51 页。

舟楫之便"的重要地区,其航海技术代表了齐国当时的最高水平。

齐国强调"利在海也",造船和航海技术都有很高的水平。齐国所造船舶可容纳一二百人,齐人的航海知识也有了较大的进步,齐人甘德的《天文星占》及《考工记》等书已推算出北斗星及其他星座的位置,磁石司南也已发现,这些技术对海上导航的准确性无疑有很大帮助。据文献记载,齐景公曾率船队巡游胶东半岛沿海一带。刘向在《说

图 6-3 "海王之国"齐国海陆位置示意图

苑·正谏》中记载:齐景公游少海(今胶州湾)"六月不归"。在《晏子春秋》和《孟子·梁惠王下》等文献中都有相关的记载:齐景公出游,问于晏子曰:"吾欲观于转附(今山东烟台芝罘岛)、朝舞(今山东荣成成山),遵海而南,至于琅琊……"齐景公巡游的船队经过芝罘、成山后,再沿着胶东半岛海岸线南行,经胶州湾后,继续向西南航行,最后到达了琅琊古港。在海上驻留时间长达半年,这在中国古代航海史上确实值得一书的大事。从中至少可以得到两点重要的启示。第一,齐国国君出游的国家船队势必已具相当规模。航具不但安全,而且舒适,否则就不可能"游于海上而乐之"。第二,作为景公巡海目的地的琅琊,其港湾条件与设施一定相当优良,否则就不可能保证巡航船队的安全进出与锚泊。[①]

此外,我国史书记载的第一次海战——齐悼公四年(前 485 年)发生在青岛琅琊海上的齐吴大海战。据记载:"齐鲍氏弑齐悼公。吴王闻之,哭于军门外三日,乃从海上攻齐。齐人败吴,吴王乃引兵归。"[②]齐国凭借造船和航海技术的发展击败了另一海上强国——吴国的水军,表明当时齐国船舶技术、航海能力以及海上作战技术的进步。

航海能力的提高推动了海外贸易的发展。战国时代,山东半岛东北部有转

---

① 孙光圻《论琅琊台古港是徐福东渡的起始点》,《琅琊与徐福研究论文集》,华夏出版社 1996 年版,第 5 页。

② (汉)司马迁《史记·吴太伯世家》,中华书局 1982 年版,第 1473 页。

附、南面有琅琊两个港口,由此与朝鲜半岛通航。另据《中国盐法志》,在春秋战国时期,齐国的食盐和丝织品,通过胶州湾出海口,曾远销海外。

图 6-4　"齐国三量"

另外,清咸丰七年(1857 年),胶县灵山卫(胶南设置后改隶胶南)一带出土三件带有铭文的青铜器,分别是"子禾子釜""陈纯釜""左关铜",为一套标准量具。经鉴定,这就是举世闻名的"齐国三量",战国时期最具代表性的齐国量器,分别由中国历史博物馆和上海博物馆收藏。

"齐国三量"三件青铜器上的铭文,都有"左关""丘关"字样。左关与丘关,均是齐长城近海处一带关隘的名称,齐国在此屯兵驻防,稽查路人,征收关税,其作用相当于现在的海关。从中可以看出当时胶州湾地区海上贸易的频繁,"齐国三量"在沟通南北贸易往来中发挥了重要的调节作用。

此外,根据文献记载,越王勾践曾迁都琅琊,尽管迁都时间尚存在争议。据《吴越春秋》《越绝书》等记载,勾践迁都选择了南北海路,为之护航的越国戈船[1]达 300 艘,动用"以船为车,以楫为马,往若飘风,去则难从,锐兵任死"的越国水师 8000 余人。众多迁都之船和 300 艘护航戈船驶入胶州湾,足以见得胶州湾的航运能力。

经过勾践及其后代的多年经营以及战国时期齐国的进一步发展经营,琅琊已经发展成为当时富饶繁盛的大都市。琅琊港也在原有基础上进一步发展成为南北海陆交通贸易的枢纽。[2] 另从春秋后期的海战活动中可知,从琅琊到浙江航路,若以琅琊为基点,把南北两段航路衔接起来,便形成南起浙江,北至辽东,长达数千里的一条沿海航线。

---

[1]　戈船为古代的一种战船。《汉书·武帝纪》颜师古注:"《伍子胥书》有戈船,以载干戈,因谓之戈船也。"

[2]　郭泮溪《胶东半岛早期航海活动初探》,《国家航海》2014 年第 2 期,第 28 页。

综合以上古文献记载、考古发掘成果以及有关研究成果,我们基本上可以得出这样一个结论:早在春秋战国以前,胶州湾一带已经开辟出通往朝鲜半岛以至日本列岛的海上航线。此航线后来发展成为著名的东方海上丝绸之路。

二、秦至汉魏航海历史文化资源——东方海上丝绸之路的成熟

秦汉以前,胶州湾地区与朝鲜半岛及日本列岛之间直接交往的史书记载很少,多集中在经海路进行的南北方交流。秦汉以来以国家名义从琅琊台和胶州出发的“寻仙活动”标志着“东方海上丝绸之路”的成熟。

琅琊古港,在今山东省胶南市夏河城东南的琅琊山琅琊台濒海处,向东北方向与灵山湾、胶州湾连为一体。秦汉时,琅琊一直是帝王祭祀的圣地,同时也是海外交流的起航点。据《史记·封禅书》记载:“……始皇遂东游海上,行礼祠名山大川及八神……八曰四时主,祠琅琊。琅琊在齐东方,盖岁之所始。”秦朝短短 12 年的统治时间,秦始皇的 5 次巡幸中,其中有 3 次从海上到了琅琊,抵达今天的青岛地区。汉武帝时,曾数次组织大规模的海上寻仙活动,到山东琅琊的巡幸有“舳舻千里”的记载,可见其活动颇具规模,与之连为一体的胶州湾,无疑都在秦皇汉武的视野甚至足迹之内。

(一)徐福东渡

秦汉时期真正标志“东方海上丝绸之路”成熟的事件,应当首推以国家名义进行的航海活动——徐福东渡。

《史记·秦始皇本纪》记载:“齐人徐市等上书,言海中有三神山,名曰蓬莱、方丈、瀛洲,仙人居之。请得斋戒,与童男女求之”,由此开展了长达 10 年的大规模航海探险活动。有关徐福东渡的起航点,学术界历来有不同的观点。孙光圻先生综合各方面的原因分析认为徐福应该是从琅琊出发,并依据中、韩、日之间海洋地理状况、秦代中国航海工具与航海技术水平以及中外考古学成果等,提出了一条 2200 年前徐福扬帆东渡的可行性航线:从山东半岛的琅琊港起航之后,先后经过灵山湾和胶州湾口(历史上曾经名之为“淮子口”),再循海岸线向东北航行到达山东半岛东端的成山头,然后继续向西行驶,沿着山东半岛北岸来到芝罘。这一段海上航线正是春秋战国以来环绕山东半岛航行的传统航线。下一步航行则可能是由芝罘沿着山东半岛北岸来到蓬莱,再从蓬莱经庙岛

群岛渡渤海海峡,来到辽东半岛南端的老铁山。然后,沿着海岸线东航抵达鸭绿江口,再沿着西朝鲜湾南下来到朝鲜半岛东南部海岸(辰韩故地)。随后再从这里出发,借北风扬帆向南航行,过朝鲜海峡西水道(釜山海峡)至对马岛而至北九州海岸,再经关门海峡进入濑户内海,沿着大阪海湾南航入纪伊水道,最后来到熊野滩。[1]

另外,徐福率领的庞大船队的后勤保障基地被专家考证在胶州湾诸港口内。[2] 如《齐乘》卷一记载:"大朱山,胶州西南百二十里,岸海名山也……旁有小珠山(今小珠山),错水所出。又东徐山,方士徐福将童男女二千人会此入海,采药不返。"可见,胶州湾附近的一系列古港口群,如琅琊古港口、大珠山古港口及胶州古港口等必然是徐福东渡的起始港及后勤保障的重要基地,这一海上活动也刺激了胶州湾一带造船航海事业发展和新航路的探索。

(二)王仲东渡

秦汉时期,除琅琊港是航海活动的起航点外,位于胶州湾的不其也是海外交流的重要起点。

据记载:"陈胜等起。天下叛秦,燕、齐、赵民避地朝鲜数万口。"[3]战国以来渡海东去朝鲜半岛的齐地移民中,首次载于正史的是汉代不其(今城阳)人王仲。

汉文帝三年(前177年),济北王刘兴居密谋起兵,问策于王仲。王仲为避祸携全家由不其乘船东去,从胶州湾畔的不其海口扬帆东渡,绕道成山、芝罘,一路傍海而行,来到位于朝鲜半岛乐浪郡所在地(今朝鲜平壤附近)的一座山中隐居下来,其后裔成为当地颇有影响的"乐浪王氏"大家族。[4]

"这条'循海岸水行'的海路大大沟通了中、朝、日之间古人类来往和古文化交流。因而,这才有《山海经》关于辽东半岛、朝鲜和日本的古传说和远古史迹的记载。"[5]近些年在韩国、日本出土的一些战国时期的齐国文物,也证明了这一点。如韩国庆尚南道出土的齐式战国青铜鼎、齐国水晶珠项链等,用水晶做成的物品在这一时期的朝鲜半岛和日本还相当罕见,但在齐国却是大宗的产品。

① 孙光圻《中国古代航海史》,海洋出版社1989年版,第149～156页。
② 刘凤鸣《山东半岛与东方海上丝绸之路》,人民出版社2007年版,第58页。
③ (晋)陈寿《三国志·乌丸鲜卑东夷传》,中华书局1982年版,第848页。
④ (南朝·宋)范晔《后汉书·循吏列传》,中华书局1965年版,第2457页。
⑤ 郭泮溪《胶东半岛早期航海活动探索》,《中国航海家第7辑》,上海古籍出版社2014年版,第26页。

在日本佐贺县的弥生文化墓葬中发掘出最早的纺织品,它是被放在墓葬的陶瓮中的,是一寸见方的残布片,经测定,经线 40～50 根,纬线 30 根,与齐地所产丝绢相同。韩国庆尚南道出土的齐国青铜鼎、水晶珠项链以及日本弥生文化墓葬中的齐地丝绢制品等,很显然是通过"循海岸水行"航线东渡传去的。①

王仲在济北王刘兴居准备起兵造反的危急之时,之所以选择"浮海东奔乐浪"以避祸,说明当时他非常熟悉从不其到乐浪的航线,经胶州湾畔到朝鲜半岛的海路畅通,民间来往自如。

(三)不其之战

南北朝时期,由于北魏切断了刘宋与山东地方政权的陆上联系,刘宋政权只能靠海路来维持其对山东地区的军队、物资的救援活动,胶州湾和不其城成为江南与山东唯一的海上通道。刘宋明帝泰始四年(北魏献文帝皇兴二年,468年),刘宋与北魏在女姑口海域发生激战,这是古代历史上的一次著名海战。当时刘宋东青州刺史沈文静镇守不其城,经女姑口一战,败于北魏慕容白曜。自此始,不其归入了北魏的版图。

综上所述,不论是王仲举家东渡还是北魏与刘宋的不其之战,一方面说明经胶州湾到朝鲜半岛已有成熟的海上通道和密切的海上往来,有着大量熟悉海上航行的水手和船工,这与齐地悠久的海洋文明传统是分不开的;另一方面,我们还必须清楚,这种长途海上迁徙或大规模跨海作战,需有先进的造船技术和航海经验来作为支撑。在这些方面,汉代均有了重大发展和进步。②

三、隋唐宋金航海历史文化资源——东方海上丝绸之路的辉煌

(一)板桥镇

板桥镇遗址位于山东半岛胶莱平原南部,胶州湾的西北岸,遗址现被胶州市老城区占压,2013 年被国务院公布为全国重点文物保护单位,所出土文物陈列于胶州市博物馆,根据文献资料复原出的宋代板桥镇模型也陈列在馆内。

板桥镇处在南北交界之地,南北往来极其方便,向北可达高丽,往南航行又

---

① 李慧竹《汉代以前山东与朝鲜半岛南部的交往》,《北方文物》2004 年第 1 期,第 19～21 页。
② 郭泮溪、侯德彤、李培亮《胶东半岛海洋文明简史》,中国社会科学出版社 2011 年版,第 88 页。

可以通往明州（今浙江宁波）、泉州、广州等南方港口。

隋唐时期，中国国力强盛，经济繁荣，胶州湾的海口已成为海上交通要道，可与朝鲜、日本互通有无。此时胶州湾西北部滨海地区的板桥镇（南北朝时期的胶州港）逐渐繁荣起来，与山东半岛北部的登州、莱州共同接待了来自日

图 6-5　复原的胶州板桥镇古镇模型

本、新罗诸国的商人和取海道北上的罗马、印度、波斯以及南洋的一些国家来船。

板桥镇是国内南北货物贸易运输的中转站。日本僧人圆仁曾多次在板桥镇出入中国，他详述了晚唐时期楚州（今江苏淮安）—海州（今江苏连云港）—密州（古板桥镇）—登州一线繁忙的海上交通线。《入唐求法巡礼行记》中多次记载了在密州板桥镇的商业活动。"船人等云。吾等从密州来。船里载炭向楚州去。"①唐宣宗大中元年（847年），兼予祭册立等副使等人"将十七端布雇新罗人郑客车。载衣物。傍海望密州界去"②。"（大中元年闰三月）十七日朝。到密州诸城县界大朱山（今山东青岛黄岛区大珠山）驻马浦。遇新罗人陈忠船。载炭欲往楚州。商量船脚价绢五疋定。五月。五日。上船候风。九日。发。缘风变东南。去大朱山不远。于琅琊台斋堂与岛中间抛石住。经四宿。"③琅琊台（在今山东青岛黄岛区）这些记载至少反映出两个问题：一是提到的商船所载的货物有炭、布、粮、物，反映了密州板桥镇繁忙的商业活动；二是密州板桥镇是胶州湾地区与楚州、新罗海上往来的重要节点。

盛唐时期的日韩遣唐使自不用说，大多要借助成熟的东方海上丝绸之路经胶州板桥镇到达中国，民间新罗和日本的商贾、学生、僧侣等为避开北方的战乱和陆路艰辛也多选择海路来中国。这样，南方江浙闽一带形成的连接东南亚、南亚、西亚的南方"海上丝绸之路"，与从胶州板桥镇出发驶往日、韩的东方

---

① 〔日〕圆仁《入唐求法巡礼行记》卷一，广西师范大学出版社 2007 年版，第 37 页。
② 〔日〕圆仁《入唐求法巡礼行记》卷四，广西师范大学出版社 2007 年版，第 157 页。
③ 〔日〕圆仁《入唐求法巡礼行记》卷四，广西师范大学出版社 2007 年版，第 158 页。

"海上丝绸之路"南北呼应、相辅相成,成为我国"海上丝绸之路"的重要组成部分。①

民国《胶澳志》中有这样的记载:"唐代留学印度之高僧,与日本来学之僧侣亦恒取此道。"这里所说的"此道"就是指胶州湾地区。②

胶州湾地区发现了为数不多的唐代长沙窑瓷器,主要出土于胶州湾北部的胶南县寨里乡、胶南镇等地。③ 以外销瓷闻名的长沙窑瓷器在北方地区并不多见。如果走水路,扬州是必经之处。在唐代扬州罗域遗址、"七八·二人防工程"工地、扬州师范学院等地,出土了大量的长沙窑瓷器,可知扬州是长沙窑瓷器重要的集散地。长沙窑瓷器到达胶州湾的线路是从长沙出湘江,沿长江而下,到达扬州,然后在扬州近海航行至山东半岛,既省力又安全,这是一条传统的海上交通路线。

至宋金时期,由于北宋与辽对峙局面的形成,山东半岛北部的登州、莱州港,因为"地近辽帮"而闭港。而板桥镇具有唐代对外海上贸易的基础条件,而且"宋都汴京海外往来以胶澳为最捷"④,迅速发展成为航海贸易的重要枢纽。宋哲宗元祐二年(1087年)北宋在此设市舶司,管理对外贸易,板桥镇成为北宋五大对外贸易港口之一,也是北方唯一的外贸港口。

进出胶州湾的商船络绎不绝,"自来广南、福建、淮浙商旅乘海船贩到香药诸杂税务,乃至京东、河北、河东等路商客般运见钱、丝、绵、绫、绢,往来交易买卖,极为繁盛"⑤。北宋诗人孔平仲任密州教授时,曾写诗描绘了板桥镇的贸易盛况,"商人自东南,驾海连天筏"⑥。

板桥镇取代了登州港的地位,成为北方地区对外交往的最大的港口。据《近1300年来古胶州港位置的变迁》记载:"到北宋熙宁十年(1077年),仅港口的商税就达7338贯,而州治掖县还没超过6241贯。"⑦可见板桥镇的港口贸易

① 朱艳《"东方海上丝绸之路"起始点——胶州历史文化初探》,青岛市文物保护考古所《青岛考古(二)》,科学出版社2015年版,第264页。
② 陈杰《唐至北宋山东半岛南岸港口的商业功能辨析——以板桥镇为中心》,青岛市文物保护考古所《青岛考古(二)》,科学出版社2015年版,第249页。
③ 王云霞《胶南出土唐长沙窑瓷器》,《中国文物报》1990年11月1日第1版。
④ 民国《胶澳志·沿革志》,成文出版社1968年版。
⑤ 中国海洋文化编委会《中国海洋文化山东卷》,海洋出版社2016年版,第211页。
⑥ (宋)孔文仲《清江三孔集》,齐鲁书社2002年版,第45页。
⑦ 于世永、朱诚等《近1300年来古胶州港位置的变迁》,《海洋湖沼通报》1995年第4期,第16页。

额已十分可观。

板桥镇在海外贸易航线中处于重要地位。板桥镇除了是北宋与日本、南洋诸国及阿拉伯国家贸易往来的港口,还是北宋与高丽交往最重要的枢纽之一。[②] 当时存在密州板桥镇与高丽之间的直航海路,称"密州高丽道",宋朝政府给国内商人颁发"公凭",商人凭此获得与高丽的贸易资格。据记载:"有商客王应升等,冒请往高丽国公凭,却发船入大辽国买卖,寻捉到王应升等二十人及船中行货。"[③] 宋神宗元封七年(1084 年)十月"癸未,密州商人平简为三班差使,以三往高丽通国信也"[④]。从中可以看出,宋朝时板桥镇是

图 6-6　板桥镇出土的部分瓷器[①]

北宋、高丽贸易的重要枢纽,由于获得国家支持,北宋、高丽之间的海上贸易更加频繁。同时,从政府颁发"公凭"规范贸易这一行为也表明当时进出胶州湾进行贸易的船只众多,政府不得不采取措施进行管理,正如苏轼所反映的"奸民滑商,争请公凭往来如织"[⑤]的情况,可见板桥镇与高丽贸易的繁荣程度。由于海外贸易繁荣,出现商人囤积居奇的现象,元祐二年(1087 年)北宋政府在此设市舶司,管理对外贸易,板桥镇成为北宋的五大对外贸易港口之一,也是北方唯一的外贸港口。

从 1996 年开始,随着板桥镇考古工作的展开,前后共发现铁钱 40 余吨,各大窑系的瓷器标本均可找到,还发现了明显的独轮车车痕。这些考古发现充分证明了当时的物流与交通繁忙,证实了当时对外贸易的繁荣程度。

---

① 青岛市文物保护考古研究所《胶州板桥镇遗址考古文物图集》,科学出版社 2014 年版,第 16 页。

② (元)脱脱等《宋史·食货志八》,中华书局 1977 年版,第 4561 页。

③ (宋)苏轼撰、(明)茅维编《苏轼文集·奏议》,孔凡礼点校,中华书局 1986 年版,第 888 页。

④ (宋)李焘《续资治通鉴长编》卷三四九,神宗元封七年十月癸未,中华书局 2004 年版,第 8370 页。

⑤ (宋)苏轼《苏东坡全集》,北京燕山出版社 2009 年版,第 2037 页。

图 6-7　板桥镇出土的"铁钱山"

图 6-8　板桥镇出土的成串铜钱①

(二)宋金海战遗址

宋金海战遗址位于今青岛市黄岛区薛家岛与胶南灵山卫之间的一片海湾——唐岛湾,是江淮地区通往山东半岛的海上交通要道,是胶州湾的门户,战略地位十分重要。南宋时在这里发生的宋金海战充分体现了胶州湾地区民众普遍具有较高的航海能力。

北宋灭亡后,南下的金兵攻陷山东以后,密州一带的水手、渔民、盐民、散兵和农民利用他们的航海技术和有利的航海地理条件,聚集起来成立了民军抗金。他们活跃在胶州湾及其附近的海面上打击金兵。

据《宋会要辑稿》记载,宋高宗建炎四年(1130 年),活跃在山东沿海一带的统制忠义军马范温"率众驾船入海,据守福岛,每遇金贼,攘战或功"②。这是被编为忠义军的抗金民军在青岛近海开辟抗金战场,屡败金兵的文字记载。这支抗金民军骨干,是由胶州湾一带的水手、渔民、盐民、散兵和农民等组成的。他们据守福岛(今徐福岛)一带常常出其不意地袭击金兵,致使不善海战的金兵为此大伤脑筋。宋高宗绍兴九年(金熙宗天眷二年,1139 年),胶州湾一带的民军(金国称其为"山东海寇")在张清的带领下,发展成为一支战斗力极强的抗金武装力量,他们频频打击较大规模的金国军队。由于胶州湾民军中有一批板桥镇

---

① 青岛市文物保护考古研究所《胶州板桥镇遗址考古文物图集》,科学出版社 2014 年版,第 164 页。
② (清)徐松辑《宋会要辑稿·兵一八》,上海古籍出版社 2014 年版,第 8991 页。

水手,很熟悉通往辽东半岛的海上航道,便极力主张由张清率领武装船队沿着海上航线北上,直捣金国的大后方。宇文懋昭的《大金国志》有这样的记载:"山东海寇张清乘海船至辽东,诈称宋师,破蓟州。辽东士民及南宋被掳之人,多相率起兵应清者,辽东大扰。"①南宋章颖的《南渡十将传》记载,20余年后的绍兴三十一年(金海陵王正隆六年,1161年),当金主完颜亮率数十万大军准备南下攻打南宋时,胶州湾一带"开赵起于密州,有众十余万,以助胶西之师"。

绍兴三十一年,金帝完颜亮分兵五路,发动对南宋的战争,其海路金军就是以胶州湾内的胶西港作为造船、集结训练和出发地。当时金国的海上水军拥有战船600余艘、金兵2万余人、大汉军1万人、水手4万人。在海战凯旋后,李宝向高宗献俘,"因陈俘获与所得百尺舟"②。则此"百尺舟"当为金军海上战船中较大且优者,虽然不是所有的战船都有这样大的船型,但是从金军军队的规模可以看出这时的胶州湾地区的航海技术、航运能力等都有了很大的发展。金朝600多艘战船付之一炬,陈家岛海战亦以中国古代著名海战而闻名于世,这也是火药火器应用于战争之后而进行的第一次古海战。李宝转官制词云:"千艘水击,威名远继于伏波,万炯灰飞,伟迹更高于赤壁……"③展现了此海战恢宏壮观的历史画面。

他们配合李宝率领的南宋北上水师,在唐岛湾痛击准备南侵的金国军队,取得了唐岛湾宋金大海战以少胜多的辉煌战绩。目前,尚未在青岛的相关海域发现任何宋金时期的兵器等物品,这让这场重要的海战少了物证。不过,就目前整体来看,从秦汉之后到明朝之前,这段漫长的历史时期的文物,胶南出土的都比较少。所以,缺乏宋金时期的兵器,绝不影响这一历史事件的真实性。

这种大规模的海上作战需要较高的航海能力,火药火器的应用对战船、航海技术等条件的要求更高,充分体现了当时胶州湾较高的航海水平。

(三)胶西榷场

胶西榷场遗址在胶州城西关一带(地址在板桥镇港口附近,当地称之为"土城口")。金朝时,由于遭受战争破坏,密州板桥镇港口海上商业贸易已基本停

---

①　(宋)宇文懋昭撰,崔印文校证《大金国志校证·熙宗考成皇帝纪二》,中华书局1986年版,第153页。

②　(宋)李心传《建炎以来系年要录》,中华书局1988年版,第3300页。

③　道光《江阴县志》,成文出版社1983年版,第1699页。

止,处于闭港状态。南宋绍兴十二年(1142 年),南宋与金国进行了双方边境商贸谈判,在胶西板桥镇设置胶西榷场,其遗址在胶州城西关一带(当地称之为"土城口"),胶州湾西北岸。胶西榷场在金代延续了南北方海上贸易。

南宋初年,刚刚占领中原大地的金国女真贵族急需南方的茶叶、香料、丝织品、珍珠和象牙等;而南宋朝廷也希望通过与金国的互市贸易得到马匹、人参、鹿茸、毛皮等。南北交易双方的货物在榷场内成交纳税之后,南货多由骡马牲口从陆路北运,而北货则在板桥码头装船后从海路运往南宋的诸口岸。胶西榷场也曾经因宋金贸易而一度比较繁荣。双方在胶西榷场开展的海上官方贸易在一定程度上实现了南北沿海地区的互通有无。

南宋与金的海上官方榷场贸易的航线主要在南宋的沿海地区和金的密州胶西榷场之间,其中主要有以下几条海上航线。

一条航线是从南宋的江苏北部地区先沿淮河出海,然后转海道北上,到山东胶州湾西北岸的胶西榷场。《宋史·李全传》有记载:"全诱商人至山阳(江苏淮安)以舟浮其货而中分之,自淮转海达于胶西。"①

根据《建炎以来系年要录》卷五六记载:"[绍兴二年(1132 年)七月]甲申,吕颐浩言:朝廷近置沿海制置司,最为得策,然敌人舟从大海北来,抛洋直至定海县,此浙东路也。自通州入料角,放洋至青龙港,又沿流至金山村、海盐县,直泊临安府江岸,此浙西路也。"②由此,可推测出金与南宋往来的两条海上航线。一条航线是从胶西榷场直接海航到达浙江沿海地区,被称为浙东路;另一条航线是从胶西榷场出发,先经海道泛海至长江口,入长江口至通州(今江苏南通),又经过今崇明岛西端夹角,到达青龙港(今上海青龙镇),沿着杭州湾北岸的金山村(今上海金山区)、海盐县(今浙江海盐县),到达南宋都城临安府(今浙江杭州),这条航线也被称为浙西路。

此外,由金的密州胶西榷场和南宋福建和广东沿海地区之间也有航线存在。《宋会要辑稿》记载:"闽粤商贾常载重货往山东贩卖。"③由此可见,南宋闽粤商贾的货船可泛海直达金王朝的山东地区进行贸易。

胶州湾西南岸成为南宋与金朝边境海陆交通要地,金王朝在胶西设置榷

---

① (元)脱脱等《宋史·李全传》,中华书局 1985 年版,第 13823 页。
② (宋)李心传《建炎以来系年要录》,中华书局 1988 年版,第 986 页。
③ 王昆《宋与辽夏金间的走私贸易》,东北师范大学硕士论文,2006 年,第 30 页。

场,胶西榷场成为金宋通过海道实现交流的唯一互动市场,胶西港成为金代南北海上贸易的延续。同时,胶西也成为金国唯一的海军港口。

四、元明清时期丰富的航海历史文化资源

自唐代安史之乱以后,经济文化重心开始南移,至元代时,北粮几乎全部仰给于南方。"元都于燕,去江南极远,而百司庶府之繁,卫士编民之众,无不仰给于江南。"[①]"北粮只及南粮五之一。地荒、人荒,遂为北方二患,整个的中央,几乎全仰给于南方。而自南赴北之粮食运输,亦成国家每年一次大耗费。"[②]为解决南粮北运的现实问题,元世祖至元十七年(1280年),元世祖决定在胶州湾与莱州湾之间以及在胶州湾与唐岛湾之间,开凿一长一短两条人工运河,以解决南粮北调的问题。

(一)胶莱运河

胶莱运河,顾名思义连接莱州湾和胶州湾,流经现胶南、胶州、平度、高密、昌邑和莱州等,全长130千米,流域面积达5400平方千米,南北贯穿山东半岛,沟通黄海、渤海。

元世祖至元十八年(1281年),胶莱运河建成,从胶州湾陈村口到莱州湾海沧口,全长约130千米,南北贯穿山东半岛,沟通黄、渤海两海。胶莱运河自平度姚家村东的分水岭南北分流,南流由麻

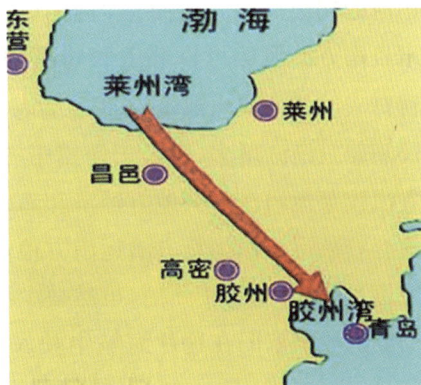

图6-9　胶莱运河示意图

湾口入胶州湾,为南胶莱河。工程竣工后,立即开始试航,始运粮食2万余石。四年以后的至元二十二年(1285年),从江淮沿海岸线北上经过胶州湾的运粮海船已经逾千艘,北运的粮米已逾60万石。整个南粮北调的海运活动,对胶州湾的海航业影响重大,其中最重要的即兴开胶莱运河,它对胶州湾一带港口与地

---

① (明)宋濂等《元史·食货志》,中华书局1976年版,第2364页。

② 钱穆《国史大纲》,商务印书馆1996年版,第711页。

区经济的发展,对整个海运漕粮活动,都起到了重大作用。①

　　因为马濠运河的开挖处皆是石岗地,开凿起来极为艰难,最后只好半途而废。由于与胶莱运河配套的马濠运河没有开通,所以从江南沿海路北上的运粮船仍然要绕过薛家岛再进入胶州湾,然后沿着已经开通的胶莱运河出莱州湾,最后向北航行抵达直沽(今天津市)。元世祖至元末年任松江知府的张之翰在《书胶州廨》诗中写道:"只知烹海利,谁识撅河心? 地本连齐俗,人全带楚音。"②"撅河"指开凿胶莱运河。此诗作者在这里以反问的口气来肯定建设胶莱运河的初衷。因为胶莱运河通航之后,来自南方的帆船可以北上胶州湾,经陈

图6-10　马濠运河公园现存马濠运河碑

村口入胶莱运河出海沧口进入渤海湾。自此从吴楚之地北来胶州的运粮船和民间船只渐渐增多,以至于使属于齐地的胶州也"人全带楚音"了。③ 从中可以看出胶莱运河在繁荣地方经济和南北贸易方面发挥的重要作用。随后,元朝廷放弃胶莱运河作为官方漕运南方粮食的主航道,胶莱运河成为民间频繁使用的航道,这一时期的胶州湾,虽然缺少了南方运粮官船扬帆来往的热闹,但是民间商船的风帆依旧在这片海域中驶入驶出。"自入东胶路,乡邦此地赊。人悲西候日,帆乱北溟霞。……驿楼何处是? 庭树木栖鸦。"④"海上惊闻报晓鸡,人家只在水云西。小舟拦浦帆初落,茅屋压檐鸦乱啼。县市反夸南货聚,州城独许北军栖。平生自是多离恨,一到中原便惨凄。"⑤以上诗句是元朝戴良在元代后期从淮南乘海船北上胶州湾进入胶莱运河时依照其所见所闻,有感而写的诗

---

①　张淑臻、林玉海《胶州湾港口与元明时期的胶莱漕运业》,曲金良《中国海洋文化研究》第1卷,文化艺术出版社1999年版,第90页。

②　李治安《张之翰诗咏胶州》,《胶州历史文化初探》,天津古籍出版社2007年版,第152页。

③　郭泮溪《帆都记忆:青岛六千年海洋文明简史》,中国社会科学出版社2009年版,第149页。

④　(元)戴良《至胶州》,氏著《九灵山房集》,商务印书馆1936年版,第350页。

⑤　刘才栋《胶州古今诗选》,青岛出版社1990年版,第10页。

作。"帆乱北溟霞""县市反夸南货聚"等诗句,反映了元代朝廷弃之不用胶莱运河以后,民间南北方海运商贸因这条运河依旧比较繁荣的史实。

马濠运河地处胶州湾西南岸。南口唐岛湾,北口黄岛前湾,马濠运河为元、明两代相继开凿的我国唯一海水运河,是由胶州湾进入南胶莱河的咽喉要地。

元朝开凿马濠运河时,"遇石而止"。明嘉靖十六年(1537 年),马濠运河开凿通航,使南方北上的海船可以直接从唐岛湾进入马濠运河,然后再经胶州湾北岸陈村口进入胶莱运河。胶州湾畔两运河缩短了水运航程,提高了船舶的周转率,扩大了航运量,增强了海上航运的安全。① 明嘉靖以后,胶州湾两运河陷入萧条。

(二)塔埠头

塔埠头港位于 $36°14'$ N, $120°05'$ E,在青岛市胶州城东南12 里处,塔埠头河南岸,胶州湾内,是当时胶州湾内唯一可供大小粮船集散的港口。② 唐宋时期板桥镇的繁荣发展为塔埠头奠定了坚实的经济基础,随着元代胶莱运河的开凿,塔埠头港逐渐

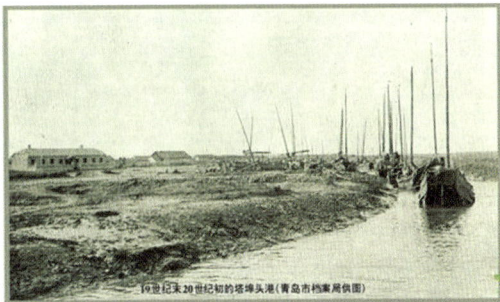

图 6-11　塔埠头码头(青岛市档案局供图)

取代原来的板桥镇唐湾港,成为南粮北运的重要港口之一,是胶州湾内大小粮船的集散港口。清朝时贸易往来频繁,众商云集。

据记载:"胶县自数百年来久为山东省之重要商港,南来货物先是取道于元代所辟之运河,以达于胶之少海,与内地最重要之商场曰潍县者相联络,厥后运河淤废,始完全改由海道,由塔埠头卸载货物,转移于东西北各地,一时商贾辐辏,帆樯云集,故有金胶州,银潍县'之谚。"③清代的塔埠头港往北路和南路已经有五条航线,北可到达盛京,南可达上海、宁波、福州、香港等地。"(由胶州至)盛京:由塔埠头上船,东南九十里至锥子口,又正东偏北七百里至石岛,又东北

① 郭泮溪《帆都记忆:青岛六千年海洋文明简史》,中国社会科学出版社 2009 年版,第 152 页。
② 寿杨宾《青岛海港史(古代部分)》,人民交通出版社 1986 年版,第 108 页。
③ 即墨县商业志编纂办公室《即墨县商业志》(内部资料),即墨县商业志编纂办公室 1988 年版,第 184～197 页。

一百里至成山头,又北转西三百里至威海,又西北三百里至庙岛,又西偏北八百里至天津,又东北一千五百里至金州卫,又东北三百三十里至盛京田庄台,凡四千一百九十里。"①"(由胶州至)福建:由塔埠头上船,东南九十里至淮子口,又西南八百里至千里岛,又东南三百里至大沙头,又西南四百里至铜沙,又西南一千五百里至宁波,又西南六百里至福州,凡三千六百九十里。"②

图 6-12 塔埠头出土的明代瓷片

图 6-13 《少海连樯》画作

胶州因塔埠头而成为"货连九域三吴,招徕多方贝贡。南至闽广,北达盛京,夷货海估,山委云积,民用以饶,埒于沃土"的繁华地。"山东沿海各口船税,以胶州为最多,每年征银 7540 万两,相当于清初全省沿海 18 州县卫所船税的 9.6 倍。"③山东海洋贸易发展速度之快可见一斑。运到塔埠头的南货主要有日用细瓷器、南纸、蔗糖、广柑、丝绸、竹竿、药材等;从塔埠头南运的货物主要有大豆、花生、豆油、药材、腌猪、山绸、草帽、毡帽等。

塔埠头港作为南北漕运中转站和南北货物集散地,其港口地位不断加强,贸易重镇形象日趋完善,一时间"工商繁荣,客商云集,货物山集,交易繁盛",成为江北重要的漕粮驳运站、货物中转站,南北商业贸易的重要港口。④

---

① 道光《重修胶州志·表二·海疆道里表》,清道光二十五年(1845 年)刻本影印版。
② 道光《重修胶州志·表二·海疆道里表》,清道光二十五年(1845 年)刻本影印版。
③ 雍正《山东通志·杂税》,文渊阁四库全书影印本,台湾商务印书馆 1982 年,第 539~836 页。
④ 何笨《"一带一路"上的青岛印记——板桥镇、塔埠头港等见证青岛海上丝绸之路发展历程》,《走向世界》2017 年第 8 期,第 24 页。

同时,为了保佑海上航行平安,闽浙商贾捐款在胶州城东南建起了一处天后宫。据《胶州市文化志·附录·板桥镇和塔埠头》所载,胶州天后宫"每逢商船起航,商人们便到此祭祀、许愿,以求海神保佑"。另外,由南方海商和当地商贾们共同出资还在塔埠头港的东北处,修建了一处雕梁画栋、气势不凡、占地面积很大的海神庙。清末民初抵塔埠头港的宁波大船,三桅的可载重 5 万余斤,五桅的可载重 10 万余斤。① 每当春秋,水丰河满,小木船可以从塔埠头顺云溪河驶至内城南门外,有的船竟达城内的大鱼市桥头。当时因进出塔埠头的货船甚多,樯挤帆拥,十分壮观,被誉为胶州八景之一,即"少海连樯"。

塔埠头港的繁荣一直持续到 19 世纪末,德国占领青岛后,在青岛修建了小港和大港,对胶州塔埠头港造成了很大的冲击。2011 年,胶州市为了再现唐宋之际"少海连樯"的繁盛景象而建的少海新城工程竣工,可以从少海连樯大型主题雕塑中对当时塔埠头港繁盛的海上贸易略窥一二。

由此可以看出塔埠头在南北海上贸易中的重要地位以及胶州湾地区浓厚的航海历史文化。

(三)青岛口、女姑口、沧口等胶州湾东岸诸港

明清时期,以青岛口为代表的沿海诸港口促进了胶州湾一带海上贸易的繁荣。

青岛口、女姑口位于胶州湾东岸。明万历年间(1573—1620 年),青岛口、女姑口等陆续开放,成为具有一定规模的对外商贸港口。清代《重整旧规》碑文载:"自前明许公奏青岛、女姑等口准行海运,于是万物麟集,千艘云屯,南北之货即通,农商之利益普。"由此可知,青岛口、女姑口成为南北往来新兴的交通枢纽,其贸易之盛,可见一斑。据民国《胶澳志·航运》载:"闽浙商舶,初以胶州塔埠头为集散转运之地,次则沧口、女姑亦有装卸。"②

女姑口位于胶州湾东北岸白沙河与墨水河的入海口处,是一处有着 2000 年以上历史的古码头。

汉武帝元封二年(前 109 年),汉武帝"遣楼船将军杨仆、左将军荀彘将应募

---

① 寿杨宾《青岛海港史(近代部分)》,人民交通出版社 1986 年版,第 17 页。
② 崔越《明清以来青岛地区港口变迁研究》,《黑龙江生态工程职业学院学报》2016 年第 29 卷第 1 期,第 144 页。

罪人击朝鲜"①。为平定朝鲜叛乱,调发5万大军,从海路和陆路前往朝鲜半岛。

明末清初,女姑口除了延续南北方海上贸易之外,一些敢于闯荡的即墨海商还扬帆东渡到朝鲜和日本进行民间海外贸易活动。随着海禁和女谷口本身淤塞严重。20世纪三四十年代,女姑口因淤塞严重废弃不用。但这个有着2000多年历史的古码头促进了胶州湾一带海上贸易的发展,具有重要意义。

沧口港位于沧口湾的东侧,胶州湾东北岸。沧口始于明末,是胶州湾的内港,由渔码头演变为通商海口。

据记载"金家口、青岛口海船装载货物抽取税银,尽征尽解,无定额。仓口、沙子口、登瀛三小口装载花椒梨果用。"②"丙申(清光绪二十二年)三月初……今本口与女姑、仓口计三百七十余船。"③清政府在烟台设立东海关,于清同治四年(1865年)又在女姑口、沧口、沙子口、登瀛口等设分卡征税。说明最晚在清同治年间,沧口已经是一处进出口货物频繁且驻有收税机构的通商口岸了。④ 由宁波、福建等地来的南方海船满载着木材、柑橘以及其他南方土特产常常在这里靠岸卸货,又带着山东土特产返回南方销售。

沧口作为南北海上贸易往来的繁盛地,是胶州湾一带航海活动的重要组成部分。

以上港口作为明清时期的水陆贸易的集散地,带动了胶州湾一带海上贸易的繁荣。

(四)鸭岛遗址

鸭岛遗址位于琅琊台附近的鸭岛海域。

由于航路凶险、海上气候多变等原因,许多商船葬身海底,这些沉船遗迹,既向我们昭示着当年海上贸易的辉煌历史,也向我们展示着当年高超的造船技术水平。2002年9月,国家水下考古队在胶州湾南岸鸭岛海域发现了明代沉船遗址,受海浪及海流影响,这艘满载瓷器和铁锅的明代船舶航行到琅琊台海域时触礁沉没,船上除载有青花瓷器、铁锅等铁制器物外,还有一条20厘米×20厘米×120厘米的石碇。

---

① (汉)班固《汉书·武帝纪》,中华书局1962年版,第194页。
② 同治《即墨县志》,成文出版社1976年版,第333页。
③ (清)胡存约《海云堂随笔》,青岛出版社2011年版,第178页。
④ 郭泮溪《帆都记忆:青岛六千年海洋文明简史》,中国社会科学出版社2009年版,第210~211页。

船上的瓷器和石锚共同证明,该船是一条造于长江以南的商船,反映出当时南北民间贸易往来已相当频繁。

五、近代航海历史文化资源的多元

(一)青岛港

青岛港位于山东半岛南岸的胶州湾内,始建于 1892 年。

青岛港未建成前,即有大批外国轮船驶抵胶州湾。而当年进出口岸的外轮 404 艘次、容积为 45.6 万吨。其中德轮为 294 艘次,容积为 29.8 万吨,超过总数的一半以上;英轮 69 艘次,容积为 10.7 万吨;而日轮仅 17 艘次,容积为1.5 万吨。[②]

德占青岛以前,胶州湾与沿海口岸往来贸易北通辽宁,南至上海、宁波、福建各港,来往最频繁的是山东南部涛洛口及江苏的海州等地,进出口贸易很活跃。特别是农历三月,天后宫庙会期间,船舶云集于青岛口内,甚为可观。德

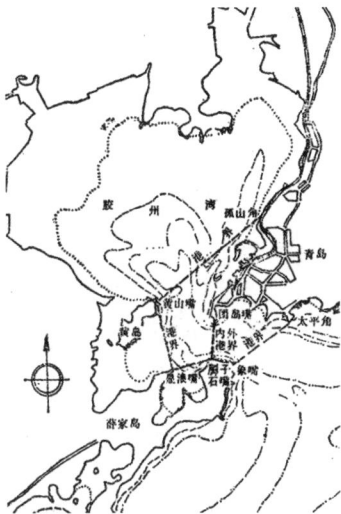

图 6-14　青岛港界示意图[①]

国侵占胶州湾后,进出胶州湾诸港的船只大部分都转移到了青岛港,青岛港作为自由港对世界各国开放。随着大港、小港以及胶济铁路的建成,青岛港成为联系内陆与海外的门户,胶州湾海上贸易迅速发展起来。据资料统计,1900 年进出青岛港的民营木帆船约 5000 艘次,1905 年约 9000 艘次,1910 年达到 11300 艘次。在胶海关《一九〇二至一九一一年报告》中,有这样一段总结性文字:青岛港进出货物"航运吨位数自一九〇二年的四十九万三千五百一十五吨增至一九一一年的二百一十四万零五百八十三吨;同一期内贸易金额自一千零三十万两关银,增至五千二百万两关银"[③]。1900 年胶州海关进出口贸易额为

① 寿杨宾《青岛海港史(近代部分)》,人民交通出版社 1989 年版,第 54 页。
② 《山东航运史》编委会《山东航运史》,人民交通出版社 1991 年版,第 380 页。
③ 青岛市档案馆《帝国主义与胶海关》,档案出版社 1986 年版,第 104 页。

3957150 两关银。① 在 11 年间,青岛港贸易金额已由 1900 年不足 400 万两关银增至 1911 年的 5200 万两关银,增长了 12 倍之多。通过航运吨位数和贸易金额数的对比,可以得知这一时期商帆齐聚青岛港之繁荣程度。

20 世纪 30 年代,青岛港已经具有 17 条近海航以及 16 条远洋航线。由于青岛港的迅速崛起,这一时期胶州湾一带的航海活动迅速发展。

(二)团岛灯塔

团岛灯塔,原名游内山灯塔,地处胶州湾咽喉要道,是船舶进出胶州湾的必经之地。它由德国始建于 1898 年,是全国重点文物保护单位;为进出胶州湾和青岛港的船舶提供助航服务,在胶州湾航海文化中发挥了重要作用。

在德国占领青岛后,将团岛连同周边的几个岛屿填

图 6-15　团岛灯塔远眺

平并与大陆相连,成为突出海岸的海岬,此地距对岸的薛家岛仅 3000 余米,为扼守胶州湾的要地。因胶州湾湾口处水流湍急,并有暗礁分布,出于建设导航设施的考虑,1900 年团岛灯塔建成使用。1914 年,在青岛战役中原塔被毁。现存建筑为 1919 年重建,塔高 15.2 米,灯高 24 米,为八角形石砌结构,紧邻机房等附属建筑,内设内螺旋式花岗岩楼梯,可达三层灯室。建筑现为天津海事局青岛航标处使用。

(三)青岛观象台

青岛观象台,现位于青岛市南区观象二街 15 号观象山公园内。

青岛观象台于 1898 年为德国所建。1922 年,中国从日本手中收回青岛观象台,并调任中央观象台气象科科长蒋丙然为台长。此后,青岛观象台在海洋

① 青岛市档案馆《帝国主义与胶海关》,档案出版社 1986 年版,第 52 页。

气象灾害预报和研究方面取得
了较大的成绩：科学地进行海洋
气象预测预警。在近代中国气
象、海洋科学史上占有很重要的
地位。

图 6-16　青岛观象台

　　日据时期，青岛观象台就开
始每天公布天气图，但均用日文
而亦只限于日本船舶。中国接
收后，对航行于青岛港的国内外
船舶一律普送天气图，以供航海
保护之用。此外，还发布天气预报和暴风警报，为海上船只航行提供气象保护。
例如，1924 年 7 月 13 日，飓风经过山东半岛，青岛风力强大。青岛观象台与上
海徐家汇观象台合作，从 7 月 10 日就开始对此次飓风移动路线进行预报，并及
时发出飓风警报，避免了灾害对青岛造成的损失。

第三节　胶州湾航海历史文化资源的
历史功能传承保护

一、胶州湾航海历史文化资源历史功能与价值

　　胶州湾作为"海洋历史文化空间"，自古至今一直连接着四面八方，沟通着
海内海外，航海文化在胶州湾的历史进程中凸显其不可小觑的作用。

　　首先，航海路线是船舶航行轨迹的记录，充分反映了胶州湾的航海文化。
秦始皇和汉武帝曾多次来胶州湾沿海一带巡海，并开辟和发展了通往日本的海
上航线。唐宋时期，胶州板桥镇成为北方通往朝鲜半岛的重要港口。明清时
期，青岛沿海港湾更是发展成为当时区域性的海上贸易中心。航线连接的国家
之间不仅实现了物质文明交流，而且也承载着国家间的人文和精神文化交流。

　　胶州湾先民开辟的对外海上航线具有重要的文化价值。例如"东方海上丝
绸之路"的产生与发展是胶州湾先民海上活动的伟大创举，是中国同西方进行
贸易往来和文化交流的重要通道，其中蕴含的中国传统文化的思想精髓和民族

智慧对于建设 21 世纪海上丝绸之路具有极其重要的当代价值。

其次,胶州湾内外港口众多,促进了海上贸易的发展繁荣,历史地位十分重要,古迹遗存相当丰富,有着巨大的历史文化价值。如宋朝大力鼓励民间商人出海贸易的同时,加强对出海贸易的商人的管理,在板桥镇设置市舶司并对出海商人发放公凭,禁止走私。这些措施既积极鼓励、支持了国内民间商人的出海贸易,也保障了外商的贸易利益,在海外产生良好的影响,提高了他们来华贸易的积极性,从而促进了海外贸易的发展。[①] 又如明朝时为避免胶州湾海域倭寇的侵扰,在胶州湾沿海一带设置了两卫五所,因为海防系统完整,击退了倭寇,就保护了海运航道的安全,促进了海运的发展,对胶州湾航海文化具有重要意义。

最后,航海技术和航海工具的发展对航海活动有着重要意义。早期胶州湾先民航行海上,主要交通工具是独木舟和渐进建造的早期船舶,为后世的航海业的发达奠定了基础;另外,航标等导航设施也对胶州湾畔的航海活动做出重大贡献。例如,团岛灯塔为进出胶州湾和青岛港的船舶提供助航服务,在百年历史变迁中,见证了青岛近代航标发展的荣辱兴衰,是青岛近代航标发展厚重历史的缩影,具有厚重的历史积淀。

二、胶州湾航海历史文化资源的当代价值与传承保护

(一)已有传承保护措施及成效

目前,青岛的航海历史文化资源的保护还是主要依靠政府,制定相关的制度法规,设立文化遗产保护机构,主要的保护措施就是分级设立重点文物保护单位。例如,1992 年琅琊台被列为省级文物保护单位,1984 年马濠运河被列为市级文物保护单位,2006 年团岛灯塔被列为国家级重点文物保护单位,取得一定的成效。

政府除制定相关保护政策法规之外,对海洋历史文化资源出资修缮保护。例如政府对小青岛塔加以保护修葺,20 世纪 80 年代斥巨资对马濠运河分三段进行修复并建造了运河公园。

---

① 曲金良等《中国海洋文化基础理论研究》,海洋出版社 2014 年版,第 183 页。

采取利用博物馆保护的措施,将有关航海活动的遗迹陈列在博物馆,借助博物馆既能保护这一海洋文化资源,又能将其介绍给更多的人知晓。

(二)面临的问题

经过对胶州湾航海历史文化资源保护现状的调查分析,虽然有关部分在针对这些文化资源的保护上已经采取了一些措施,但力度显然是远远不够的。目前,胶州湾航海历史文化资源的保护还面临着一系列的问题亟待解决。

首先,最根本的问题是保护意识淡薄。长期以来,中国海洋文化就被无视、误读、歪曲不少,因此胶州湾航海历史文化资源也长期得不到应有的重视。同时,相对于那些能够直接带来经济利益的自然资源,民众认为航海历史文化资源和自己的生活相去甚远,保护意识薄弱。

其次,城市化和现代化的高速发展对航海历史文化资源的破坏日益严重。第一,城市建设与航海历史文化资源的保护相冲突。如前文论述的板桥镇,历史地位极其重要,但随着城市发展及城区的逐步改造,已完全被胶州城区建筑物覆盖,遗址保护工作始终处于被动的局面,得不到切实有效的保护。城市建筑的增加,不断地扩大翻新规划,每时每刻都在破坏着城市原有的历史码头、历史商埠、历史渔港等建筑。[①] 虽然文物保护法律法规建设取得了长足的进步,但仍存在缺陷与漏洞,法律意识淡薄,有法不依现象严重。第二,以港口贸易文化为主题的遗产较少。在历史上胶州湾地区与世界很多地方都有贸易往来。早在唐宋时期,胶州板桥镇已成为北方最大港口。明清时期,胶州湾地区更发展成为当时区域性的海上贸易中心,与日本、朝鲜等国进行外贸交易。

然而,就目前资源来看,近代之前的港湾、码头遗址相对缺乏以及与港口相联系的渔村古居、渔业遗址、古船类型等也相对缺乏。[②]

再次,航海历史文化资源保护的碎片化,片面追求经济利益。将海洋历史文化资源作为旅游资源的旅游业如何处理好与历史文化资源保护本身的关系,达到双赢,是胶州湾沿岸城市旅游业面临的越来越突出的亟待解决的问题。[③]

最后,未有效地突出胶州湾航海历史文化资源的特色。当前越来越多的沿

---

① 曲金良《我国海洋文化遗产保护的现状与对策》,《中共青岛市委党校　行政学院学报》2011 年第 5 期,第 98 页。

② 崔越《胶州湾古港遗址文化遗产保护探析》,《黑龙江史志》2015 年第 9 期,第 341 页。

③ 曲金良等《中国海洋文化基础理论研究》,海洋出版社 2014 年版,第 373 页。

海城市对航海历史文化资源的保护利用模式趋向一致性,胶州湾沿岸城市也不例外。

(三)对策建议

第一,使民众充分认识航海历史文化资源的价值与丰富内涵,全面提升航海文化资源保护意识。文化资源保护意识的培养不是一朝一夕能够促成的,这需要一个长期积累的过程。政府部门首先要强化这种意识,同时还要通过科学合理的宣传导向以及具体的措施来提高社会各界对胶州湾航海历史文化资源的价值的认识。可以通过各种媒介,如广播电视、报纸刊物,甚至可以在公交车上播放胶州湾航海文化资源保护的宣传片;也可以利用马路上一些公交车站的广告宣传牌张贴海报,各个居民区内部可以举办丰富多彩的社区活动来宣传胶州湾航海文化资源保护的重要性。总之,目的就是要在日常生活中培养市民对胶州湾航海文化资源保护的关注度,提高对其重要性的认识。

第二,资源保护保护与城市建设统筹发展。一切文化现象都是历史发展的结果,任何一个民族的文化特性决定于各民族的社会环境和地理环境。[①] 有关部门应该提高文化资源保护意识,在促进城市建设的同时,加强保护航海历史文化资源。胶州湾地区有着悠久的海外贸易历史,历史文化丰富,政府应大力挖掘城市历史文化内涵,提升城市文化品位,丰富城市历史文化底蕴。

第三,航海历史物质文化资源与航海历史非物质文化资源相统一。随着我国现代化建设和城市化建设的不断加快,有关航海活动的非物质文化资源所处的自然环境不断遭到破坏,脱离了赖以生存的文化语境,成为孤立的文化碎片。因此,可以将航海活动产生的有形的文化资源与无形的文化资源相结合。

第四,整合胶州湾航海文化资源,彰显胶州湾地域特色,避免"同质化"。例如,建造展示胶州湾航海史的展馆,可以展示各时期海船模型,也可以缩小比例仿造各时期代表性海船设立室外海上展厅,或者可以展现胶州湾灯塔文化;还可依托技术条件设立体验区,将胶州湾航海历史与教育科普结合到一起,让其成为展现胶州湾航海历史文化资源的重要途径。

---

① 〔美〕弗朗兹·博厄斯《原始艺术》,金辉译,上海文艺出版社1989年版,第10页。

第七章 胶州湾港口历史文化资源

第一节 胶州湾港口历史文化的基本情况

一、总体发展情况

沿着曲折的黄海海岸线自然形成的胶州湾滨海地带,孕育了数千年的青岛海洋文明和山东半岛海洋文明。青岛的建制历史只有百余年,而真正能反映青岛6000年海洋文明历史的重要遗迹大都不在青岛市区,而是分布在以胶州湾为中心向南北两端延伸的滨海地带上。在胶州湾沿岸上,自先秦以来的众多古港码头呈点状散布存在,随着自然和历史的变迁此消彼长,更替演变。这些古港码头是胶州湾历史更迭的重要的见证,也是构成青岛、山东半岛乃至中国的海洋文明史的重要组成部分。

胶州湾海岸线自古以来都有良好的筑港条件。水域深阔,地基优良,建筑材料丰富,避风条件优良,锚地宽阔,这些都是胶州湾内建筑优良港址的必要条件。胶州湾位于太平洋西海岸,东海、黄海、渤海海岸线的中部,它是黄河流域腹地的东方出海口之一,同时又是跨渤海海峡大通道的山东半岛一侧的最大、基础设施最全的港口之一。它在海运、陆运及沿海岸线交通运输中都处于重要部位,所以胶州湾具有自然和经济地理优势。

从历史上看,自先秦以来,胶州湾沿线的港口都在交通、商贸和军事上发挥着重要作用。[1] 远在公元前685年的齐桓公及以后的秦始皇(于公元前218年)、汉武帝(于公元前106年)就把胶州湾作为国门,进行海战及东渡朝鲜、日本的通道。在唐宋时期,曾是南北贸易重地,也是与朝鲜、日本交通的重要通道。胶州湾自宋神宗元丰七年(1084年)开始作为交通港口、商业港口和军事港

---

① 寿杨宾《青岛海港史(古代部分)》,人民交通出版社1989年版,第1页。

口。北宋时期,在密州板桥镇(在今青岛胶州)曾设立我国北方唯一的市舶司,兼海军使,与朝鲜、日本通商。

元世祖至元十七年(1280年),在胶州镇西海岸,以红石崖为依托,开辟胶莱运河并建其港口。明万历元年(1573年)在胶州湾东海岸开辟了青岛、女姑口、沧口、城阳、即墨河口、塔埠头等军港,成为戚继光领导抗倭的重要港口,同时为海运商港,称为胶澳水道。从此,胶州湾开辟了两个航道:西航道为胶莱运河;东航道为胶澳水道,今称沧口水道。明清时期,胶州之塔埠头和即墨之金家口港,在烟台开港以前为山东重要的港口。

二、重点港口介绍

青岛港是我国重要的对外贸易口岸之一,也是驰名中外的良港。在历史发展的长河中,它只是胶州湾沿岸诸多港口之一。在历史上,环胶州湾沿线比较有名的港口大致有:琅琊、安陵、板桥镇、塔埠头、金家口、女姑口、沧口、沙子口、青岛口等,如表7-1所示。

表7-1　青岛地区古港口一览表

朝代	港口
春秋战国	琅琊、安陵
秦汉	琅琊、安陵、女姑口
魏晋南北朝	琅琊、安陵、女姑口、胶州港
隋唐五代	琅琊(陈家贡、贡口)、安陵、女姑口、板桥镇
宋元	琅琊、安陵、女姑口、板桥镇、塔埠头、陈村口、草桥、贡口
明	琅琊、古镇口、灵山卫、唐岛品、薛家岛、塔埠头、陈村口、阴岛口、金家口(淮涉口)、女姑口、青岛口、金家口(五龙河口)、贡口
清	唐家湾口、淮子口、守凤湾口、古镇口、唐岛口、灵山岛口、竹岔口、黄岛口、头营子口、塔埠头口、柴胡荡、胶州湾海口、董家湾口、金家口、大任口、青岛口、女姑口、天井湾、宋家店口、陈家夼口、徐家庄口、松林浦口、周疃口、栲栳岛口、颜武岛口、登窑口、黄龙庄口、崂山口、鳌山卫口、泊子口、鹅儿湾口、七口峪口、石老人口、汇海口、浮山所口
民国以后	积米崖、红石崖口、大湾港、城口子、董家口、杨家洼、小口子港、东营港、大窑港仰口、董家湾、沙子口港、薛家岛、黄岛、大石头、青岛小港、青岛港等

说明:此表根据地方志及其他各处资料制作,以资参考。

　　琅琊港：位于今胶南琅琊台下古镇口—利根湾内。春秋时为齐国主要港口。周元王三年(前 473 年)越迁都琅琊后,港口繁荣。秦统一全国后,秦始皇三巡琅琊。遣徐福入海求仙,大规模开发此港。汉武帝曾四次巡琅琊。秦皇汉武时代,琅琊港名重一时,为全国大港。汉宣帝本始四年(前 70 年)四月壬寅,琅琊地震后,日趋衰落。

　　女姑口：位于胶州湾东北女姑山下,白沙河口。汉代时已与江浙往来频繁。女姑口的《重整旧规》碑记载："自前明许公奏青岛、女姑等口准行海运,于是百物鳞集,千艘云屯,南北之货既通,农商之利益普。"清咸丰九年(1859 年)在此设厘税分局。清同治四年(1865 年)改设东海关分卡。

　　陈村口：位于胶州湾西北。宋神宗熙宁年间(1068—1077 年)其商杂税额曾超过板桥镇、即墨。金代设陈村镇。元代开凿胶莱运河,设 8 闸,明代改设 9 闸。陈村闸为南端第一闸,是南来北往粮船商船必经港口。明万历年间(1573—1620 年),即墨知县奏议通商,以陈村口为主要口岸。

　　板桥镇港：位于胶州唐家湾。唐宋时期,中国北方对外贸易和文化交流的重要口岸。唐代板桥镇的海外交通已经开始兴盛。新罗和日本的使臣、商贾、僧人等常由此至中国内地。唐朝使臣也常由此前往新罗等地。宋神宗元丰七年(1084 年),宋朝在此设管理航海贸易的榷易务。后又设密州市舶司,板桥镇成为中国北方的唯一通商口岸,也是宋代北方唯一设立市舶司的贸易港口。主要贸易国家和地区有高丽、日本、南洋、印度、波斯等。宋元时期,这里筑有高丽亭馆、海神庙、天后宫、塔埠头码头等。进口货物有纸张、丝绸、药材、瓷器、果品等;出口货物有粮食、生油、盐等。清代此地"商旅如云,帆樯若市,货连九域三吴。南至闽广,北达盛京"。青岛港兴建后,商贸中心转移,此港日渐衰落。

　　塔埠头：又称胶州码头,位于胶州城东南 9 千米处。宋朝在板桥镇设密州市舶司时,在塔埠头设抽解务。元代胶莱运河通航后,航运贸易昌盛。明清时期成为胶州湾重要的泊船卸货码头。清道光九年(1859 年)有贸易商行 20 余家。清同治四年(1865 年)在此设东海关分关。19 世纪末年贸易额达 300 万元以上。每年农历九月至翌年二月贸易最盛,日出入船只数十艘。主要交易地为宁波、上海、盐城、海州、香港等。输入货物主要来自宁波、福州等地。德国侵占青岛后,在塔埠头和胶州城间铺设了轻便铁道,运输兴建青岛港的物资设备。青岛港建成后,此港日渐衰落。

　　金家口：又称金口港,位于胶州湾外侧东部的丁字湾西畔。地理位置上不属于胶州湾,但其兴衰与胶州湾诸港相交叉。明天启年间(1621—1627 年)开港。南北商客来往日众,港行贸易繁盛。清乾隆三十三年(1768 年)捐建天后行宫。主要航运地区有苏州、文登、胶州、宁波、汕头等地,与朝鲜亦有往来。19 世纪末港市繁荣,市街宽敞,店肆栉比,南北商客不绝。青岛港建成后,此港逐渐衰微。

青岛口:位于青岛村(今人民会堂地址)青岛河口。古停泊帆船、舢板。明成化三年(1467 年)在此建天后宫。清同治四年(1865 年)设东海分关。清光绪十七年(1891 年)青岛建置后,在青岛口北建胶澳镇守衙门,在湾西建码头(今栈桥地址)。航运通达,商贾往来频繁。主要通航地区有牛庄、石臼所、江淮、闽浙、广粤,与朝鲜亦有往来。至光绪二十三年(1897 年)春德国人到来之前,已有商铺 71 家。[①]

第二节　胶州湾港口的历史变迁

一、5000 年前打鱼船启航之处——三里河古港

胶州湾这片古老的滨海地带孕育了数千年的海洋文明。从距今大约 7000 年前的北辛文化时期开始,胶州湾附近最早的先民便陆续到达这里,开始通过拾蚌捕鱼等来繁衍生息。根据考古发掘的成果和相关资料研究可以推测,早在距今 5000 年前后的大汶口文化时期,胶州湾地带的先民就已经驾驶着带帆的独木舟驶出前海湾,到波涛汹涌的外海中谋生。这些打鱼船最早的启航之处,很有可能是位于胶州湾北岸的三里河。

三里河遗址位于胶南南 1.5 千米处。通过此地出土的大量的生产工具、日用器皿、渔产遗物等,可以略观胶州湾史前海洋文明的辉煌。中国科学院海洋研究所专家在《三里河遗址出土的鱼骨、鱼鳞坚定报告》中写道:"从出土鱼类的分布和洄游来看,除了有河口性和沿岸近海者外,还有外海性的洄游鱼类,在新时期时代,人们能捕捞不同习性和分布的鱼类,尤其能捕捞外海游泳迅速的鳓

---

① 《青岛百科全书》编纂委员会《青岛百科全书》,中国大百科全书出版社 1999 年版,第 393、479、110、90、744、357、549 页。

鱼和蓝点马鲛,捕捞工具中一定有先进性者。"①古三里河人充分利用了大自然赐予他们的海洋之利,沿三里河进入胶州湾捕鱼捉蚌。随着生活需要的增加,生产力水平的提高,他们的捕捞活动逐渐从岸边发展到较远的海区。从中我们可以看到先民们开发和利用海港的能力。一是利用自然力,即天然河流出海口岸,作为其靠泊启离的港埠;二是选择离民居较近,能避风、涌浪小,航行启离方便又有陆路交通的小海湾作为港埠。②

关于这段历史性的跨越今天的人们已经很难考证清楚了,但是大汶口文化时期的三里河人,即便不是最早驾驶着带帆的独木舟去闯海的打鱼人,也应当是早期涉海的先民群体之一。

二、先秦时期的古港——琅琊少海

历史发展到春秋时期,胶州湾和琅琊海湾的海面上来自齐国、吴国、越国、莱国和莒国的各式各样的帆船飘来驶去,一片热闹的景象。这个时期的胶州湾已经有了它最早的名字"少海"或者"幼海"。《山海经·东山经》文字有载:"至于无皋之山,南望幼海。"郭璞在下面注:"即少海也。"《淮南子·地形训》中记载:"东方大渚曰少海"。在古汉语中,"幼"和"少"都是"小"的意思。胶州湾与大海大洋比起来,的确应该算是小海,故而被当时的人们称为"少海"或者"幼海"。春秋中期以前,少海和琅琊海湾属于莒国管辖;到了春秋中后期,少海和琅琊海湾才成为齐国的重要出海口。特别是此时的琅琊海湾,经过齐国数十年的经营,成为齐国的军港和商港,逐渐发展成为春秋时期中国五大古港之一。当时的五大古港分别是:句章(今浙江宁波)、会稽(今浙江绍兴)、琅琊、转附(今山东烟台)、碣石(今河北秦皇岛)。五大古港连接当时中国的南北海上交通,而琅琊港湾居中,是南北海路的枢纽,被称为"春秋五大古港"之首。③

据文献记载,齐桓公在位时期,在齐相管仲的大力倡导和推动下,齐国全面贯彻开国之初提出的"通商工之业,便鱼盐之利"的国策。《管子·轻重甲》中有这样的记载,管仲建议齐桓公以通商为手段,通过与邻国的往来以臣服之。此时,少海和琅琊港作为山东半岛的主要出海口,虽然是莒国管辖,但这不阻碍两

---

① 中国社会科学院考古研究所《胶县三里河》,文物出版社1988年版,第189页。
② 寿杨宾《青岛海港史(古代部分)》,人民交通出版社1989年版,第4页。
③ 郭泮溪《帆都记忆:青岛六千年海洋文明简史》,中国社会科学出版社2009年版,第46页。

港成为齐国与南方的吴国和越国商贸往来的中转站。到了齐庄公在位时,莒国国力衰退,胶州湾和琅琊港先后被齐国占领。到了齐景公在位时,在齐相晏婴的辅佐下,齐国日渐强盛起来。于是在当年胶州湾的海面上,先后出现了齐景公巡游少海和齐吴大海战这两次大规模的海上扬帆活动。

琅琊港在春秋和战国时期,作为军港曾经有着相当重要的意义。齐国、越国都先后以琅琊作为军港,扼南北海道的要冲,掌握了制海权,并以此作为向陆上扩张的重要基地。而到了隋唐,琅琊港作为军港的作用就大大降低了。[①]

三、汉唐时期的古港——板桥镇

汉武帝时期,朝鲜半岛北部已经纳入了汉帝国的版图。直到魏晋南北朝,从胶州湾到朝鲜半岛、日本列岛的海陆联系增多。

唐高祖武德六年(623年),刚刚统一全国的唐高祖李渊,在百废待兴的形势下,决定在胶州湾北岸汉代计斤县故址附近设立滨海重镇——板桥镇。

位于今天胶州市内的唐代板桥镇毗邻波平浪静的胶州湾。作为滨海重镇的板桥镇虽然隶属于密州,但是在军事和对外通商贸易等方面却拥有比较大的权限。在设立之初,曾经是唐朝对外用兵的补给基地和中转港口。唐朝初期,朝鲜半岛处于混乱时期。高句丽、新罗、百济常常兵戎相见。唐高宗时期,应新罗国请求,唐朝曾两次从山东半岛出兵,经海路征讨高句丽和百济,最终帮助新罗统一了朝鲜半岛。在这期间,板桥镇一直是集结军队和提供后勤保障的重镇。成百上千艘战船从板桥镇起航东去,胶州湾和黄海海面上战帆如云,迎风猎猎。[②]

新罗国统一朝鲜半岛以后,与唐朝之间的来往更加密切。新罗国与唐朝之间的来往主要依赖海陆交通:从朝鲜半岛通登州、密州板桥镇和海州(今江苏连云港)等。在双方友好的关系下,新罗国的商船队往来于两国之间,一批批的新罗留学生、僧侣到唐朝学习和求法取经,新罗移民侨居中国也蔚然成风。当时在山东半岛出现了许多名为"新罗坊"和"新罗村"的社区。

自从唐高祖李渊在胶州湾北岸设立密州板桥镇之后,来往于板桥镇、大珠山等口岸与朝鲜半岛、日本列岛之间的片片远帆日渐增多。这期间,还能看到

---

① 寿杨宾《青岛海港史(古代部分)》,人民交通出版社1989年版,第53页。
② 郭泮溪《帆都记忆:青岛六千年海洋文明简史》,中国社会科学出版社2009年版,第124页。

远从西亚、南亚等遥远的异邦口岸辗转来到这里进行海上贸易的远洋商船。总体说来,汉唐千年间的青岛海上扬帆历史,是中国古代海洋文明的重要组成部分。这千年期间,也是古代东方海上丝绸之路正式确立并且持续繁荣的重要历史时期。

唐代胶州湾诸口岸中,密州板桥镇口岸是最大的对外贸易口岸,除此之外,还有次于它的密州大珠山港口、牢(崂)山港口和田横港口等。由于史料所限,这些唐代青岛诸口岸的规模以及来往船只的数量已经无法确切知道了,但是它们都在对外经济文化交流方面发挥了不可替代的历史作用。

四、北宋时期的海港繁荣

(一)板桥镇设市舶司——北方"第一海关"

经过从汉代到唐代千年的发展,中国古代海洋文明已经进入了空前繁荣的历史时期。随着船舶建造、远洋航海、指南针等海洋技术的发展运用,到了宋代,中国海洋文明已经遥遥领先于当时的东西方各国。

北宋的国家战略格局对山东半岛产生了巨大影响。半岛北岸的登州、莱州口岸,由于当时辽国欲发兵南下攻宋,大宋王朝面临空前紧张的气氛。由于登莱口岸"地近北虏",与辽东半岛相连仅一湾之隔。所以逐渐褪去商贸口岸的色彩,最终被封港,变为北宋王朝的海防前哨和军事重镇。山东半岛与朝鲜半岛之间"往返皆自登莱"变成"往返皆自密州",特殊的形势给密州板桥镇迎来了新的历史发展机遇。

与此同时,位于山东半岛南岸的密州板桥镇,由于其独特的地理位置,乘势而起。板桥镇"当登、宁海之冲,百货辐辏",位于风平浪静,自然条件极为优越的胶州湾北岸,具有唐代对外海上贸易的基础条件,而且"宋都汴京海外往来以胶澳为最捷",因而越来越受到北宋朝廷的重视,其地位得以迅速提升。

北宋初年,极为重视海外贸易的宋朝,在长江以南的广州、泉州、明州(今浙江宁波)、杭州等通商口岸先后设立了类似于今天海关管理职能的"市舶司",主要负责对本国海商发放到海外诸藩国贸易的"公凭",对进入各口岸的本国和各藩国的商船予以检查并且征收关税(抽解),收购官府的专卖品(博买),同时还负责各藩国海商的接待、保护和招引等。① 由于当年的密州板桥镇是江北的主要通商口岸,与朝鲜半岛、日本列岛诸国的互市贸易极为活跃,时任知密州的范锷曾两次上书朝廷,请求在地理位置优越的板桥镇设立市舶司。

宋神宗元丰三年(1080年)密州知府范锷进言:"板桥濒海,东则二广、福建、淮、浙,西则京东、河北、河东三路,商贾所聚集,海舶之利颛于富家大姓。宜即本州置市舶司,板桥镇置抽解务。""六年(1083年),诏都转运使吴居厚条折以闻。"②

"广南、福建、淮、浙贾人,航海贩物至京东、河北、河东等路,运载钱帛丝棉贸易,而象犀、乳香珍异之物,虽尝禁榷,未免欺隐。若板桥镇市舶法行,则海外诸物积于府库者,必倍于杭、明二州。使商舶通行,无冒禁罹刑之患,而上供之物,免道路风水之虞。"朝廷"乃置密州板桥市舶司"③。

终于在宋哲宗元祐二年(1087年),密州板桥镇市舶司建立。

密州板桥镇市舶司时为长江以北唯一设市舶司的大口岸。由于板桥镇离京城汴梁比较近,交通条件便利,再加上胶州湾海域利于来往船舶的进出和停泊,所以来往于朝鲜半岛、日本列岛、东南亚以及南亚各地的商船多选择在密州板桥镇通关,甚至大食国(在今阿拉伯地区,国都巴格达)的远洋商船也辗转北上来这里做生意。在设立后,胶州湾的海面上中外船舶进进出出,好不热闹,"自来广南、福建、淮浙商旅乘海船贩到香药诸杂税物……往来交易,买卖极为繁盛"④。留下了神舟船队出使高丽的帆影;留下了高丽国义天法师入宋求法在此登陆的身影;留下了国内外客商进出酒肆、勾栏的身影……呈现出前所未有的繁荣景象,给这座著名的北方口岸重镇涂上了浓浓的国际化色彩。⑤

密州板桥镇的设立,开启了由唐初至北宋末时间跨度长达500年之久的海外贸易辉煌。板桥镇港口也因此成为胶州湾最重要的海上贸易和文化交流的口岸,在中外经济文化交流中发挥了不可替代的历史作用。

---

① 郭泮溪、侯德彤、李培亮《胶东半岛海洋文明简史》,中国社会科学出版社2011年版,第135页。
② (元)脱脱等《宋史·食货志下》,中华书局1985年版,第4561页。
③ (元)脱脱等《宋史·食货志下》,中华书局1985年版,第4561页。
④ (宋)李焘《续资治通鉴长编》卷四〇九,哲宗元祐三年三月乙丑,中华书局2004年版,第9956页。
⑤ 郭泮溪、侯德彤、李培亮《胶东半岛海洋文明简史》,中国社会科学出版社2011年版,第132～133页。

(二)板桥镇衰落

由于南宋偏安江南,并且推行对金妥协的政策,因此,虽然各地民军奋起抗金,但是辽阔富饶的山东大地还是落入了金兵之手。南宋建炎三年(1129 年),胶西板桥镇与登州、莱州等沿海口岸相继沦陷。往日千船万帆的密州板桥镇已经变得冷冷清清,那些海商大贾们早已离开这里转到江淮地区去了。曾经来往于高丽诸港口和板桥镇口岸之间做生意的高丽海商,随着高丽与金国之间的陆路通道开通,高丽国的商贾们也多随着官方的陆路通道进行互市贸易,走海路来板桥镇等沿海口岸进行海上贸易的商船数量骤减。

从宋高宗建炎三年(1129 年)到宋高宗绍兴十二年(1142 年)的 13 年间,板桥镇口岸基本上处于闭港期。到了绍兴十二年,南宋与金国进行了双方边境商贸谈判,决定设立榷场,以互通有无。这一年,金国在已闭港十多年的胶西板桥镇设立了板桥榷场,与南宋进行海上互市贸易。板桥榷场后改名为胶西榷场,其遗址在胶州城西关一带(当地称之为"土城口")。

南宋初年,刚刚占领了中原大地的金国女真贵族急需南方的茶叶、香料、丝织品、珍珠和象牙等;而南宋朝廷也希望通过与金国的互市贸易得到马匹、人参、鹿茸、毛皮等。胶西榷场设令丞官,负责主管榷场内的巡逻、防盗、防火一类的治安事宜,以及征收税费等行政管理事宜。胶西榷场也曾经因宋金贸易而一度比较繁荣。但是,由于宋金互市贸易在地点、货物、交易等方面有许多限制,较严重地影响了双方贸易的范围与规模。在金代统治中国北方的百余年间,胶西榷场兴废无常,断断续续经营了五六十年。在此期间,胶西板桥镇港口基本上发挥了中国南北方以及海外物资交易中转基地的作用。在此期间,除了中国南北方的货物在这里互市贸易外,也偶有来自高丽和日本的商船停泊在板桥港口内,进行海外贸易活动。

金代青岛滨海地带除了胶西板桥港外,还于金世宗大定二十九年(1189 年)在今胶南境内设立了四镇。除了张仓镇(今山东青岛黄岛区铁山街道)以外,梁乡镇(今山东青岛黄岛区滨海街道)、信阳镇(今山东青岛黄岛区信阳镇)和草桥镇(今山东青岛黄岛区泊里镇)皆为沿海口岸重镇。这三镇海口处曾有过一定规模的海上贸易活动。[1]

---

① 郭泮溪《帆都记忆:青岛六千年海洋文明简史》,中国社会科学出版社 2009 年版,第 172 页。

宋金时期,青岛地区的海港如密州胶西港等,都是以商港和军港的形式交替出现的。也就是和平时期,因兴互市而成为商品进出的商港;战争状态下,因军事需要就撤掉经济活动,突出军港的作用。就军港而言,虽然一度发展到空前的地步,但为时不长;作为商港存在,是指因互市而有的贸易活动,前后大约持续了三四十年时间,同时还有过一段贸易空白时期。宋、金漫长的海岸,只有胶西港一个口岸在互市时,供双方贸易。按理应对胶西等港口提供一个发展的机会,但由于在互市中,南宋是被动的,对贸易限制较多。金国虽然渴望贸易,但对于港口的利用只注重眼前利益。金国在长江以北占有的海港为数不少,并未利用起来,说明金并不重视海港活动,再加上战争的影响,所以金代胶州湾地区海港处于衰微阶段也是必然的。①

五、元明清时期贸易口岸的兴盛

(一)大元海运——胶莱运河沿线的港口

大约在金代以后,由于流经胶州湾境内的大沽河、云溪河等河流常年泥沙淤塞,导致了胶州湾北岸的海岸线开始逐渐向胶州湾内移动,到了明清时期,原来曾经一度繁荣的胶州海口终于被距离胶州湾海岸线较近的塔埠头港所取代。孙立新等学者通过对清代《胶州志》中相关记载的研究和实地考察,撰文认为:"海虽然还在东侧,但是云溪河河口一带已经开始淤浅……这一地区逐渐淤浅,货船已不能在此停泊,因而筑东西新渠,以便泊船,形成塔埠头港。湾内淤积,只有人工筑造一条由云溪河口转而之东南方向的新渠,以利通航。"②

元世祖至元十六年(1279年),元灭南宋,重新统一了中国,结束了中国自五代以后长期的分裂局面,建立起空前规模的统一帝国。元朝继承了南宋大力发展海上贸易的政策,积极发展海外贸易,也使得中外交往空前繁荣。此时元代官方控制的海外贸易都集中在长江以南各口岸,而山东半岛地处北方,虽不是官方贸易基地,但也有大量的民间海上贸易活动。由于地近京师,控扼渤海,又与高丽、日本隔海相望,凭借其独特的地理位置而成为元统治者规划东北亚海上战

---

① 寿杨宾《青岛海港史(古代部分)》,人民交通出版社1989年版,第85~86页。
② 孙立新、王保宁《胶州湾北海岸的史地变迁——以两宋至民国时期为中心》,《中国海洋大学学报》(社会科学版)2007年第5期,第4页。

略的重要一环。

元代定都大都,要把南方的大批粮食物资等千里迢迢运往元大都,并不容易。"元都于燕,去江南极远,而百司庶府之繁,卫士编民之众,无不仰给于江南。"①可以看出南粮北运是元朝亟待解决的问题。

当时要把南方物资运往元大都主要有三种途径:陆运、漕运和海运。陆路运输,千里迢迢,跋山涉水,耗时费力,而运力又十分有限。漕运主要依靠贯穿中国大江南北的京杭大运河,但是由于北方长期战乱,年久失修,多处河段早已淤塞,于是元朝初年开始尝试海上运输。

莱州人姚演提出,在胶州湾与莱州湾之间以及在胶州湾与唐岛湾之间,开凿一长一短两条人工运河,以解决南粮北调的问题。元世祖采纳了他的建议,于至元十七年(1280 年),开凿胶莱运河、马濠运河工程。②

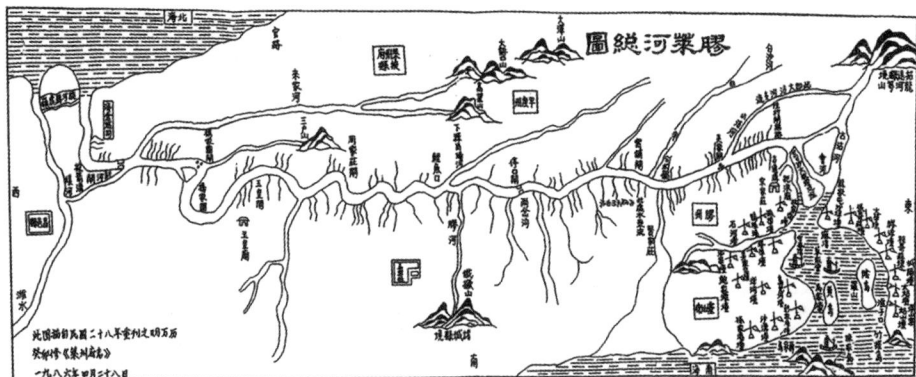

图 7-1　胶莱河总图

两年后,从胶州湾陈村口到莱州湾海仓口,全长 150 余千米的胶莱运河主体工程竣工,运河初步开通。到了至元二十二年(1285 年),从江淮沿海岸线北上经过胶州湾的运粮海船已经逾千艘,北运的粮米已逾 60 万石。运粮海船通过胶莱运河,是指大型运粮海船在塔埠头过驳,把粮米装进小平底河船,由这些小平底船经过胶莱运河抵达海仓口,然后把所装货物再转入大型海船之中。南来的运粮海船到胶州湾锚泊后,依次进入胶州湾北岸的陈村口,把粮米过驳到

① (明)危素《元海运志·海运编·明漕运志》,中华书局 1985 年版,第 1 页。
② 山东省胶州市委员会文史资料研究委员会《胶州文史资料》第 2 辑(内部资料),1987 年版,第 116 页。

小平底河船上驶入胶莱运河,若以小平底河船每艘以装载 100 石粮米计算,起码要有 6000 艘次往返于海仓口和陈村口之间,由此可见运粮时节的胶莱运河是多么繁忙。为了进一步缩短航程,避开险路,在开凿胶莱运河的同时,还试图掘通马濠运河,若开通,海船可以从唐岛湾贯穿薛家岛,直入胶州湾。虽说河道短,全长约有 7 千米,但是因为开挖处皆是石岗地,开凿极为艰难。在当时的技术条件制约下,这个方案半途而废。①

胶州湾畔两运河的开凿和疏浚以后,使南方北上的海船可以直接从唐岛湾进入马濠运河,然后再经胶州湾北岸陈村口进入胶莱运河。胶州湾畔两运河在经济上有着十分显著的意义:它缩短了水运航程,提高了船舶的周转率,扩大了航运量,增强了海上航运的安全。与此同时,胶州湾畔两运河的开凿和疏浚,还为运河沿岸带来了经济的繁荣。

后来随着倭寇骚扰海路,明代嘉靖以后改海运为河运,致使胶州湾畔两运河在此陷入萧条冷落的处境。到了清乾隆以前,因泥沙淤积等原因,胶莱运河和马濠运河已经不能通船了。前些年黄岛区着手修建马濠运河遗址公园时,在古运河淤泥层中出土了一件明代系船用的石碇。此石碇应当是当年马濠运河海运繁盛的物证。②

(二)明清时期的通商口岸

在胶莱运河沿线,历史上有众多港口更替演变。如陈村口、塔埠头、金家口、女姑口、青岛口、沧口、董家口、贡口、沙子口、登瀛口等。它们都在胶州湾乃至山东半岛的海上贸易活动中发挥着重要作用。

1.陈村口

胶州陈村口又名陈村海口,位于胶州湾北岸的大沽河与胶莱河之间。胶莱运河通航之后,随着南方帆船进入胶州湾后汇聚陈村口,吴楚之地的文化习俗也在胶州盛行起来。张之翰在《书胶州廨》诗中感慨道:"地本连齐俗,人全带楚音。"陈村口的繁荣使得齐地胶州竟"人全带楚音"了。由于胶莱运河开通后水量不足,泥沙淤积河道、海水倒灌等原因,到了元世祖至元二十六年(1289 年),元朝廷下令罢弃不用。此后的胶莱运河并没有被废弃,陈村口仍然有南来北往

---

① 郭泮溪、侯德彤、李培亮《胶东半岛海洋文明简史》,中国社会科学出版社 2011 年版,第 147～148 页。
② 郭泮溪、侯德彤、李培亮《胶东半岛海洋文明简史》,中国社会科学出版社 2011 年版,第 152～153 页。

的民间帆船。

明嘉靖十四年(1535 年),山东按察副使王献建议续开已经淤塞的胶莱运河和元代没有开成的马濠运河。马濠运河的开凿和胶莱运河疏浚以后,南来的帆船可以直接从唐岛湾经马濠运河驶入胶州湾北岸的陈村口,于是陈村口这个古老的海口又空前繁荣起来了。由海船运到陈村口的南方货物主要有日用瓷器、南纸、蔗糖、广柑、橘饼、丝绸、竹竿、药材等;通过陈村口南运的北方货物有大豆、药材、山绸、毡帽、椿绸等。陈村口与胶州城之间,车运船载络绎不绝。

到了明末清初,因泥沙淤积等原因,陈村口已经距离胶州湾很远了,只有当海湾中的大潮涌入时,才可以驾驶着小帆船进入胶莱河故道。清康熙《胶州志·山川》记载:"新河(胶莱运河)在州治东三十里。云麻湾口即新河之南口⋯⋯有潮水深入,可以行舟。"此期间,距离胶州城东南 5 余千米的塔埠头港开始崛起于胶州湾北岸。①

2. 塔埠头

明代中后期,随着胶州、即墨各沿海口岸先后开海通商,胶州湾沿线一些带有"口"字之名的大小港口开始出现。从明代后期到清代中期,经过了 200 年左右的发展变迁,青岛海滨地带的诸口岸呈现出一番新的繁荣景象。

到了清初期,塔埠头港已经成为山东半岛沿海各港口发展最快、经营规模最大的通商口岸。每年春秋通商旺季到来之时,"贾客骈集,千樯林立,与潮波上下"。当时每天都有大批商贩将南方海船上卸下来的货物转贩到北方各地;同时也将汇集在码头附近仓房、堆场中的北方货物饭卖给来自三江两浙八闽的海商们。当时的胶州因塔埠头港而成为"货连九域三吴,招徕多方贝贡。南至闽广,北达盛京,夷货海估,山委云积,民用以饶,浮于沃土"之商贸繁华地。"山东布政使包括曾言,山东沿海各口船税,以胶州为最多,每年征银 7540 两,相当于清初全省沿海 18 州县卫所船税的 9.6 倍,胶州海洋贸易发展速度之快可见一斑。"②

到了清代中期,胶州的海上贸易进一步繁荣发展,塔埠头港口岸地区经济贸易的发展到了兴盛期。此时胶州城有了八大商行,金融业也迅速发展了起

---

① 郭泮溪《帆都记忆:青岛六千年海洋文明简史》,中国社会科学出版社 2009 年版,第 196 页。

② 周兆利《胶州塔埠头港的兴衰》,南开大学胶州历史文化研究中心《胶州历史文化初探》,天津古籍出版社 2007 年版,第 239 页。

来。清道光《重修胶州志·风俗》所载："商，大者曰装运，曰典当，曰银钱。"钱市街便是清代胶州的金融一条街。在此时，为了保佑海上航行平安，祈祷财源兴盛，闽浙商贾捐款在胶州城东南建起了一处天后宫。另外，由南方海商和当地商贾们共同出资还在塔埠头港的东北处，修建了一处雕梁画栋、气势不凡、占地面积很大的海神庙，供奉海神、千里眼、顺风耳三尊木质神像。"江浙商贾每年农历三月二十三在此举行'盂兰会'，用整猪整羊等物品祭祀海神，并在庙附近筑有戏台，演戏祝福，祈祷航海平安，财源茂盛。"就是到了 19 世纪末期，塔埠头港每年的贸易总额还曾经一度达到 300 万银元以上。[①]

到了清末民初，随着青岛港的崛起，塔埠头港口进出货物减少，繁荣了几百年的塔埠头港开始衰败。

图 7-2　19 世纪末 20 世纪初的塔埠头港(青岛市档案局供图)

3. 女姑口

胶州湾东北岸的女姑口，位于女姑山下的白沙河与墨水河的入海口处。女姑口是一处有着 2000 年以上历史的古海口。早在西汉时期，女姑口就已经是胶州湾一带知名的出海口。后来因诸多原因，女姑口逐渐被冷落。到了明朝后期的万历年间(1573—1620 年)，时任即墨知县的许铤上书要求开海通商，致使古老的女姑口再度成为"百物鳞集，千艘云屯"的商贸口岸。

明末清初，女姑口除了延续南北方海上贸易之外，一些敢于闯荡的即墨海

---

① 蔡铁原《胶州市文化志·板桥镇和塔埠头》(内部资料)，1992 年印刷，第 309 页。

商还扬帆东渡到朝鲜和日本进行民间海外贸易活动。在清康熙年间（1662—1722 年）开放海禁后，海上贸易持续繁荣，女姑口在道光年间（1821—1850 年）已经有相当规模。1859 年，清廷开始在女姑口设厘税分局，附属于金家口厘税局。同治年间（1862—1874 年），为了规范当时日渐繁盛的商贸交易，女姑口众行铺还"重整旧历，并创新规"，以整顿市场秩序，来招徕更多远近客商。女姑口的海上贸易一直持续发展。德国占领青岛后，于 1899 年设立胶海关，女姑口成为胶海关下的女姑口分卡。直到 20 世纪三四十年代逐渐淤塞废弃。

4. 金家口

明清时期的即墨县曾经有过两个金家口：一个是即墨县城阳社的金家口，位于胶州湾东北岸（今山东青岛城阳区京口村一带）；一个则是位于即墨县东北端的丁字湾金家口。

城阳社金家口是即墨县沿海一带较早开海通商的口岸。后来到了清乾隆年间（1736—1795 年），因位于即墨县东北端的丁字湾金家口一跃而发展成为中国北方著名的口岸，为了避免因两个金家口同名而发生混淆，人们便将城阳社的金家口改名为"京口"，但是改名后的京口港仍然是一处商贸繁荣的通商口岸。到了清晚期，由于李村河、白沙河、墨水河等在此入海，泥沙常年淤积等原因，使曾经繁荣国的京口港逐渐通商口岸变为内地村落了。

即墨丁字湾金家口位于即墨与莱阳交界的丁字湾以西，这里黄海内伸，两岸夹一海湾，湾内水深浪平，是一处条件极好的天然避风港。经过 100 多年的发展，到了清乾隆年间，金家口已经成为青岛沿海最繁华的通商口岸。据民国《莱阳县志·海岸》介绍，丁字湾"二百年前，港水深阔，可容巨舶……南通浏海，北达营口，东至仁川，西南至海州贸易"。每年春秋两季，进出金家口的南北商船常常达百艘，港口的货物吞吐量也开始超过了胶州湾北岸的塔埠头港。

现存于即墨金口（金家口后来改为此名）天后宫院内的清代嘉庆元年（1796 年）《庙田碑记》上有如下记载："即邑金家口为商船停泊之区，于乾隆三十三年（1768 年），南北客商捐资建造天后圣母行宫，乃募我师广聚主持庙事。复念养赡无资，又买地六十二亩有零，分列四乡……"商帆云集金家口的 200 多年，在繁荣当地经济的同时，也使许多人因海上贸易而发了家。据民国初年上海舆地学社出版的《中华新形势一览图》介绍：位于丁字湾的金家口"市街宽敞，店肆栉比，为沿海城市之冠。当烟台未开埠以前，南北贸易，此为枢纽"。

19 世纪末,即墨金家口还维持着往日的繁荣。但是随着港口的逐渐淤塞,大商船已经不能直接驶入港内,只能靠小船分装货物往来于大商船和码头之间。清光绪《即墨县乡土志》有记载:"金家口……近被淤泥而大船不至。"随着烟台、青岛港相继崛起,往日繁荣的金家口港逐渐衰落,终至淤废。

5. 青岛口

青岛口正式称为"口"较晚,在清雍正《山东海疆图记》和清乾隆《胶州志》中开始出现"青岛口"。但是追溯青岛口的形成,早在明成化三年(1467 年)青岛口附近已经建造了天后宫。清同治《即墨县志·寺观》记载:"天后宫有三:一在东北九十里金家口,一在县西南五十里女姑口,一在县西南九十里青岛口。"从明成化年间青岛口已有天后宫可知,当时的青岛口一带应该有了较多的海上贸易活动。据此可认定青岛口出现的年代应当早于明代成化三年。

明万历六年(1578 年),进士出身的即墨知县许铤上奏朝廷,主张开放女姑口、青岛口等即墨县沿海口岸,参照胶州塔埠头等通商口岸的管理办法开海通商。自此后,青岛口开始与苏浙淮闽等地通商,青岛口遂成为具有一定贸易规模的沿海通商口岸。清代女姑口《重整旧规》碑中有如此内容的碑文:"自前明许公奏青岛、女姑等口准行海运,于是万物鳞集,千艘云屯,南北之货即通,农商之利益普。"由此碑文可知,明万历年间(1573—1620 年)开海通商以后青岛口海上贸易比较繁盛的情况。

清乾隆《胶州志·海运》记载,自明代晚期至清雍正年间(1723—1735 年)为了控制进入胶州湾的商船,对一些不宜经过淮子口(今团岛至薛家岛之间的狭小海域,是海舶进出胶州湾的孔道)进入海湾的外国商船等,安排在青岛口及其对面的小青岛附近停泊。此举措应在一定程度上促进了当时青岛口的海外贸易。[1]

清同治《即墨县志》卷五记载:"金家口、青岛口海船装载货物抽取税银,尽征尽解,无定额。"青岛口附近商号、货栈、作坊等林立,来往于青岛口与南方口岸的商船日见增多。当时的青岛口虽然比不上即墨金家口和胶州塔埠头,但是在其他诸口岸中,已属于海上贸易比较繁荣的商贸口岸了。

鸦片战争以后,中国逐步沦为半殖民地半封建社会。胶州湾优越的地理位

---

[1] 郭泮溪《帆都记忆:青岛六千年海洋文明简史》,中国社会科学出版社 2009 年版,第 208~209 页。

置,逐渐引起西方列强的关注。清光绪十七年(1891年),北洋大臣李鸿章检阅北洋海军之后,与山东巡抚张曜南下青岛口及其胶州湾一带(胶澳)巡视,深感胶州湾地理位置的重要,随后上奏朝廷,建议在此地建造炮垒,驻军设防。于是在次年,清廷决定在青岛设防,同年登州总兵章高元奉命率兵四营驻胶澳。① 章高元率部进驻胶澳后,将其总兵衙门从登州(今蓬莱)移至青岛口(总兵衙门建在青岛村畔,今人民会堂地址)。此后,又在青岛口附近的前海建造了一座铁码头(今青岛栈桥前身)。关于驻军设防之后青岛口船舶运输情况,清末青岛人胡存约在他所著的《海云堂随笔》中记载:"丙申(清光绪二十二年,1896年)三月初……今本口与女姑、仓口计三百七十余船。"在这370余只海船中,属青岛口所有的船应占一半左右。当时的青岛口航运通达,南北商贸往来频繁,已经形成了具有一定规模的有军事设防的滨海市镇。②

6. 沧口

沧口位于今青岛市区北部的李沧区。沧口之名,是由"仓口"演变而来的。沧口始于明万历年间(1573—1620年),至今已有400多年的历史。清同治元年《大清一统图》上已经有"仓口"的标注。沧口港是胶州湾的内港,是由渔码头演变为通商海口的。据传,"宋代建成的崂山上清宫、下清宫等道院之粮仓,就依靠在仓口海岸进口粮食,并设仓于此。曾经为粮仓海口,简称'仓口'"③。清同治《即墨县志》卷五有如下记载:"金家口、青岛口海船装载货物抽取税银,尽征尽解,无定额。仓口、沙子口、登瀛三小口装载花椒梨果用。"清同治四年(1865年)在女姑口、仓口、沙子口、登瀛口等设分卡征税。说明最晚在清同治年间(1862—1874年),沧口已经是一处进出货物频繁且驻有收税机构的通商口岸了。由于沧口有一段"堪泊巨舟"的海沟(沧口水道),适宜大小帆船进出和停泊,所以由宁波、福建等地来的南方海船满载着木材、柑橘以及其他南方土特产常常在这里靠岸卸货。待这些南方商船返回时,又多装载梨、苹果等干鲜果品等山东土特产到南方销售。并因海上贸易而形成了沧口商业街区——下街。德国占领青岛后,在沧口设立了青岛海关分卡、建造船台和沧口火车站等。

① 青岛市档案馆、青岛市史志编纂委员会办公室《青岛大事记史料1891—1987》(上),1989年内部印刷本,第1页。
② 郭泮溪《帆都记忆:青岛六千年海洋文明简史》,中国社会科学出版社2009年版,第210页。
③ 青岛市沧口区文史资料征集工作委员会《沧口文史资料》第一辑(内部参考资料),1992年印刷,第101页。

1901 年 4 月,胶济铁路开始通车,位于下街的沧口火车站便成为过往商客汇聚,水陆货物在此装卸运输的繁盛地。交通的便利使得沧口一带得以迅速发展,到了 1910 年,沧口附近已经命名的街道就有 21 条,各种店铺商号逾百家。[①]

第三节　近代胶州湾港口的转型发展

一、近代青岛港的崛起

青岛港的近代史,是一部侵略同反侵略、压迫与反压迫斗争的历史。

鸦片战争以后,中国逐步沦为半封建半殖民地社会。历史的车轮虽然驶入了近代,但是胶州湾诸港在一段时间内,却仍然保持着其古代港口的古朴风貌和经营管理模式,主要从事近海沿海航运,以及南北的物资交流。但是,西方列强的入侵以及国内其他港口陆续对外开放,胶州湾沿线也难以不去顺应时代发展的潮流。

列强为掠夺我国资源,1897 年德帝国派出有关人员对胶州湾做了全面的技术经济调查,写出了有关胶州湾的地理位置、地势、岛屿、面积、人口、气候、潮汐、地址、饮水、航道、锚地以及商业、农业、畜牧业、渔业、交通、建筑等近 30 项内容的研究分析报告,并在胶州湾内选择了沧口水道首部自然条件最为优良的地区欲建港口。1897 年 11 月德帝国以"巨野教案"为借口,强占了胶州湾地区,1898 年与清政府签订《胶澳租界条约》,强租青岛为殖民地,并开放青岛为自由港,向世界各国开放。于 1899 年开始建设青岛港码头,位于胶州湾东岸沧口水道首端的小港首先建成。1901 年,在小港以北开工建设大港,首先利用岩礁、小岛填筑环形大防波堤坝,围成大港水域,在其内修建 1、2、4、5 号码头,并修建仓库、铺设铁路与胶济线衔接,至 1906 年基本建成。此时青岛的海上贸易迅速发展起来,成为当时中国北方最著名的港口和山东沿海首屈一指的大口岸。当时进出青岛港的船只除了洋轮船外,还有大量的木帆船。1902 年,烟台港的海关进出口额为 10376225 海关两,青岛港仅为 2212503 海关两;而到了 1906 年,青岛海关税收是 863490 海关两,已经超过了烟台 818322 海关两的税收。到了

---

① 郭泮溪《帆都记忆:青岛六千年海洋文明简史》,中国社会科学出版社 2009 年版,第 211 页。

1913 年,青岛达到 1915889 海关两,而烟台为 668188 海关两,此时青岛已经超过烟台的近 3 倍。另据资料统计,1900 年进出青岛港的民营木帆船约 5000 艘次,1905 年约 9000 艘次,1910 年达到 11300 艘次。[①] 从这些数据可以看出,这一时期商帆齐聚青岛港的繁荣程度。

二、青岛港主权的收回与发展

在 1914—1922 年日本帝国主义侵占和统治青岛港期间,青岛港遭到了战争的破坏,与此同时,殖民地状态下的青岛港,形同日本的附属港。到了 1922 年,青岛港的主权被收回,进入了北洋政府的管理时期。但是由于当时政局的不宁和经济的竭蹶,青岛港的管理混乱,设备简陋,有日渐衰颓之势。外轮、外商、外货和外厂都压到我们的华轮、华商、华货和华厂,名义上为中国港口,实际上毫无主权可言,仍在日本人的控制范围内。

到了 1929 年,国民党政府接收青岛,成立青岛港政局来经营管理胶州湾全部海域及诸港的码头航运设施。1932 年,在大港修建 3 号码头,扩建小港,并与 1934 年在胶州湾南岸建成薛家岛小码头。1935 年,在胶州湾西岸建成红石崖小码头。1938 年 1 月,日本帝国再次强占青岛,于 1939—1943 年在大港 1 号码头以南兴建 6 号码头,同时筑成 6 号码头防波堤,形成中港。[②] 日本侵占青岛期间,凭借青岛港的优越位置和青岛港腹地丰富的煤矿、铁矿等资源,掠取原料,垄断航运、市场、贸易。由于日本帝国主义的垄断和掠夺,青岛港的对外贸易额和总贸易额成病态增长。输入的完全是日本的制成品和剩余物资,输出的是农产品和工业原料。这种增长,是日本侵略者大力倾销和疯狂掠夺的结果。[③] 在 1945—1949 年,美蒋统治下的青岛港更是进入了历史上最为濒临绝境的时期。港口满目疮痍,美军在港内驻军、军舰占泊位航道、霸占码头仓库,大港贸易萧条,军事运输压倒一切。直到 1949 年 6 月 2 日,人民解放军解放了青岛,青岛港回到了祖国和人民的怀抱,进入了历史崭新的一页。

[①]　郭泮溪、侯德彤、李培亮《胶东半岛海洋文明简史》,中国社会科学出版社 2011 年版,第 199 页。
[②]　侯国本、刘世岐、丁东等《胶州湾港口功能》,海洋出版社 1993 年版,第 38~39 页。
[③]　寿杨宾《青岛海港史(近代部分)》,人民交通出版社 1986 年版,第 225 页。

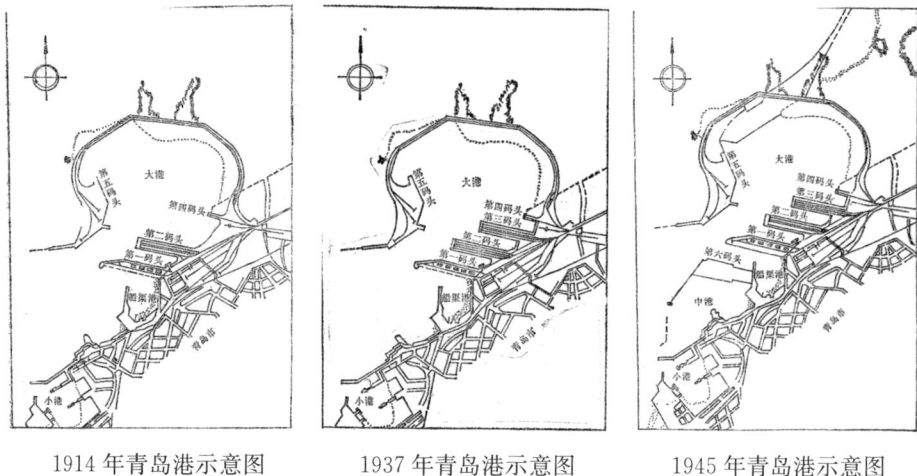

1914 年青岛港示意图　　1937 年青岛港示意图　　1945 年青岛港示意图

图 7-3　青岛港变迁示意图①

第四节　胶州湾港口的历史作用和意义

一、胶州湾港口在历史上的作用

(一)胶州湾诸港口——"军商合一"

在古代胶州湾兴盛衰败的演变过程中,概括起来,沿线的港口主要发挥的作用有二:军事港口和商贸港口。具体可以划分为以下三个阶段。

一是秦汉以前,主要是军港和帝王巡幸的港口。如琅琊港,作为齐国和越国的军港,在历史上是声名卓著的。作为帝王游历临幸的港口,至早可追溯到齐桓公的时代。秦皇汉武的游历临幸活动更是兴师动众,规模也是空前的。

二是隋唐以后,港口商业贸易才进一步发展起来。极盛时期当在北宋,在板桥镇设立了市舶司,塔埠头设立了抽解务,作为我国北方唯一大港,此时的板桥镇国内外贸易都十分发达。民国《胶澳志》载:"胶澳的海上交通,肇于唐而兴于宋,初以胶州塔埠头为集散转运之地"。此时是古代胶州湾诸港口发展的一

---

① 寿杨宾《青岛海港史(近代部分)》,人民交通出版社 1986 年版,第 57、68、210 页。

个高峰时期。

三是明代时期,据记载,军港在金代已有,但海防之设实始于明代,由于倭寇侵扰,明王朝加强海防,厉行海禁。清代设防更有发展,但几乎都是明代奠定的基础。因此,明清时期胶州湾沿岸卫所林立,堡墩星罗,此时的诸港口差不多都是军商混合港。

(二)胶州湾港口的发展是时代历史变迁的缩影

胶州湾附近的港口兴衰,与国家的经济社会状况有很大的关系。胶州湾港口的发展变化可以反映出古代青岛、胶东半岛乃至古代中国的发展变迁史。不同时期的政治、经济、军事等因素,决定着港口的发展方向。如先秦时期的琅琊港之所以成为史载的最早海港之一,就是因为它是齐国的海上门户,海路可以通江浙的吴国和越国,便于和中部、南部地区的交通贸易。同时,它还是重要的军港,可以在诸侯国纷争的时候抵御鲁国和吴国。而到了春秋时期,因割据战争的影响以及政治经济中心的转移,琅琊港地位下降并逐渐萧条。隋唐时期,经济繁荣,国力强盛,与海外的交通和贸易已经非常频繁。此时胶州湾的板桥镇港,"海舶商贾所聚",来自日本、新罗诸国的使者和商人使青岛地区港口活动十分兴盛。又如元明时期,海港活动很大程度上是围绕胶莱运河的开凿、通航及海防来进行的。胶莱运河上的塔埠头港,既是漕粮舶运站、货物中转站,又是商业贸易的重镇,促进了青岛地区港航活动和经济的发展。

胶州湾港口几千年的发展变迁史,是一部书写时代盛衰起伏的历史巨制。它随着社会政治形势的变化而变化,随着经济因素的消长而消长,归根结底,是受社会生产力的推动和制约的。纵观胶州湾港口的发展变迁史,可谓是胶东半岛和我国海运史、军事史、商贸史和社会发展史的缩影。海运工程的开辟,航运的兴衰,海战的荣辱,中外贸易的发展,海神信仰的传播,海关管理的科学化,等等,都渗透在胶州湾发展的历史长河中。

(三)胶州湾诸港口的兴衰对地区经济发展的影响

胶州湾诸港港航活动的兴衰,对青岛地区、胶东半岛地区的经济影响是十分明显的。简言之,即港行活动兴,商贾云集,百货辐辏;港航活动衰,则民生凋敝,百业萧条。港口是城市工业的基础设施,同时也是城市发展的基本条件。交通情况良好,工业生产能力发展必然增加,各种行业的就业机会增多,商业繁荣,内外交流,贸易昌盛,城市人口增加,文化多样性都随之而来。

胶州湾港口的发展对地区经济的影响,首先表现在随着海港的发展若干港市逐步形成。胶州与塔埠头港,就是典型的港市与港口的关系。作为港口,塔埠头主要进行装卸运输的活动;作为港市,胶州则凭借塔埠头吞吐货物,凭借其输出和纳入的能力,而获得经济上的发展和繁荣。港市和港口分工明确,密切联系,港市是港口的依托,港口是港市赖以存在和发展的必要条件。

胶州湾港口对周边地区经济的影响,可以从民生对海港、航运、贸易活动的依赖上得到证明。自古以来,胶州湾沿线的港航活动就比较发达,人民生活和地方经济很大程度上仰给于海,仰给于商,仰给于海港活动。元代胶莱运河和海运的兴起,名义上为了运粮,为了保京师,但客观上促进了港行贸

图 7-4 胶州湾跨海大桥

易的发展,也兼顾了地区经济和人民生计。如王献所言:"元时意开新河之故,无乃为避风险,而其实获利无穷,若有往于近日者也。"其中所言"获利无穷",即指地区经济的繁荣,人民生计的改善。诚然,胶莱运河通运时,运粮的船工,装卸的力夫多是就地就近征用;港口、航道的维护,船只的制造和维修,闸坝的修筑,建筑材料的开采和运输,均给了当地人民从业谋生的机会,对地方经济是一个大的补充和促进。明朝人所谓:"自此以后,商贾云集,货物相易,胶州平度邻境十数郡邑之民,仰给攸赖。"正是当地人民生活依赖胶莱运河通航,港口活动发展的写照。[①]

胶州湾港口的发展,加强了南北方各港的联系,南北贸易往来频繁。南方商贾的北来,特别是江浙一带经济发达、技术进步地区的人口移居青岛地区,带来了先进的技术,也对海港和港口城镇的发展产生了很大的影响。南北航线的进一步开辟,南北方经济发展、海防建设和社会发展均可获交通、贸易之利。

---

① 寿杨宾《青岛海港史(古代部分)》,人民交通出版社 1989 年版,第 113～114 页。

二、胶州湾港口历史文化的现实意义

几千年的中国水运史,是一部经历盛衰起伏的历史。它随着社会政治形势的变化而变化,随着经济因素的消长而消长,归根结底是受社会生产力的推动和制约的。而透过胶州湾港口变迁这一窗口,人们亦可看到历史上青岛市,乃至山东省,甚至中国的社会发展缩影。了解胶州湾的历史变迁,获悉历史上先驱者的活动和祖先留下的辉煌业绩,对其研究、发掘和宣传,是进行爱国主义教育的生动教材。

(一)胶州湾港口发展的规律

胶州湾由于处于南北海运要道,海港活动是地区经济的重要组成部分。在它数千年的发展过程中,尽管历经战争、罢海运、废河工和海禁等,仍顽强地按照海港特有的规律活动发展着,在曲折中顽强地前进。当条件不适宜时,能够小规模的存在而没有终止或废弃;一旦条件具备,便很快地发展起来,进入一个新的发展时期。

伴随着数千年的历史变迁,一些港口衰落废弃,一些港口兴起,在此消彼长的变化中,最后只有青岛港适应了时代发展的需要,成为近现代的大港。我们从这些港口的演化变迁中,可以发现一条变化轨迹,即古往今来胶州湾附近的诸港口的盛衰交替,基本上是从胶州湾外的琅琊港向北发展,入胶州湾,以顺时针方向变迁,最后演变为今天的青岛港。分析这个变化的原因,一是因为社会变迁,随着政治、经济、文化、军事的重心由琅琊转移到胶州湾;二是就胶州湾内所有古港的自然、地理条件而言,只有青岛港最优。[①]

系统研究胶州湾沿线的港口变迁,可以深入了解到古代港口的修建、维护和航道的疏浚、建造技术的发展,港口工程技术、设施的完善,军港的军事设防等从古至今的发展进步。胶州湾沿线港口的变迁,是我国水运史、航运史的一隅。今天通过后人的科学研究,可以总结和发现其中的科学规律和可取之处,运用到今天的港航工程建造等活动中。

---

① 寿杨宾《青岛海港史(古代部分)》,人民交通出版社 1989 年版,第 1 页。

(二)胶州湾的港口历史文化蕴涵了丰富的海洋文化遗产

胶州湾沿线地区有众多的物质性海洋文化遗产,如重要的妈祖庙、海神庙等被确立为不同级别的重点文物;还有诸多海交史迹、抗倭古迹、港口遗迹、贝丘遗址和渔村古镇等;沿线港埠所建的庙宇留下的数量可观的庙记或碑文,是研究古代海港史、中外贸易史、社会发展变迁的珍贵资料和重要物证。通过对港口遗迹的调查梳理,可加强对海洋文化遗产资源的保护和传承,重视海洋文化遗产的历史人文价值。胶州湾地区丰富多彩的包括港口历史文化在内的各级遗产项目,是青岛及胶东半岛地区发展海洋文化产业的重要基础和资源,在促进海洋旅游经济发展、满足人民的文化生活需求等方面,将发挥不可替代的作用。

与此同时,包括港口历史文化在内的海洋文化遗产,是我们的祖先开发海洋活动的历史见证,认识和重视这些海洋文化遗产,可加强对地区和国家历史变迁的认知,重塑中国海洋文明历史,增强中华民族的海洋意识,强化国家海洋历史和文化认同,提高国民建设海洋强国的历史自豪感和文化自信,从而推动当代中国海洋文化的繁荣发展。

第五节　胶州湾港口历史文化资源的现状与保护

一、胶州湾港口历史文化资源保护现状

改革开放以来,作为沿海地区的青岛经济迅速发展,青岛港也作为国际港口逐步兴起,严重冲击了胶州湾周边的古港口。沿海渔民传统的生活方式和渔村文化受到冲击,历史沿存下来的古港口逐渐废弃,遗址也随着胶州湾的开发利用而遭到破坏。目前,一些古港口及周边遗迹的保护已经引起有关部门的重视,但是关注点大多集中在对于出土的文物,而对于遗址的保护还是不足。城市的发展对于港口历史文化遗迹的破坏主要体现在以下三个方面。

第一,城市建设用地侵占港口遗址。例如,前文论述的板桥镇,尽管它的历史地位如此重要,但是它的历史遗址已经完全被胶州老城区所覆盖。城市建设、房地产开发,城区规划不断扩大,城市建筑不断增加,留存于城市原有的历史码头、历史商埠、历史渔港等被严重破坏。历史遗址的保护始终处于被动地

位,得不到切实有效的保护。

第二,经济转型改变传统渔业发展方式。伴随着胶州湾地区城市化的发展,工业化、科技化、产业化不断冲击和改变着沿海居民的生活方式。近海渔业的枯竭、远洋渔业的产业化发展,使得渔民们不能再依靠传统的捕捞维持生计。传统渔民职业的转型,原本赖以生存的小港口逐步废弃,导致传统的海洋渔业文化也变了味道。

第三,历史文化遗产商业化严重。当前我国大力发展第三产业,沿海地区着力打造旅游城市,从而遗产旅游成为旅游业的新增长点。但是,遗产旅游都摆脱不了这样一个模式:遗产被发现、被包装后推向市场、进行商业化营销。这样的开发模式,为迎合游客的需求,往往将海洋文化遗产的包装偏向于趣味性和娱乐性,从而丧失了本来面貌,失去了原有的价值和意义。过度商业化之片面追求经济价值必然忽视对文化遗产的保护。[1]

自古以来,胶州湾港口林立,以宋代板桥镇、明清塔埠头为代表的港口不断兴衰更替,古迹遗存众多,具有重要的历史文化价值。地方政府要加强和重视对于胶州湾港口文化资源的保护,要将遗产保护与城市建设协调发展,将物质文化遗产与非物质文化遗产的保护相统一,普查古港历史文化遗产资源,加强对于海洋文化遗产的宣传,提高海洋文化的社会认知。

二、胶州湾港口历史文化资源保护建议

(一)切实加强保护机制、制度和政策创新研究制定和创新实施

胶州湾沿线数千年的发展变迁,毫无疑问,承载着丰富的海洋文化遗产。在如今胶州湾正在进行的规划建设中,理应对其中存在的文化遗产遗迹进行考察和整理,确定具体位置、具体项目,统一在胶州湾的保护规划中,以便在开发建设中,避开对这些遗产的毁灭性破坏。

历史文物、历史建筑、人类文化遗址,这些遗产种类存在于一定地理环境中,其地理位置无法或难以变动。海洋文化遗产,主要包括海岸带文化景观遗产、海洋遗址遗迹、海洋历史场所、水下考古遗址、海洋聚落景观等。由于这类

---

[1] 崔越《胶州湾古港遗址文化遗产保护探析》,《黑龙江史志》2015 年 09 期,第 341 页。

历史遗迹的不可复制、不可转移性，应对周边的海洋沉船、水下遗址与遗物等制定切实的保护措施；对临海的古码头、市舶司、历史悠久的灯塔等古遗址制定并实施不可移动海洋文化的保护规划；完善滨海重大建设工程中的海洋文物、海洋遗址的保护工作，严格项目审批、核准和备案制度；建立涉海非物质文化遗产清单及档案，绘制国家滨海海洋非物质文化遗产资源分布图。①

(二)将海洋文化遗址遗迹打造为文化元素的文化创意、旅游创意项目

作为体验不同时代人文特征的海洋文化遗产旅游，是遗产保护、利用和海洋文化传播的重要方式。"旅游体验历史"，是将历史与现实、保护与传承、旅游开发和遗产保护结合的有效模式。港口以及周边的遗址，凝结着宝贵的海洋文化资源，反映沿海群众的生产生活方式，展现了多样的海洋历史事件，具有很高的旅游价值。可以立足于这些资源打造旅游区，构建特色小镇，推行"遗产旅游"的方式，吸引更多游客前往，从而实现经济价值。

在不破坏、不人工虚构的前提下，对于现存的港口遗址，可以做产业化的管理规划保护。例如，可以探寻原板桥镇、塔埠头、金家口等港口遗址，并在遗址周围还原构建古代市貌街区和港口建筑设施等，还原当时港口城镇的繁荣景象，以此开发海洋文化遗产体验旅游项目。

(三)传承历史记忆与青少年教育相结合

胶州湾几千年的发展史，蕴含了青岛、山东甚至中国的历史记忆。当今对于青少年的历史观教育，仍然偏重于对整个民族国家的爱国主义教育，其实可以让青少年更多地了解成长、生活的故乡的历史文化、风土人情，增强对地区的了解和认知，增强对地区的认同感和自豪感，使青少年一代成为传承和弘扬历史文化的主力军。

---

① 刘家沂《海洋文化遗产资源产业化开发策略研究》，中国海洋大学出版社 2016 年版，第 123 页。

第八章　胶州湾军事历史文化资源

胶州湾地区作为青岛主体地区,有着相当丰富的历史文化遗存,这些历史资源作为一种符号系统,蕴含着复杂多样的意义,作为一种历史性形态时时都在向人们传递着丰富的历史文化内涵,这其中当然也包括胶州湾悠久而丰富的军事文化资源。

第一节　胶州湾军事文化资源概述

一、历史悠久,内容丰富

"国之大事,在祀与戎"①,祀者,礼也;戎者,兵也。军事,关系到人民生死、国家存亡的全局,是头等大事。

胶州湾位于山东半岛西南端,濒临黄海,海湾面积广阔,深入陆地,湾口狭窄,形势险要,为中国不可多得的优良海湾之一,也是中国北方面积最大、地理环境最佳、资源最为丰富的内陆海湾。因此,在中国古代历史上,胶州湾地区曾经是中国东部政治、经济、文化、航运中心,也是一处不可多得的战略要地、军事重镇,因此自然是兵家必争之地。从历史记载来看,胶州湾军事文化历史可以上溯到春秋战国时期。春秋战国时期的东方大国——齐国选择将齐长城的东段起点设于胶州湾地区,自然是考虑到了此处十分优越的地理位置。齐吴双方所进行的琅琊海战亦在此地附近,足见此地的重要性。此后,在该地区发生了多次战役,例如,北魏与刘宋之间所爆发的不其之战、南宋与金之间所爆发的唐岛湾海战,以及元末红巾军北伐的东路也以胶州湾地区为一重要战略要地。到

---

① （周）左丘明《左传·成公十三年》,中华书局 2012 年版,第 974 页。

了明代,胶州湾更是成为扼守沿海南北运输的重要地段。因倭寇对山东沿海侵扰加剧,明太祖朱元璋下令在沿海要冲遍设卫所加强海防,在胶州湾西岸地区设立了灵山卫,下辖有夏河千户所、胶州守御千户所。在胶州湾东岸地区设置了鳌山卫,下辖浮山千户所、雄崖千户所,更突显其在山东地区的重要战略地位。至于近代,胶州湾地区在军事方面的重要性更加突出,李鸿章和山东巡抚张曜于1891年6月5日到胶澳查勘,认为"实为旅顺、威海以南一大要隘",并与张曜联袂具折:"胶澳设防实为要图","自应预为经画,未可再缓"①。1891年6月12日,光绪皇帝下旨"著照所请",正式批准在胶澳设防,命登州总兵章高元率兵移防胶州湾并建立兵营等。随后,德国于1897年强占胶州湾,日本于1914年对德宣战,强行占领青岛,及1938年再次侵占胶州湾地区;1945年美军进驻青岛,与蒋介石签订《海军协定》,将青岛成为美军海军基地;1949年青岛解放,驱逐美蒋势力,建设人民海军;等等。这些都一再反映出胶州湾的军事战略重要地位,给我们留下了非常丰富的军事文化景观以及军事文化资源。

二、具有鲜明的海洋性军事文化特征

近些年来,国家大力倡导海洋战略,具有海洋性的胶州湾军事文化的重要性开始得到逐步重视。胶州湾军事文化资源横跨古代到近代,在这片土地上发生过一系列重大军事事件、孕育出了一系列风云人物,军事文化遗存在数量上、种类上、范围上、内涵上都有着相当的优越性以及示范效果。从军事文化资源的丰富性来说,胶州湾作为历史文化名城的载体,是海陆文化的交融浸育。这使胶州湾形成了丰富独特的历史文化景观,从深层折射出了几千年海陆政治文化的演变,反映了胶州湾历史文化的特征。从军事文化资源的独特性来说,胶州湾作为一个极其重要的海湾,其军事文化资源遗存与海洋的联系十分紧密,因此也就具有了海洋性的特征。例如,东接大海的齐长城遗址,著名的琅琊文化遗址以及灵山卫等遗址,都是具有海洋性的军事文化资源的极好体现。这是其他地方无法比拟的,具有很高的文化价值和开发价值,有着很大的发展空间。

---

① 张侠、杨志本、罗澍伟等《清末海军史料》,海洋出版社1988年版,第275页。

第二节　胶州湾历史著名战役

一、齐吴琅琊海战

齐吴琅琊海战,发生在前 485 年的齐国琅琊海域,是中国历史上有确切文献记载的第一场大规模海战,在世界海战史上具有重要的意义。

春秋时期,北方齐、莱、莒和南方吴、越等国都是海洋文化发达的诸侯国。春秋中后期,莱被齐灭,莒国日衰,山东半岛重要的出海口先后归齐。鲁哀公五年(前 490 年)秋,景公去世,齐国陷入内乱,吴王夫差乘机联合鲁、邾、郯伐齐。

鲁哀公十年(前 485 年),伐齐军队兵分两路,一路由吴王夫差亲自率领主力从陆路攻齐;同时,为了确保侧翼安全并夹击齐国,分散齐国兵力,另一路则由吴国大将徐承率领舟师从海路北上,绕道齐国后方,直取齐国滨海重镇琅琊。

吴国舟师从长江口出海北袭琅琊,齐国舟师则在琅琊外海严阵以待。当吴国舟师驶来时,齐国舟师快船迎头而上,截击吴师。吴国舟师被打得丢盔卸甲,南逃而去,齐国大获全胜。这次海战发生于 2500 多年前,是中国历史上有记载的首次大海战。

二、北魏、刘宋不其之战

东晋和刘宋时期都设置了长广郡,郡治不其(今青岛城阳区),属青州。北魏是北朝的第一个政权,这是鲜卑族首领拓跋珪建立的少数民族政权,长期与刘宋对峙,盘踞北方,攒力东进[1],与刘宋争夺青州。胶州湾地区的女姑口为海事要津的历史由来已久,北魏与刘宋对峙之际,女姑口的地位显得尤其重要,因通联南北交通之地理优势,自然成为其攻取的重要战略目标。这是南北朝的角力场,投射出该地区长期处于南北政权反复争夺的历史。当时,刘宋青州刺史沈文秀固守东阳城(今山东青州)。由于今山东南部地区尽陷于北魏,陆援不通。刘宋政权只能依靠海路经过长广郡不其县增援青州。不其成为增援青州的主要基地。北魏为了断绝青州后援,派大军进攻长广等地郡县。宋明帝泰始

---

① 巩升起《海陆一体化维度上的东方秘境——不其文化研究》,文物出版社 2015 年版,第 176 页。

四年(北魏献文帝皇兴二年,468年),刘宋命沈文秀之弟辅国将军沈文静为东青州刺史,统领高密、北海、平昌、长广、东莱五郡军事,从海上增援青州。沈文静从建康(今江苏南京)率军进至不其城,向青州行进途中,刘宋与北魏在女姑口海域发生激战,这就是古代历史上的一次著名海战——不其之战。此役沈文静战败,退保不其城,被北魏军包围。同年北魏军攻陷不其城,沈文静军败自杀,长广诸郡尽属北魏,刘宋海上援兵被完全阻断。泰始五年(469年),沈文秀苦守三年的东阳孤城,终因外援断绝而被魏军攻陷,胶州湾完全划归北魏政权统治。①

三、宋、金唐岛湾海战

宋金之间的战役被称为唐岛湾海战,又称陈家岛海战。

金海陵王正隆六年(宋高宗绍兴三十一年,1161年)九月,金国皇帝完颜亮向南宋发动大规模入侵,其水军以工部尚书苏保衡为浙东道水军都统制,骠骑上将军、益都尹完颜郑家奴为副统制,并用降人做向导,在胶州湾的胶西港赶造战船,伺机南下袭击南宋首都临安(今浙江杭州)。是月,金军船由胶西海口出发,泊于唐岛湾。金军共有水军7万、战船600余艘,由海道趋两浙,与陆路成钳形攻势,企图一举灭宋。宋军浙西马步军副总管李宝与其子公佐、海州将领魏胜等率领水师至石臼山准备迎战。李宝只率领战船120艘、水兵3000人。是月,金军中有数百名汉兵水手降宋,李宝从中得知金军虽众,但不谙海道的内情。时值深秋,北风呼啸。但十月二十七日清晨,风向突然由北转南,宋军船迅速起锚北上乘风疾驰,士兵握刃待战。驾驶金船者多为汉人,见李宝水师,遂将金军骗入船中,金兵对宋师突然来到一无所知。宋战船乘风疾驶过石臼山,逼近敌船,鼓声振荡,金兵大惊,忙逆风升帆开船,船弥亘数里,被风浪卷集到一处,阵营大乱。宋兵火箭齐发,因金船帆皆以油涂,中箭后大火蔓延,烧数百艘。未着火者继续进攻,李宝令壮士跳上敌船,短兵相接,杀敌无数,金军副统制完颜郑家奴及雄州刺史史阿瓦等毙命,3000余名金兵逃至陈家岛后投降,都统制苏保衡见大势已去,乘船逃窜。是役,宋兵缴获诏书、印记、征南行程历、器甲粮食等数以万计,重不能举者毁之以炬,大火4昼夜不熄。②

---

① 巩升起《海陆一体化维度上的东方秘境——不其文化研究》,文物出版社2015年版,第176页。
② 青岛市档案馆《青岛通鉴》,中国文史出版社2010年版,第35页。

宋金唐岛湾海战,是中国历史上较早的一次大规模海战,同时也是世界历史上首次使用火药兵器的著名海战,在世界海战史上具有重要地位。①

四、元末红巾军北伐

元顺帝至正十一年(1351 年),红巾军起义爆发。至正十七年(1357 年),由红巾军组织领导的三路北伐,转战数千里,声势浩大,给予元朝统治以十分沉重的打击,可以说是诸多抗战场面中最为壮丽的一幕。

红巾军领袖刘福通派大将军毛贵担任东路军的领导人,至正十七年二月,毛贵率领起义军由海州(今江苏连云港)乘船由海路北上,经淮子口(今胶州湾口)直抵胶州城下。同年二月攻克胶州,毙元金枢密院事脱欢。② 三月,又克莱州和益都路(路治今山东益都)。这样,山东半岛大部分已为起义军所控制。接着,由东向西挺进,攻克般阳(今山东淄博),逼近济南。在农民起义巨大声势影响下,山东的一些反动地方武装,纷纷倒戈,举行起义,反对元朝统治,如原镇守黄河义兵万户田丰起事,攻破济宁、东平、大名等地,义兵千户余宝杀元朝知枢密院事宝童,占领棣州(今山东惠民),如此,济南便成了四面受围的孤城。至正十八年(1358 年)二月,起义军攻克济南,起义军占领了山东全省。第二年,毛贵率师逼近大都(今北京),因其他义军未能会和,毛贵军受挫,退回山东。不久,毛贵被谋害,山东红巾军陷入内乱,这次经由胶州湾的起义最终被元军击败。

五、明代胶州抗倭

明朝初年,倭寇对中国沿海频繁入侵,杀掠人民,抢劫财物,危害严重。明洪武二年(1369 年)至明永乐十四年(1416 年)40 余年间,倭寇对山东沿海地区进行了 15 次较大规模的侵扰行动。胶州湾周围的胶州、即墨、胶南等地均遭受到了倭寇的侵袭。为了防止倭寇入侵,明朝在全国设立卫所。在胶州湾地区设立即墨营及其所属灵山卫、鳌山卫、胶州所、浮山所及各巡检司,驻军万余人,以防止倭寇侵扰,并曾多次击退倭寇。洪武六年(1373 年)六月,倭寇入侵胶州沿海地区,沿海卫所分兵追捕,倭寇败走。翌年六月,倭寇再度大举入侵胶州,明

---

① 青岛百科全书编纂委员会《青岛百科全书》,中国大百科全书出版社 1999 年版,第 250 页。

② 青岛百科全书编纂委员会《青岛百科全书》,中国大百科全书出版社 1999 年版,第 271 页。

总兵官靖海侯吴祯率领沿海各卫所军队反击,倭寇逃入海中。吴祯率各卫所舰船追击倭寇,至琉球海面,将其歼灭,俘获其人船,解送京师(今江苏南京)。此后,倭寇在较长时间内未敢再入侵胶州湾沿海地区[①],保障了胶州湾地区人民的生产生活安定。

六、德国租借胶州湾

德国从 19 世纪 60 年代便对中国进行调查活动。1869 年,德国地质和地理学家李希霍芬考察山东,认为"欲图远东势力之发达,非占胶州湾不可"。德驻沪领事曾经向德国政府提交过一份工作报告,报告中明确指出:"胶州湾,山东全省第一要地,经我德国占领……即可握山东全省之利权,且可操中国全国之死活……他国在华之权利,亦将归我有矣。"德皇威廉二世即位后,俾斯麦的大陆政策被威廉二世的世界政策所取代,威廉二世极力推行海外殖民政策,在海外建立军事基地也就随之被提上了议程。1894 年 11 月,德皇下令选择亚洲据点。次年 4 月,海军部对中国沿海进行比选,最终首选舟山,"胶州湾可以考虑作为第二最适宜之点"。1895 年底及次年 8 月,海军少将迪特里希两次实地考察胶州湾,称其"是一个重要的商业港口,是中国从上海直至牛庄之间唯一的天然良港"。1896 年 11 月,清政府海关税务司、英籍德国人德璀琳与德国海军司令克诺尔讨论胶州湾时,再次强调其价值及优越性,认为值得争取。此议成为德国选择胶州湾的决定性因素。1897 年,威廉二世派遣德海军署弗兰西斯和助手前往东亚各个候选地点进行最终的实地考察,最后得出的结论是:"只有胶州湾一处从技术观点上值得考虑作为我们的对象。"因此,德皇命令克诺尔拟订占领胶州湾的计划并预筹经费,正式决定占领胶州湾。1897 年 10 月,德国公使海靖通知清总理衙门:"我们保留帝国军舰今冬必要时停泊于胶州湾。"但其要求遭到婉拒。但后期发生的"巨野教案",成为德国出兵胶州湾的千载难逢的好机会。11 月 13 日,德国远东舰队司令棣利斯率领 3 艘军舰驶入前海。次日晨,德军陆战队分头占领军火库、电报局、栈桥、青岛炮台,包围总兵衙门和 4 个兵营,仅 5 个小时即占领胶州湾。清政府担心德国会以此为借口引起其他争端,想把此事限制在教案范围内解决,防止事态扩大,遂命令"德国图占海口,蓄谋已久,

---

① 青岛百科全书编纂委员会《青岛百科全书》,中国大百科全书出版社 1999 年版,第 345 页。

此时将籍巨野一案而起。度其情势,万无遽行开仗之理。惟有镇静严扎,任其恫吓,不为所动,断不可先行开炮,衅自我开",企图以谈判解决问题,但在蓄意已久的德军武力威胁下,一让再让。1898 年 3 月 6 日清政府与德国签订了《胶澳租借条约》,胶州湾正式沦为德国的殖民地。德国侵占胶州湾,开启西方列强凭借武力"租借"中国沿海港口的先河,引发帝国主义瓜分中国的狂潮。

七、日德青岛之战

德国侵占青岛前,日本即对青岛垂涎已久,第一次世界大战的爆发给了日本机会。

1914 年 8 月 15 日,日本向德国发布最后通牒,要求德国于 9 月 15 日前将胶州湾交给日本,限于 8 月 23 日之前答复。德国最终拒绝了日本的最后通牒。[①]

1914 年 8 月 20 日,德日正式宣战。德国在青岛设三道防线、兵力 4000 余人、军舰 10 余艘、飞机 2 架。日军则调集陆军 5 万余人(含英国联军 2 个大队1682 人)、战马 1.2 万匹、飞机 10 余架,舰船 60 余艘,准备攻打青岛。8 月 27日,日本海军第 2 舰队与英国远东舰队开始对胶州湾实施全面封锁,并从海、空两面对青岛德军进行侦查性进攻,但战事进展的并不顺利,因此日军开始谋划新的进攻路线。9 月 2 日,日军主力在渤海湾畔的山东龙口登陆,侵占胶东和胶济铁路,与在崂山登陆的日军汇合。至 9 月 24 日,日军第 18 师团主力与海军第 2 舰队共同完成了对青岛的海陆合围,向青岛发动进攻。最终由于双方兵力相差悬殊,11 月 7 日早晨德军在观象山上挂起白旗,向日英联军投降。

日德青岛之战,从 1914 年 9 月 2 日日军登陆开始,到 11 月 7 日德军投降为止,历时 68 天。日军战死 1455 人、伤 4200 人,英军战死 14 人、伤 61 人,德军阵亡 199 人、伤 493 人、投降 3300 人。

日德青岛之战是第一次世界大战的组成部分,战争中两国都使用了问世不久的飞机,使得这次空战特别引人注目。同时,青岛之战是列强在中国国土上进行的战争,性质与 1904 年发生在东北的日俄战争无异,是帝国主义国家为争夺在华利益而进行的战争,对青岛的统治由德转日,这体现了中华民国政府的

---

① 刘平、江林泽《第一次世界大战中德远东战场——青岛之战述评》,《军事历史研究》2014 年第 4 期,第 55 页。

腐败无能和民国社会的殖民地半殖民地性质。并且,由于在青岛归属问题上民国政府在巴黎和会上的失败,直接促成了划分中国近代与现代历史的五四运动的爆发。[①]

八、日本第二次入侵青岛

1938 年 1 月 10 日,日本海军第二舰队与海军陆战队司令官铃木率领的 3 个大队侵占青岛,在飞机的掩护下,分别在山东头、湛山村、汇泉湾等地登陆。在大学路国立山东大学设立司令部。部队分占广西路 1 号、团岛、登州路原德国毛奇兵营(日本将其改名为若鹤兵营)等处。14 日,日本华北方面军第二军团国奇支队先头梯队和日本海军第四舰队至青。至此胶州湾第二次处于日本统治之下,直到 1945 年 8 月日本宣布投降,并于 10 月 25 日举行投降仪式,签订投降书,才再次回归中国。

九、美军盘踞青岛

1945 年 8 月日本投降以后,南京国民政府为防止八路军受降日本,要求美军登陆中国各港口,这正好符合美国扩大其在东亚的势力范围的诉求,所以积极派军队支持蒋介石抢夺胜利果实,并趁机盘踞青岛。1945 年 9 月 11 日,美国海军第七舰队 20 余艘军舰驶入胶州湾。同年 10 月 11 日、12 日,美国海军陆战队第六师司令部在青岛登陆,分别驻扎在日本驻青岛司令部大楼、青岛取引所大楼(今青岛贰拾贰号大酒店)、国际俱乐部大楼、广西路日本小学校、国立山东大学等地,参与接受侵青日军投降仪式。其后美军西太平洋舰队司

**图 8-1　美国海军陆战队第六师
司令部旧址**

[①] 刘平、江林泽《第一次世界大战中德远东战场——青岛之战述评》,《军事历史研究》2014 年第 4 期,第 59 页。

令部和美海军航空兵、第三十八特种混合舰队等也在青岛登陆。美国通过与国民政府签订《中美友好通商航海条约》等一系列协议一步步使美军在青岛的海军基地合法化。11月，美国政府与蒋介石签订了青岛海军基地秘密协定。据美国合众社报道："一旦发生战争时，美国与中国将共同使用青岛基地。"[①]并且在随后的4年里不断经营青岛港，达到了长期占领此地的目的，直到1949年5月中国人民解放军迫近青岛时，美军才撤离青岛，青岛港又回归中国。

十、青即战役与青岛解放

1949年春，山东全境大部解放。山东军区成立青（岛）即（墨）战役指挥部，三十二军军长谭希林、政委彭林分别任指挥、政委，副军长刘涌任副指挥，以三十二军和华东警备四旅、五旅及胶东军区、滨海军分区等部队担任解放青岛的任务。此时，驻守青岛的国民党军是第十一绥靖区刘安祺部，辖陆海空军共7万余人。美军第七舰队20余艘大型军舰和海军陆战队、航空部队万余人也驻扎青岛。刘安祺从沧口到即墨城设置三道防线，将其主力部队部署在第二、三道防线上，以利于随时集结逃跑。

山东军区提出"逐步压缩，迫敌早撤，于敌撤退之际，歼其一部或大部"和"迫敌撤退，保全城市"的作战方针。5月3日，青即战役正式打响，解放军首战灵山告捷。至28日3时，攻克国民党军第一道防线，31日又摧毁第二道防线。6月1日，解放军东路部队攻占张村和沙子口，中路部队攻占丹山并占领李村，西路部队直插楼山、老虎山。2日拂晓，残余守军从沧口全线溃逃，窜向市区。至此，三道防线被全部摧毁。上午8时，解放军先遣部队攻克水清沟南山据点，大部队向市区挺进。中午12时，青岛完全解放。青即战役，从5月3日开始至6月2日青岛解放，历时1个月。整个战役共歼敌2000余人，起义投诚3个团2900余人，缴获大批装备、器材等物资。至此，这座深受德、日等帝国主义殖民统治的海滨城市回到了人民的怀抱。[②]

---

① 青岛市史志办公室《青岛市志·军事志》，新华出版社1995年版，第331页。
② 青岛市史志办公室《青岛市志·军事志》，新华出版社1995年版，第348页。

第三节　胶州湾历史军事文化遗存

一、最早的长城——齐长城

齐长城是春秋战国时期,齐国在其南部边境为防御鲁、莒、越、楚等国而修筑的军事防御设施,西起今济南市长清区孝里镇广里店村防门,沿泰沂山脉分水岭东南至黄岛入海,连绵 620 余千米,是中国现存最古老的长城。齐长城的东段就位于灵山卫地区,(原)胶南地区的齐长城长度约为 50 千米,差不多占到整个齐长城长度的 1/10。

齐长城青岛段起于胶南李家前夼西岭,经市美、六汪、铁山、隐珠、黄山、灵山卫横贯而东,过小珠山余脉进入黄岛区东于家河村入海,绵延大小山头 200 余座。春秋中期齐、莒边界尚不清晰,齐灭莱后疆域东拓,与莒交战不断。齐庄公五年(前 549 年),齐占莒旧都介根(位于胶州城区西南)。战国初期,越迁都琅琊犯莒。齐国依托穆陵关(齐长城重要关隘)向南防御莒国。楚简王元年(齐宣公二十五年,前 431 年),楚国攻莒,莒亡。但莒离楚本土过远,终被齐兼并。此后,齐长城在防御楚军北上等方面仍发挥作用。

齐长城现东段有高 1 米左右的残城墙遗迹,遗迹虽也残存不全,但是相对来说保存比较完整。例如,徐家前夼村北岭一段,长约 600 米;丰台顶一段,长268 米,烽火台高 4 米,直径 15 米;山周村北岭两段,分别长约 300 米和 1000米;背儿山段、曹城山段各长约 600 米;金猪坑段长约 1000 米;李家洼子村北山段长约 1500 米;鹁鸽山段长约 300 米等。留存的残基底宽 7~10 米,顶宽 2~3米,高 2~3 米。小珠山白石子口堡塞遗址尚存,城基清晰可辨。[①] 其中,最东段曾经入海处的齐长城老龙头烽火台已经修复。齐长城现为国家重点文物保护单位。

二、灵山卫

从历史地理的角度分析,灵山卫地处山东半岛沿海的南部地区,为胶州

---

① 尹宗春《齐长城的海上起点》,《春秋》2015 年第 5 期,第 57 页。

的南部门户,扼守沿海南北运输的重要地段。历史上该地区一直是兵家必争之地。

明洪武时期(1368—1398 年),倭寇大举入侵中国沿海,北部沿海地区深受其害,"濒海而南,自青、营以及吴、越、闽、广皆罹其毒"。为了抗击倭寇入侵,明朝政府采取了一系列应对措施,以打击倭寇,消弭海患。此外,洪武时期设立的军事机构卫、所以及巡检司等,在倭寇入犯之际,也大多进行了积极抵抗。[1]

明朝政府于洪武五年(1372 年)设置灵山卫,辖胶州千户所和灵山卫千户所。据《明史·兵志》记载,每卫设一名正三品指挥使、两名从三品指挥同知,还设指挥佥事等官职,统兵 5600 人。卫下设若干千户所,千户所设一名正千户和两名副千户,统兵 1120 人。千户所下设若干百户所,百户所设一名百户和两名总旗,统兵 112 人。沿海卫所则配备官职较多,如鳌山卫设指挥使 3 名、指挥同知 5 名、指挥佥事 8 名、千户 6 名等。此外,灵山卫城,城周为三里,围墙高二丈五尺、厚一丈二尺五,东西南北各有城门,护城河深为二丈五尺、宽二丈,还下辖了 20 个墩和 13 个堡,鳌山卫下辖 17 个墩以及 18 个堡[2](墩、堡即报警台和堡垒,是最基本的防御单位)。

灵山卫及所辖各所皆于清雍正十二年(1734 年)裁撤。在设立后的 200 多年间,由于卫所军户守边御倭屯田,烽烟告急出战,海上平静事农,以卫所为中心形成百业兴盛的区域社会,在御倭保境、促进经济社会发展等方面均发挥过不可替代的作用。

灵山卫遗址至今仍然存在,其带有浓烈的海洋文化的特征,因出于海防的需要又带有强烈的军事性,所以其本身所传承的文化带有军事性的一面,也带有浓烈的海洋文化的特征。灵山卫地区遗留下来的物质文化遗产不多,更多的是以非物质的形式普遍存在于社会当中。军事特色、移民特色与海洋特色相互融合形成了多样性的文化。

三、晚清胶澳设防

胶州湾的军事战略地位一直十分重要,但在清朝时相当长的一段时间内却并没有引起人们的注意,一直到了 1883 年底中法战争爆发,法国欲占领胶州

---

① 赵树国《明代北部海防体制研究》,山东人民出版社,第 54 页。

② 赵树国《明代北部海防体制研究》,山东人民出版社,第 141 页。

湾,继而向北进犯京津地区。次年8月,会办北洋军务吴大澂上奏朝廷,认为应设防胶州海口。因此,光绪皇帝谕旨山东巡抚陈士杰及直隶总督李鸿章合力筹备,陈士杰遂调派军队驻扎胶州和青岛。但是,随着中法战争的结束,驻扎胶州湾地区的军队随即撤防。

1886年3月13日,清政府出使德国等六国大臣许景澄上奏光绪皇帝,他在条陈海军事宜疏中提到胶州湾"其外群山环抱,口门狭仅三四里,口内有岛中峙,是为天然门户"且"地当南北洋之中,上顾旅顺,下趋江浙,均一、二日可达,声气足资联络。若酌抽北洋、江南海军,合以山东一军扎聚大支,则敌舰畏我截其后路,必不敢轻犯北洋,尤可为畿疆外蔽。"并提请清政府"应请由南北洋大臣会同察看,渐次经营,期于十年而成巨镇"。①

同年6月8日,陕西道监察御史朱一新也上折建议胶州设防,建议"宜建胶州为重镇,以资联络,兼以屏蔽北洋也",把在胶州湾的设防性进一步提高。当年6月,北洋水师统领丁汝昌和英国海军上校琅威理考察胶州湾,认为"实为海军之地利,南、北洋水师总汇之区也"②,并规划建设炮台、海军基地。7月9日,陕西道监察御史朱一新为"海军事宜"上奏:"欲固旅顺、威海卫,则莫如先固胶州",将胶州湾建设成军事重镇。

1891年,北洋水师成军三周年,李鸿章和山东巡抚张曜于6月5日到胶澳查勘,认为"实为旅顺、威海以南一大要隘"。11日,李鸿章与张曜联袂具折:"胶澳设防实为要图","自应预为经画,未可再缓。"③次日,光绪皇帝下旨"著照所请",李鸿章的奏折得到清政府的批准后,在胶州湾设防开始进入实施阶段,这就是正式批准在胶澳设防的开始。1892年,根据谕旨,当时的登州镇总兵章高元移驻胶州湾地区,并参与建设炮台。到1894年5月李鸿章第二次校阅北洋海军时,原拟设于青岛、西岭、团岛的炮台基址已经完成,"炮位处所,尚得形胜"。但好景不长,随着清朝在甲午中日战争中的失败,清政府被迫支付巨额赔款,更无力再进行修建。截至1897年德国侵占胶州湾,清政府只在青岛建成了一座炮台——青岛山炮台,安设了3座口径为150毫米的德国克虏伯厂生产的

---

① 崔文龙《军事殖民:德国海军对"胶澳租借地"的军事经营(1897—1914)》,中国海洋大学硕士论文,2012年,第20页。
② 张侠、杨志本、罗澍伟等《清末海军史料》,海洋出版社1982年版,第258页。
③ 张侠、杨志本、罗澍伟等《清末海军史料》,海洋出版社1982年版,第276页。

加农炮,其他的两座炮台工程,未能完工即被德军侵占。^① 这些都给德国人建立青岛要塞提供了基础。

四、海军栈桥

栈桥最初是清政府在青岛设防的规划之一。栈桥始建于光绪十八年(1892年)。章高元至青岛之后,就着手栈桥的建设,调用旅顺船厂的钢材,在前海搭起了一座铁木结构以木铺面的栈桥,专供海军官兵上下和装卸军用物资用。码头长约 200 米,宽 10 米,以石头垒筑桥身,上铺木板,码头两侧装有从旅顺运来的铁材制成的栏杆,故称铁码头,也称为"李鸿章栈桥"。这时的栈桥码头,主要材料是石头,采用的黏合剂不是水泥,而是石灰、豆浆与细沙的混合物。在石堤的前头有一段长 124 米的孔桥部分完全用钢铁框架结构,桥面上铺上木板。德国侵占青岛后,对栈桥加以改建,将栈桥北段改为石砌,南端仍为钢架木面,桥身延长至 350 米,成为主要用来运送建筑材料、军火、部队登陆的专用码头。^②栈桥经过了多次的扩建,同时其军事职能也逐渐减退,现在成了著名的景点。

五、炮台要塞

1897 年德国以"曹州教案"为借口,于 1897 年 11 月 13 日在德国远东舰队司令棣利斯的率领下抵达胶州湾,清政府唯恐事态扩大,决定奉行不抵抗政策,德军轻而易举占领胶州湾。1898 年 3 月 6 日,中德《胶澳租借条约》签订,胶州湾正式沦为德国的殖民地。

德军侵占青岛后,利用清军初期防务进行军事设施建设。1899 年 5 月,胶澳总督府向德国海军部提交第一个防御工事建设计划,开始构筑永久性炮台和堡垒群,日德战争前又抢修 10 余处临时炮台,构成青岛要塞的防御体系。其炮台分为海防炮台、陆防炮台和步兵防御堡垒群。^③

前海一线构筑的团岛、台西镇、衙门(青岛)、俾斯麦山(南)、汇泉角炮台为海防炮台,构成海正面防务体系。陆防炮台筑于市区各高地,计有俾斯麦北炮

---

① 崔文龙《军事殖民:德国海军对"胶澳租借地"的军事经营(1897—1914)》,中国海洋大学硕士论文,2012 年,第 21 页。
② 青岛市档案馆《青岛通鉴》,中国文史出版社 2010 年版,第 75 页。
③ 张凯《胶州湾军事职能的演变研究 1891—1945》,北京师范大学硕士论文,2012 年,第 13 页。

台、伊尔蒂斯(太平山)山东炮台、伊尔蒂斯山北炮台、仲家洼炮台。这些陆防炮台构成陆地防务的第二道防线。堡垒群是步兵防御军事设施,位于浮山之西、太平山之东,自前海至海泊河口,依次建有小湛山堡垒(一号炮台)、小湛山北堡垒(二号炮台)、中央堡垒(三号炮台)、台东镇东堡垒(四号炮台)、海岸堡垒(五号炮台)等五大堡垒群,是陆地防务的第一道防线。

除了修建陆地防务的防线外,德国在胶州湾附近修建了大量的炮台。炮台分海防炮台和陆防炮台,永久性海防炮台有团岛炮台、台西镇炮台、青岛炮台、汇泉炮台和俾斯麦山南炮台。永久性陆防炮台有伊尔蒂斯炮台、台东镇炮台和俾斯麦山北炮台。(团岛炮台、台西镇炮台原为清军所建,德军占领后,在原有基础上进行过扩建。)其中,团岛炮台成为接扼胶州湾航道非常重要的一座海防炮台。台西镇炮台西临胶州湾南邻团岛,和团岛炮台协同扼守胶州湾口。汇泉角炮台是德军所有永久性海防炮台中最东边的一座,是抵御外来舰船进入胶州湾航道的第一道防线,战略地位十分重要。现在,青岛山炮台遗址公园是第一次世界大战亚洲唯一战场战争遗址,具有重要的历史文化价值。

在毗邻炮台和步兵堡垒的地方,德军还修建 3 座大型兵营,即俾斯麦兵营、伊尔蒂斯兵营、毛奇兵营。各兵营与炮台之间有地下通道连接,平时驻扎兵力2300~3500 人,1914 年日德之战时驻扎 4500 人,这与炮台和步兵堡垒一起构成了德军较为完备的要塞防御体系。整个军事要塞体系,不仅在第一次世界大战时发挥了重要作用,也对胶州湾地区的城市规划起到了不小的影响。

六、团岛水上机场

随着交通事业的发展,原有的飞机场已不能满足,所以在 1935 年《青岛市施行都市计划方案初稿》中提道:“飞行事业为近年最新式制交通事业。进步之速,一日千里。将来成为普及化之交通工具,实意中事。惟其升降必有广大之平原、四周且无高山丛林之阻碍者方称合式。青岛多山,平原又少,除现有沧口机场一处尚堪应用外,附近实难觅第二机场。惟塔埠头东南一带海滩,将来可填筑大飞机场,以应将来全盛时代之用。又,沧口飞机场之面积飞行有余而安全地带则不足,故应规定在该场之四周五百公尺内,不得建筑高过三层楼之房屋,以辅助安全地带之不足。至于水上机场,拟设于团岛附近,以其水面辽阔、沙滩平坦也。"①为此,东北海军在团岛修建了水上机场,后团岛水上机场被一直沿用至今。

七、日占时期的军事建设

抗日战争中,由于没有大规模的战争威胁,日本在青岛的军事建设可谓是寥寥无几,建设有流亭军用机场和板桥坊至山东头的防御壕等为数不多的几个项目。流亭军用机场从 1940 年开修,1944 年竣工。机场内有一条南北向长 1019 米的跑道、1 处停机坪、2 座塔台、1 座油库、1 处通讯站等;后又修建了数个隐藏飞机的机库,成为当时日军飞机起落的重要据点。② 此外,日本于 1939 年在团岛扩建了团岛水上机场。"防御壕"范围是从沧口营子村至山东头,全长 16 千米,均深 4 米,宽 5 米,是当时的一项重要防御工事。1944—1945 年,日本在青岛和山东半岛沿海修筑了大批地堡等军事设施,在汇泉角等要地设置炮兵阵地。

八、海军基地——青岛港

青岛港位于胶州湾内,面临黄海,背依崂山,港内水域宽阔,水深 10～45 米,为泥沙底,现有 9 座大型码头,59 个泊位。从唐代起,这里就成为我国北方的重要军港,以后历代沿袭。到了近代,青岛港的地位更加突出。中国近代海军在此驻防,德、日、美等国海军入侵青岛后,也以此作为驻防的基地。光绪(1875—1908 年)末年,清政府拟辟青岛胶州湾为海军基地,后因德军入侵而放弃。1897 年 11 月,德国巡洋舰队司令狄特克立提督率巡洋舰 4 艘、海军陆战队官兵 720 人,以演习为名强行在胶州湾登陆,12 月全部占领青岛,青岛港成为德国海军的驻泊港,其间计有舰艇 9 艘。1913 年 5 月,日本海军中将加藤率第二舰队在胶州湾外寄泊。次年 8 月,日德正式宣战,10 月日军攻占青岛,青岛港又沦为日本海军的驻泊基地,计有大小舰只 11 艘。

1922 年,北洋政府收回青岛时,曾派出"海筹""永绩"号 2 艘军舰驻泊青岛港。1924 年 1 月,原孙中山改组的西南护法舰队,由司令温树德率领,反叛国民

① 青岛市工务局《青岛市施行都市计划方案初稿》,1935 年,第 51 页。
② 青岛市情网 http://qdsq.qingdao.gov.cn/n15752132/n20546576/n31118366/n31118537/1512152004 45667107.html。

政府,投奔军阀吴佩孚,被改编为渤海舰队,进驻青岛港。该舰队拥有当时中国海军吨位最大的"海圻""肇和""海琛"号3艘巡洋舰。1927年3月,奉系军阀张宗昌自任渤海舰队司令。后张作霖又任命沈鸿烈为该舰队司令。1928年4月,日本海军第2舰队第二次入侵占领青岛,青岛港再次成为日海军驻地,后迫于国际舆论的压力,于当年8月从青岛撤出。1928年12月,原渤海舰队与东北海军合编,改名为东北海军,张学良任总司令,沈鸿烈任副总司令(后任总司令),以其第1舰队驻青岛港,连同驻烟台的第2舰队,共有大小舰船16艘。1933年10月,第1舰队官兵发生兵变,该舰队最大的3条主力舰离青岛南下。趁此机会,蒋介石取消东北海军,将所剩舰只改编为国民党海军第3舰队,由谢刚哲任司令。

抗日战争之初,日本海军第4舰队和陆军第14师团,从海陆两个方向第三次入侵占领青岛,在日占领之前,沈鸿烈下令将"镇海""楚豫""定海""永翔"号等10余艘军舰全部自沉于青岛港,第3舰队灭亡。日海军驻青岛时,港内泊有60余艘军舰。日本投降后,美国海军第7舰队(西太平洋舰队)的大批舰只和海军陆战队2.7万人,于1945年10月在青岛登陆,使之成为美军控制的远东海军基地。其舰队驻港内的驱逐舰最多时达到25艘,其中有航空母舰"普林斯顿"号、"塔拉瓦"号和舰载飞机200余架。当时港内的码头50%以上被美军占用。

1949年2月,驻青岛港美国舰队被迫撤离。当年5月,在人民解放军发起青即战役时,残留的国民党海军舰船仓皇逃离青岛港南下。至此,青岛这一重要的军事港又重新回到人民的怀抱。新中国成立后,青岛港成为人民海军北海舰队的基地和山东主要的民用港口。

第四节　胶州湾军事文化资源的当代价值与保护

一、胶州湾军事历史文化的当代价值

胶州湾军事历史文化资源是先民创造的物质和精神的珍贵产品,是人类历史文化发展的结晶,是人类智慧的积累。胶州湾丰富的军事历史文化资源对于今天来说,仍是一笔巨大的财富,具有多方面的价值。

(一)文化价值

开发军事文化资源对传播中华民族文化、弘扬爱国主义精神有着积极的作用。胶州湾军事文化资源蕴含着深刻的历史文化内涵,体现了中华民族的悠久历史、光荣传统和灿烂文化,具有强大的文化和教育功能,既是学习历史的好教材,也是进行爱国主义教育的好场所。胶州湾军事文化资源在文化价值上具有融教育性、政治性、观赏性、休闲性、娱乐性于一体的特性,具有传承传统文化、荡涤思想、净化社会风气、增强民族凝聚力、确立正确价值观念、塑造理想人格的潜移默化的作用。胶州湾军事文化资源是得天独厚的,既有众多的战争遗迹,又有深厚的战争文化,游客在饱览自然风光和人文历史的同时,也在接受深切的爱国主义教育。如游览当时德国人在胶州湾地区修建的炮台、兵营等可以促使人们牢记当年那段中国人民受到深重苦难的岁月;游古代海战军事路线,会产生对历史的眷恋和深刻的思考。古今对比,还可使游客深切体验到今日生活来之不易,从而珍惜当今的生活,为构建和谐社会贡献力量。

(二)历史价值

自 20 世纪 70 年代以来,随着历史研究方法多样化局面的逐步形成,人们在发掘不同性质的史料和运用不同的史料写作等方面做了许多尝试。这主要是因为历史学家认为历史现象有着十分复杂的背景,不是残存、遗留下来的一点书面史料所能概括的。文化遗产尤其是物质文化遗产无疑可以为历史研究起到实证的作用。青岛的军事历史文化遗产资源与城市的发展相伴而行,见证了青岛从古至今 2000 多年所经历的风风雨雨,因而具有极高的历史价值。这其中齐长城、灵山卫城、海陆炮台、俾斯麦兵营等建筑旧址无疑都是青岛自古代至近现代历史的亲历者。

以胶州湾地区的防务炮台为例,1891 年章高元奉命移驻胶州湾地区,并参与建设炮台。1892 年 6 月,胶州的炮台已经择定基址开始施工,所需大小炮位也已经向外洋订购。到 1894 年 5 月李鸿章第二次校阅北洋海军时,原拟设于青岛、垣岛、团岛的炮台基址已经完成。1897 年,德国侵占胶州湾,清政府已经在青岛建成了一座炮台——青岛山炮台,安设了 3 座口径为 150 毫米的德国克虏伯厂生产的加农炮,其他的 2 座炮台工程,未能完工即被德军侵占。1897—1914 年为德国占领时期,该阶段德国继续扩建炮台,形成了前海一线构筑的团岛、台西镇、衙门(青岛)、俾斯麦山(南)、汇泉角炮台的海防炮台,构成海正面防务体系。陆防炮台筑于市区各高地,计有俾斯麦北炮台、伊尔蒂斯(太平山)山东炮台、伊尔蒂斯山北炮台、仲家洼炮台。这些陆防炮台构成陆地防务的第二道防线。在之后的日本占领时期、国民政府时期一直到青岛解放,这些炮台都起到了十分重要的作用。因此,可以说这些炮台的历史,就是青岛这一城市近现代的政治变迁史。

(三)军事价值

胶州湾位于山东半岛西南端,濒临黄海,海湾面积广阔,深入陆地,湾口狭窄,形势十分险要,为中国不可多得的优良海湾之一,也是中国北方面积最大、地理环境最佳、资源最为丰富的内陆海湾。因此,在中国古代历史上,胶州湾地区曾经是中国东部政治、经济、文化、航运的中心,同时军事价值也是极高的,是一处不可多得的战略要地、军事重镇,因此自然是兵家必争之地。近代的胶州湾更是成为一处著名的港口地区,一个重要的海军基地。先后驻扎过德国远东舰队、日本第二舰队、中华民国渤海舰队、中华民国第三舰队、日本第四舰队、美国西太平洋舰队等。新中国成立以后,为中华人民海军北海舰队驻地,现在仍然具有重要的军事价值。

(四)爱国主义教育价值

爱国主义,一般来说是人类忠诚、热爱、报效祖国的一种集情感、思想、意志于一体的社会意识形态,是在人类社会历史进程中形成、发展、巩固起来的一种团结凝聚国家和民族,推动历史发展的强大的精神力量,也是调节个人与国家民族关系的基本政治、道德和人生价值规范。正如列宁所说:"爱国主义就是千百年来各自的祖国彼此隔离而形成的一种极其深厚的感情。"而针对胶州湾而言,爱国主义可以说是一种海防爱国主义。海防爱国主义是指人们在建设海防、保卫海防的过程中所体现出来的热爱祖国海防的深厚感情和为祖国海防利益献身精神的统一。海防爱国主义既是爱国主义在海防领域的一种特殊表现,又包含着爱国主义的一般表现。近代以来,列强侵略接踵而至,万里海疆频频告急,触发了海防抗争的风起云涌,海防爱国主义在近代反侵略抗争中首当其冲,掀起了一次又一次高潮。近代中国在列强坚船利炮的冲击下打开海禁,海防形势异常严峻,面对这种危急的局势,极大地激发了国人的爱国主义热情,加速了民族觉醒。① 胶州湾军事文化资源能给我们以国防教育,能帮助我们铭记那段历史,培养自己的爱国主义之情,具有十分深远的价值。

二、胶州湾军事历史文化资源现状分析

由于胶州湾军事文化资源涵盖的时间跨度大,内容丰富,资源的保护与利用情况就会出现一些难以令人满意的现象。

一方面,保护力度不够,没有全面地对整个胶州湾军事历史文化资源进行统计分类和调研,导致部分军事历史文化资源的破坏和流失。同时,关于胶州湾相关的军事文化资源的保护制度不健全,没有出台专项保护利用规划,使得保护工作缺乏系统性和针对性。

胶州湾军事文化资源的年代可以上溯到 2000 多年前,经过这么多年的岁月侵蚀,军事文化遗存可以说是相当的脆弱,再也经受不起自然与人为的破坏。近年来,城乡基本建设速度加快,这就造成了一种潜在的威胁,即城市的发展建设,对军事文化资源的破坏。例如,齐长城在经历了 2000 多年的风雨侵蚀,目前只剩下残垣断壁,保存状况令人担忧;此外德国占领时期,建立了青岛要塞,但这些军事文化资源遗存除了少数炮台、兵营得到保护外,大部分炮台遗址均未受到应有的保护。近年来,著名的 5 号堡垒(海泊河堡垒)、4 号堡垒(台东镇堡垒)、2 号堡垒(小湛山堡垒)、1 号堡垒(湛山堡垒)和毛奇兵营旧址(部分)等先后遭受破坏。这些鲜活的事例都更突出了对于胶州湾军事文化资源的保护力度严重不足。②

另一方面,不少遗迹依然处于闲置状态,形成了资源的浪费。胶州湾军事文化资源的空间分布相对较为分散,缺乏统一的规划和相互协调,造成了一些军事文化资源的浪费。对于这些文化资源的破坏还体现在对其的修缮和改造的过程中,不少历史优秀建筑在高度、体量、色彩、材料使用上,违背"修旧如旧"的原则,把真文物修成了假古董。不少重点文物保护单位的使用单位,文物保护意识淡薄,无视文物保护法和有关历史文化名城的保护规定,对重点文物保护单位随意进行改动修整,破坏了文物的历史原貌。还有的在文物保护单位的保护建设控制地带内,不经审批随意施工,违背了文物原貌修复的原则,破坏了

① 邵先军《近代中国海防爱国主义研究》,山东大学出版社 2013 年版,第 16、23 页。
② 张树枫《作为历史文化名城的青岛》,《北京规划建设》2005 年第 3 期,第 115 页。

文物的历史原貌。[①]

而且资源的利用形式、表现手法上也显得较单一，没有新意，大部分资源是以静态陈列形式出现，缺乏生动直观多样的表现。这些突出表现在一些展览形式仅仅是博物馆、纪念遗址等等，在形式上没有突破，难以吸引人们的注意力和兴趣。

此外，对胶州湾军事文化资源的宣传力度不够，很多军事文化资源并没有进入公众的视野，不为人们所知晓，也没有使得保护和利用胶州湾军事文化资源成为一种共识，政府与社会公民都没有充分了解该资源，也并未形成参与意识和保护意识。这都造成胶州湾军事文化资源现状不容乐观的现状。

三、胶州湾军事历史文化资源保护建议

针对这种现实情况，在进行胶州湾军事历史文化资源开发时，一定要实行保护在先、政府主导、公民参与、保护与开发并重的基本原则。

(一)提高认识，全面排查

针对胶州湾军事历史文化资源这笔珍贵的文化遗产，首先要做的就是先保护、继承下来。而目前的当务之急，就是要增加政府、民众对军事文化资源的认同度，只有各界人士认同才能给资源的保护和利用创造一个良好的发展环境。从政府到民众都应该意识到军事文化资源也是非常宝贵的文化资源，政府应组织力量对全区及其周边的军事文化资源进行全面的深层次的资源情况调查摸底，把握全面情况，做到心中有数。此外，排查之后政府应当树立明显标志。标志不仅要设在地面上，而且要画在地图上。胶州湾最早的军事文化遗存距今已有2000余年，因风水侵蚀、泥沙淤积，原有建筑大多已毁损，只少数还留有残迹。树立标志，应分以下情况分别对待：①在事件发生地、名人出生地或主要活动地，若有遗迹存在，应进行严格保护。②若遗迹不存，则可采取"意会"的办法，在事件发生地建立纪念碑亭、小纪念馆、小广场或园林小品等，引发人们对历史的想象。③某些建筑，可据文献资料进行原样重建。重建时要用当时的材

---

① 张树枫、魏书训《关于青岛历史文化名城的保护对策研究》，《青岛职业技术学院学报》2005年第18卷第3期，第6～7页。

料、当时的工艺,并体现当时的理念。①

(二)分类保护,重点优先

军事文化资源保护是一个系统工程,时间长,涉及面广,资金需求量大,而政府在法规制定、政策导向、资金投入和人才培养等方面的作用是其他力量不能代替的,因此需要政府在保护过程中起到主导作用。政府要把军事文化资源保护和建设资金纳入经常性财政预算,建立专项资金,并且要在政府预算中占有适当比例。此外,政府还要采取多种形式,筹集保护经费,鼓励和动员社会力量资助胶州湾军事文化资源保护事业,创造有利于发挥军事文化资源社会效益的环境和条件,在资金上给予必要保证,在文化经济政策上予以支持,切实维护军事文化资源保护事业资金的正常运转。

因此,在了解全面情况的基础上,对有形军事文化资源和无形军事文化资源进行必要的分类,便于进行科学的保护。明确有形保护对象比较容易,但是对于无形的军事文化资源等的保护就比较困难。首先要有一个发掘与继承的过程。在这些军事文化资源中,对于那些独一无二的、具有重大影响的、具有鲜明特色的,应该予以重点保护和优先发掘。

(三)健全制度,宣传教育

对于胶州湾军事文化资源的保护要做到规章化、制度化,因此首先要加大军事文化资源保护的法制建设,加大执法力度,依法管理。根据《中华人民共和国文物保护法》及其实施条例,制定区域性的军事文化资源保护的法律法规及其实施细则,监督保障其有效贯彻,对破坏军事文化资源的行为加强防范,对违法犯罪行为要加大打击力度,对执法不力造成文化资源受到破坏的,要追究有关执法机关和有关责任人的责任,依法保护军事文化资源。二是政府要参照对文化遗产地的保护方法,组织资金和人才力量,在调查研究的基础上,统筹安排,制定地方性法规和保护规划,把文物保护纳入经济和社会发展规划,纳入城乡建设规划,按照轻重缓急,分别制定保护办法,分步实施。因为文物具有不可再生性,保护胶州湾军事文化资源,除科技手段以外,重要的是把保护军事文化

---

① 杨英法、王华东《大力开发赵国军事文化资源,振兴邯郸市文化旅游》,《河北工程大学学报》(社科版) 2006 年第 23 卷第 3 期,第 61 页。

遗址纳入城乡建设规划,依法保护,通过立法性保护、抢救性保护、试验性保护、教育性保护等多种手段,维护胶州湾军事文化资源生态环境和社会空间。除了健全制度之外,还应大力进行宣传教育,提升社会公民参与意识、保护意识。胶州湾军事文化资源属于全体人民,因此它的保护也离不开全体社会公民的参与。有关部门可以通过各种形式进行宣传,加大宣传力度和深度,让民众充分了解胶州湾的军事文化资源,并形成一种对胶州湾军事文化资源的自豪感、归属感和优越感,才能形成全社会的参与意识、保护意识。

(四)整合资源,打造品牌

胶州湾拥有着十分丰富的军事文化资源,拥有着春秋战国时期的齐长城,该长城拥有着 2000 多年的历史;明代在胶州湾地区设立卫所,建立了卫城,至今仍然部分保存着;近代时期,清朝政府在胶州湾设防,建立了兵营和炮台,后为德国占据,德国在其基础上加以扩建,建造了著名的青岛要塞;除了这些,还拥有其他各种军事文化资源。这些资源在时间上贯穿了中国古代史以及近现代史,在空间上遍布在胶州湾周围。因此,对于这些文化资源,我们要将其整合在一起,共同利用。因此,在保护胶州湾军事文化资源的时候要注重着力利用该特色,打造海洋品牌,以特色促发展,以发展来促保护。

(五)合理开发,持续发展

《中华人民共和国文物保护法》第四条指出,我国文物工作方针是"保护为主、抢救第一、合理利用、加强管理"[①]。我们对于军事文化资源的保护,不是单纯为了保护而保护,而是为了合理及有效的开发,以形成结构优化的可持续发展的胶州湾军事文化资源利用格局,使之成为地方经济发展的驱动力。为此,在对军事文化资源整合和全面评价的基础上,制定出台相应的军事资源保护与利用的专项规划,按照总体规划分类制定详细发展规划,以规划指导开发建设,充分发挥规划在文化资源开发中的龙头作用。

① 张莹《齐长城旅游开发研究》,中国海洋大学硕士论文,2009 年,第 44 页。

第九章　胶州湾宗教历史文化资源

第一节　胶州湾宗教历史文化资源概述

一、总体概况

宗教文化资源是胶州湾历史文化资源的重要组成部分,胶州湾地区是历史上宗教活动较为活跃的地区之一,也是多种宗教的汇聚之地,其宗教历史文化资源非常丰富,不仅有民间信仰,还有道教、佛教、基督教、天主教、伊斯兰教等多种宗教文化。佛教与道教在胶州湾的历史悠久,尤其以道教文化对于胶州湾的影响最大。伴随着西方的舰船和大炮打开中国的大门,欧洲两大宗教——天主教和基督教,在胶州湾地区得以进一步传播与发展,同时以净土真宗本派西本愿寺为先头的日本佛教以及神道教势力也开始传入,各种宗教文化历经了多年的碰撞融合,留给我们的不仅仅是一些独具宗教色彩的建筑,更多的是为我们留下了历史积淀下来的宗教文化,为胶州湾留下了宝贵的宗教历史文化资源,也为该地区增添了独特的文化魅力。这些都对胶州湾文化的发展产生了深远的影响,对于延续文脉、提升文化内涵、繁荣经济、促进旅游发展都具有重要意义。

二、主要内容

(一)民间信仰

胶州湾民间信仰十分丰富,早期就有海神信仰。到了魏晋南北朝时期,随着涉海生活的增加,海洋挑战与海上凶险的增多,出现了许多新的海洋神灵。这其中就包括对后世影响很大的龙王信仰。元代海运的兴起,加上当时已经突飞猛进的航海技术和造船技术,使得南北各港口连成一脉,在此航线上活跃的各路商旅奔波于各个航港之间,经营贸易,传播文化。在由南至北的交流中,海难也时有发生,人们祈求航海神的庇佑,海神娘娘成为沿海渔民普遍崇信的海神之一,南方的妈祖文化也就慢慢渗透到胶州湾。^① 在民间信仰中,民众不仅向天后祈求保护航海安全,而且把天后视为主宰风调雨顺、生儿育女、战争胜负、祛病求吉的万能之神。各地不仅流传着大量关于海神的民间故事,还以庙宇为载体建有许多的祭祀活动场所,各种的祭祀活动十分盛行。由于龙王、天后等海神具有保平安的作用,所以人们也把一些其他的功能附加到他们身上,如生儿育女、祛病求吉等,体现着人民对于美好生活的共同追求与美好的愿望。海洋神灵在人们心里的作用日益重要,影响地域不断扩大,深深地融入于社会生活当中,潜移默化地影响着人们的社会意识。

(二)道教

以道为最高信仰的中国道教在胶州湾流行已有 2000 余年的历史,其发展兴于唐、宋,盛于元、明、清,许多著名的道士还受到过皇帝的召见与敕封。东晋时期有为纪念慧光大师定名的慧炬院。元代有清溪庵等。到了明清繁荣时期,建立了一些新的宫观,比如在今海云街所建的道教宫观海云庵,属道教华山派。当时居民中敬神信鬼,信仰因果轮回之说者颇多,道观的兴建,诵经说法的举行,在民间极有影响。寺观是宗教的重要载体,这也反映出道教的发展比佛教发展迅速。道教作为华夏民族自创的重要宗教,它从一个侧面展现了民族文化的博大与精深。20 世纪初,兵荒马乱,胶州湾的道教日趋衰落,特别是 1938 年日本第二次侵占青岛后,多次进崂山扫荡,大量道观被毁,道士被杀,庙内香火几乎断绝。新中国成立后,年富力强的道士多另谋他业,许多道观因无道士居住而改为他用^②,但道教对于胶州湾地区的影响一直存在。

(三)佛教

以佛、菩萨为信仰对象的佛教在胶州湾地区的发展历史悠久。东晋义熙八年(412 年),法显和尚自天竺(今印度)取经回来,在不其城(今山东青岛城阳区)

---

① 刘焕阳、陈爱强《胶东文化通论》,齐鲁书社 2015 年版,第 482 页。
② 青岛市史志办公室《青岛市志·民族宗教志》,新华出版社 1997 版,第 2 页。

翻译并讲解佛经,之后佛教开始逐步得到发展。许多朝代都建有佛教寺院,其中有唐朝的朝海寺、慈云寺,元朝的菩萨庙,明朝的于姑庵、观音寺、碧霞宫等等。20 世纪初,随着胶州湾地区的发展,一些有识之士为了弘扬佛教文化,于 1934 年筹资兴建了中国最年轻的天台宗寺院——湛山寺,同时兴建了一些佛教居士聚会的场所。每年浴佛节到来之际,善男信女进庙烧香者络绎不绝。"文化大革命"期间,各寺院不同程度地受到冲击与破坏。改革开放后,一些寺庙逐渐被恢复。如今,佛教庙会与经贸、旅游活动为一体,赴庙会者人数逐渐增多。

(四)基督教

基督教传入胶州湾是在鸦片战争之后,美国传教士郭显德于 1873 年在即墨一带的山村进行传教活动。之后,外国的基督教传教士纷纷来到胶州湾地区。尤其是德国以基督教传教士被杀为由侵占青岛以后,基督教在德国政府的庇护下快速发展,设置教堂,讲经布道,发展教徒,前后 70 多年。1941 年底,太平洋战争爆发,美国的传教士被日军关进集中营,其所辖的基督教各教会全部被关闭。新中国成立前夕,基督教各教派辖属的教堂及聚会场所众多,基督教在胶州湾地区的传播,对于胶州湾的影响非常大,至今还有多座基督教教堂存在,比如德国在胶州湾地区建立的教堂一直被青岛人民保留至今,经过整修之后的青岛基督教堂(亦称"国际礼拜堂""青岛福音堂"),使得德国在胶州湾地区留下的基督教文化也由此得以见证,并且得到了胶州湾地区人民的信奉和传承。除此之外还有清河路青岛基督教信义会路德堂、滨河路教堂、济宁路基督教浸信会礼拜堂、四流中路教堂等。[①]

(五)天主教

天主教传入胶州湾地区已有 100 多年的历史。1897 年德国侵占青岛之后,天主教传教士建立了传教场所。此后,天主教在胶州湾地区迅速发展。1905 年在博山路开办了第一所医院——天主堂医院[②],同时建立了许多天主教修会,如方济各玛利亚传教修女会等。主要教堂有位于李沧区的沧口天主教堂以及

---

① 青岛市档案馆《青岛通鉴》,中国文史出版社 2010 年版,第 68 页。
② 马泽《青岛事典》,青岛出版社 2006 年版,第 618 页。

位于市南区浙江路的圣弥厄尔大教堂,其中圣弥厄尔大教堂是中国唯一的祝圣教堂。

(六)伊斯兰教

以真主为最高信仰的伊斯兰教,在胶济铁路建成通车后,随着胶州湾地区工商业的不断发展,一些穆斯林从外地陆续移居在此,由他们将伊斯兰教传入。其时,山东淄博人王万英阿訇在河南路租赁平房两间,当作穆斯林的礼拜场所,随着伊斯兰教在胶州湾地区的传播。1929 年又在常州路兴建清真寺,从事宗教活动。为尊重穆斯林的风俗习惯,政府制定了有关规章,在马兰顶兼有穆斯林专用墓地。2004 年,胶州湾地区有开放清真寺一所。

第二节　胶州湾主要宗教文化资源

一、民间信仰方面

(一)盐神夙沙氏

盐很早就为人们所认识,在人们认识海盐、开发海盐的过程中,那些与海盐的生产管理有关的重要人物,往往被赋予神化的色彩,先秦时期的夙沙氏便是其中被神化的人物。[①] 煮海为盐的夙沙氏作为盐宗就被供奉在庙中。

(二)龙王信仰

龙王是北方沿海渔民最早和普遍崇拜的海神。因为在古代传说中,龙王具有司水降雨的功能,所以沿海渔民便把其作为海神崇拜,并逐步成为北方海神信仰体系中最重要的神灵。胶州湾各地供奉的龙王一般都是指东海龙王敖广。沿海渔民普遍认为,龙王能给他们带来平安和富足的生活,因此通过修建龙王庙、祭祀龙王等方式求渔避难。历史上,胶州等地都相继建造起规模不等的海神庙以及龙王庙,胶州湾东岸女姑山顶东峰有一龙王庙,建于南北朝北齐年间。

---

① 陈智勇《中国海洋文化史长编·先秦秦汉卷》,中国海洋大学出版社 2008 年版,第 335 页。

庙宇建筑面积 90 平方米,庙内祭祀龙王。殿堂柱、梁盘踞五条龙体木雕,其造型逼真,活灵活现,相传系一匠人见真龙现身后悟得点睛灵气而造就。南北朝时,龙王庙建成后,诸多神像及雕龙造型俱已完备,然点睛之作不足,难现真龙神威。一日清晨,匠人独入庙堂,凝视沉思良久,恍然见一真龙浮现眼前,匠人灵性顿开,遂完成龙睛之绝妙之作。其奇特之处是庙内有一机关,机关设在庙堂地面中央条砖中,砖中有一三角形小孔,触及便似真龙啸鸣。相传此孔乃真龙通灵之窍,触及则真龙身声显现。清光绪年间(1875—1908 年),一女香客,到龙王庙降香,误触砖之小孔,忽听一声啸叫,庙内之雕龙栩栩如动。女香客大惊,匆忙下山,逢人便说真龙降世之奇观。从此女姑山庙堂雕龙与真龙相通一说流传开来。

(三)妈祖信仰及天后宫

妈祖,又称天后、海神娘娘。妈祖信仰传到北方以后,对北方原有海神信仰产生了强烈的冲击,成为沿海渔民普遍崇信的海神之一,尤其成为环渤海民间海神信仰中最为重要的女神。"天后在历史上确有其人。据专家考证,天后姓林名默,祖籍福建省莆田县湄洲屿,自幼聪明,勤奋好学,后来从巫,为人占卜吉凶,驱灾治病。林默去世后,被群众奉为地方保护神,后来历代统治者封其为'夫人''天妃'等,并且创造了很多相应的神话,在民间受到广泛的崇信。"[1]天后宫,旧时称"天妃宫",位于青岛市市南区太平路 19 号,始建于明成化三年(1467年),是市南区现存最古老的明清砖木结构建筑。当时即墨县将青岛村开辟为海上贸易港口,往来商船祭祷无地,乃有胡家应的胡善士捐施土地,建成天后圣母殿 3 间和龙王、财神两配殿,以及东西住室,并招道士葛全忠、傅真清等来庙住持。明崇祯(1628—1644 年)末年住持道士宿义明募集款项进行初次维修和扩建。清雍正年间又进行了第二次重修。天后宫现在占地面积接近 4000 平方米,建筑面积 1500 平方米,是一座二进的庭院,有正殿,配殿,前后两厢房,还有戏楼、钟鼓楼等附属建筑共 16 栋 80 余间。[2] 除戏楼为琉璃瓦顶装饰外,天后宫的其他建筑均为清水墙、小灰瓦。门内还立有两块石碑,记载了清同治四年(1865 年)和清同治十三年(1874 年),重修天后宫的情景,是了解历史的重要资

① 闵锐武《中国海洋文化史长编·近代卷》,中国海洋大学出版社 2013 年版,第 544 页。
② 青岛市文物局《青岛明清海防遗存调查研究》,中国海洋大学出版社 2017 年版,第 178 页。

料。与山门对应的是天后宫正殿,正殿内供奉天后——妈祖。两边雕塑有妈祖的护将"千里眼"和"顺风耳"。正殿两边分别为财神殿和龙王殿。[①]

图 9-1　妈祖雕像

图 9-2　青岛市天后宫络绎不绝的参观者

(四)胡峄阳信仰

胡三老爷是百姓崇拜的民间神灵,他的原型即历史上真实的人物胡峄阳。每年胡三老爷的祭祀时间,为两个时间段:一是农历十二月二十三至次年正月十六,一是清明节时期。而前者是祭祀仪式最为隆重的时期。自清初至今 300 多年来,叩拜胡三老爷以求平安顺遂、祛病禳灾的信众络绎不绝。在今青岛市城阳区有许多关于胡峄阳救渔民的传说,并且在胡氏迁移的过程中,也随之在迁移地区传播开来。胡三老爷是由民间创造的仙人,他的职能体现着青岛百姓的愿望与期待,维护社会公正,保护民众安全。新中国成立以后,因国家意识形态关系,各地民间信仰受到空前打击,胡三老爷信仰也在这一时期衰落下去。改革开放以后,政策的松动、思想的解禁使得胡三老爷信仰再度兴起,胡峄阳祠堂重新修建,祭拜活动也开始进行,这一信仰至今对百姓心理及生活习俗仍具有一定影响。

---

① 　青岛市史志办公室《青岛市志·民族宗教志》,新华出版社 1997 版,第 70 页。

二、道教

(一)慧炬院

慧炬院又名石竹庵,始建于东晋,现位于城阳区夏庄镇,是不其城古老的寺庙之一,为纪念慧光祖师,定寺名"慧炬院"。隋文帝开皇二年(582 年)重修,元成宗大德年间(1297—1307 年)复又重修。明万历二十八年(1600 年)海印寺被拆毁后,其经卷、供器、文物等移存此处。清同治年间,又将倒塌的庙堂改建为三间佛爷庙。1939 年时尚完好,住持为道士韩信奎,有僧两人。1966 年被拆除,现只剩庙址 1 个、碑座 1 个,慧炬院由于有深厚的人文积淀,加上此处风景优美,致使历代文人雅士多有来此游历者,并留下了不少诗文。目前,这里成了一片采石场,只能辨识出部分遗留的庙基和一口深藏沟渠中的庙井。

(二)玉皇庙

玉皇庙位于胶州市玉皇庙村东,因殿内供奉玉皇大帝而得名。该庙始建于唐朝初年。据史料记载,唐朝初年一位得道的道士,四处云游,路经此地,见此地风水极佳,于是他不辞辛劳地到附近村庄及各地化缘修庙。在化缘过程中,路上偶遇一京官,京官被他的行动所感动,于是出巨资修建了玉皇庙。当年的玉皇庙占地 10 亩,庙宇气势雄伟,主体庙供有玉皇大帝塑像,配有关帝庙、三帝庙两座副庙。庙宇自修建以后,香火旺盛,在《胶州市志》上有"自庙宇建成,香火殊盛,求签上香者络绎不绝"的记载。同时,建庙的道长在庙内开办了私塾学堂,免费为四周村庄传道授业解惑,深受群众爱戴。唐太宗贞观十三年(639年),唐太宗李世民得知此事,前往庙宇内祭拜,并为庙宇题词。清乾隆三十一年(1766 年),乾隆帝又派人重新整修庙宇,使之成为胶州半岛重要的道教文化传播地。20 世纪 30 年代,因烽火连绵,战争不断,庙宇被毁。但玉皇庙于 2009年 4 月重建。新建庙宇的规模较之前有较大扩展,庙之正面建有山门,山门内之主殿依次为玉皇殿、三教堂和法堂,东厢依次为财神殿、念佛堂和药师殿,西厢依次为送子殿、观音殿、娘娘殿和居士房。庙内西侧建洪福寺一座,此寺双檐单层,高 17 米,主要供奉太白金星、北斗七星、托塔天王、玄武大帝,四周还有一万尊小佛。

(三)大通宫

大通宫俗称石桥庙,曾名玉皇阁,位于城阳区城阳街道城子社区北的墨水河西岸。始建年代不详,民间传说为唐代建。据明万历《莱州府志》卷四记载,"玉皇阁县治南三十里",由唐代袁天罡、李淳风选址而建。大通宫北兼马山,南临大海,东有墨水河,西有古道。袁天罡、李淳风在唐代确有其人。袁天罡为成都人,著有《六壬课》《五行相书》。李淳风为岐州雍县(今陕西凤翔)人,明天文历法,著有《法象志》。他们二人是否到过城阳,未见史籍记载。大通宫数百年来香火不断,寄托了中国劳动人民的一种辟邪除灾、迎祥纳福的美好愿望。在前殿外的东侧,有一矮小的奎星阁,祀文曲星。其南有山门,门外有石碑一通,可惜碑文失考。石桥庙西墙外,有砖塔十余座,是历届主持的藏骨处。

(四)清溪庵

图 9-3 清溪庵

清溪庵又称下街庙,位于市北区道口路。根据一些零散的史料记载,清溪庵的最初建立时间可以追溯到 700 多年前的元末。立庙之初,因曾有一条小河流经寺庙的门前,故称"清溪庵"。该庙在明、清及民国初年都进行过修葺,庙内曾经保存有记载这些整修工程的若干碑记。玉皇殿正对着庙门,两边分别为道德天尊(太上老君)(西侧)、关帝圣君(东侧)的大殿,各边立柱上刻有相关的楹联。三厅并立内供奉玉帝、道德天尊(太上老君)和关帝圣君。两侧分别为手持各类神器的八大金刚,道德天尊(太上老君)八卦道袍在身,两旁多为炼丹童子,大院的南面有送子观音菩萨殿和土地庙。1941 年重修后,庙门外有两根旗杆,上挂长条黄旗。从正门进去,中为玉皇大帝殿,东有关帝圣君殿,西是火帝真君殿。庙内东角,挂着一口直径一米多的铁钟。1942 年 1 月举行开光典礼,并立了两座长约 2.4 米、宽 0.98 米的功德碑,一块刻有《重修清溪庵碑记》,另一块记录了捐款的商号和捐款人的名字。1990 年恢复的每年农历正月初九的台东萝卜会,就是当年玉皇庙的庙会。现在,当年的清溪庵仅存两组平房,这里曾作为文化馆的功能也已不复存在,作为市北区内建成最早的庙宇和昔日台东镇重要的历史遗迹,清溪庵的人文价值不可取代。

(五)城隍庙

城隍庙位于胶州旧城外西隅(今兰州东路北侧),始建年代不详。明洪武二年(1369年),知州张恭主持增建,明朝大修4次,清朝大修5次,民国大修1次。原庙占地2500平方米,建筑面积为1069.8平方米。有两殿2栋,前殿6楹,殿前有东西两廊房,正南为山门,总计殿堂11间,厢房37间。青岛解放后,神像被拆,殿庑尚存,曾为胶县文化馆、图书馆驻地。1986年改为博物馆。1987年,市政府投资2万元将其修葺一新。[①]

(六)海云庵

海云庵[②]又称大士庵,位于市北区海云街1号,海云庵始建于明朝,迄今已有500多年的历史,属道教全真龙门派宫观。据记载,"海云庵在县西南九十里"[③]。海云庵现在的路,就是以海云庵命名,叫海云路。兴建海云庵,与当时渔航业的发展息息相关。那时这一带只有东四方村、西四方村、小村庄

图9-4　海云庵

和湖岛村,人们以下海捕鱼和耕种农田为生,建庙是为祈求神灵,保佑平安与丰收。海云庵建成后,香火兴旺,有众多的善男信女进庙烧香磕头,祈福求子。庙外海云街上,买卖逐渐兴隆,其盛况一直延续了数百年。1923年,有王涨诚等人两次化缘集资,分别于1924年和1926年对海云庵进行了两次大修。海云庵山

---

① 胶州市编纂委员会《胶州市志》,新华出版社1992年版,第875页。
② 青岛市史志办公室《青岛市志·旅游志》,新华出版社1999年版,第50页。
③ 同治《即墨县志》,成文出版社1976年版,第1189页。

门内有大殿、东西配殿、东西厢房和钟楼、鼓楼。有三座正殿,东边供奉着太上老君,鲁班祖师和后稷祖师,还有海云庵历代羽化祖师的地方。中殿供奉着观音大士,施仙,张仙,送子爷爷和送子娘娘,还有太乙救苦天尊和太岁神。右侧殿里供奉着武财神关公、文财神比干、龙王和神医李时珍。海云庵传说系神清宫隶属的庙,2004 年间,金山派 3 名坤道正式常住海云庵。①

(七)南阁庙

南阁庙位于市南区,始建于明初,庙宇建在一个高约 7 米、东西长约 20 米、南北宽约 10 米的平台的北半部,因为其形似楼阁,因此被人们惯称为南阁庙。南阁庙是道教和佛教合一的庙群,据传当时的香火极盛。明初建庙时在庙北两侧各种一株银杏树(玉皇庙和关帝庙内亦种有银杏树),其中右侧一株已在清代死去,左侧的银杏树现古朴苍劲,是青岛市区树龄最长的银杏树。20 世纪 80 年代初,市有关部门在树干上标牌为"古树名木·一级·编号 01"。曾经很长一段时间,南阁庙的银杏树都是航海、航空的标志物。

(八)青云宫

青云宫位于城阳区红岛街道高家村南。因当地居民以出海捕鱼为生,满怀对大海敬畏感恩之心,以信奉海龙王为尊,于是岛民集资在此修建龙王、龙母神像,并将此庙命名"龙王庙"。明嘉靖年间(1522—1566 年)道人李缘明在此山隐居。自元世祖至元八年(1271 年)至 1961 年共有 48 位住持道人在此修道。清朝、民国等不同时期,曾多次对"青云宫"整修扩建。建有正、东、西三大殿,供奉海神娘娘、龙王、龙母、三霄女神、玉皇大帝、王母娘娘、三官爷、庄稼姥姥、巡海大师等多座神像。主要建筑分为东殿(娘娘殿)、正殿(龙王殿)、西殿(龙母殿)。殿梁之上塑巨龙一条,宫外依山眺海,东西钟鼓楼蔚为大观。"青云晨钟"是民国时期评选的"红岛八景之一",民间流传的关于秃尾巴老李和龙母坟的神话故事,以及"孝老爱亲、积德行善、为民除害、感恩祈福、风调雨顺、国泰民安"等教义,是青云宫远近闻名的主要原因。青云宫山会在 2008 年被审定为区级非物质文化遗产。②

---

① 王伟《青岛文化史话》,青岛出版社 2008 年版,第 129 页。
② 李然《秃尾巴老李的传说与信仰》,山东大学出版社 2010 年版,第 128 页。

图 9-5　青云宫

(九)明真观

明真观又名"沧口大庙",位于今李沧区振华路 141 号,始建于 1925 年,原址位于晓翁村(在今沧口飞机场内西侧)。1943 年日本第二次占领青岛时期,修建沧口飞机场,沧口大庙被迫拆除,同时拆除的还有在旁边的长寿庵。1944 年,由市民筹资按原貌在李沧区晓翁村的现址重新修建。建观时立了功德碑,原料取自嘉祥的玉质石。正面刻着"万古流芳",记录了建碑的原因;背面是"乐善好施"几个大字,刻录了出钱建观者的名字。"文革"期间,明真观遭到了严重的破坏,塑像被毁,道人被逐。2003 年,开始抢救性地修复和保护,2004 年 12 月修复竣工。修复后的明真观分为山门殿、前殿和后殿共三层大殿。山门殿供奉韦驮和王灵官;前殿主殿为灵母殿,供奉灵山老母、眼光娘娘和月光娘娘;东西配殿分别为送生殿和纯阳殿,供奉着送生娘娘、吕祖、关公等;后殿主殿为玉皇殿,供奉玉皇大帝和四大天王;配殿为三教殿,供奉释迦牟尼、孔子和老子。

(十)玄阳观

玄阳观又称竹子庵,位于今李沧区北九水办事处戴家社区的戴家村北山的山腰中。玄阳观是道教建筑,分东殿和西殿。道观西侧有五级石塔。"文革"期间,道观及石塔均被毁。2006 年开始重修。重新修建的玄阳观为仿清的建筑风格,红墙灰瓦,雕梁画栋。东殿分三殿,分别供奉关公、王母、三清,王母娘娘放在正殿,突出女性地位,也有纪念全真教祖师王重阳之女弟子孙不二之意,因为玄阳观旧时是孙不二所创全真"清净派"的道庵。出院拾级而上是观音殿,殿西有《金丹早成》石刻,巨石下有石洞,洞前有过去石塔遗迹,准备近期修复。玄阳观遗存多处摩崖石刻和碑刻,主要有"金丹早成""紫竹野林""重师玄风""道义千古""灵隐玄阳"等。2002 年 8 月,李沧区政府将其确定为区级重点文物保护单位。

(十一)青霄宫

青霄宫俗称"老母庙",位于城阳区石桥庙之西,1940 年春建成。在即墨灵山原建有清霄元君祠,清同治《即墨县志》有载:"灵山清霄元君祠,不知起于何时。万历年(1573—1620 年)重修,掘得元君遗蜕并一石碑,乃周元王五年建。"每年农历四月十五日有庙会,香火极盛。青霄宫正殿礼元君,庙的结构及格式与石桥庙略同。院中有砖砌香炉一座,东西各有廊坊一处,共八间。东廊坊设有问讯处,解答抽签事宜。止殿南端有钟楼(在东)、鼓楼(在西)各一座,高二层,有七八米,有石阶可登(于 1980 年拆除)。钟鼓楼之间为山门,山门外有一旗杆。1940 年农历四月十五日,举行开光仪式并开办首届四月庙会。石桥庙会始于何时,不得而知。但是,清同治《即墨县志》记有:"神会四:灵山,四月、十月;马山,三月、九月;玉皇庙四月、十月;火神庙,五月。续增神会一,石桥。"可知石桥庙会最晚应在清同治癸酉(1873 年)之前开办,距今已 140 多年。1938年日本侵占灵山后,禁止民众进香赴会,乃有在石桥另建之说。大约在 1939年,由城阳人牛席珍、袁纲伦,京口人任知范等人为会首,开始募捐筹款。建成后,在山门外立石碑二通,记建庙始末及捐款人姓名、数额等。

(十二)艾山庙宇群

艾山是道教的传教地,位于胶州市洋河镇、张应镇交汇处,距胶州市中心 20千米。艾山庙宇神像曾众,山顶为碧霞宫、山半有王灵观,山下有倒坐观音殿、十王殿、唐王殿、文昌阁、百子殿等,另有一清代石刻,记载艾山祠孙道长助民除害的故事,艾山庙宇现多残缺或无存,拟逐步恢复。①

---

① 青岛市史志办公室《青岛市志·旅游志》,新华出版社 1999 年版,第 13 页。

三、佛教

(一)法海寺

法海寺位于今青岛市城阳区境内,其始建时间有两种说法,一说创建于北魏太武帝年间(424—452 年),一说是魏武帝年间(208—270 年),法海寺自建庙后,宋、元时期,皆曾重修。这座古刹因纪念创建该寺的第一代方丈法海大师而得名,这一带曾是城阳古代文化及宗教的发祥地。

图 9-6　法海寺

寺前不远处是距今已有三四千年历史的霸王台遗址。清康熙五十二年(1713年)重修后,建有八蜡殿,祀三皇五帝。娘娘殿祀三肖女,后殿祀释迦牟尼,重修后的规模,占地面积 12 亩,分前后两院,前院建大雄宝殿 5 间。大雄宝殿建于 1米多高的夯土台上,系木砖结构,琉璃瓦,单檐无斗拱"歇山式"建筑,内祀释迦牟尼,旁祀阿弥陀佛、大药师佛。后殿 5 间,是"硬山式"建筑,中祀如来,东为菩萨,西为地藏王,墙上绘有释迦牟尼苦修经历的壁画。殿堂外檐下,有"清""规"二字的大石碑并列左右,殿门东墙上镶有一块莱州汉白玉的庙规碑,庙规共有 6条,记有僧众戒烟、戒酒等清规戒律。后院内植柏树 4 棵,其中一棵的叶子有针、扁、圆、长等四种形状,名"四样柏"。僧察共 20 间,分别建在前院 16 间,后院 4 间。山门外南院墙的东面,建有殿堂 3 间,内祀龙王;西面建殿堂 3 间,内祀关帝。这两处殿堂,属地方庙,委托法海寺代管。整个寺院围墙周长 293 米,显得格外壮观,每年农历正月十五、十六和四月初八,是法海寺庙会,香火极盛。寺僧早晚诵经,有木鱼、磬、小钹、碰钟、吊钟伴诵。农历每月初一、十五祈祷,诵"香钻"。逢天旱或久雨不晴时,乡民多来庙内烧香焚纸,祈雨。1994 年,城阳区成立后,调拨专款,对法海寺多次进行整修,基本保持了法海寺的原有面貌。①

① 青岛市史志办公室《青岛市志·民族宗教志》,新华出版社 1997 年版,第 89 页。

(二)朝海寺

朝海寺又名"下庵",位于半岛东端淮子口(胶州湾口)南岸窟窿山半腰中,始建时间不详。寺庙建筑独特,气势非凡.传说唐太宗的军队东征高句丽时,泛水北上途经胶州湾,行至淮子口附近时,突然狂风呼啸,波浪翻滚,巨浪铺天盖地,在这危急关口,船至淮子口,狂风平息,天空晴朗,大海恢复了平静,唐军扯起风帆,继续东进。后来,唐太宗命太史令李淳风到淮子口海岸修筑两座庙宇,分别命名为上庵、下庵,现古迹正按规划逐步复原。[①]

(三)于姑庵

于姑庵,原名黄德庵,也称"姑姑子庙",位于市北区错埠岭福州北路 191号,始建于唐太宗贞观年间(627—649 年)。今庵建成于明代成化年间(1465—1487 年)。于姑庵初建时,有正殿、西廊房、东廊房、天王殿以及南阁殿。1915年,又在正殿东侧增建后稷殿。各殿供奉的主要神像有:正殿(人雄宝殿)中供奉佛祖释迦牟尼,左殿奉药师如来,右殿奉阿弥陀佛。右弟子阿难和左弟子迦叶站立在两旁,两侧还有护法、护神各一尊。正殿的两侧供奉有十八罗汉坐像,西廊房居中供奉大愿地藏菩萨,左边有达摩,右边有愁夫。殿两侧有十殿阎君。东廊房供奉"桃园结义三兄弟"神像。天王殿中供奉弥勒佛,左右供奉四大天王南阁殿在庵院正南约 50 米处,独建屋 3 间,门向北与正殿释迦牟尼像相对,中间由 1 米宽的天桥连通。殿内中央供奉观世音菩萨,两边侍立着善财童子和龙女;左供奉文殊菩萨,右供奉普贤菩萨,神台下有韦驮和伽蓝两尊者。后稷殿是 1915年在正殿东侧增建的,共有庙宇 3 间,主要供奉 3 位神像:正中为后稷,左为牛魔王,右为城隍。后改为佛教

图 9-7　青岛于姑庵

---

① 青岛市史志办公室《青岛市志·旅游志》,新华出版社 1999 年版,第 55 页。

尼姑庵,历史上有农历正月十一的后稷(庄稼老)生日庙会和四月初八浴佛节庙会。1982年,青岛市人民政府将其列为市级重点文物保护单位。近年来,青岛有关部门启动了于姑庵重修工程,并改名为观音寺,现已正式登记成为佛教活动场所。①

(四)湛山寺

湛山寺位于市南区湛山南麓,属天台宗,1934年动工,1945年落成。湛山寺占地面积15000余平方米,建筑面积3799平方米,是青岛市区规模最大的佛教寺院。山门有两石狮,传为明代遗物。寺前石砌莲花池,为放生处。院内有大雄宝殿、三圣殿、天王殿及客舍,殿后为藏经楼,旧藏佛经6000余册及古代佛像。寺后东侧小山有八角七级砖塔,耸立云表。寺院南对黄海,东、西、北三面,浮山、湛山、太平山屏列。大雄宝殿是寺院僧众早晚课诵和法会朝拜参修的殿堂,内供释迦牟尼佛、大智文殊菩萨、大行普贤菩萨,左右为16尊者塑像,殿后供海岛观音。西方三圣殿,殿内供阿弥陀佛、观世音菩萨、大势至菩萨,后供地藏王菩萨,殿两旁为功德堂。1983年被国务院定为汉族地区佛教重点开放寺庙。②

四、基督教

(一)滨河路教堂

滨河路教堂位于李村滨河路1183号。1897年,德帝国主义强占胶澳后,德国基督教信义会(亦称"路德会")派遣传教士昆祚等来青传教。1900年,昆祚、和士谦二人在李村选定建堂基地。1904年,由德国传教士邵约翰到李村主持修建完成。李村教堂可容纳300余人,堂顶建有钟楼1座。教堂后院另有房屋多间,时为高等教会学堂校舍。"文化大革命"期间,该教堂先后被新华书店和河北大队占用,后院房屋被拆,堂顶钟楼被毁。1983年由基督教会收回并进行维护修缮,1984年恢复宗教活动。2002年8月,李沧区政府将其确定为区级重点

---

① 青岛市史志办公室《青岛市志·民族宗教志》,新华出版社1997年版,第92页。
② 青岛市史志办公室《青岛市志·民族宗教志》,新华出版社1997年版,第93页。

文物保护单位。①

(二)江苏路基督教堂

江苏路基督教堂又称"江苏路礼拜堂",坐落在市南区江苏路 15 号,始建于 1908 年,建成于 1910 年。其造型宏伟古朴,为西方中世纪古堡式风格。因教堂所需经费最初由德国胶澳总督府供给,故又称"德国礼拜堂",由德国建筑师库尔特·罗克格设计。教堂结构为巴西利卡平面,长

图 9-8 江苏路礼拜堂

轴南北向,主体由礼拜堂和塔楼两部分构成。礼拜堂高 18.01 米,可容千余人,内部为拱形吊顶,廊柱为粗短的红花岗岩加青花岗岩斗形柱头,具拜占庭时期的风格。塔楼高 36.27 米,上部有一大两小报时钟。1942 年 12 月,被青岛市人民政府没收,1980 年正式恢复礼拜活动,现在被列为省级重点文物保护单位。②

(三)四流中路教堂

四流中路教堂位于李沧区四流中路 164 号,建于 1927 年 3 月,使用面积 202 平方米。1958 年,该堂与其他教会联合,成为沧口区基督教联合聚会点。"文化大革命"期间,该堂房屋被沧口区房管处接管。1982 年,拆迁改造,沧口区房管处将四流中路 164 号租赁给教会作为教堂。该年 12 月 25 日,四流中路教堂正式复堂,恢复活动。由于该堂面积较小,不能满足信徒正常的宗教生活需要,1999 年底,在中共李沧区委统战部支持下,又在永昌路租赁房产四公司 1 处房屋,可容纳 400～500 人聚会,以四流中路教堂带点的形式,开展礼拜聚会活动。该堂每周举行 5 次聚会,周日上午两场、晚一场均为主日崇拜聚会,周三上午为查经聚会,周五晚上为灵修聚会。2004 年,该堂有受洗信徒 3702 人,其中

---

① 陈兴泉《李沧区志 1994—2004》,方志出版社 2009 年版,第 605 页。
② 青岛市史志办公室《青岛市志·民族宗教志》,新华出版社 1997 年版,第 126 页。

女信徒有 3138 人。

(四)清河路青岛基督教信义会路德堂

清河路青岛基督教信义会路德堂位于市北区清和路 44 号,始建于 1930 年,1932 年竣工。由美国基督教路德青年团捐资建造,艾慕尔·尤力甫设计,东海营造厂承造,占地面积 1934.41 平方米,建筑面积约 300 平方米。砖石木结构,系中国民族传统殿宇式建筑。地上一层,教堂大厅高约 10 米,地面为方石铺设。外墙朱红色,屋面为重檐歇山式。1940 年,美国信义协会青年团国外布道会捐资将旧礼拜堂拆除,兴建了新的中国宫殿式的大礼拜堂,将它定名为"青岛基督教信义会路德堂"。"文化大革命"期间,该教堂停止聚会。1984 年对该教堂进行了全面维修。1985 年该教堂恢复聚会。①

(五)龙山路教堂

龙山路教堂位于市南区龙山路 4 号,系原青岛基督徒聚会处的会所。由聚会处的信徒陈子万出资,于 1943 年建成,奉献给教会做聚会使用。当时因聚会处不参加日伪的华北基督教团,被停止聚会。抗战胜利后,大约在 1946 年初,聚会处正式使用该会所聚会。1958 年联合聚会后,聚会处的信徒仍在此聚会。后安息日会迁入,于礼拜六上午在此聚会。1993 年 2 月 21 日,龙山路基督教堂恢复聚会。现聚会人数有 400～500 人。②

(六)济宁路基督教浸信会礼拜堂

济宁路基督教浸信会礼拜堂位于市北区济宁路 31 号,由信徒于墨林出资创建,属基督教浸信辉礼拜堂,为西式二层楼房。该教堂建成后,先后有美国传教士崔怡美等任牧师。1941 年太平洋战争爆发后,该教堂被日本人接管,并被迫停止聚会。1942 年 5 月,聚会又得以恢复。1958 年济宁路礼拜堂成为联合聚会点。③

---

① 　青岛市史志办公室《青岛市志·民族宗教志》,新华出版社 1997 年版,第 129 页。
② 　青岛市史志办公室《青岛市志·民族宗教志》,新华出版社 1997 年版,第 129 页。
③ 　青岛市史志办公室《青岛市志·民族宗教志》,新华出版社 1997 年版,第 128 页。

(七)圣保罗大教堂

圣保罗大教堂,全名为"鲁东信义会圣保罗教堂",位于市南区观象二路 1 号,建于 1941 年。占地面积 2252 平方米,建筑面积 1482 平方米,由俄国建筑师尤里甫设计。砖木结构,地上二层,地下一层。平面是曲尺形,钟塔临街高耸,红清水砖墙,花岗岩勒脚,简洁朴素。

图 9-9　圣保罗大教堂

券窗连拱以及墙面上砖砌装饰受"仿罗马风的影响"。1941 年被日本军队查封,后经多次交涉,恢复礼拜。1958 年,青岛市基督教实行联合聚会,该堂定为聚会点。1995 年恢复聚会。[①]

五、天主教

(一)圣心修道院

圣心修道院又名"方济各玛利亚修会圣心女修院",位于市南区浙江路 28 号,建于 1901—1902 年。楼体保存完好,房顶已改建。该建筑由德国人贝尔纳茨设计,工程指导为神甫白昭德,业主是安治泰主教。原有地上二层,20 世纪 30 年代增加第三层。占地面积 20968.10 平方米,建筑面积 7606 平方米。[②] 砖石结构,平面呈马蹄形,内侧为封闭长廊,大拱形窗。花岗岩墙基,斜坡屋面。室内木板地高 3.8 米,门窗皆为初建时期所遗。屋面为红牛舌瓦,梁柱均采用美国红松制作,具有典型的德国南部建筑风格。东南转角处大的阶梯山花和两个对称的巴洛克风格角楼,使得这个转角的立面变得丰富多彩。[③]

---

① 马泽《青岛事典》,青岛出版社 2006 年版,第 617 页。
② 宋连威《青岛城市老建筑》,青岛出版社 2005 年版,第 87 页。
③ 宋连威《青岛城市老建筑》,青岛出版社 2005 年版,第 185,186 页。

(二)沧口天主教堂

　　沧口天主教堂位于李沧区永康路 34 号,占地面积 600 平方米,堂内面积 120 余平方米,可容纳 150~200 人。该堂建于 1928 年 7 月。"文化大革命"开始后,该堂活动停止,其房屋由青岛市房管局代管,后被沧口粮食局承租作为粮店。1981 年 8 月,青岛市房管局将房屋退还青岛市天主教会。1990 年,沧口区天主教爱国小组组长那德田经多方筹措,在青岛市天主教"两会"的支持协助下,对沧口天主堂的房屋进行大修。1992 年 11 月修复结束并正式开堂。①

(三)圣弥厄尔大教堂

　　圣弥厄尔大教堂位于市南区浙江路 15 号,是中国唯一的祝圣教堂。该教堂由簿籍神甫维昌禄任主教后筹划,德国建筑设计师毕娄哈设计,于 1932 年动工兴建,1934 年建成。总堂占地面积约 2470 平方米,主体建筑高 60 米,整个建筑系钢筋混凝土与花岗岩结构。建筑平面采用拉丁十字形,正门面甫,在其左右设有衬门。正门上方有一巨大的玫瑰窗,两侧各耸立 1 座钟塔,塔身高 56 米,塔顶各竖有 4 米高的巨大十字架,塔内上部悬挂大钟 4 个。教堂大厅高 18 举,左右设有走廊,衬以彩色玻璃窗,光线柔和;走廊墙壁上绘有耶稣苦路彩雕 14 处,栩栩

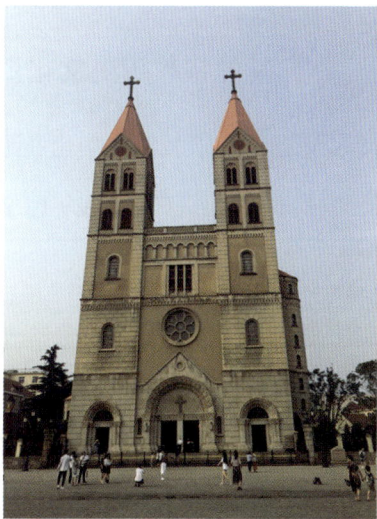

图 9-10　圣弥厄尔大教堂

如生。教堂后方设有 1 个大祭台,下方左右对称各设 2 个小祭台,再配以上方穹顶的圣像壁画。堂内大厅有可容教徒千余人的席位,前门上方有唱经楼 1 个,原有管风琴 1 架,可分 2800 多音调。青岛解放前夕,总堂有德籍主教 1 人,神甫 7 人,修女 2 人,美籍修士 1 人,华籍神甫 2 人。解放后教堂被关闭,1981 年 4 月 11 日又被开放。②

① 青岛市史志办公室《青岛市志·民族宗教志》,新华出版社 1997 版,第 156 页。
② 马泽《青岛事典》,青岛出版社 2006 年版,第 618 页。

六、伊斯兰教

(一)清真寺

清真寺是于 1929 年由回民穆斯林王万英、穆华亭、刘尊五、石小坡等人发起募捐,得到青岛市市长马福祥(回族)的支持,购置了常州路 9 号、11 号、13 号房屋,并将 9 号改建成为清真寺。常州路 9 号是一座二层西式楼房,占地面积888 平方米,楼上设大殿,可容纳百余人礼拜。楼下为阿訇办公室、会议室、伙房等。院内有平房 11 间,其中 4 间为男女浴室、卫生间。"文化大革命"期间寺管会活动被禁止。① 1982 年,青岛清真寺宗教活动被恢复。

七、其他宗教历史文化资源一览

青岛其他宗教历史文化资源见表 9-1。

表 9-1　青岛其他宗教历史文化资源

寺庙	地点
叭蜡庙	胶州市东关
灵神庙	胶州市北关
马神庙	胶州市海军宿舍大院白水泉公园对面
真武庙	胶州市公安局老看守所处
福庆庵	胶州市区中云街道办事处所属的蜈蚣北街北端
三官庙	胶州市寺门首街西段路北
金刚禅院	城阳区重庆北路 170 号
通真宫	城阳区惜福镇街道
百福庵	城阳区 297 省道
大庵、小庵	黄岛区
清凉院	李沧区李村南庄
狮莲院	城阳区城阳村

---

① 民国《胶澳志·民社志》,成文出版社 1968 年版。

第三节　胶州湾宗教历史文化资源的价值与保护

一、社会价值

宗教历史文化资源的社会价值主要通过宗教伦理表现出来，几乎每种宗教都有着源远流长的历史、庄严神秘的仪式、博大精深的教义、引人入胜的典故和发人深省的格言，这些都赋予了宗教丰富的文化内涵。随着经济社会的发展，人与自然、人与人、人与社会的关系、人与自身的关系变得更加复杂，宗教伦理为我们提供了丰富的思想资源，通过对历史上宗教文化资源的深入了解，发挥宗教伦理抚慰教化的作用。宗教文化通过其特有的方式，缓和人群之间的矛盾，抚慰人们的心灵，满足他们朴素向善的精神需求，具有广泛而深沉的吸引力。另外，通过宗教文化资源，有利于宣传党和国家的宗教政策，让更多的中外游客看到中国多元的文化环境，自由的宗教信仰政策和合法有序的宗教活动，消除他们的误解和偏见，加强对外交流。

二、文化价值

随着时代的发展，胶州湾地区文化特色愈发彰显并异彩纷呈地呈现在世人面前，胶州湾宗教文化资源集文学、美术、建筑、绘画、武学、民俗之大成，与我国传统文化相伴共生，互促共长，无论是寺庙古建筑，还是同处在闹市中的古建筑群体共同见证着胶州湾地区曾经的辉煌，演绎着一幕幕感人的民间传说故事和信仰，对于我们了解某一地区的民众思想史、生活史，对于我们了解中国传统文化的基本性格，了解中国文化的来龙去脉，都具有很大的帮助。尽管近50年来，如像龙王信仰作为封建迷信一直遭受着种种冲击，许多与龙王信仰有关的庙宇、碑文、演艺活动遭到严重破坏，但其现实功能并未因现代化的出现而改变。重新回顾这些历史宗教记忆，有助于我们发现古人的智慧，感知寺庙等古建筑不可替代的文化传递功能和心灵慰藉功能，宗教建筑及其形式演变是一个地区宗教思想发展、宗教文化传承、社会文明积累的直接见证，可以让人们在宗教建筑中感受返璞归真之美。宗教的健康发展能够赋予胶州湾新的文化内涵，在当今条件下,积极弘扬传统宗教文化的精华,发挥宗教净化人心灵、规范人行为、提升人境界的积极作用,有利于引导民众对我们优秀的传统文化的关注,有利于增强我们的民族凝聚力,从而能促进其更好地服务于社会主义现代化建设。

三、保护现状

胶州湾地区在宗教历史文化资源保护工作中,为较好地处理保护与建设的关系,进行了积极的探索与实践,对于胶州湾的宗教文化资源的保护在不断推进中。

(1)坚持在改造中实施保护优先的原则。对于年久失修濒临倒危的文物保护单位,比如天后宫、天主教堂、基督教堂等一大批重点文物进行了抢救保护并对外开放,将青云宫、大通宫、玄阳观等佛道寺观列为重要文物保护单位,另外将一批重点文物保护单位的保护级别升级。

(2)贯彻文物工作方针,积极开发文物旅游产品。在抢救保护的基础上,发挥优势,合理配置,推出符合胶州湾地区实际的历史优秀建筑旅游线、沿海文物旅游线、道教文化旅游线、特色博物馆旅游线、古文化遗址旅游线等"五线一面"文物旅游精品线,推动了文化产业的发展,使资源优势转化为旅游优势,促进了胶州湾宗教文化旅游经济的发展,使之保护和旅游发展初步走上了可持续发展的良性轨道。

四、面临的问题

(一)缺乏统一规划、管理

一些地方、部门对宗教文化资源认识不清,重视不够,破坏、损毁宗教遗产的现象比较多见。有的宗教活动场所未经宗教管理部门批准,擅自聘用非宗教人士承包经营;有的打着宗教旗号,在一些旅游景点从事非法宗教活动;有的宗教场所环境脏、乱、差,内部管理不善等。

(二)保护不规范、不到位

努力保持原汁原味,是宗教文化遗产保护的灵魂。但是有些地方在保护过程中,存在随意改动原貌,或者打着开发的旗号任意扩大规模和范围,改变原有结构等问题。有的宗教文化遗产被单位和个人占用的情况长期得不到解决。

(三)开发、利用不足

对宗教文化遗产的文化内涵发掘研究不够且大部分资源的开发目前尚停留在物质层面,主要集中于宗教活动场所等硬件建设,而对宗教礼仪、故事传说以及音乐、美术等宗教非物质文化遗产的文化内涵以及适应和谐社会发展要求的教义、教理挖掘和开发不充分青岛有得天独厚的宗教旅游资源。崂山太清宫、浙江路天主教堂和江苏路基督教堂都是有名的旅游景点,但是除了宗教建筑之外,目前青岛市的宗教景观还没有形成自己的特色和品牌,缺乏有吸引力的宗教旅游项目,也鲜见有当地特色的宗教文化活动等。

五、对策建议

(1)开展文化遗产普查,加强资料收集与学术研究工作。保护、开发和利用胶州湾宗教文化资源首先要做的工作是开展文化遗产的普查,为胶州湾地区所拥有的内涵寻求客观实际的证明与依据,是在对其文化资源的保护、经营与管理中必须要做好的一项工作。站在胶州湾这个全新的高度重新梳理本地区的宗教文化资源,对包括道观、佛寺、教堂等等的分布情况进行全面调查,分级分类登记,特别对珍贵的宗教文化建筑要重点甄别、记录存档,以便于制定具体的保护开发措施。宗教管理部门可以在系统调查的基础上,建立胶州湾宗教文化资源的综合数据库,既有文字,也有图片、音频或视频资料,充分运用现代技术手段加以挖掘和保护。

(2)充分发挥专家学者的作用。要整合各方社会力量,将宗教工作部门、宗教界人士和当地高校宗教学者联合起来,发挥各自优势,共同参与到胶州湾宗教文化遗产的挖掘和研究之中。例如,可以组织关于胶州湾宗教文化资源保护与利用的高级论坛,召开学术会议,开展宗教学术活动,使胶州湾文化逐渐发展为专家学者们深入研究的热点内容。在整理和研究的过程中,不仅要注重宗教历史的挖掘,更要强调宗教思想文化的探讨,积极对教规教义做出符合当代社会发展进步要求、符合中华优秀传统文化的阐释,努力实现宗教文化在新时代中的创造性转化和创新性发展。

（3）统一科学规划，依法依规进行监督管理。胶州湾宗教文化遗产保护工作是一项复杂的系统工程，必须做好长远的统一规划。成立专门保护管理委员会，通过拟定可行的战略性宗教文化遗产保护规划，并配合出台具体可行的实施办法，推动胶州湾宗教文化资源保护有序、有格局地进行。做好胶州湾地区内的基础设施建设，重点开发知名度高的青云宫等。适度恢复历史上一些典型的宗教遗迹，开发一些精品旅游路线，将宗教文化资源融入胶州湾的文化事业和产业中，打造具有特色的文化产品。

（4）多渠道争取资金，构建多利益方共同参与的保护开发体系。在保护和开发宗教文化遗产方面，充足的保护开发和日常维护经费是必不可少的。政府和宗教组织应当想方设法多渠道筹集保护开发宗教文化资源的资金。一是要积极争取国家文物保护经费和地方财政资金的投入，设立专项基金对珍贵文化遗产进行重点保护和开发；二是要扩充地区内的资金投入来源，采取捐资、集资和募捐等方法多方筹集社会资金，鼓励社会力量加入保护和传承的历史进程中；三是要适当引入国外援助资金，通过宗教文化交流活动，为胶州湾的保护和开发获得更广泛、更有力的后援。

第十章　胶州湾民俗文化资源

第一节　胶州湾民俗文化的基本情况

　　民俗历史文化作为最接地气的一种文化,是人类社会文化记忆的延续和人民智慧的结晶,是一个地域内社会变迁和发展最真实的写照,也是表现和传承传统文化以及相关生活方式最直接的媒介。民俗历史文化的具体表现看似很琐碎,民间信仰、礼仪、风俗习惯、传统节庆、传说故事、生产生活经验等等,最初给人肤浅通俗的印象,但因为我们的生活就是由这些所谓表面的东西构成的,所以反而凸显了其蕴含意味的博大,反映着胶州湾地区特别的历史背景、社会形态、地理风貌以及日常心理等。胶州湾地区沿岸设市南区、市北区、李沧区、城阳区、胶州市、黄岛区六个行政区市,皆具深厚的文化禀赋和丰富的历史文化积淀,胶州湾独特的历史和地理因素,造就了其民俗文化历史资源的鲜明文化内涵和地域特色。五花八门的传统民间工艺与民间小吃,近百年来青岛民间居住形式的里院建筑;①具有浓郁地方特色的戏剧茂腔、柳腔;以妈祖为代表的沿海民间民俗信仰及各种民族文化节等丰富的民俗历史文化资源,不仅有助于实现胶州湾地区人民的团结和价值认同,增强区域人民凝聚力,也为传承城市区域文脉、打造区域特色、发展区域文化产业等提供了良好的基础。

　　近年来,在青岛市"文化强市"战略的带领下,胶州湾地区努力建设"文化胶州湾",通过大量的普查工作,挖掘梳理胶州湾地区的民俗历史文化资源,并对这些资源进行非物质文化遗产的申报和管理,建立起较为完备的名录体系,积极探索这些民俗历史文化资源保护的新模式。② 同时,为了宣传和传承这些民

---

① 青岛市志文化分志编纂委员会《青岛文化史料(第一辑)》,青岛市志文化分志编纂委员会办公室1984年版,第1页。

② 张丹妮《传承民间民俗文化,建设"文化青岛"》,《中国文化报》2014年8月19日第7版。

俗历史文化,胶州湾地区建立了民俗文化馆、举办民俗文化节和民俗文化展览等,这些基础设施的健全为胶州湾民俗历史文化资源提供了良好的展示平台和传承空间。而且胶州湾地区的民俗历史文化宣传工作一直走在青岛市的前列,每年固定开展有关民俗历史文化的展演展示活动,如组织民俗历史文化项目进校园、进企业,举办民俗历史文化工作培训班,极大地丰富了胶州湾人民的文化生活。

在我国特色社会主义建设进入新阶段的今天,"我们要坚持道路自信、理论自信、制度自信,最根本的还有一个文化自信"。我们的文化自信,不仅来自文化的传承创新与发展,尤其来自传统文化,这是我们文化发展的母体,积淀着中华民族最深沉的精神追求。[①] 在胶州湾区域发展的新时期,保护好民俗历史文化遗存,合理利用胶州湾岸线民俗历史文化资源,是延续胶州湾区域文脉、提升区域品质,建设特色鲜明、独具魅力城市的必然要求。

一、胶州湾民俗文化资源的基本内容

胶州湾是位于中国黄海中部、胶东半岛南岸、青岛市境内的一条半封闭海湾,在长期的历史发展过程中,既深受齐鲁文化的影响,又因曾被德、日占领而打上深深的殖民烙印,多种因素的影响使胶州湾地区形成和积淀了丰富多彩的民俗历史文化,演绎了胶州湾地区独具特色的城市风格和文化传统。

胶州湾的民俗历史文化资源中,既有建筑民俗、服饰民俗、饮食民俗等物质民俗历史文化资源,又有各类节庆民俗、礼仪民俗等社会民俗历史文化资源,以及各类民间艺术等精神民俗历史文化资源。

(一)物质民俗历史文化

胶州湾地区的物质民俗历史文化资源形式多样,具体包括生产方式、交通工具、服装饰物、饮食、建筑民居等多种样式。其中,建筑民俗有李沧区的古城顶遗址,位于城阳区的城子遗址、李家宅头遗址、霸王台遗址。服装饰物有市级非物质文化遗产虎头鞋、虎头帽。在饮食风俗上,除了五花八门的小吃外,玉米饼子就咸鱼、虾酱是胶州湾沿岸渔民最常见的吃法,另外还有花样繁多的饽饽,

---

① 参见习近平总书记 2017 年 10 月 18 日在中国共产党第十九次全国代表大会上的讲话《奋力谱写社会主义现代化新征程的壮丽篇章》。

是逢年过节、祭祖供神和亲友之间礼仪往来的主要食品。在重要节庆日如祭海时,胶州湾地区的渔妇们还在饽饽上用"饽饽磕子"磕出莲蓬、鱼、桃、蝉、狮、猴等动植物面塑,用以赠送亲友或节日期间食用。[①]

(二)社会民俗历史文化

胶州湾地区的社会民俗历史文化是当地风俗习惯、社会结构、生活礼仪、节庆民俗等状况的真实反映,最能贴近胶州湾地区的日常生活。其中节庆民俗包括了天后宫新正民俗文化庙会[②]、海云庵糖球会、南山清溪庵萝卜会、红岛青云宫庙会、玄阳观庙会、李村大集等极具岛城风味的民俗历史文化;另外还有一些传统的礼仪风俗习惯,比如胶州湾地区很多人至今在谷雨前后鲅鱼上市时,子女向老人送鲅鱼、让父母尝鲜鲅鱼饺子的习俗。另外胶州湾地区的一些农村至今还保存了较为烦琐的生礼风俗、婚礼风俗、寿礼风俗和丧礼风俗等礼仪民俗。

(三)精神民俗历史文化

精神民俗历史文化是胶州湾地区种类最多、内容最丰富的民俗历史文化类型,包括宗教信仰、伦理道德、民间曲艺、民间美术、民间舞蹈、民间文学、民间杂技等表现形式。其中,民间文学包括国家级非物质文化遗产徐福传说,省级非物质文化遗产拉亚太传说,市级非物质文化遗产灵山老母的传说、金口民间故事;民间美术有市级非物质文化遗产胶州剪纸、葫芦雕刻;民间音乐有市级非物质文化遗产胶州民歌;民间舞蹈有国家级非物质文化遗产胶州秧歌,市级非物质文化遗产宝山地秧歌、孙家下庄舞龙;传统戏剧有国家级非物质文化遗产茂腔,省级非物质文化遗产京剧;曲艺有国家级非物质文化遗产胶东大鼓和省级非物质文化遗产胶州八角鼓;民间手工艺包括省级非物质文化遗产泊里红席编制技艺,胶州剪纸和八角鼓;传统体育与竞技包括国家级非物质文化遗产孙膑拳和螳螂拳,省级非物质文化遗产傅氏古短拳,市级非物质文化遗产李沧查拳。[③]

---

① 胡媛《古老民俗传承论胶化饽饽艺术》,《艺术研究》2017年第7期,第239页。
② 姜锋《青岛城市民俗》,济南出版社2009年版,第169页。
③ 根据山东省非物质文化遗产空间信息管理平台公布的"非遗名录"整理而来。

二、胶州湾民俗文化的发展变迁

俗语说:"靠山吃山,靠海吃海。"胶州湾地区由于其靠近海洋的地理环境,早在奴隶社会时期,部族首领就开始率众祭祀海洋,秦始皇和汉武帝东巡祭海就更加加深了老百姓对于海洋的重视。汉代时,青岛地区属青州东莱郡管辖,彼时东莱郡已有一座海神庙,常年有祭祀活动。沿海人们靠海而生使得这些海神庙的香火旺盛,逐渐形成了具有海洋文化性质的庙会,伴随着供奉诸路海神,也形成了独特的祭祀舞蹈、饮食、服饰等节庆民俗历史文化。[①]

胶州湾历经 1891 年清政府决议在胶澳设防,1897 年德国强占胶澳,1914 日本取代德国侵占胶澳,1922 年北洋政府统治青岛,1938 年日本再次占领青岛,1949 年青岛解放,1979 年改革开放,再到 2007 年 11 月青岛市委十届二次全会明确提出"拥湾发展战略",在时代和不同地域文化的撞击下,胶州湾的民俗历史文化囊括了不同国家、不同地域、不同人种的衣食住行特色和文化底蕴、生活理念和价值观念,在时代中伴随着胶州湾地区的发展和人民的实际生活水平不断地提高而更迭、创新,并在创新中得到了传承和发展。[②]

(一)民俗文化是胶州湾文明和文化积淀的表现

胶州湾地区在长期的历史发展中,凭借悠久的历史文化积淀,依山傍海的环境,积累了独特的文化品格和精神气质,形成了独具海洋特色的历史文化。胶州湾地区由于其靠近海洋的地理环境,从人类开始生产生活起,就开始了与海洋的联系,世代繁衍生生不息,仅海洋民俗历史文化就不计其数。[③] 如果我们将观察胶州湾的视角放大一点,从胶州湾区域放大到整个青岛乃至青岛边缘地区,不难发现,带有浓郁山东地方特色却又在一定程度上杂糅了其他地域特色的原生态民俗文化,千百年来一直在滋养着这片土地和土地上的人民。[④] 在胶州湾地区的总体结构中,民俗始终是文化符号和精神象征,保护和弘扬胶州湾的民俗历史文化,实质上就是守望这一区域的特色和精神,维系这个区域发展

---

① 刘怀荣《青岛文化研究(第一辑)》,人民出版社 2016 年版,第 134~189 页。
② 青岛市档案馆《胶州湾事件档案史料汇编》,青岛出版社 2011 年版,第 10~22 页。
③ 王赟《青岛海洋文化资源及其保护与研究利用》,中国海洋大学硕士学位论文,2015 年,第 18 页。
④ 李建新《关于青岛民俗文化的思考》,《艺术论坛》2008 年第 2 期,第 93 页。

的血脉。正如生物多样性维系着世界生态平衡一样,文化多样性也促成了胶州湾区域的平衡发展。胶州湾很多民俗历史文化的创造,饱含了过去世代累积的信息和发展的可能性,那些看似不起眼的东西,却影响到整个胶州湾区域乃至青岛市未来的发展。

(二)民俗文化是胶州湾地区经济和社会发展的重要资源

民俗历史文化是历经千百年传承和积淀而来的民间传统文化,民俗历史文化的发展不仅丰富了当地群众的精神生活,推动了精神文明建设和社会风气的好转,扩大了人们的视野,丰富了人们的知识,提高了人们的文化品位,而且,民俗历史文化是人类创造的物质与精神文明的历史积累,是一种重要的经济资源,即生产力。① 因此,民俗历史文化资源可以作为产业经济去经营,又可以作为文化资本去投入生产。如当今兴起的民俗历史文化旅游业,就是把民俗历史文化作为经济资源与旅游业的结合,取得了十分显著的经济效益。所以,研究和保护胶州湾地区民俗历史文化要与振兴经济相结合,打造胶州湾特有的民俗历史文化品牌,将极大促进胶州湾地区经济的充分、平衡发展以及精神文明、生态文明建设,满足胶州湾地区人民日益增长的美好生活需要。

第二节　胶州湾主要民俗文化资源

一、胶州湾居住民俗

胶州湾地区农村房屋结构与我国北方地区的房屋结构相似,建房多取向阳山坡,讲究向阳背阴、依山靠水。房屋为土木砖石结构,一列 3～5 间,与左邻右舍接山连墙,屋顶为"人"字形。房屋建有正屋、东西厢屋或倒屋,各家自成院落,以三合院居多,俗称"天井""院子"。②

从院落来看,过去胶州湾地区的许多人家都喜欢设前后两院。前院面积

---

① 赵明辉《整合民俗文化资源　打造民俗文化优势——以青岛市为例》,刘德龙、周忠高《建设经济文化强省:挑战·机遇·对策——山东省社会科学界 2009 年学术年会文集(4)》,人民日报出版社 2009 年版,第 1915 页。

② 孙德汉《青岛文化通览》,山东人民出版社 2012 年版,第 643～651 页。

大,是一家人平日活动的主要场地,院里建猪圈,喜栽石榴、月季等花卉树木。后院很小,只是为了挡住后窗。院子周边的墙叫"院墙",旧时多用石块垒成。在临街墙上,镶嵌带"鼻梁"的石块,用以拴骡马,叫"拴马石"。如今,院墙多用石块垒下部,上面垒砖,外面用水泥抹平,也有的用砖或水泥砌成几何图案,称作"花墙"。临街院墙处留有大门口,俗称"街门"或"街门口"。街门要与对门邻居的大门口偏离,叫作"斜对门"。大门一般漆为黑色,老辈有功名的人家可漆红色,门为两扇,每扇装一个铁制的门环,左边的门环连着门内"摇关","摇关"可转动,供随手关门用。有的人家还在门上装有铁制的环扣,叫"门划拉",用以锁门。门上饰有"龙头""寿狗"等吉祥物。大门内大多建有影壁,俗称"照壁",上写"福"字,或绘有鹿、鹤等图案,一求吉庆,二作装饰。①

从房屋来看,胶州湾地区民间多住平房。民国前,民居坐北朝南,正屋一般三间、五间,东西房间是寝室,正屋设两锅灶,烟道通过寝室火炕,经过烟囱将烟排除室外。穷人家土打墙草盖屋顶,家境稍好的屋顶半草半瓦(罗汉衣子),房间9平方米左右。有钱的人家砖墙灰瓦,房间在12平方米以上,屋有数十间,前后几个院。每个院由正屋和东西两厢组成,后院是花园,种植奇草、松、槐、太湖石、荷花池、亭台、秋千等。

在居住习惯上,人口多的人家,通常长辈住正屋,幼辈住厢屋;住一幢房子的,长辈住外间,幼辈住里间(套间),长辈住东间,幼辈住西间。倒屋一般不住人,普通人家用以堆放杂物、工具或柴草,有身份人家用作待客,称"客屋"。建房(胶州湾地区的人称之为"盖屋")是一家人的大事,旧时,看风水、择宅基、安

图 10-1　早期胶州湾地区民宅及房屋布局

---

① 鲍运昌、李国增《青岛民俗》,青岛出版社 1997 年版,第 140~159 页。

门框、做梁椽等都要经过多种仪式和活动，其中要属上梁仪式最为热闹、隆重。上梁时一块红布，叫作"挂红"。梁檩上要贴上"上梁大吉"等字样的横坡，还要绑上筷子，用红绳系上铜制钱，挂上红布等饰物，以求吉利。上梁时，房屋四周燃放鞭炮，正间当中安设方桌，摆设供品，点燃红烛，由建房人家的主人跪拜。现在，胶州湾地区民间建房"看风水"和"摆供求神"等旧俗多已废除，但在梁、檩之上贴横批、坚联，以及放鞭炮等求吉习俗仍流行。

提到胶州湾地区的居住民俗，就不得不提到里院，从空中俯瞰整个胶州湾地区，大片的红瓦与绿树相辉映，海天一线，景色极美，于是这座城市便有了"红瓦绿树，碧海蓝天"的美誉。其中这"红瓦"指的就是里院，它作为一种居民建筑形式，承载了青岛的百年历史。而对于胶州湾地区的人来说，里院是一种"生于斯，长于斯"的情怀，也是大家共同的记忆。

青岛胶州湾地区的里院大多由青岛人自建而成，其外部轮廓由城市街道走向决定，常为方形，四周围合，中心形成一个大院，建筑一般是两到三层的木头结构，后期也有四到五层的砖混结构，底层多为商业用途，二层以上为住宅。

从平面布局来看，里院是一种比较典型的西方近代规划模式；但每一个院落及其内部构成却兼具中式建筑的特点，比西方集合住宅更加人性化。为使中国人适应西方的高层楼，用置于院子一侧的木质拱廊和室外楼梯相连。这样即使是对于二、三层楼，也可以做到像中国传统的带院房子一样，有一条通道可使各房间直接与户外相连。

里院建筑虽然外表并不富丽堂皇，但是它规模适中，空间组合变化多端，材料技术较为成熟，装饰装修得当，建造过程体现了劳动人民的生存智慧和青岛城市的历史变化，是胶州湾地区发展的见证，是中西文化交融的结果，是最特殊的文化符号。

图 10-2　青岛里院建筑

二、胶州湾服饰民俗

服饰民俗是指人们在服装、鞋帽、佩戴、装饰方面的风俗习惯。服饰和饮食一样,是每个人都离不开的。[①]

(一)帽子

辛亥革命前,胶州湾地区的男子多戴瓜皮帽,俗称"半帽"或"瓜皮子",因其形状像半个西瓜而得名。瓜皮帽是用上尖下宽的多块绸布做成,用琉璃蛋或绒布结为顶饰(叫作"帽葫芦")。红色顶饰为青年人所戴,中老年戴的顶饰为蓝色,若家中遇有丧事,则顶饰用白布包住。毡帽,又称"毡帽头",农民和商贩多在天冷时戴用。帽分左、右、后3块,翻上去是一圆形帽头,折下来可盖住面颊和后颈,多为褐色。"老头乐"是老年人冬季爱戴的一种帽子,也叫"撸头帽"或"满头撸"。帽子为圆筒形,卷上去是一软胎绒线帽,撸下来则脸和后颈全可遮掩,仅露出双眼。20世纪20年代起,礼帽在民间流行,多与长衫配合穿用。中青年妇女多不戴帽,有的老年妇女戴一种叫头箍的"箍帽",是用两片约6厘米宽的绒布做好后,用两根小带箍在头上。另一种是用黑色平绒做成的软帽,帽前饰以绿色琉璃"帽珠",叫"老婆帽子"。"虎头帽"是7岁以下小孩戴的风帽,前短后长,帽顶的两旁缝一撮白色兔毛,正中绣一"王"字。崂山民间认为,山中野兽很多,易伤孩子,虎为兽中王,戴虎帽可消灾避难。[②]

(二)衣服

在胶州湾地区,早期豪门富家男子穿长袍马褂。马褂是一个半身小罩褂,马蹄袖,穿时袖口白野子翻出。女子穿右襟上衣,下系长裙或肥裤。一般人家,男女都穿粗布短衣,俗称"更衣",上衣分单衫(亦叫"小褂")、夹袄、棉袄三类。男上衣为对襟,下端左右两边有两个长方兜,一排布制扣子,称"子母扣"。女上衣都逞大襟,大襟从左到右可把全胸裹住。

20世纪后,马褂渐被淘汰,但长袍、长衫(亦称"大褂")仍很流行,是知识分子、商人、乡绅们的常用服装。旗袍也从20世纪起在胶州湾地区广为流行。20

[①] 鲍运昌、李国增《青岛民俗》,青岛出版社1997年版,第127~139页。
[②] 王伟《青岛文化史话》,青岛出版社2008年版,第120~135页。

世纪 40 年代,一种仁丹士林布的蓝色旗袍很受胶州湾地区青年学生的青睐。

在服饰民俗中,服饰的颜色、样式、制作方法都有许多禁忌。如子女在服孝期间不能穿红、黄、绿等鲜艳色彩服装,只能穿白、灰、黑等素色;婚嫁、生育、过年等喜庆日子则忌穿白,有的禁忌与谐音有关,如做寿衣忌用缎子,"缎"与"断"同音,恐断子绝孙。

在胶州湾地区民间地方,许多习俗中都认为双数吉利,衣服扣子却喜单忌双,说是"四六不成才",双数会影响穿衣人事业的成功。衣服破了或掉了扣子,忌穿在身上缝补。如果必须在身上补,被缝者口中要衔一根草,说这样针不扎人。

三、胶州湾饮食民俗

胶州湾地区的食俗属于我国北方类型,人们的饮食以玉米、小麦、地瓜为主,杂以谷子、高粱、豆类(黄豆、绿豆、豇豆、红豆等)、黍子等五谷杂粮。城市和农村都通行一日三餐,早饭称"朝饭",午饭称"晌饭",晚饭称"夜饭"。在胶州湾地区的食俗中,美食可不少。玉米饼子是过去胶州湾地区人们的主要食品,是用玉米面加水搅匀放入锅内做成,有烀饼子、蒸饼子和菜饼子等多种,另外还有用少许白面(小麦面)做成的发糕,属玉米做法中的上品,多在节日中食用。

提到胶州湾的饮食民俗,不得不提到饽饽。饽饽也叫馒头,是胶州湾地区的特色主食之一,也是逢年过节、祭祖供神和亲友之间礼仪往来的主要食品,花样繁多。[1] 枣饽饽是在饽饽顶端做上 5 个枣鼻子,嵌上红枣蒸熟,作供品用;过年期间,胶州湾地区的一些人还会制作"圣虫"饽饽放在面缸里,寓意连年有余;"猪头"饽饽放在锅台上寓意吉祥富足;"葫芦"饽饽放在窗台寓意家家平安,人财两旺。磕饽饽则是用面模(俗称"饽饽磕子")磕出莲蓬、鱼、桃、蝉、狮、猴等形状的面食,面模图形是人们喜闻乐见、大众化的内容和形式,寄寓祈吉呈祥、富善嘉庆之愿望和理想,达到图必有意、意必吉祥的目的[2],如"双鱼"团寓意夫妻情意绵绵,恩爱同心;"二龙戏珠"是天下太平、吉祥如意的象征;在重要节庆日,如祭海,渔妇们还在饽饽上做上鱼、虾、蟹、贝、鸡、燕、花卉等动植物面塑,形象逼真,造型美观。饽饽与胶州湾地区人们的生活紧紧交织在一起,既维系了亲

---

① 鞠虹《胶东饽饽的民俗功能》,《寻根》2012 年第 4 期,第 29～34 页。

② 崔稼夫《胶东面模艺术与民俗文化特征》,《美术研究》2006 年第 1 期,第 52～55 页。

族友邻间的和睦关系,又有趋吉避凶,消灾祈福之功效,娱乐了人们的生活,也使得胶州湾地区的民间民俗艺术得以保护和传承。

四、胶州湾礼仪民俗

人生礼仪民俗,是指人从诞生到死亡各个阶段的礼节和仪式,包括生礼风俗、婚礼风俗、寿礼风俗和丧礼风俗,是最复杂和烦琐的民俗事象。[①]

在青岛胶州湾地区,婴儿出生后要举行"报喜""过三日""搬满月""过百岁"等多种仪式,直到一岁生日过后,生礼的各种程序方才结束。在生礼民俗中,传统的男尊女卑观念很明显,生男称"大喜",生女称"小喜"。女孩报喜的时间要比男孩晚 3 天,喜蛋比男孩少,礼仪也比男孩简单得多。

婚礼民俗也是胶州湾地区的一种礼仪文化,旧时权势人家结婚兴"六礼",即纳彩、问名、纳吉、纳征、请日、亲迎。寻常百姓家礼仪虽从简,但也要经过说媒、定亲(下媒柬)、送日子、送嫁妆、迎娶等多道程序。在婚俗中,有不少封建迷信色彩,如合婚批生辰八字、看男女属相是否相克等。

图 10-3　胶州湾地区婚庆礼仪用品

纸斗、笸箩是胶州湾地区过去日常和礼仪以及祭祀时常使用的器具。纸斗又称"纸缸子",农民渔户多用它盛面、盛米及各种小杂粮。大件的纸斗用陶瓷作模,做工厚重、敦实,一般没有云子花。一尺左右大小的纸斗有两种:带盖的盛米盛面,不带盖的盛些长长短短的杂物。笸箩分为两种,一种是家庭主妇用的,用纸浆拍打而成,敞口无盖内腔较浅,也称"摆摆笸箩",里面放着针、线、剪刀、顶针、袜撑子、鞋袜底样子等。另一种是姑娘和年轻媳妇用的针线笸箩,体小有盖,装饰华丽富贵,所装物品更多的是一些各种颜色的碎布头、花丝线、鞋

---

① 王志民《山东文化通览》,山东人民出版社 2012 年版,第 671～680 页。

垫和荷包样子，带有某些隐私成分，外人不得翻看。①

五、胶州湾节庆民俗

(一)红岛青云宫庙会

青云宫庙会也叫"龙母会"，始于距今已有 170 年。1934 年，时任青岛市市长的沈鸿烈来阴岛(红岛的旧称)视察，依崂山有"九宫八洞七十二庵"之称，随命名为"青云宫"。2005 年，青云宫被确定为青岛市级文物保护单位。红岛有民谣："千佛山上有千佛，尼姑居住莲花庵，虎守山上卧神虎，冒岛顶上井一眼，棒锤石，神牛山，青云宫中聚神仙。"后历经数代传承，青云宫庙会已成为胶州湾周边最传统的民俗活动之一。②

青云宫庙会于每年的农历九月二十五至九月二十九举行，是胶州湾地区最悠久、最淳朴、最原生态的民俗山会之一，也是区级非物质文化遗产。该庙会起源于民间纪念秃尾巴老李的生日(农历九月二十七日)和龙母祭日(农历九月二十九日)。历史悠久，充满着乡土情、民俗味，独具海岛人文特色。青云宫庙会由迎会、开光、谢会组成，庙会期间有栓孩子、拜龙母、喝龙涎水、扫一扫、照镜子、送帐子、戏曲、舞狮、秧歌等民俗活动，是胶东地区最大的民俗活动之一。

相传山会期间，李黑龙会腾云驾雾，携风带雨回来祭母，整个青云宫祥云缭绕，香火鼎盛。遇节逢会，四面八方的人们会络绎不绝来赶山会，上香祈福保平安。山会期间聚集了各种做买卖的、唱大戏的、玩杂耍的，人们许愿还愿，抽签卜卦、鸣放鞭炮等，热闹非凡。

(二)海云庵糖球会

海云庵糖球会，又称海云庵庙会，有着 500 年历史，是青岛胶州湾地区古老的地方民俗活动。海云庵始建于明成化年间(1465—1487 年)，20 世纪 90 年代重建。这座道观建立伊始取"海为龙世界，云是鹤家乡"之意为名，并以每年潮汐的第一个高潮日农历正月十六为庙会，一直持续到农历正月二十一结束。时日庵内香火鼎盛，庵外的海云街摊位云集，百货杂陈，人群熙熙攘攘，热闹非凡。

---

① 　宋红雨、郭万祥《胶东纸斗和筲箩的民俗应用》，《装饰》2009 年第 9 期，第 74～76 页。

② 　参见"青岛市非物质文化遗产"官网公布的非遗名录。

从前住在海云庵附近的居民,过了正月十五,在下地劳动和出海捕鱼之前,都会到海云庵烧香、祷告,祈求丰年,保佑平安,久而久之就形成了海云庵庙会。赶庙会时,各地民间艺人纷纷赶来登台献艺,人们喜闻乐见的旱船、高跷、柳腔、茂腔等应有尽有,声势浩大,成为青岛最大的传统庙会之一。庙会上尤以用山楂、红枣、山药、橘子制作的各式糖球为最多,糖球逐渐成为庙会上最受欢迎、最畅销的食品,卖糖球、吃糖球的人络绎不绝,一年胜似一年,遂逐渐形成了以糖球为特色的传统庙会,人们逐渐将海云庵庙会称为海云庵糖球会。

为进一步提升海云庵糖球会的规模和档次,延伸节会品牌效应,2005 年,青岛市四方区结合老城区改造和产业结构调整,以海云庵为中心,开发建设海云庵民俗文化特色街区。2006 年启动了糖球会主会场——"一街两广场"(嘉禾路民俗特色小吃街、糖球广场和海云广场)的改造,整体设计体现了明清建筑风格,凸显出海云庵厚重的民俗文化积淀。2007 年,基本完成了中华百艺坊项目的内部改造。海云庵糖球会先后被列为国家重点旅游项目和青岛市首批非物质文化遗产名录,并荣获"中国最具影响力民俗节庆"称号。[①]

近几年来,糖球会在活动形式和内容上有了进一步创新。开幕式主题演出、狮王争霸赛、相声专场、糖球皇后评选展示、民俗表演等活动为大家奉上了一道道高品位的"民俗文化大餐",使延续 500 年历史的民间民俗活动,变成今天融文化经贸为一体的节日盛会。糖球会浓厚的民俗文化内涵,激活了胶州湾地区人们对民间文化艺术的热爱和崇尚,同时,也使各地的民俗文化资源得到了交流和共享。

(三)李村大集

老青岛人有腊月赶李村集置办年货的习俗,对联、福贴、香烛、馒头磕子……进了腊月门,李村大集红红火火的"年味"开始浓郁起来。李村大集位于李村河滩,始建于明朝万历年间,距今已有 400 余年历史。每逢农历二、七日赶大集,大集一派繁荣热闹的景象。李村大集最早见于文字记载是明万历《即墨县志》,其建置篇载:"市集,在乡十二。李村,在县南六十里。"据此可知,在明朝李村大集已属乡间十二大集之一。清同治《即墨县志》,对李村大集也有载录。同治十一年(1872 年),即墨县内有城集 4 个,乡集 39 个,李村大集为其中之一。至清

---

① 参见"青岛非物质文化遗产"官方网站。

朝末期,李村大集已繁荣一方、形成辐射百里的规模。①

清末至民国时期,大集以自由交易为主。1928 年,民国《胶澳志》对李村大集的交易情况也有过记载。据载,当时李村区有名的市集有李村、枣园、沧口、浮山所。20 世纪三四十年代,李村大集按货类分市,如粮食市、布匹市、杂货市、鱼肉市、条货市、猪市等。由于战火纷扰,集市人数比德占时期大幅下降,大集渐趋萧条。20 世纪 90 年代,李村城市化步伐加快,李村大集鼎盛一时。

(四)天后宫新正民俗文化庙会

天后宫新正民俗文化庙会是青岛胶州湾地区沿岸沿袭了几百年的传统年俗中的一项典型集体活动,是以妈祖信仰为依托的祭祀习俗,与胶州湾地区地方民风民俗紧密结合,具有浓郁的地方传统民俗特色,寄托了劳动人民辟邪除灾、迎祥纳福的美好愿望。②

天后宫位于青岛市太平路 19 号,始建于明成化三年(1467 年),由青岛村胡姓族人捐资兴建,是胶州湾沿岸市区现存最古老的明清砖木结构建筑群。天后宫现占地面积近 4000 平方米,建筑面积 1500 平方米,为二进庭院。其有正殿、配殿、前后两厢、戏楼、钟鼓楼及附属建筑,共计殿宇 16 栋 80 余间。除戏楼为琉璃瓦盖顶外,其他建筑物均为清水墙、小灰瓦,且经苏式彩绘点染,雕梁画栋,金碧辉煌。天后宫正殿内供奉天后——妈祖,这尊妈祖像是由整条樟木雕刻而成的,并在妈祖故里莆田开光分灵,是目前世上最大的木雕神像之一。后历经明、清、民国七次维修扩建成目前规模。清雍正十一年(1733 年),天后宫制定了致祭制度,并建成大殿,鳌山卫和浮山所的官员们分春、秋两季前来祭奠,使这里形成了规模盛大的海滩庙会,即新正民俗文化庙会。③

天后宫新正民俗文化庙会经过了历史的沉淀和民间的自发推动而发展到今天,具有传统文化、民俗文化、民间信仰、寓教于乐和传统民间文艺传承等重要价值,作为一种民间信仰和民间文化活动,对胶州湾地区的人民生活和价值理念具有其独特的影响力。

---

① 戴玉环《李村大集》,中国海洋大学出版社 2018 年版,第 9 页。
② 姜锋《青岛城市民俗》,济南出版社 2009 年版,第 130～158 页。
③ 参见"青岛非物质文化遗产"官方网站。

(五)劈柴院市井民俗

劈柴院位于青岛市市南区的中山路、北京路、河北路、天津路围合的街坊内,占地面积 1.35 万平方米,建筑面积约 2.5 万平方米。劈柴院是青岛开埠以后最有代表性的市井民俗文化空间。在许多老青岛人的记忆中,劈柴院不仅是知名餐饮小吃集中的场所,更是"逛街里"娱乐消遣的必去之处。劈柴院具有原生态意义的市井民俗文化,是城市文化传承发展的重要基因,它反映着一座城市的民众生活习惯、文化心理、审美情趣和价值取向等。①

劈柴院内有一条"人"字形的青石板路——江宁路,江宁路两侧分布着数十处老字号商铺和多处里院,建筑以老式青砖二层楼为主。劈柴院的前身是清末大鲍岛村西边的劈柴市,劈柴院由"市"变为"院"是在 1902 年。

劈柴院好比一面镜子,映射出老青岛市井民俗文化空间的丰厚内涵。劈柴院的热闹是出名的,就连康有为、梁实秋、老舍、王统照、王亚平和臧克家等著名文人墨客也常常光顾这里。黄宗江兄妹和凌子风的夫人韩兰芳当年在青岛求学期间,皆对劈柴院市井民俗文化感兴趣。许多南来北往的客商也时常来到劈柴院游乐,目的就是享受一下劈柴院的市井民俗文化。据 1933 年出版的《青岛指南》记载劈柴院有十几家二等中餐馆,院内很多沿街住户开起了小饭铺、小酒馆,经营花样小吃等。在老青岛人的记忆中,劈柴院不仅仅是美食的代名词,更是民间演艺业的吉祥地。劈柴院里有表演武术功夫的、说山东快书的、唱茂腔柳腔的、变戏法魔术的、看西洋镜和木偶戏的、演皮影戏的和流动艺人耍猴戏的等等,吸引着青岛市民和外地游人前来玩乐消遣。

六、胶州湾民间文学

(一)徐福传说

徐福传说在胶州湾地区的黄岛、胶南等地广泛流传。徐福,秦代方士,传说 2200 多年前为寻找三神山和长生不老药,他率领一支载着 2000 名童男童女及五谷、百工的庞大船队,出海东渡,一去未归。在青岛地区至今仍然遗留徐福

---

① 郭泮溪、李萌《劈柴院市井民俗文化传承与"文化青岛"建设》,《东方论坛》2011 年第 3 期,第 48 页。

殿、徐福石屋、徐福水井等遗迹和众多的传说。[①]

顺着琅琊台景区往下走,路过琅琊石刻和观龙阁,经过有 336 步台阶的云梯便可以到达徐福殿。距离琅琊台不远处的琅琊港内立着一块石碑,上面刻有"徐福东渡起航处"。据史料考究,徐福东渡日本就是从这个地方出发的。"徐福东渡起航处"石碑的东西两边不远处,有潮湾古造船遗址、者湾子古造船遗址。据了解,两个地方就是徐福为求仙药和东渡日本修造楼船的旧址。

日本的《神皇正统记》等书中也有关于徐福的记载。徐福率数千人到达日本,把中国先进的耕种方式、百工技术与习俗文化等带到了那里,促进了日本经济文化的大发展。徐福在日本被神化,在当地享受着世代香火,日本和歌山县新宫町附近迄今还有徐福古墓、古祠和碑文。

徐福传说是一次大规模海洋文化事件,也是一次大规模文化传播。徐福传说作为一种无形的活态流变文化遗产,是看不见摸不着的,只能通过史料的记载和遗迹的考察,来逐步恢复和完善徐福传说,但它架起了中日韩以及东亚各国文化交流的桥梁,记录并发展了中国和日本以至东亚各国的许多神话传说,不仅丰富了胶州湾地区人们的精神生活,对于形成东亚徐福文化圈,也具有重要的区域文化意义。

(二)胡峄阳传说

生活在城阳东流亭、洼里一带的居民,基本都会顺口讲出几个关于胡峄阳的传说,对于生活在这片土地上的人们而言,这些故事陪伴他们长大,虽然有些故事神话色彩过于浓厚,但其主旨大都是引人向善。

胡峄阳传说产生于清康熙年间(1662—1722 年),其传说主体是清初著名《周易》研究家、理学家胡峄阳。胡峄阳,名翔瀛,字峄阳(1639—1718),是青岛历史上著名的"民间理学家"和"布衣先哲"。据清乾隆《莱州府志》载:"胡翔瀛操履端洁,邃于理学,邑人所称峄阳先生。"胡峄阳生于明末,长于清初,故居流亭,活动于青岛一带。一生淡泊名利,潜心研究儒业,崇尚易理。著有《易象授蒙》《易经徵实解》《解指蒙图说》《柳溪碎语》《竹庐家聒》《女闲》《寒夜集》等。胡峄阳精研《周易》,以《周易》理论推演天道人事,预示吉凶,推知前后,料事如神,300 年来盛传不衰。其"千难万难,不离崂山"的喻示名言,为古往今来的人们所

---

① 参见"青岛非物质文化遗产"官方网站。

推崇。他在世时被人们称为"活神仙",死后被神化,成为一方的神圣。[1]

据民间传说,胡峄阳出生时天有异象,并有道人报喜,嘱咐世人胡峄阳是天上星宿下凡,被霞光打散的黑雾便是妖孽作怪,想阻止星宿投生,须得雷神相助将其驱散,从此这孩子便再无大灾大难,而且还会为人师表、造福百姓。科考时,胡峄阳不满搜身,拂袖而去,从此云游四方,空冢成迷。胡峄阳传说自清康熙中期传承至今,代代相传,并有文字记载。清《即墨县志》《灵山卫志》《潭略》及后来的许多史书志乘皆有载录。胡峄阳传说具有较高的乡土文化、乡贤文化和民俗学价值,300年来,已成为一种文化理念和民间信仰。此项目已入选国家级非物质文化遗产代表性名录。

(三)秃尾巴老李传说

在胶州湾一带,大约自清代以来民间便流传关于秃尾巴老李以及其母亲坟墓的传说。相传很久以前,秃尾巴老李的母亲在海边补渔网时,被海龙王调戏。等到她分娩时,竟然生下了一个长着长尾巴的黑色怪物。李姓男人出海归来,见这个黑怪物躺在妻子怀里吃奶,一条黑尾巴在不停地摔打着。李姓男人便找来一把利斧剁去了黑怪物的尾巴。正在吃奶的黑怪物忍着痛夺门逃窜了出去,显出了龙形飞上了天。那被剁去尾巴的黑龙用龙爪子挖了一通东海的石井后,便躲在里面养伤。伤愈以后,这条没有尾巴的黑龙便腾云北去,来到一条大江里,在闯关东的山东老乡们的协助下,战胜了盘踞在这条大江里的一条作恶多端的白龙,遂在这条江里住了下来。从此以后,这条江便有了黑龙江的名字。相传秃尾巴老李既讲义气又孝顺,除了尽力保护闯关东的山东老乡外,还每年定时回老家给他母亲上坟。

(四)童恢传说

童恢,字汉宗,东汉琅琊郡姑幕人。汉灵帝光和五年(182年),童恢出任不其县(今山东青岛城阳区)令。在职期间,勤于政事,体恤民情,县衙小吏或百姓有过错者,晓以理义,对恪尽职守或执法廉平的小吏、衙役,则赐酒肴勉励之。童恢身为一县之尊,不图荣华富贵,专事倡导农、桑、牧、织等业,一时境内安宁,牢狱连年无因,邻县百姓迁来就居者甚多。童恢以政绩卓著,由不其县令擢升

---

[1] 参见"青岛非物质文化遗产"官方网站。

丹阳郡(治今安徽宣城)太守。童恢死后,不其县百姓立童公祠,筑衣冠冢,年年祭祀。后建有童恢衣冠冢,封土高 4 米,直径 8 米。清乾隆年间置墓碑 1 座,高约 2 米,碑正面镌"敕封后汉不其尹童府君之墓",其旁有石雕小虎两只。后人结合他在不其县的德政,陆续创作了一些传说,后经历代不其人口口相传,屡经积淀,最终形成了特色鲜明、内蕴深厚的童恢传说体系,广为传诵,其训虎的故事至今妇孺皆知。①

童恢传说以城阳区惜福镇街道傅家埠社区为中心,向北传播到东北地区,向西传播到安徽、山西等省,向东南传播到海之畔。传说中的童恢在民间大多是以半神半人的形象流传,至今已整理成型的相关传说近 30 个,例如《童恢训虎》《童恢捉鸡妖》等。童恢的系列传说,凝聚了人民群众的勤劳、智慧和创造精神,反映着数千年的生产、生活状况,陶冶着一代又一代人的理想情操,给人以精神的愉悦,潜移转化地起到了教化的作用。目前,此项目已入选青岛市非物质文化遗产代表性名录。

七、胶州湾民间曲艺

(一)胶州民歌

胶州民歌广泛分布于胶州湾畔,已有 300 多年的历史。

胶州民歌起源于民间,流行在社会最底层的劳动人民中间,至今仍保存着原创的基本特征。每当胶州秧歌剧演出前,吹奏的胶州秧歌曲牌大部分是胶州民间小调,而各种腔调就是胶州民歌。曲式结构为胶州秧歌体、小调体,调式分徵调式、宫调式、羽调式、交替调式等。随着时代的演变,胶州民歌在演唱过程中,又逐渐地加入了唢呐、二胡、扬琴等民族乐器作为即兴伴奏。②

胶州民歌经历了战乱、繁荣、低谷、新生等不同时期,它是穷苦人民感情抒发的手段,也是人们欢庆解放的方式,它表达了人们的情感,寄托了人们的希望和追求,成为人们精神调节的平衡体,是反映底层劳动者的生产、生活、情感的珍贵史料。③

---

① 参见"青岛非物质文化遗产"官方网站。
② 参见"山东省非物质文化遗产中心"官方网站以及"青岛非物质文化遗产"官方网站。
③ 鲍运昌、李国增《青岛民俗》,青岛出版社 1997 年版,第 105～118 页。

1991 年黄允箴执笔、上海音乐出版社出版的《中国民族音乐大系·歌舞音乐卷》中收录了胶州民歌《赶集》。书中用文字介绍了胶州秧歌的角色、舞蹈、部分曲牌及这首民歌的风土人情,使之在全国产生了更为广泛的影响。值得一提的是,2013 年 5 月,山东省政府公布第三批省级非物质文化遗产名录和省级非物质文化遗产扩展名录,胶州市的胶州民歌《赶集》,入选省级非遗扩展名录"传统音乐"项目类别。

(二)茂腔戏曲

茂腔源于"肘鼓子"。清乾隆年间(1736—1795 年),肘鼓子流传于青岛胶州湾地区的胶州、胶南等地,民间艺人以本地肘鼓为本,糅进当地的方言俚语、民间小调,形成了具有地方特色的"本肘鼓"。清咸丰年间(1851—1861 年),"本肘鼓"又与苏北的"海冒调"结合,形成了新的唱腔,称为"冒肘鼓",亦称"茂肘鼓"。之后,又吸取其他戏曲的曲调特点,形成了原板、大悲调等板腔体系。1900 年以后,"茂肘鼓"正式定名为"茂腔"。[①]

茂腔的声腔音乐结构为板腔体结构,分为两个调式,分为 B 微调式和 B 宫调式,一般作正调、反调,男女同调不同腔。板式有原板、大悠板等,另有少量曲牌。茂腔的伴奏乐器为中国民族乐器,主弦乐器为京胡、京二胡、月琴。打击乐器有板鼓、锣、钹、小锣等,伴奏反调唱腔时加堂鼓和碰铃。[②] 茂腔戏具有鲜明的地域特征,唱腔、念白皆为方言口语,茂腔中表现婚嫁、庙会、礼节等情节时,完全以当地民间风俗为依据,具有浓郁的生活气息,为观众所喜爱。

八、胶州湾秧歌舞蹈

(一)胶州秧歌

在"崇雅抑俗"的中国封建社会,像秧歌这类民间艺术的起源,大多留存在人们口耳相传的记忆中。胶州秧歌又称"地秧歌",俗称"扭断腰""三道弯",是山东省三大秧歌之一。20 世纪 50 年代山东人民出版社出版的《胶州秧歌》一书即认为"'胶州秧歌'是根据流传于山东胶县(今胶州市)后屯一带的一种民间戏

---

① 参见"山东省非物质文化遗产保护中心"网站。
② 李慧玲《山东茂腔戏曲音乐发展研究》,河北师范大学硕士学位论文,2011 年,第 18 页。

曲开场及结束时的舞蹈部分和高密县的民间舞蹈'跑花灯'的个别动作整理改编而成,因它是胶县一带的民间舞蹈,所以起名叫作'胶州秧歌'"。胶州秧歌既不同于鼓子秧歌的粗犷豪迈、气势磅礴,也不同于海阳秧歌的红火热烈、欢快奔放,而是以风趣轻快的民间舞蹈开场、以生活气息浓郁的民俗小戏为主体的秧歌种类,又被称之为"小戏秧歌"。①

迄今所知最早涉及胶州秧歌起源的文本,是 20 世纪 90 年代初胶州市文化志办公室编印的《胶州市文化志》。该志第三章说:"相传胶州秧歌有三百余年的历史:清朝初期,马、赵二姓由外地逃荒来东小屯定居……之后,马、赵二姓弃家闯关东。在逃荒路上,先乞讨卖唱,后改为边舞边唱,逐渐形成了一些简单的舞蹈程式和具有胶州地方色彩的小调。"②胶州秧歌到清同治二年(1863 年)基本成型,舞蹈、唱腔、伴奏均有一定程式。胶州秧歌演员分为鼓子、棒槌、翠花、扇女、小嫚、膏药客 6 个行当;表演程式有十字梅、大摆队、正挖心、反挖心、两扇门等;伴奏乐器除唢呐外,还有大锣、堂鼓、铙钹、小镲和手锣等;唱腔曲牌有 30余个。胶州秧歌是广场艺术,都在村落的空地演出。

胶州秧歌从诞生之日起直至新中国成立前,没有经过插手,一直处在自然传承的状态。胶州秧歌发展至今,胶州一带的广大农村依旧保留着过年期间看秧歌、扭秧歌的传统。③ 每年,胶州都会举办秧歌文化节,为胶州湾地区乃至青岛人民的生活呈现一道艺术大餐。逢节日期间,人们还会跳起胶州秧歌,以表达他们庆祝节日和美好生活的喜悦之情。④

(二)宝山地秧歌

宝山地秧歌产生于明末清初,最早流传于黄岛区宝山镇黄山后村,当地称"耍耍",是一种人民群众喜爱的民间歌舞艺术形式,至今有 300 多年的历史。⑤

宝山地秧歌的音乐以唢呐为主,配以小鼓、小锣、小镲、铂、手锣。演奏的曲调多为流传于民间的一些小调,主要有锯缸调、南锣、小放牛等,秧歌中的角色、

① 郭泮溪《胶州秧歌发生形成历史之探析》,《东岳论丛》2010 年第 3 期,第 111~115 页。
② 蔡铁原《胶州市文化志》,胶州市文化志办公室 1992 年版,第 60 页。
③ 邢楠楠《山东民间三大秧歌的艺术表现形式研究》,山东大学博士学位论文,2015 年,第 65 页。
④ 刘珺《胶州秧歌六十年变化与青岛农民文化生活》,刘德龙、周忠高《建设经济文化强省:挑战・机遇・对策——山东省社会科学界 2009 年学术年会文集(4)》,人民日报出版社 2009 年版,第 1587~1590 页。
⑤ 参见"青岛非物质文化遗产"官方网站。

行当、服饰均借鉴了戏曲中的扮相。宝山地秧歌舞蹈动作粗犷而原始,少有雕琢,有很多动作是根据当时农民在田间劳动的场面加工而来的,表演时男女角色之间不同的动律有机地融合在一起,动作优美舒展,踏着音乐动作协调一致,形成了男刚女柔、男放女羞、刚柔相济的特点,逐渐形成了群体意识强和舞蹈动作舒展、流畅、朴实无华的风格。[1]

宝山地秧歌演出内容多属民俗风情、乡野传说,主要作品有《唐二卖线》《王三捎书》等,语言采用当地方言土语,诙谐幽默,生动活泼,通俗易懂,富有浓郁的乡土气息和生活韵味,深受广大群众喜爱。此项目已入选青岛市级非物质文化遗产代表性名录。

九、胶州湾手工艺

(一)泊里红席编织技艺

"炕上没有席,脸上没有皮。"这句俗语一直在黄岛区泊里镇居民的口中流传,成就了"泊里红席"高超编织技艺的代代传承。与之相呼应的还有一个传说——战国时期,军事家孙膑遭庞涓陷害,流浪寓居于泊里一带,生活困苦、食难果腹,于是用高粱秫秸劈成篾子,编织成席子做炕席保暖。秫秸本为白色,但由于孙膑膝伤未愈,鲜血滴在席子上顺着篾子流淌,形成了红白相间的席子。后来世代相袭,一直传到今天,已成为一种传统的手工艺。[2]

黄岛区泊里镇素有"红席之乡"的美誉,泊里红席俗称秫秸席,外观古朴而典雅,细节细腻而精致,极其贴近时下流行的"极简主义"美学,虽然保持了"守拙"的韵味,但其做工实际上非常烦琐,一领红席操作起来所经的工序却不少于30道。其主材料秫秸收获后,要经过去根、剔梢、捆坯子、破篾子、刮篾子、编隔子、挑席子等30多道工序,加上少则四五天多则十多天的繁重劳作,才能最终呈现出上佳的成果。泊里红席因其编织细密、纹理清晰、无毒无味、纯属植物手工艺品,一直深受民间喜爱,成为婚嫁、逢年过节亲朋好友互相赠送的礼品。20世纪90年代后,泊里镇几乎家家户户编红席。"泊里红席"享誉胶东、东北等地,编红席从而成为农民致富的重要渠道。

---

① 宁艺《谈胶州小戏秧歌抢救的必要性》,北京舞蹈学院硕士学位论文,2014年,第15页。
② 参见"山东省非物质文化遗产中心"官方网站以及"青岛非物质文化遗产"官方网站。

(二)木质渔船制作技艺

据《红岛志》记载:"清朝咸丰三年(1853年),阴岛(红岛当时叫阴岛)社大洋村(现东大洋村)渔民于海先在伙伴的赞同下,自己动手制作了第一艘简易木船,后来在生产过程中不断改进完善,终于制造出适应渔业生产作业的渔船,代替了几百年来沿用的木筏。"

清光绪十一年(1885年),大洋村木船发展到13只,渔业生产捕捞开始由近海向外海深水域发展,捕捞数量明显提高,捕捞品种也明显增多。阴岛地区航运便利,渔业发达,岛上先民祖祖辈辈从事渔猎活动,百姓丰衣足食,安居乐业。木质渔船主要以各种硬杂木、红松木为原料,制作渔船首先根据尺寸选好木料,制成骨架,然后定盘、艌船、做橹、做舵、做桅杆和帆、做锚,最后刷漆,整个制作过程的100多道工序全部由手工完成。木质渔船从选料到成型,每一步都精工细作,而且选料考究,技艺高超,数据精确,造型美观,坚固耐用,其制作技艺是我国古代劳动人民勤劳智慧的结晶,蕴含着丰富的工艺价值、民俗价值。[①]

十、胶州湾传统体育与竞技

(一)孙膑拳

孙膑拳是后人假托孙膑之名编创的。流传于山东的古老拳种。孙膑拳创始于何时,至今说法不一,但由杨明斋先生传承这一说法至今无异议。

孙膑拳传统套路有基本功法、单手练、大架、中架、小架、捶谱、六十手、对练和孙膑拐。孙膑拳运用《孙膑兵法》"出其不意,攻其无备",讲究手手相连,风格独特,击技性强,重实用。孙膑拳有自己的一套理论系统,蹲走跛行是其最突出的特点,尤其强调静坐行功,以达到事半功倍的效果。孙膑拳的内容丰富,风格独特,可防身健体,老少皆宜。在长期演练中,孙膑吸取了武林各门派的击技特点,使其更臻于实用,具有行拳出手顺达流畅、手足并进力达四梢、攻防显著、迅捷勇猛的特点,不仅能击敌防身,更能健身养生,且易学易练。[②]

①　参见"山东省非物质文化遗产中心"官方网站以及"青岛非物质文化遗产"官方网站。

②　参见"山东省非物质文化遗产中心"官方网站以及"青岛非物质文化遗产"官方网站。

(二)螳螂拳

螳螂拳为明末清初胶东人王朗所创。相传,王朗祖师察螳螂捕蝉之动静,取其神态,赋其阴阳,施以上下、左右、前后、进退之法,演古传十八家手法于一体而创螳螂拳法。螳螂拳经过多年实践磨砺,逐渐形成鸳鸯、七星、梅花、六合等流派,成为中华武术的一大奇观。其中,鸳鸯螳螂拳因阴阳结合、内外双修,拳法动作左右对称,如同鸳鸯成双入对、如影相随一般,故冠以"鸳鸯"之名。鸳鸯螳螂拳主要流传在山东的烟台、青岛等地。此项目已入选国家级非物质文化遗产代表性名录。

(三)傅士古短拳

傅士古短拳是一种传统武术流派,是由青岛市城阳区惜福镇傅家埠的清代拳师傅士古开创的一种拳法。傅士古短拳属于少林地功派,属硬气功。傅士古所创的傅家拳及他的诸多传说,流传于东北三省、山东、山西等地,主要由民间的口头传承和地方史志传承。[①] 该拳法被确定为山东省级非物质文化遗产。

对傅士古短拳几乎失传的状况,城阳区政府和有关部门已制订了完善的保护、抢救措施。惜福镇街道成立傅氏拳法文化遗产保护中心,建立该项目和民间艺人扶助金,并遍寻拳师,提供固定的活动场所、活动器械,运用文字、录音、录像等方式,对傅氏拳法进行系统和全面的记录,建立起保护档案。

胶州湾民俗历史文化名录如表 10-1 所示。

表 10-1　胶州湾民俗历史文化名录一览表

序号	名称	分布地域	类别	保护级别
1	胶东大鼓	市北区	民俗曲艺	国家级非物质文化遗产
2	胶州秧歌	胶州市	民间舞蹈	国家级非物质文化遗产
3	孙膑拳	市北区	传统体育与竞技	国家级非物质文化遗产
4	徐福传说	黄岛区	民间文学	国家级非物质文化遗产
5	茂腔	胶州市	民间曲艺	国家级非物质文化遗产
6	胡峄阳传说	城阳区	民间文学	国家级非物质文化遗产

---

① 参见"山东省非物质文化遗产中心"官方网站。

（续表）

序号	名称	分布地域	类别	保护级别
7	螳螂拳	市南区	传统体育与竞技	国家级非物质文化遗产
8	傅士古短拳	城阳区	传统体育与竞技	省级非物质文化遗产
9	泊里红席编织技艺	黄岛区	民间手工艺	省级非物质文化遗产
10	胶州剪纸	胶州市	民间手工艺	省级非物质文化遗产
11	木质渔船制作技艺	城阳区	民间手工艺	省级非物质文化遗产
12	海云庵糖球会	市北区	节庆民俗	省级非物质文化遗产
13	盐宗夙沙氏煮海成盐传说	城阳区	民间文学	省级非物质文化遗产
14	胶州八角鼓	胶州区	民间舞蹈	省级非物质文化遗产
15	天后宫新正民俗文化庙会	市南区	节庆民俗	省级非物质文化遗产
16	宝山地秧歌	黄岛区	民间舞蹈	市级非物质文化遗产
17	查拳	李沧区	传统体育与竞技	市级非物质文化遗产
18	胶州民歌	胶州区	民间曲艺	市级非物质文化遗产
19	京剧	市南区	民间曲艺	市级非物质文化遗产
20	李村大集	李沧区	岁时节令	市级非物质文化遗产
21	劈柴院市井民俗	市南区	节庆民俗	市级非物质文化遗产
22	童恢传说	城阳区	民间文学	市级非物质文化遗产
23	玄阳观庙会	李沧区	节庆民俗	市级非物质文化遗产
24	南山萝卜会	市北区	节庆民俗	市级非物质文化遗产
25	红岛青云宫庙会	城阳区	节庆民俗	
26	饽饽	胶州市	饮食民俗	
27	面磕子	胶州市	饮食民俗	
28	纸斗和笸箩	胶州市	风俗习惯	
29	虎头鞋、虎头帽	胶州市	服饰民俗	
30	里院建筑	市南区	居住民宿	
31	咸鱼虾酱、海水豆腐	胶州湾	饮食民俗	

第三节 胶州湾民俗历史文化资源的
当代价值与传承保护

一、胶州湾民俗历史文化的当代价值

看似最草根、最朴素、最具内生性和最具区域性的民俗历史文化,实际是我们整个中华民族最宝贵的文化资源,最能体现民族的归属感。胶州湾地区这种带有传统印记的民俗文化的当代价值是不可估量的,它体现在文化、经济、社会等多个领域,是值得胶州湾地区乃至整个青岛人民去发掘和发扬的。

(一)文化价值

胶州湾民俗历史文化的文化价值主要来源于其对胶州湾人民情感取向和价值观念的影响,是一种深层价值的体现。胶州湾人民创造了自己的娱乐方式,相应地也创造了自己的思维方式和行为方式,形成了人们共同的心理状态和共同的风俗习惯,从他们的生存方式包括生产方式和生活方式中升华出他们的信仰、哲学、美学。因而,民俗历史文化最容易使聚居于胶州湾地区的人形成一种对于文化的认同感。[1] 胶州湾地区形式不同、内容各异、种类繁多的民俗历史文化是胶州湾地区民族文化之本,是博大精深的中华民族文化的重要组成部分。民俗文化的传承,是胶州湾地区民族文化不断发展的源泉,也是中华民族文化发展的底蕴。

(二)经济价值

目前,传统民俗历史文化的经济价值日益凸显,并受到极大重视,文化遗产经济学的出现就印证了这一点。[2] 胶州湾地区宝贵的民俗历史文化资源在它的挖掘和发展过程中也展现出了较高的经济价值。

首先,在胶州湾地区,民俗历史文化资源的经济效益,最先由旅游业带动起

---

① 蔡志荣《民俗文化的当代价值》,《西北民族研究》2012 年第 1 期,第 208~211 页。
② 毕林健《民俗艺术在文化旅游中的价值研究》,深圳大学硕士学位论文,2017 年,第 58 页。

来,并逐渐发展成民俗旅游,如青云宫庙会将自然文化、人文景观、民众的生产生活、传统现代等结合起来,文化旅游带动了相关产业的整体发展,解决了胶州湾地区人们的就业问题、增收问题;其次,民俗文化是一方土地的血脉和灵魂,其竞争力是构成区域综合实力的核心竞争力。胶州湾地区很多民俗文化都成为当地发展的一个名牌和特色,具有鲜明性、不可复制性,这些特色和个性成为区域发展的一种竞争力。

(三)社会价值

民俗历史文化是胶州湾地区民族认同的载体、社会团结的纽带。

首先,这些民俗历史文化促使人们形成独特的区域人格以及积极向上的生活态度,培育奋斗不止的民族精神。其次,这些民俗历史文化情感色彩最为浓烈,道德教化作用最为深刻,记忆传承最为有力,因而有利于维系胶州湾地区的民族团结,增强民族认同感。第三,民俗以本地的传统道德文化为基础,贯穿着国家的政策、法律法规,形成本区域内独具特色的新的社会规范,这些规范能够深入人心,成为一种内在的道德律令,以潜移默化方式维持着胶州湾地区的社会秩序。第四,民俗历史文化有助于教化人心,匡正社会风气。比如在胶州湾地区的"国家方针政策和公民道德规范"的宣传贯彻中,把宣传内容编排成人民群众喜闻乐见的节目,让民间艺人深入到乡村演出。这样,既引导、教育了群众,又丰富了群众生活。最后,民俗历史文化还能够成为寄托民众情感的载体和调节民众心理的工具,服务新农村建设,提升农民文明程度。[①]

二、胶州湾民俗历史文化传承保护的实践与成效

(一)胶州湾民俗历史文化保护的相关机构和制度法规建设

在保护机构建设上,胶州湾地区有青岛市成立的文化遗产保护管理委员会,并由青岛市非物质文化遗产保护工作局,成立了非物质文化遗产保护中心,初步形成了非物质文化遗产保护的二级工作网络。

在政策法规方面,2009年通过的《关于加强青岛历史文化名城保护和利用的议案》把以里院为代表的传统民居、历史文化街区等纳入文物保护范围。

---

① 李永婷《民俗文化的教育价值研究》,山东师范大学硕士论文,2014年,第3页。

2011 年颁布了《青岛市人民政府关于加强非物质文化遗产保护工作的意见》和《关于青岛市民俗博物馆（天后宫景区）开展旅游标准化工作的实施方案》。2012 年发布了《青岛市历史建筑保护管理办法》。这些规章制度为民俗文化遗产保护提供了重要依据。2014 年 3 月通过了《青岛市胶州湾保护条例》。2017 年颁布了《青岛市人民政府关于加强文化遗产保护的意见》。

在制度建设上，胶州湾地区根据青岛市出台的《青岛市胶州湾保护条例》《青岛市人民政府关于加强文化遗产保护的意见》《青岛市城市总体规划（2011—2020 年）》等规定，充分协调胶州湾地区民俗历史文化保护与发展的关系，明晰历史民俗文化的保护框架，制定层级分明的保护体系和切实可行的保护措施，并以陆海统筹为指导思想，提出胶州湾岸线资源空间管制要求，科学指导民俗历史文化遗存、胶州湾岸线资源的保护与利用，进一步发挥胶州湾本土优势，彰显山海岛城一体的城市区域风貌特色。[①]

(二)胶州湾民俗历史文化遗产的普查和登记工作

近年来，胶州湾地区加大民俗历史文化资源的普查与认定工作。在市规划局的带领下，汇总确定市域范围内保护要素共计 3605 处，发掘并提出青岛里院建筑民居风俗的独特历史地位与价值，并对青岛民俗文化遗存进行了首次普查、认定和研究，建立了非物质文化遗产四级名录体系，众多民俗文化历史资源被成功申报为非物质文化遗产。目前，胶州湾地区拥有国家级非物质文化遗产项目 5 项，省级名录 8 项，市级名录 11 项，除了市级非物质文化遗产资料档案室外，十二区(市)也按相应标准创建了非遗档案室，制作了非物质文化遗产音像集，扩充了胶州湾地区的民俗文化数据库。

(三)胶州湾民俗文物的征集与民俗博物馆的成立

对天后宫这一极具民俗风格的古建筑群进行全面修复后，将其辟为青岛市民俗博物馆，1998 年正式对外开放。[②] 为进一步做好民俗文物抢救与保护工作，自 2008 年始面向社会开展"故事、老照片、老物件"征集活动，征集了大量民

---

① 冉文伟《青岛民俗文化保护与发展研究》，《中共青岛市委党校　青岛行政学院学报》2012 年第 3 期，第 119 页。
② 李逢玲《青岛民俗馆：城市民俗文化圣地》，《走向世界》2011 年第 8 期，第 53~55 页。

俗器物、图片、文字和音像资料等。民俗博物馆集民俗文化、妈祖文化和海洋文化于一体，在馆内举办天后文化展、民俗文化藏品展、民间工艺表演制作及技艺传授等群众性民俗文化系列活动。成为胶州湾地区市民和游客"学民俗、看民俗、体验民俗"的重要场所和民俗旅游景点。胶州湾地区沿线一些区（市）也纷纷开展了民俗文物征集，建立民俗博物馆。

(四)胶州湾民俗历史文化建筑和街区的修复和建设

2007年底，市南区选择民俗历史文化元素集中的劈柴院为试点，实施了修复性改造1期工程。修复后的劈柴院街区成为集传统风味小吃、曲艺文化娱乐、老街观光旅游为一体的民俗风情特色街，日均客流量达1.5万人次，营业额15万元，同时也带动了周边地区的发展。2010年市南区又将黄岛路"老街坊"街区改造项目列为该区八大重点改造项目之一。2011年青岛市增设了四方路里院民俗历史文化街区、湛山寺佛教文化街区和海云庵民俗文化街区。胶州湾沿岸一些区（市）也开始实施当地民俗建筑的保护和修复工程。如城阳区投资300余万元用于惜福镇童真宫修复工程；再比如为了充分发挥糖球会的品牌效应，延续其历史文脉，集聚整合胶州湾地区民俗文化和商业资源，四方区以海云庵为中心，建设了海云庵民俗文化特色街区，街区以明清古建筑风格为主，集特色小吃、民间民俗工艺品展销、民族特色餐饮、书画古玩收藏和拍卖等功能为一体，进一步突出该区域的民俗特色，提升海云庵糖球会民俗文化特色的档次，对于促进民俗文化产业发展将产生重要的推动作用。

(五)胶州湾民俗历史文化活动开展与民俗历史文化空间打造

民俗文化活动是民俗文化生存和展示的重要空间。近年来，胶州湾地区利用传统节日弘扬民俗文化，一些传统民俗活动如天后宫庙会等陆续得到恢复，一些新的民俗节庆活动也在兴起，如李沧区的"青岛民俗文化节"。各区市广泛开展民俗文化"系列"活动，定期举办民俗节目演出、系列特色民俗展览与互动活动，如包粽子大赛、胶州秧歌大赛、剪纸大赛等，让市民重温城市历史与民俗。

(六)胶州湾民俗历史文化宣传和教育传承

近年来，胶州湾地区加强对民俗历史文化以及对其保护与传承的宣传力度。"民俗文化节"和"文化遗产日"节庆活动期间，举办非物质文化遗产保护宣传周活动宣传展板、画册,并通过非物质文化遗产展演、讲座等形式,结合新闻媒体的宣传,积极弘扬和传播民俗文化。市群艺馆定期邀请一些代表性传承人举办非遗项目的免费培训班,注重民俗文化对青少年的影响,组织非遗保护进校园、进课堂活动,在一些中小学建立了非遗传习点。[①]

(七)胶州湾民俗文化产业的发展

胶州湾地区坚持"生产性保护"原则,将民俗文化与旅游业、服务业等相结合,培育民俗文化旅游品牌,推动民俗文化产业发展。海云庵糖球会等民俗节会已成为青岛文化产业发展的重要力量。2016 年糖球会节会首日参会人数达31 万人次,销售额达 630 余万元,一些民俗手工艺品也得到了较好开发和利用。民俗文化资源也成为文化创意产业发展的重要推动力。

三、胶州湾民俗历史文化发展面临的问题

胶州湾地区在民俗历史文化资源的收集整理、保护抢救、适度开发、生存环境维护、宣传教育和研究方面做出了很多努力,但是仍然存在着一系列问题。

(一)民俗文化主体人流失

在胶州湾地区居民的生活中,身怀绝艺的大多数为老者,而年轻人或受时代潮流思想的影响或迫于生计而外出打工,或兴趣爱好不志于此而另有它专,种种原因使得他们不能聚精会神于民俗历史文化的传承,致使一些民俗历史文化后继无人,民俗历史文化濒临失传。究其原因,一方面,在全球化和经济一体化、社会生活现代化的时代背景下,我们的民族文化受到外来文化的强势撞击,致使人们的生活方式和价值观念发生变化,民俗历史文化生存的环境也就潜移默化受到影响;另一方面,对民俗历史文化传承人的保障力度不足,使得民俗历史文化人的生活生计甚至生存面临着巨大冲击与挑战,迫于此,他们不得不放弃传统民俗历史文化而另寻商业性的谋生之道。[②]

---

① 王赟《青岛海洋文化资源及其保护与研究利用》,中国海洋大学硕士学位论文,2015 年,第 43 页。
② 徐文玉《海洋民俗文化保护发展与国家保障制度建构》,李乃胜《经略海洋(2016)》,海洋出版社 2016 年版,第 192~205 页。

(二)现代化、城市化、全球化对传统民俗文化的冲击

随着改革开放的深入,我国逐步由农业社会向工业社会、传统社会向现代社会转变,人们的生产方式、生活方式、价值观念发生了深刻变化,传统民俗历史文化得以生存的历史土壤和空间逐渐丧失。加之外来文化对传统文化形成巨大冲击,传统民俗历史文化的价值在一定程度上被忽略,甚至在现代化浪潮中被弃如敝屣。这就造成民俗历史文化保护和城市建设之间的矛盾。①

(三)对民俗文化资源的开发利用过于功利化

民俗历史文化产业是带动文化产业发展和经济发展的新的增长点。但是一些民俗文化资源之所以受到政府和开发商的高度重视,只是因为它们具有可观的经济效益,能够带动 GDP 的快速增长,而并非源自对民俗历史文化遗产本身的社会、文化价值的深刻认知,民俗历史文化仅被作为赚钱盈利的手段和招牌。很多民俗文化遗产虽然在表面上被复制、模仿,但其背后的文化内涵与历史积淀却少人关注,更谈不到深入挖掘和弘扬传承。过于功利化和形式化的盲目开发和利用不仅不利于民俗文化的长远持续发展,反而会造成传统文化之魂魄分崩离析。更多的民俗历史文化资源因为暂时不能带来经济效益,往往无人问津,甚至烟消云散。

(四)岁时节庆活动、民俗旅游项目同质化严重

近几年,岁时节庆活动、民俗文化旅游逐渐升温,各地纷纷掀起了各种名目的民俗节庆和民俗旅游的热潮,几成泛滥之势。但是一些节庆只是打着民俗历史文化的幌子,未经认真打造,毫无文化和特色可言,往往沦为招商引资的平台和小摊小贩的会展。古老习俗背后的人文意义没有得到宣传,游客到此只是饱一下口腹之欲。另外,一些庙会由于管理不到位,设计不周密,秩序混乱,一些摊点物劣价高,有些甚至暴利坑人。民众不但领会不到民俗之美、民俗之趣,反而因为民俗历史文化被庸俗化而增加了对这些活动的恶感,对民俗文化更加冷漠和疏离。在一些民俗活动项目设计上,还缺乏整体规划和全局眼光,各区

---

① 冉文伟《青岛民俗文化保护与发展研究》,《中共青岛市委党校 青岛行政学院学报》2012 年第 3 期,第 116 页。

(市)各自为战,相互竞争,而未能形成文化合力和品牌效应。

(五)民俗历史文化保护经费和力度不足

虽然胶州湾地区各级政府在民俗历史文化保护方面的经费逐年提高,但是对相对庞大的文化资源来说,依然是杯水车薪。一些民俗艺术项目也因缺乏足够的经费支持和人才队伍,难以获得创新,越来越远离人们的生活,日渐式微。更有甚者,部分民俗历史文化资源因未得到及时保护而正在迅速消失,如大欧鸟笼,是传统手工艺的杰出代表,但是制作精品鸟笼的工艺已经失传。胶州湾民俗历史文化保护和发展工作,依然任重道远。

四、胶州湾民俗历史文化发展的对策建议

(一)加快非物质文化遗产保护的法制化进程

立法不仅对政府保护非物质文化遗产进行规范、约束,提供工作依据,也为创造、拥有非物质文化的主体力量——广大群众,提供先进的思想武器,更重要的是,它将对全民族提供基础教育和行为规范。然而,国家制定的保护法只是一个总的原则,是宏观的指导性纲领,青岛市应根据实际情况制定具体的、针对性强的地方性非物质文化遗产保护条例,并制定相应的保护和抢救的程序、方法,明确其知识产权的归属等,为保护历史文化资源提供法律依据。

(二)加强理论研究与宣传教育,营造良好的保护氛围

民俗历史文化资源的保护是一项全新的工作,需要加大宣传力度,动员胶州湾地区各界的力量,提高全社会保护意识,让胶州湾地区广大民众认识民俗历史文化的价值和保护民间创作的重要性。[①] 而对于当地的文化资源、历史资源、生产技艺资源、自然资源进行分类整理的这些工作,不仅需要有文化的年轻人参与,更需要老人们的回忆、口述和演示,这就需要全社会的支持,广泛发动全民参与。胶州湾地区的博物馆、群艺馆、文化馆、图书馆等公共文化单位要把宣传和介绍优秀民俗历史文化作为重要任务,有针对性地举办各种活动,宣传、

---

① 刘晓凤《农村民俗文化的传承与创新研究——以晋中市太谷县为例》,山西农业大学硕士论文,2013年,第7页。

弘扬优秀民俗历史文化,鼓励组织民俗历史文化方面的地区性活动,如庆典、联欢节、影视放映、大型展览、专题研讨会、讲习班、培训班等,利用各种新闻、出版、电视、广播和其他媒体,大力宣传保护民俗历史文化的意义,培养全民保护民俗历史文化的观念,形成保护民俗历史文化的社会环境和舆论氛围。

(三)融民俗历史文化于城市建设之中,彰显胶州湾地域特色

对民俗历史文化的保护不是孤立的,不应将其与城市发展割裂开来。要想使民俗历史文化真正得到传承,关键是让民俗历史文化融入胶州湾地区的城市建设和发展之中。胶州湾地区应该通过城市建筑和环境建设让民俗文化的元素渗透和嵌入百姓的生活之中,加强对城市特色文化风貌的整体规划与要求,制定包括建筑风格、材料、色彩、墙体立面等在内的统一技术标准,保证城市的重要建筑和公共建筑设施等能够结合民俗历史文化、地形和气候特点进行设计,在城市现代建筑中体现造型美、结构美,保证城市风格的协调统一。例如,在火车站、汽车站等公共场所的建筑上展现有民俗历史文化元素的壁画、雕塑等,让古老的民俗可观、可感、可触,从而缩短群众与民俗文化的距离,使民俗历史文化成为人们生活的常态背景和重要组成内容,陪伴在群众身边,形成浓厚的文化气息和氛围。

(四)构建有效地保护与发展民俗历史文化的教育形式

胶州湾地区要大力开发和构建民俗历史文化教育课程,将民俗历史文化等非物质文化遗产内容加以选择、整理,注入学校教学内容体系中,形成乡土教育课程,并配以多媒体现代教育技术手段使学生在娱乐中学到深厚的民族传统文化,掌握一门独特的民族文化技能,领略非物质文化遗产的无穷魅力。[1] 发挥学校教育保护民俗历史文化等非物质文化遗产的作用,可根据当地民俗历史文化的形式、特点进行,如建设渗透性课程,将国家级非物质文化遗产——胶州秧歌与音乐、体育等学科课程联系起来,找到这些课程与民俗历史文化教育的结合点,将民俗历史文化教育渗透到音乐、体育等课程中。另外,引导学生成立胶州民间剪纸团等物质文化遗产保护社团,组织社团演出、开展民俗历史文化保护

---

[1] 张绪良、韩同欣、张萍《青岛市非物质文化遗产的传承与保护》,《青岛大学师范学院学报》2009 年第 26 卷第 3 期,第 113～118 页。

和发展的宣传活动。

(五)整合胶州湾民俗历史文化资源,打造宣传特色民俗文化品牌

胶州湾地区必须依托民俗历史文化打造自己的城市特色和文化品牌。重点挖掘自身独有的海洋民俗文化资源,以此为基础做好民俗文化资源产业开发,建立具有竞争力的民俗文化产业体系。为了实现这一点,相关人员要加强民俗历史文化资源整体规划,协调各区市民俗文化空间布局,避免同质化发展和不良竞争,结合各区市实际展现海洋民俗、宗教信仰、历史文化等多元特色,打造独具魅力的胶州湾民俗文化品牌,形成文化合力。政府要组织人员对各区市民俗文化资源精心整合,进行精华集萃式系列开发,大幅度提升民俗旅游产品质量,打造一批民俗文化优秀精品节目,扩大青岛民俗历史文化的知名度和社会影响力,通过品牌效应进一步带动胶州湾地区旅游业发展和民俗文化系列产品的推广,提高民俗文化产业化水平。

(六)加快胶州湾民俗文化特色街区建设,打造民俗文化展示平台

民族民间文化艺术大多都是民俗活动派生出来的,而民俗活动的载体大多是庙会、祭祀等活动,因而,现代的民族民间文化艺术在参与其他节庆以及经济活动时,不能忽视庙会所给予的空间。自 2003 年初,青岛市即提出整合糖球会资源、大力发展循环经济的要求,并且以海云庵为中心,建设民俗文化特色街区,使其成为可持续发展的有利途径。如果将糖球会比作青岛市民俗文化活动的龙头,海云庵民俗文化特色街区为龙体,那么坐落在四方区的青岛市民俗博物馆就是画龙点睛了。青岛市民俗博物馆与海云庵遥相呼应,相得益彰,并辅助配套设施,停车场、民间艺术表演广场等。同时民俗博物馆将充分发挥自己的宣传教育功能,为弘扬、挖掘和保护民俗历史文化、打造胶州湾市民俗历史文化品牌做出努力。

第十一章 胶州湾城市历史文化资源

第一节 胶州湾沿岸城市历史文化资源概述

一、胶州湾沿岸城市历史文化的发展变迁

通常说来，一谈到胶州湾沿岸地区的历史，第一反应就是青岛主城区的历史。这一段历史是很短暂的，不过区区百余年。然而对于胶州湾沿岸的地区来说，城市文明发展的历史绝不仅仅只有这100多年。一个地方的城市文化实际上是扎根于这一地方城市文明的发展历史之中，所以，在展开具体的一地区城市文化的叙述之前，姑且总论这一地区城市文明发展的历史，从而追根溯源寻找青岛的城市文化。

从城市文化的建构来看，大约可以追溯到6000年前的即墨北阡文化遗址，那时就已经有人定居于现在青岛地区，并形成了聚落，这可以说是这一地区城市文化之滥觞。夏商时，先民们已经创造出了具有海洋特色的灿烂的东夷文化。

周武王灭商后，周朝建立了在当时可以称之为"全国范围内"的统治。周武王分封天下诸侯，其中有一个诸侯国名字是"莒"。最开始的时候，莒国的都城是"介根"①，根据文献记载，"介根"就在今胶州市境内。而后齐国挥师东进，开疆拓土，莒国被迫南迁，"介根"于是成为齐国城邑。随后，齐国灭东莱而临墨水设即墨，即墨后来成为齐国"五都"之一。即墨城的城址在历史上经过几次大的变化，然而"即墨"这个称呼作为一级行政规划仍保留至今。此外，齐国在这一地区还有一座城邑，名字叫"邹卢"，在今天莱西市辖境。

---

① "介根"的称呼有很多种，例如"计""计斤"等，此处为行文方便统一称"介根"。

此外,在春秋初年,今黄岛境内海滨设置了琅琊邑,为中国古代最大港口城市。秦汉时期为琅琊郡所在地,后介根并入黔陬,城池亦随之所废。而又设胶东郡,建置于即墨,建不其、长广等县属胶东郡。

此后秦末农民大起义、楚汉战争,最终刘邦称帝,建国为汉。吕氏主政时期,封其亲属吕荣为祝兹侯,建国"祝兹"并设城(城池名也为"祝兹")。武帝时,又封皋虞侯,建皋虞城。又说汉曾又建一城,因明代在此地养马,现名"牧马",但无法考证其确实出处。汉宣帝本始四年(前70年),河南以东49个郡国突发地震,琅琊郡及所辖地区也没能幸免,渐趋衰落。

汉朝灭亡,天下三分,尽归于晋。西晋时期,以长广为郡,下属不其等县,后南北分裂,长广郡曾属于南朝宋,却又被北魏所占,后北魏设胶州。

唐朝时建胶州城,临胶州湾有一镇名为"板桥",成为当时对外交流尤其是对朝鲜、日本进行外事交流的重要港口。北宋时,板桥镇设市舶司,可见当时贸易的繁华。靖康之变,北宋灭亡,北方的土地被女真人占据,并设立胶西榷场,成为当时唯一在海上同南宋贸易的榷场,但是因为宋金关系的变化,贸易时断时续。

150多年以后,朱元璋在应天(今江苏南京)称帝,建立明朝。当时沿海地区频繁受到倭寇的骚扰,在这一地区设立卫所以防止倭寇侵犯,由此而建立的城池有很多。因海防之便,商业亦繁盛,青岛口、女姑口、金家口、塔埠头各港贸易繁荣,商贾云集,实为本地古代城市发展巅峰。

1840年鸦片战争爆发,清朝战败,胶州湾及周围地区的地理优势及各种资源也成为列强觊觎的对象,"兵船测量中国海岸无处不达,每艳称胶州一湾为屯船第一商埠"。光绪年间(1875—1908年),李鸿章认为胶州湾是一个险要之处,所以奏请朝廷设防,清廷明发上谕准李鸿章所奏,成为青岛建制的开始。

从19世纪70年代开始,就有洋人几次三番来胶州湾沿岸地区考察,认为青岛可建设成为一良港,于是德国占据青岛10余年后,日本又两次占据青岛,又两度将青岛还回给中国。不得不说,近代青岛城市,乃至包括现代青岛城市的基础,就是这一时期奠定下的。

而在这其中,德国殖民时期对青岛近代城市发展的影响十分明显,可以讲无论是后来日本也好,国民政府也好,乃至现在青岛市的基本格局都有德国人的影子在里面。而这其中比较深刻的变化,编者以为有以下几点。

第一,是贸易格局的变化,从原来古代时期的各个"口",如上文提到的青岛口、女姑口、金家口等等,逐渐向青岛的大港、小港集中。胶济铁路建成通车之后,这一趋势变得更加明显。

第二,不可缺少的近代城市基础设施建设,德国胶澳督署在 1898 年 4 月创立胶澳地税制之后,开始了大规模的城市建设。

第三,是近代工业的建立,德国占据胶州湾之后,不仅在贸易格局上改变了青岛,而且大量投资近代工业,例如青岛电灯厂、四方工厂、自来水厂、屠宰场、缫丝厂、日耳曼啤酒公司青岛股份公司等企业,包括后来两次日据时期,中国政府治理时期的各家企业,现在也成为一种城市的遗产,是青岛城市发展过程中不可或缺的一部分。

第四,西方文化的引入以及同中国传统文化的相互交融,两种思想相互交织在一起,成为近代胶州湾及沿岸地区非常重要的文化特征。

二、胶州湾沿岸城市文化资源的历史功能和作用

"城市是一个复杂的、具有多面性的社会集合"①。而这种方式其实仅仅是从社会表象上来看待城市,而这个定义当中的"复杂的"或者"多面性的",其实就表明了城市的性质是人类文明进步的标志,是人类文明进步的"尺度",而在这个"尺度"上的每一个"刻度"就是各个时期的城市历史文化资源。城市历史文化资源是多方面的,是广义的城市文化资源,包括物质性的资源和精神性的资源。

当然,这种"刻度"绝不是单向度的,它有"纵向"与"横向"之分,"纵向"表明的就是在时间维度上城市历史文化资源所代表的历史内涵;而"横向"的则指的是同一时段内不同地域的异同。

不过,一个地方的城市文化必然不是绝对静止的,从城市发展的宏观背景上看也确实如此,人类自进入文明时代以来,城市一直有着很大的变化。那如何讨论这种变化? 这种变化的依据又在哪里? 作为城市文化的物质载体和发展刻度,我们要想探究城市文化的变化,也必须以城市历史文化资源为基本的依据。而胶州湾沿岸地区在这城市文化的变化上也依然遵循着这一基本规律。所以,接下来的文章当中介绍胶州湾沿岸地区城市历史文化这一部分时,我们

---

① 〔英〕诺南·帕迪森《城市研究手册》,郭爱军、王贻志等译校,格致出版社、上海人民出版社 2009 年版,第 1 页。

以时间为轴,进行纵向的比较和梳理;从而对城市的表层和深层进行挖掘,进一步了解它们的当代价值以及保护它们的方法。

第二节　胶州湾沿岸城市历史文化资源

关于"胶州湾及周边地区"这一概念,在本章叙述的整个历史时段中并非是静态的,因为地质变化,足以沧海桑田。所以,对于本章中"胶州湾及周边地区"概念的把握随时间的变化而变化。

一、胶州湾沿岸远古城市(新石器时代—西周)

(一)新石器时代典型代表:三里河遗址[①]

城市作为人类文明进步的产物和标志,其最重要的一个特征就是人口的集聚。

而在本章所叙述的范围内,发现的最早有房屋遗迹的聚落遗址就是位于胶州市南关街道办事处北三里河村神仙沟西的三里河遗址。三里河遗址总共分为上下两个文化层,上层为龙山文化类型,下层为大汶口类型。1982年,青岛市人民政府将该遗址列为市级文物保护单位。1992年6月,山东省人民政府公布其为省级文

图 11-1　胶州三里河公园

物保护单位。2006年5月25日,成为国务院第六批公布的全国重点文物保护单位之一。房屋遗址在上下两种类型的文化层中都有发现,这就充分说明当时的人们已经并始了定居生活,形成聚落,由此才能在社会第二次大分工即手工业与农业分离的情况下,在商品交换的地方形成城市。

---

① 关于青岛地区的古遗址还有一些,例如前文已述的北阡遗址,但由于离本文所确定的范围较远,并未发掘出房址,故此不再展开。

(二)商代典型代表:霸王台遗址和古城顶遗址

在商代,胶州湾沿岸地区聚落的发展出现了一个特殊的现象:因军事因素而形成聚落。其中比较典型的有两个:一个是位于城阳区夏庄镇云头崮水库中心的霸王台遗址;另一个是位于李沧区十梅庵社区东侧的古城顶遗址。之所以说商代出现了因军事因素而形成的聚落,一个原因是因为对上述两个遗址的考古发掘中出土了大量的青铜短剑、青铜戟头、骨制以及石制箭镞等;另一个原因是根据文献记载,商与东夷进行过多次战争。在《左传》中也有记载:"商纣为黎之搜,东夷叛之","纣克东夷而陨其身"。所以,这就为军事聚落的推断提供了可能。

但很可惜的是,两处遗址都曾遭到严重的破坏,霸王台遗址因修建水库以及所处陆地不断被激流冲刷,现仅存1米多高,整体面积大为缩减;古城顶遗址则在1957年和1958年进行发掘过后,由于烧窑取土和旧村改造新建楼房,遗址已遭受严重破坏。2002年,李沧区设立了古城顶遗址公园。2005年2月,古城顶遗址被列为市级重点文物保护单位。2010年6月22日起,由于十梅庵旧村改造,文昌路要进行拓宽,经山东省文物局批准,省市区三级考古人员对该区域内的古城顶遗址进行抢救性考古发掘。2013年,古城顶遗址列入第四批山东省重点文物保护单位。①

二、春秋战国时期胶州湾沿岸城市文化

春秋战国时期,齐国为巩固自己在故莱地(今胶东半岛)地区的统治,在胶州湾及其周边地区广建城池,在这些城池中,最具有代表性的就是在战国时被称为齐国"五都"之一的即墨城,所以在这里以即墨城为代表来介绍一下当时胶州湾及周边地区城市文化。

齐灵公十五年(前567年)冬天,齐国大夫晏弱率军灭掉了当时几乎占据整个胶东半岛的莱国,为巩固齐国在故莱地的统治,齐国在莱地墨水流域兴建城池,即古即墨城②,又因为传说即墨城由齐国大夫朱毛所筑,因此还有一个名

---

① 由于胶州湾及其附近地区的夏代和西周时期的聚落(或与城市文化有关)遗迹以及文献资料过少,无法考证,所以在此处只整理了商代具有代表性的两处聚落遗址。
② 即墨在历史上曾经历过多次行政区划的变迁,城市所在地也曾经在隋代时被改变。这里是指隋朝以前的即墨城,即今天即墨故城遗址所在地。

字——朱毛城。

根据文献记载:"即墨故城的范围很大,分内城和外城。外城南北长约 5 公里,东西宽 2.5 公里。城基宽约 40 米,高约 5 米,全为夯土版筑,十分坚固。故城至今尚有两段城墙遗存。一为东城墙,南起冷戈庄乡村东,北到大朱毛村前,高 5 米、宽 10 米,长有 1.5 公里。另一段是北墙,东起纸坊村,西到北城子村后,为一条高 2 米、宽 20 米、长近 3 公里的大土垄。① 相传内城有金銮殿、点将台、东西仓、贮货湾、养鱼池、梳妆楼、商业店铺等遗迹,当时的运粮河(小姑河)通过东南城门洞,可以直接驶入贮货湾内,至今城墙尚有缺口。在故城内东部曾采集到长 1 米多、宽 0.4 米,刻有青龙的大型空心砖,还发现直径达 0.8 米的大型圆柱形石础,以及大量的砖瓦,上述遗迹都可以证明这里曾存在过规模宏大的建筑遗址。据当地老人回忆:'40 年代尚有长约里数的一段残存,群众铲土逐渐消平。故城以北的群峰之中,是一片公共墓地,整个墓群蜿蜒长达十余公里。"

在以上有关即墨古城遗址的考察中我们可以看出当时的即墨完全可以称为一座真正意义上的城市,当然这并不是说胶州湾沿岸地区最早的城市就是即墨故城,但即墨确实是这一时期发展最好的也是当时地位非常高的城市之一,尤其是里面有商业店铺的遗迹,并出土了大量春秋战国时期齐国的刀币,与吴越贸易频繁,富庶繁华可与都城临淄媲美②,有"齐下都"之美誉,充分说明了当时这一地区商品贸易的发达。齐国商人因为追求工商之利,比较讲究排面,另外,从即墨古城遗址的形制上也可窥见齐国文化的繁荣。可以说,无论从城市文化的角度还是城市文明的角度,当时的即墨城还是走在前面的。③

三、秦汉时期胶州湾沿岸城市文化

秦汉时期,胶州湾及周边地区城市文化的发展,延续了春秋战国时期齐国在这一地区城市的基本格局(在秦汉时期即墨城一直都是胶东地区的政治、经济、文化中心),又建设了一些新的城市作为县治。

秦国在秦始皇二十六年(前 221 年)灭亡齐国统一天下之后,在原来属于齐

---

① 宣庆坤、袁兆荣《中国人文之旅》,安徽科学技术出版社 2016 年版,第 135 页。
② 《战国策·齐策一》曰:"临淄、即墨非王之存也。"
③ 古即墨不只存在于战国时期,自战国中期至西汉末年,四五百年的时间内,古即墨城都是胶东地区政治、经济、文化中心。至王莽改制,即墨降格为县。此后,古即墨城作为县治,一直延续到北齐文宣帝天保七年(556 年),即墨县被废除。

国的地方设置郡县,而在这其中最具有代表性的是不其县城。城址据宋代《太平寰宇记》记载:"不其城,汉置。城约周十余里,后汉属东莱郡,晋于此置长广县。"不其城大约位于今天遗址范围内城阳、城子、寺西三个村的交界地带,属今城阳区。不其城于秦代开始建设,汉代在秦代的基础上进行扩建,最终形成了外罗城和里罗城两个部分,外罗城共开有 5 座城门,有 1 座水门直通少海(胶州湾)不其港(故址在城阳区京口村东南),无论官船、商船或者民船,皆可从少海经水门直接驶入不其城。城墙用夯土筑成,外甃以城砖,城墙高约 6 米,顶宽约 4 米。外罗城东西约 1700 米,南北约 1500 米,总面积约 2.55 平方千米,大约是秦代不其城面积的 4.5 倍。城外有环绕四周的护城壕沟,城里有纵横交错的街巷,由 7 条宽约 5 米的大道连通。① 城中部为商业区,东南部为作坊区,西南部为库房区,北部为居民区。商业区内店肆罗列,商船可经水门直接驶入装卸货物,进行交易。城外西北部墨水河以南一带是墓区;里罗城是在秦代基础上改建而成的内城,也在夯土城墙外甃以灰色城砖,主要建筑是不其侯府和不其县官府衙门办公区等。据 1990 年版《崂山县志》记载,里罗城内有汉武帝巡幸不其时的行宫,建在东西长约 150 米、南北宽约 30 米、高约 2 米的夯土台上。汉光武帝建武六年(30 年),不其侯伏湛奉旨将行宫改建为侯府。另外在城市排水系统上也别出心裁,地下排水渠道纵横有致,通往城外的护城壕沟与少海相通,当壕沟里水多时直接排入大海。

另一个秦汉时期非常重要的城邑是祓国古城。据考证,今天的牧马城遗址在汉代时是一座商业非常发达的城市,该城的城郭为方形,周长 2 千米,有东、南、西三门。由于明代时期在此繁育军马,对旧城曾做过修葺更新,所以至今仍形势可观;城墙残垣虽经历了 2000 年左右的风雨剥蚀,但是最高处至今仍有 3 米多高,南门的瓮城城墙也还保留大半。经考古工作者实地勘察验证,北墙部分段落夯土中夹杂汉代瓦陶碎片,明显地保留了当年重修过的痕迹。20 世纪 50 年代初期,城内中部偏北端还可清楚看到旧宫殿基础痕迹,群众在城内耕种土地时,经常发现"货泉"以及石制货泉钱币、"大布黄千"铜币和铜盆等历史文物。直到现在,许多汉代陶片、瓦片俯拾皆是。1984 年被青岛市人民政府列为市级重点文物保护单位。

---

① 崂山区史志编纂委员会《新编青岛地方志简本崂山简志》,五洲传播出版社 2002 年版,第 318~319 页。

总的来说,秦汉作为大一统的国家政权,国家力量十分强大,从不其城的兴建可以非常明显地看出,在一个中央集权的国家,最高统治者关注力的变化会成为兴建一座新城市的理由,而随着人口的增长、经济的恢复与发展,城市文化也逐步发展起来。[①]

四、唐宋时期胶州湾沿岸城市文化

唐宋时期,这一地区最具代表性的城市非密州板桥镇莫属。唐高祖武德六年(623年),板桥镇始设。宋哲宗元祐二年(1087年),朝廷采纳范锷的建议,在板桥镇设立市舶司,现今板桥镇遗址位于今胶州老城区地下,其范围大致南至云溪河南岸徐州路,北至胶州路,东至湖州路以东200米,西至惠州路。[②] 1996年、2008年9月—2009年6月,考古工作者因工程建设需要,分别在今天老胶州市政府宿舍和东苑府邸住宅小区进行抢救性发掘。1996年发掘面积比较小,主要成果是发掘出宋代的铁钱与铁钱块,其中有一个铁钱块重16吨,现藏于胶州市博物馆,为"镇馆之宝"。第二次考古发掘则成果重大,基本摸清了板桥镇遗址的情况,特别是对宋代文化堆积层的发掘收获颇丰:发现的建筑基址包括房基、庭院、廊道、散水、隔墙、亭台等遗迹,它们均用青砖砌筑,错落有致,相互关联,布局完整,为北宋时期公共建筑遗迹。另外,这个堆积层出土文物门类繁多,数量巨大,包括北宋各大窑系的瓷片、宋三彩残件、陶质大型容器残片,还有人形、动物形玩具小件、围棋子等小器物。2013年5月,板桥镇遗址被国务院核定公布为第七批全国重点文物保护单位。

在板桥镇遗址上的考古发现,尤其是大量铜、铁钱的出土遗迹,包括北宋时期各大窑系的瓷片的出土,充分说明了当时板桥镇贸易的繁荣以及非常开放的城市文化。另外,从一些出土的器物中,我们还可以窥见当时胶州湾及周边地区的城市生活。从服饰上看,出土的发簪等物可以看出当时人们对于生活的讲究与精致;从出土的茶叶与茶具中看,当时人们已普遍有饮茶的习俗,借用现在的词汇来描述,这种生活方式不可谓不"小资"。[③]

---

① 在这一时期还有一些具有代表性的城市,比如黔陬城、计斤城等,限于篇幅,在此处不做赘述。
② 青岛市文物保护考古研究所《胶州板桥镇遗址考古文物图集》,科学出版社2014年版,第2页。
③ 张晶《从板桥镇遗址发掘说宋代小资生活》,《科学之友》2010年第9期,第100~101页。

五、元明清时期胶州湾沿岸城市文化

元明清时期，胶州湾沿岸的城市文化获得了进一步的发展，尤其是明代，城市文化非常突出的特点在于其军事防御功能，这与明朝初年倭寇频繁侵扰我国沿海地区有很大关系。在这一地区，明代设置的卫所（防御力量），主要有灵山卫以及鳌山卫管辖的浮山所。

灵山卫城，始建于明洪武五年（1372 年），城池呈方形，周长 1500 米，夯土版筑。永乐二年（1404 年），扩建重修。扩建后，周长 2500 米，有朝阳门（东门）、阅武门（西门）、镇海门（南门）、承恩门（北门）四门，各门均有城楼。城外有护城河，城中有卫署、经历司、珠山书院等建筑。现城墙已全部拆除，卫所建筑中只剩下城隍庙与烽火台遗迹。

浮山所城，建于明建文四年（1402 年），位于今天市南区的山东路、南京路、香港中路、江西路四条马路之间，因位于浮山脚下而得名，所城城墙周长约 1399.5 米，高约 6.84 米，为土夯城墙，城门三座。清雍正十二年（1734 年）鳌山卫建制撤销，并入即墨县，仍然称浮山所，现在其痕迹已经不存。

除有军事防御功能的卫所外，元明清时期胶州湾及周边地区城市还有即墨城与胶州城。即墨城①在元顺帝至正十一年（1351 年），由当时的知县吕俊重建，城墙为夯土城墙，有三城门，环绕护城河，城外有四郭。明万历年间（1573—1620 年）重修，改夯土城墙为砖砌城墙。清乾隆二十五年（1760 年），增修三门城楼为二层楼房。明清时，城中以十字大街为中心划分四隅三厢。② 城内有县衙、孔庙、考院、参将署、城隍庙等 13 处建筑物和 36 座明清石牌坊。现在即墨正在以老县衙为中心意图恢复明清时期即墨古城的格局。

胶州城则于明洪武年间多次整修，周长 2000 米，城墙高 7 米，宽约 4 米。城外有护城河围绕，宽 8 米，深 5 米。③ 城有三门，分别为迎阳门（东门）、镇海门（南门）、用成门（北门）。城门上建有城楼，四隅建有角楼。1949 年，后城垣被拆毁。

总的来看，胶州湾及沿岸的城市文化在古代更多的是从物质的层面来体现，也就是城市这个载体本身。而胶州湾及沿岸的城市作为这一地区城市文化

---

① 即墨城于隋文帝开皇十六年（596 年）迁至今址。
② "四隅"即东北隅、东南隅、西南隅、西北隅；"三厢"为居民区划，有正南厢、东南厢、西南厢。
③ 胶州城于唐高祖武德六年（623 年）裁废胶西县所建。

的载体,首先有着中国古代城市及城市文化发展的一般特点,即政治作用、军事作用十分突出,这一点在中国古代中央集权制度之下是一个不可否认的事实,这些作用在一定程度上影响了城市的建设(例如西周的"营国制度"),在这种作用下一脉相承,成为这一地区城市文化中不可或缺的一部分。

此外,在这一地区的城市及城市文化发展的过程中,商业贸易是促进其发展的重要因素。之所以胶州湾及沿岸地区的城市发展能够长期受到商业贸易的影响,很大程度上也与其区位优势有着很大的关系。可以说,因为区位优势带来的这种长期的商业效应,给这一地区的城市及城市文化的发展带来不同于其他地方的文化禀赋,而这种特殊的文化禀赋又与近代这一地区的城市文化发展一脉相承。

六、近代胶州湾沿岸及周边城市历史文化资源(1840—1949 年)

(一)胶州湾沿岸近代城市规划的特征分析

1840 年鸦片战争后,中国沦为半殖民地半封建社会,西方列强开始大举入侵中国,而胶州湾沿岸地区因为其良好的地理区位以及资源优势为西方各国垂涎,"西人艳称胶州湾为屯船第一善埠"。从 1891 年清政府允许在胶州湾设防作为这一地区近代城市历史的开始,一直到 1949 年新中国成立,对于这一地区的城市发展,从空间上看,近代胶州湾沿岸地区城市文化资源主要集中于胶州湾东岸,更具体地说,就是指现在青岛主城区的范围;而从时间上看,经历了清政府建置(1891—1897 年)、德国占领(1897—1914 年)、日本首次占领(1914—1922 年)、北洋政府统治(1922—1929 年)、国民政府统治(1929—1937 年)、日本第二次占领(1937—1945 年)、国民政府接管(1945—1949 年)七个时期。

而正如在古代部分所提及的,城市及其各种设施、人民群众是城市文化的物质载体,为了解城市文化就必须要了解城市。进入近代,完备的城市规划的出现给我们更进一步了解城市提供了可能。看一个地方的城市文化的发展,首先需要看的就是这个地方的城市规划,因为一个地方的城市规划目标实际上就确定了这个地方城市文化发展的格局。而本地区的城市规划一方面有其延续性,另一方面随着本地区城市发展,其规划的具体内容又有所不同。具体说来,其总体表现在从德国占领时期的"德国殖民者自 1898 年就确定了经营该地的总方针：一是把它建成德国在远东的军事根据地；二是作为德国在远东的商业根据地"①，对于总方针的处理关系也明确"着眼于经济方面……对这一地区的未来具有决定意义的是，首先把它发展为一个商业殖民地，即发展成为德国商团在东亚开发广阔销售市场的重要基地"，也就是说，德国人在建设青岛的时候主要是通过加强经济入侵进行殖民掠夺。

进入日本占领时期，日本殖民当局对青岛的城市规划的重要特征在于：延续德国人规划的基本格局，开始大规模地推进工业用地的扩张。这个现象从根本来说，依然是殖民主义在胶州湾沿岸地区城市规划的具体体现。

但是到了国民政府统治时期，胶州湾地区的城市建设有了一个明显的定位的变化。在《青岛市施行都市计划方案初稿》中，根据"工作、生活、交通、游憩"的主题，将这一地区的城市定位为"中国五大经济区之一——黄河区的出海口，工商、居住、游览城市"。

在规划总目标的变化下，城市功能分区也发生变化，例如在德国占领时期，由于殖民主义城市规划思想的存在，在青岛地区实行"华洋分治"。这种"华洋分治"的政策是为了强化殖民者在华的殖民统治，实现"分而治之"的城市规划管理目标的"法规手段"，充分体现了城市规划的殖民性，具有强权性和掠夺性。但是，单就城市规划本身而言，亦有一些可以借鉴的地方。城市的规划建设借助立法的手段实现了沿海区域城市整体风格的形成，一定程度上塑造了青岛的城市风貌，强化了其城市特色。但是其作为殖民主义规划的本质并不能因此而改变，使中国地区的城市规划和建设呈现出畸形发展，加剧了民族之间的矛盾。②

所以，从胶州湾及周边地区的城市定位的过程来看，这一地区在中国近代史时期的城市历史文化应该至少有这样两个层面，而城市历史文化资源作为载体也可以从这样两个层面来进行分类。第一个层面显然是精英文化的层面，又包含以下三个子部分。第一个子部分是以由现代港口和铁路为主的交通建设而带来的港口文化与本地区"原生的"工商业文化相结合为基础的经济层面。第二个子部分是市政建设层次的，它是以经济建设层面为基础的，因为近代生

---

① 王守中、郭大松《近代山东城市变迁史》，山东教育出版社 2001 年版，第 191 页。
② 马珂《德占时期以来青岛城市规划思想演变研究（1897—1949）》，西安建筑科技大学硕士论文，2009年，第 36 页。

产方式的输入引发本地区社会各个方面的变化。第三个子部分则与制度相关，主要是指本地区近代时期所形成的一系列制度文化。第二个层面，则是平民文化，这是一种在外来文化成体系的输入之下与本地文化相结合进而派生出青岛的市民文化，充分地体现在本地区的特色建筑——里院建筑上。

(二)经济建设层面的胶州湾沿岸城市历史文化资源

从经济建设这一层面上看，胶州湾沿岸地区的城市历史文化资源非常多的体现在港口与铁路交通设施以及工厂设施上。如果把全部跟这一方面有关的资源都整理出来，可以说卷帙浩繁，不可计数。本文只对其中具有代表性的资源进行介绍。

1. 与交通邮电相关的城市历史文化资源

由于德国在侵占胶州湾之后所做的城市规划目标是以发展工商业与军事两者相结合的。因此在这一时期，为完成这一城市目标，首先就需要了解胶州湾及沿岸地区的自然条件，尤其是作为优良港口的自然地理区位条件必须首先发掘出来。因此，胶州湾及沿岸地区城市的发展实际上是以近代交通方式的建设为基础的，尤其是胶济铁路的建设更是进一步地发掘出了本地区的自然区位优势。陆上交通以铁路为主而现存的且具有代表性的是大港火车站站舍和青岛火车站站舍；海上交通现存的主要是灯塔建筑，下文具体介绍之。

大港火车站站舍是青岛最早的火车站之一，位于青岛市市北区商河路2号，建于1899年，是1901年德国在青岛铺设胶济铁路的起点。其建筑面积978平方米，形制为德国三段式建筑，砖石木结构。地上二层，有阁楼和地下室，用花岗岩蘑菇石砌基，沾灰墙面，折坡屋面。②由于客货运列车都不经停大港站

图 11-2　大港火车站①

---

① 青岛市情网 http://qdsq.qingdao.gov.cn。

② 青岛市情网 http://qdsq.qingdao.gov.cn。

了，所以现今为一个铁路的售票代办处。

青岛火车站站舍位于青岛市市南区泰安路 2 号，始建于 1900 年 1 月，竣工于 1901 年秋天。主要由钟楼和候车大厅两部分组成，砖木钢混合建筑，具有德国文艺复兴建筑风格。该站建成之后，代替大港火车站成为胶济铁路的终点站，也成为青岛的景观建筑之一。①

关于海上交通现存灯塔建筑主要有团岛灯塔和小青岛灯塔，在当时主要为来往船只进出青岛港口的导航所用。按照建成时间顺序，先介绍团岛灯塔。

团岛灯塔位于青岛市市南区团岛西南角，曾称游内山灯塔。建于 1900 年，建筑物保存完好，为全国重点文物保护单位（近现代建筑——青岛德国建筑群）之一。团岛灯塔建筑总高 15.4 米，为八角形砖石结构，共三层，地下一层。地下室为机房和仓库，可通过一、二层螺旋式花岗岩石楼梯直达塔顶。三层为灯室，内为环形玻璃窗。外有铁制环形露天平台。该灯塔上装有特殊的导航设备——汽雾号，俗称雾笛或海牛。当年的团岛灯塔不仅承担着海上航路引导和管理的职责，而且也为青岛气象台收集着气象、人文和地质等资料。在这座灯塔内，德军每天都记录进出胶州湾船只的数量、当日的气象海流等状况，以供军方研究参照。第一次世界大战期间，该灯塔及各种设施遭到破坏。日本第一次侵占青岛后，修复了各种设施，并做了改进，把柴油机驱动改为电动机驱动并增加了一套备用设备，保留了灯塔和机房等德式建筑。该灯塔现由天津海事局青岛航标处管理使用。②

小青岛灯塔位于青岛湾内小青岛的最高处，与团岛灯塔一样，为全国重点文物保护单位（近现代建筑——青岛德国建筑群）之一，也是现在青岛市的标志性建筑之一。德国侵占青岛后，于 1900 年 12 月在小青岛设 5 米高的导航灯，为来往船只进出胶州湾导航。1908 年改建为灯塔。该灯塔为石砌结构，白色塔身，总高 15.5 米。整个灯塔形状为底宽上窄的宝塔状，有基座，登六级石阶至一层。塔门位于北侧，采用花岗岩石镶嵌门套，基座及二层均为八角形，花岗条石砌筑。第三层为圆柱形，上有钢板尖顶，铆钉连接。塔内有 30 级石质螺旋楼梯直达塔顶。塔顶内部装有水晶棱镜镶成的反射镜，并以牛眼形旋转式造镜电力发光，射程 12 海里，外部为露天平台。该灯塔现由天津海事局青岛航标处管理

---

① 青岛史志办公室《青岛市志·城市规划建筑志》，新华出版社 1998 年版，第 145 页。

② 青岛市情网 http://qdsq.qingdao.gov.cn。

使用。①

关于邮电行业在本地区的发展及遗迹当说德国胶澳邮政局，该建筑位于青岛市市南区安徽路5号。原属冯·提帕斯基希公司私人商业大楼，后由德国胶澳总督府租下一层为邮政局。建筑为砖木结构，地上三层，地下一层，有阁楼。当时除一层为德国胶澳邮政局使用外，二、三层为宿舍。该建筑后来在局部做了改造，凹廊装玻璃窗，原有的细部装饰在维修中改变。青岛解放后，该建筑为青岛市邮电局办公营业大楼，现为青岛邮电博物馆。②

日本第一次占领青岛时，在胶州湾东岸今青岛市老城区范围内设立邮局，其中最具代表性的是日本青岛邮局大和町所（今青岛市邮政局辽宁路邮电支局），位于今日青岛市市北区德平路1号。该建筑为二层楼房，一层营业，二层办公，有阁楼。花岗石勒脚，水刷石灰墙面，红色牛舌瓦顶，折坡屋面。平面呈不规则形，两面墙体为半圆形，墙上镶有花岗石花饰，门前立有石墩，属日本"和洋风"建筑风格。这座造型独特的建筑独立于街道三角地，构成当时小鲍岛（现辽宁路）一带的主要街景。③青岛解放后，该建筑一直为青岛市邮政局辽宁路支局营业场所。

图11-3 德国胶澳邮政局旧址 　　图11-4 日本青岛邮局大和町所旧址④

2. 与近代工业相关的城市历史文化资源

作为胶州湾沿岸地区城市化的重要标志之一，近代工业以大机器生产方式

① 青岛市情网 http://qdsq.qingdao.gov.cn。
② 青岛市情网 http://qdsq.qingdao.gov.cn。
③ 青岛史志办公室《青岛市志·城市规划建筑志》，新华出版社1998年版，第147页。
④ 青岛市情网 http://qdsq.qingdao.gov.cn。

迅速取代了手工作坊的生产,加速了本地区城市化的步伐。其中最具有代表性的是德国啤酒厂(旧址)、总督府屠宰场和生物化学制药厂和青岛的一系列的纺织工业。

总督府屠宰场和生物化学制药厂又名打牛房,位于今天青岛市市南区观城路 65 号,建于 1903—1906 年。厂房为全钢结构的单层厂房,厂区主要建筑由屠宰车间和管理用房两部分组成,包括一座管理楼、一座大型实验室及宿舍和三间屠宰大厅。楼后建有马厩及停放畜力车的车库。设计师最大限度地把古典风格的办公楼、公寓与现代化厂房合为一体,建筑平面呈"山"字状。车间采用工字钢柱形式,建筑外墙为砖木混合形式。阁楼及地下室由花岗岩砌基座,正门东向,方形花岗石砌门套,上有尖顶露木凸形封闭式阳台,墙角镶嵌花岗岩隅石。折坡屋面变化丰富,立面装饰讲究、精致。建筑墙面采用砖砌山墙,局部处理为略微凹凸的装饰线条,为车间供水用的水塔处理成尖顶。该建筑具有欧洲农村庄园式加工作坊的格调。① 解放后为青岛肉制品联合加工厂,现在所保存的建筑为其中的办公楼。

图 11-5　德国啤酒厂旧址

德国啤酒厂(旧址)位于青岛市市北区登州路 56 号,建于 1903 年。该建筑风格为德国三段式,共两座楼房。A 楼为砖石结构二层楼房,建筑面积 150 平方米,高 11 米,檐高 4 米,花岗岩墙基,红砖清水墙,红瓦斜坡屋面,窗户以红砖起拱。B 楼亦为砖石结构,原二层,建筑面积 765 平方米,红花岗岩墙基,红砖清水墙立面,斜坡屋顶。窗为拱形,西南角为敞廊挑台,以花岗岩槌形柱支撑,

---

① 青岛市情网 http://qdsq.qingdao.gov.cn。

柱头饰有蝶形铁花。现在在这一旧址的基础上建成了青岛啤酒博物馆。①

近代本地区的纺织工业十分发达，纺织业成为就业人数最多的近代工业部门。因此，在介绍本地区近代工业相关的内容，是绝无可能将这些纺织工业抹杀掉的。

关于纺织工业的工厂，现在遗迹被整体保存下来的有两个：原日本上海纺织株式会社所属企业（后来的青岛国棉五厂）以及日本钟渊纺织株式会社所属企业（后来的青岛国棉六厂），下文对上述两者进行分别介绍。

原日本上海纺织株式会社所属企业。1934年3月在青岛开设分工厂，厂址选在旧时沙岭庄东北侧（现为青岛市市北区四流南路92号），靠近李村河入口处。该厂所生产的纱、布商标均为"龙门"牌号，产品畅销沿海各省、长江流域和东北各省。现在以此厂为基础综合原大康纱厂（后来的青岛国棉一厂）、原丰田纱厂（后来的青岛国棉四厂）形成新的纺织联合企业，称为"纺织谷"。原厂址现为青岛纺织博物馆。

1921年，日本钟渊纺织株式会社社长武藤山治来青考察，选定在沧口建厂。1922年开始破土动工。1923年4月，第一纺纱厂建成。次年4月，第一织布厂建成开工。日本厂主在建厂的同时，就开始在本市及即墨、平度、潍县、昌邑、高密等地招收大批破产农民进厂工作，同时还招收一批具有高小以上文化程度的青年，送到日本神户、大阪等地纺织厂学习，这些人叫作"练习生"。日本厂主为便于管理工人，在建厂同时，盖了工人宿舍，除家属住沧口附近以外，大都被强迫住进宿舍并受厂方规定的种种限制和约束。该厂是青岛国棉六厂的前身。2013年，这处老厂区改造成为"青岛国棉六厂虚拟现实产业园"并正式对外开放。

胶州湾及沿岸地区另一个比较发达的工业部门是机械冶金工业。作为"其他部门工业之母"的机械冶金工业在本地区的发展充分地体现了本地区城市文化发展的变化。德占时期，因为城市目标定位为"工商业城市"与"军事基地"，所以当时胶州湾沿岸地区的机械冶金工业的用处主要有两个：一个是配合胶济铁路的建设，二是作为军事基地功能而建设必要的军事工业，代表性的工厂主要有两个，青岛造船厂和水类机械修理厂，现在从建筑层面上尚有保存的是铁路总厂（今四方机械车辆厂）。

---

① 青岛市情网 http://qdsq.qingdao.gov.cn。

铁路总厂是现在四方机械车辆厂的前身，为德国人在 1900 年投资 320 万马克建造，是胶州湾及沿岸地区最早的机械工业企业之一。四方机械车辆厂是一个庞大的建筑群，主要包括客车设计部、保健站、水塔、木配件厂和办公大楼等部分，现在前四个部分的建筑都已经被拆除，只剩下办公大楼还在继续使用①，现址位于青岛市市北区杭州路 16 号。

在机械冶金工业部门中，近代民族工业也占据一席之地，这就是华昌铁工厂，该工厂建于 1920 年，1929 年改为利生铁工厂，在第二次日本占领时期被日本人以低价强行收购，1946 年由中纺公司青岛分公司接收。该厂原厂址位于四流南路 22 号，是青岛纺织机械厂的前身。

日本在这一地区建设的机械冶金工业主要有华北木梭厂，于 1941 年开办，后来逐渐发展成为青岛纺织器材厂，现也已搬迁到杭州路 70 号。

2. 与近代金融业相关的城市历史文化资源

随着本地区近代经济的发展，尤其是贸易往来和各类投资需要的增长，以银行业、期货业为主的近代金融业随之诞生了，这也在很大程度上颠覆了我们的传统观念。

汇丰银行青岛分行旧址位于馆陶路 5 号与吴淞路交口处。汇丰银行总行设在香港，由英国资本所设。青岛分行于 1912 年 1 月开业。1914 年，德国撤离青岛，这给了在夹缝中生存的汇丰一线生机。于是，汇丰选择在青岛新的商务中心——馆陶路建设自己新的办公地址。1917 年，新址正式竣工。现为青岛市汇丰苑大酒店。

麦加利银行(渣打银行)青岛分行旧址位于馆陶路 2 号。麦加利银行青岛分行成立于 1925 年，主要办理外汇及存放款业务。抗战前青岛中资银行的发行准备金多存于此。太平洋战争爆发后，曾被日资朝鲜银行接管使用。与此同时，法国人创立的万国储蓄会山东总分会也曾短暂租用办公。1946 年，麦加利银行在原址复业后，一直未恢复到战前的水平。1949 年 2 月，正式停业。青岛解放后，这座建筑曾被青岛市百货站文化用品公司使用，前几年该建筑也曾被某西餐馆使用，店名也取作"麦加利"。

交通银行青岛分行旧址建于 1930 年，位于青岛市市南区中山路 93 号。该

---

① 张渝欣《以四方机厂为例——青岛老建筑研究》，青岛理工大学硕士论文，2013 年，第 5 页。

建筑由中国建筑师庄俊设计。该银行为钢筋混凝土结构，地上四层，地下一层。花岗岩大方石砌基，凹槽线饰花岗石贴墙，平顶屋面，是一座仿罗马古典风格近代银行建筑。其设计处理均衡有序，尺度适宜，是同时期青岛银行建筑的精品之作。1931年，交通银行青岛一等支行由中山路21号迁至该址。青岛解放后，该建筑由交通银行青岛支行接管，后为中国建设银行的营业大楼，一直沿用至今。①

中国银行青岛分行旧址建成于1934年，位于青岛市市南区中山路62号。该建筑由中国设计师陆谦受、吴景奇设计，占地面积1557.34平方米，建筑面积4761.42平方米，砖石钢筋混凝土结构，地上三层，地下一层。1934年，中国银行青岛分行自中山路152号迁至该址。1941年太平洋战争爆发后停业。抗日战争胜利后，该行于1946年1月复业。青岛解放后，成为国家经营外汇业务的专业银行。该建筑现为中国工商银行青岛市分行营业场所。

中国实业银行青岛分行竣工于1934年，位于青岛市市南区河南路13号，为许守忠设计。该银行为钢木结构，原地上三层，20世纪80年代中期接建一层，现为四层，有地下室。整个建筑为古罗马建筑风格。1934年，中国实业银行青岛分行由馆陶路迁入该楼。青岛解放后，1952年12月加入公私合营银行青岛分行。该建筑现为中国人民银行青岛市中心支行营业场所。②

朝鲜银行青岛支行建成于1932年，位于市北区馆陶路12号，矩形平面，地上两层，地下一层，东南两面临街。在构图手法上受到美国建筑师路易·沙利文的影响，是典型的日本建筑风格。青岛解放后，为工商银行青岛支行市北分行。③ 曾因2017年7月份银行门前雨棚石柱被拆而引发广泛关注。

原大陆银行青岛分行建筑位于青岛市中山路70号，于1934年9月13日建成，由罗邦杰设计。地上四层，地下一层，为砖石结构建筑，典型的20世纪30年代的西方新型建筑。④ 由花岗岩方石砌基和贴墙面，平屋顶形式。主入口位于拐角处，中轴线布局，一层券形大门，墨色花岗石嵌门套，一、二层间外墙有腰带形饰线条，采用凹凸手法处理临街窗和墙石。檐口线条简单，入口处顶部略隆起，山墙饰以简单刻花图案。房间高大明亮，地面为地板式，护墙板为木制，

① 青岛市情网 http://qdsq.qingdao.gov.cn。
② 青岛史志办公室《青岛市志·城市规划建筑志》，新华出版社1998年版，第128页。
③ 青岛史志办公室《青岛市志·城市规划建筑志》，新华出版社1998年版，第129页。
④ 青岛史志办公室《青岛市志·城市规划建筑志》，新华出版社1998年版，第130页。

建筑造型简洁、典雅,具有当时流行于上海的"艺术装饰派"样式手法。现在为麦当劳快餐店营业场所。①

青岛市物品证券交易所旧址,位于市南区大沽路 35 号,建于 1933 年。初建为物品、证券交易场所。该交易所为钢筋混凝土结构,由青岛近代建筑家刘诠法设计。地上四层,局部五层,地下一层,平面呈矩形。花岗石砌基和贴墙面,平顶屋面,主立面西向,南北二层窗外有装饰型矮沿露台。入口处有四根方形凹槽贴面石柱直达五层。三层以上采用竖向带窗,与一、二层长方形窗设计对比强烈。室内一、二层大厅高 6 米,三、四层房间高 4.5 米。整体造型庄重挺拔。

青岛取引所大楼旧址位于市北区馆陶路 22 号,建于 1920 年,1925 年竣工。日本官办青岛取引所成立于 1920 年 2 月,同年 11 月成立中日合资的商办青岛取引所株式会社,资本定为日币 800 万元,中日商人各半。取引所为日本当局的监督管理机构,设物产部、钱钞部、证券部。1922 年,中国收回青岛主权后,改称株式会社青岛取引所,继续由日本人管理,主要经营花生米、油、棉纱、棉花、面粉、日元、银元、股票等期货和证券差价交易。1925 年,在馆陶路 22 号建立贸易市场。1938 年日本第二次侵占后,强并中国商人创设的青岛交易所。1942 年太平洋战争爆发后,因物资缺乏而歇业。1944 年 6 月,取引所决议解散。1945 年 5 月正式停业。②

(三)市民文化层面的胶州湾沿岸城市历史文化资源

在近代化的生产方式影响下,这一地区的城市日常生活和市民文化也随之而近代化,这种变化可以说是全方位的。但在这些变化中,笔者认为,最突出的是当时卫生事业和娱乐行业的变化。

1. 与卫生事业有关的城市历史文化资源

福柏医院位于青岛市市南区安徽路 21 号,建于 1906—1907 年,占地面积 8432 平方米,钢筋混凝土结构。医院大楼的西入口处墙壁上镶嵌有 1907 年建成时的钢质模型,是青岛唯一被发现镶嵌有本楼模型的建筑。1906 年,同善会与欧洲人协会的德、英、美等国侨民集资创办了这所为欧洲人服务的医院。为

---

① 青岛市情网 http://qdsq.qingdao.gov.cn。
② 青岛市档案馆《青岛通鉴》,中国文史出版社 2010 年版,第 3 页。

纪念在青岛去世的德国传教士福柏,医院被命名为福柏医院。2006 年 10 月,改称为青岛口腔医院。

胶澳督署医院位于青岛市市南区江苏路 19 号。在德国占领青岛的第二年,即 1898 年夏秋之交,当时瘟疫盛行,死了许多人,其中有 4 名德国军人,为此,德军就在观象山下搭起帐篷,建立野战医院,也叫海军医院。当年 10 月,胶澳总督府决定在这里建立医院,并于 1899 年 11 月完成了一期工程,现在是青岛大学医学院附属医院。

2. 与娱乐文化行业有关的城市历史文化资源

山东大戏院位于青岛市市南区中山路 97 号,是青岛历史上第一家由中国人开办的电影院。1931 年 12 月 15 日,山东大戏院开幕,放映中国第一部有声电影《歌女红牡丹》,并聘请"电影皇后"胡蝶前来剪彩。山东大戏院的建立打破了外国人垄断青岛电影的局面,为中国影片的放映设置了阵地。山东大戏院专门放映"明星""联华""天一""新华"等制片厂的影片,深受欢迎。青岛解放后,改为中国电影院,也是现在区域内为数不多得以保存下来的电影院。

大光明电影院位于青岛市市北区台东一路 53 号,1954 年建成。电影院有座位 1029 个(楼上 196 个、楼下 833 个),放映设备齐全,有放映机两台,可放映包括立体电影在内的所有规格影片。1993 年,改造完成 3 个电影厅及电子游戏等项目。2008 年 3 月停止放映。

东风电影院位于青岛市市北区市场三路 22 号,原名电气馆,1919 年建成。青岛解放后为友协电影院。20 世纪 60 年代更名为东风电影院。影院有座席600 个,放映设备齐全,有放映座机两台,能放映包括立体电影在内的各种规格影片。2004 年停止放映。

青岛剧院位于青岛市市北区李村路 12 号,原名为青岛映画剧场,1939 年建成,是青岛设备较好的一家影剧院。剧院建筑面积 2407 平方米,砖木结构,有座位 800 个,舞台设备齐全,电影放映设备完善。

(四)城市管理层面的胶州湾沿岸城市历史文化资源

当前本地区所保留的有关城市管理层面的历史文化资源主要是胶州湾东岸青岛市主城区所保留下来的各个时期的城市管理部门的建筑。其中,以胶澳总督楼和胶澳总督府的历史价值为最大,以下对上述两者做一简单的介绍。

胶澳总督楼初为胶澳总督官邸，俗称提督楼，位于今青岛市市南区龙山路26 号，为国家文物保护单位。1903 年开始建设，1906 年基本完工，1908 年全部竣工。1934 年，南京国民政府正式确定其为迎宾馆。青岛解放后继续沿用为迎宾馆，成为接待党和国家领导人以及重要外宾的场所。[①]

胶澳总督府俗称提督府，位于今青岛市市南区沂水路 11 号。1903 年始建，1906 年竣工。在德国侵占青岛时期为"总督府"，日本第一次占领时期为"青岛守备军司令部"，北洋政府统治时期为胶澳商埠办公署和胶澳商埠局，南京国民政府统治时期为青岛特别市政府（或青岛市政府），日本第二次侵占时期为伪青岛市治安维持会、伪青岛特别市公署、伪青岛特别市政府，青岛解放后为青岛人民市政府办公处。[②] 现为青岛市人大常委会和青岛市政协的办公处。

（五）胶州湾沿岸近代城市历史文化中的平民文化——里院建筑

里院建筑的出现，主要与德国侵占胶州湾后，华人被迫北迁至大鲍岛区有关。按照德国的规划，在大鲍岛区的西北部建设小港码头以作为大港码头的辅助港口兼贸易港。在小港码头和胶济铁路的双重带动下，大鲍岛区经济持续繁荣，大批移民涌入这里。随着城市人口密度的增大，为满足普通市民阶层的居住需求，里院建筑应运而生。20 世纪 20 年代建造的里院多为砖木结构，到 20 世纪 30 年代建造的里院多为砖混结构，水泥走廊、石楼梯等取代了木质楼板、楼梯。里院规模大小不同，居住人口多少不一，从十几户到几十户甚至上百户不等。根据 1933 年青岛市社会局统计，当时全市的里院有 506 处，房间 16701间，住户 10669 家。[③] 而到 2011 年为止现存里院建筑仅剩有四片：一是云南路、费县路一带；二是市场三路一带，聊城路、济宁路、黄岛路、中山路之间区域；三是辽宁路、泰山路、益都路一带；四是济南路、北京路、天津路、大沽路一带。而原本数量众多的小港以北的海关后一带的里院建筑群，基本已被夷为平地，现仅存冠县路以东小片区域。[④]

---

① 青岛市史志办公室《青岛市志·文化志/风俗志》，新华出版社 1998 年版，第 185 页。
② 青岛市史志办公室《青岛市志·文化志/风俗志》，新华出版社 1998 年版，第 185 页。
③ 青岛市档案馆《胶澳租借地经济与社会发展——1897—1914 年档案史料选编》，中国文史出版社2004 年版，第 369 页。
④ 童乔慧、张洁茹《青岛平民文化的博物馆——里院建筑研究》，《华中建筑》2011 年第 8 期，第 41～45页。

第三节　胶州湾沿岸城市历史文化资源的当代价值

一、地缘层面:城市的基本精神

胶州湾沿岸地区的自然环境是依山傍海,而"Ω"形弯曲的海岸线使其能够有成为良港的自然条件。就是因为这种自然区位优势,自1898年德国侵占青岛到1949年解放,逐步发展出近代城市文明。

但是,这种地缘层面的自然条件不仅带来这一地区城市文化发展的潜力,更多的是人们在一个相当长的历史时期,在与自然互动的过程中形成了一些生产生活方式的升华之后的文化。这种文化作为本地区城市的基本精神,存在于整个地区城市的发展过程中,成为这一地区城市历史文化发展的基本骨架,当然也是城市历史文化资源所蕴含的基本文化内涵。

这种城市历史文化资源的基本内涵,在胶州湾沿岸地区非常明显,首先源于面向海洋的环境,在这种海洋环境的影响下,造就了这一地区先民们世代相传的海洋活动。由海洋活动本身所引发的对商业贸易的崇拜,对商业活动的需求,以及本地区民众自然而然的富有冒险进取的人生取向的形成,都有着十分重要的影响。

更深层次的是对于在这一地区生活的人来说,面向海洋的自然环境以及这种环境所带来的经济发展潜力也会影响本地区人们的思想观念。这突出地体现在本地区人民拥有相比于其他内陆地区更为明显的开放意识和对于异域文化的包容性,在海洋环境和长期海洋生产活动的影响下形成的"敢为天下先"的精神,而具体到其所属的山东省进行地方的横向比较就更为突出。而恰恰青岛能有今天成为山东最具有活力的经济龙头,在全国成为中心城市的潜力,乃至东北亚地区节点中心城市的地位,也与这种有海洋形成的海洋文化精神直接相关联。①

总的说来,这种地缘层面的区位优势,在很大程度上为本地区的城市文化资源禀赋的形成提供了最基本的自然条件。面向广阔大海,实际上也就是面向更多的未知性,而这种更多的未知性也就会倒逼着本地区的人们不断地强化自

---

① 张胜冰、马树华《青岛文化的历史文脉对城市文化精神的影响》,《中国海洋大学学报》(社会科学版)2007年第4期,第24~28页。

身的冒险精神与开拓创新的城市精神。这不仅仅对本地区的原住民产生影响，也会不断地影响着本地区的"新移民"们，在这片区域的包容中，找到自己的归属之地。而这种在文化上对人才的吸聚能力又会反作用于经济再作用于城市文化，从而形成本地区发展的良性循环。

二、物质文化层面：城市形象的构建

实际上，我们在梳理近代本地区的城市历史文化资源的时候，就已经从单体建筑的角度来阐述本地区的城市形象了。当然，城市形象其实包含很多方面，其中也包含精神层面，但为什么此处却仅仅将其归结为物质层面呢？因为城市形象的构建首先不可能是空穴来风，也就是说，城市形象的构建首先需要的是物质基础，刚才为何说梳理城市历史文化资源就已经在阐述城市形象，原因即在于此。

本地区长期以来的城市形象都被胶州湾东岸主城区的"红瓦绿树，碧海蓝天"所代替，但往往我们在阐述这一景观形象的时候经常会用俯视图甚至是鸟瞰图来进行描述，这固然是一种视觉角度。但是，人从来不可能悬浮于城市之上看城市，而更多的是在城市之中看城市。而这种视觉场域主要在于街道。

街道这个视觉场域与人之间是相互作用的，人创造了街道的具体形式，而街道的视觉效果也同时会反作用于人，在这种相互作用中，城市形象就会构建起来。

一方面，本地区人们对于街道具体形式的创造。应该来说，本地区城市发展中的一个最大的长处在于其规划的连续性。这使得城市规划与发展的基本思想得到传承。对于本地区来说，最得到传承的就是基于不同的自然条件的规划，对海岸线采取不同的利用方式，使城市有明确的分工，向着不同的方向发展，并沿轴向带形展开。[①] 这种城市沿轴向带形发展的规划思路是工业革命后现代城市空间发展的一个重要趋势，被认为是一种高效、动态开放的城市体系。[②]

建筑形式作为一个重要因素也起到了作用。此外，最初规划的路网形式对

① 李东泉《近代青岛城市规划与城市发展关系的历史研究及启示》，《中国历史地理论丛》2007 年第 22 卷第 2 辑，第 125～136 页。
② 时匡、张应鹏《开放的、可持续发展的城市规划》，《新建筑》1997 年第 1 期，第 24～29 页。

城市尺度和城市形象的形成也发挥了重要作用。1914 年以后新的规划与原有的路网相衔接,使其至少在两个方向上一致(南北或东西)。因此,虽然德国人划定的路网过密,后来的规划也突破了前人的界限,但街坊面积的扩展依然受原有建成条件的限制,从而使城市形象得以继续保持。

从另一个方面来说,本地区的城市规划充分地反映出了古典主义的城市特点,这种城市特点在一般意义上来说是街道具有向心力,体现着秩序感,它们往往宏大、壮观,易于激发所谓的城市精神。①

三、历史文脉层面:城市气质的源泉

其实对于城市的气质来说,或者对与本文更为相关的主题层面来说,城市历史文化资源不仅仅是如他们的物质表象一般的那么"硬",其中也有"软"的一面。而这种"软"的一面突出地体现在这座城市的色调。本地区拥有最丰富的花岗岩地层和花岗岩资源,还有上文提到的第五立面红瓦和历史悠远的

图 11-6 康有为故居

石作技术。在德国占领的时期,善于运用石料的德国人把自己独特的营建手法和传统技艺引入青岛。德国人设计建筑时在石料的运用上非常灵活及准确。在城市建设中,我们常常用不同的工艺手法来传达石料的美学信息;与此同时,不同石材的对比、色彩对比以及石料与土、砖或者沙石等材料的搭配也能展现出独特的韵味。地方独有的材料的巧妙运用,自然随意地就演变了本地区城市属于自己的特色。

整体来说,本地区的城市色彩还是以暖色调为主的,而这种暖色调在历史文脉中一个最好的体现就是本地区城市文化的包容性。而这种暖色调可以说,

---

① 姚晓军《城市街道的视觉特征研究》,青岛理工大学硕士学位论文,2011 年,第 9 页。

通过颜色影响了人们的心理,从而成为一种共同的城市心理。

第四节 胶州湾沿岸城市历史文化资源保护

一、古代城市历史文化资源的保护

本地区的古代历史文化资源由于年代久远,很多遗迹已经不复存在。而针对历史文化资源的损害,主要还是从法律的制定与执行,特别是对于破坏文物古迹的行为进行严格的制裁着手。

其次还应当重视教育的作用。众多的文物需要保护,单凭政府的力量和职能部门有限的人力,是远远不够的。所以,实施城市历史文化资源保护的主导力量还在于广大公众。由此,可以考虑把保护本地区古代城市文化资源作为普及教育内容写入本地区中小学的校本课程,作为本地学生的一项必修的课程,让当代人以及后代人接受系统的教育。启动这项工程需要政府教育、建设、文化、文物等多个部门协调合作,并且需要长期不懈的努力,工作艰巨。从长远角度出发,这对本地区古代城市历史文化资源十分有益。

二、近代城市历史文化资源的保护

实际上,在本地区近代城市历史文化资源的保护中,最重要的是工业建筑的保护,而在工业建筑的保护中最关键、最难处理的并不是单体建筑的保存,恰恰是如何让这些资源"活"起来的问题。"活"的目的就是保护城市的历史、文化、特色。所以,我们应当做到以下几点。

第一,应制定保护规划,统筹安排,形成一个从整体到局部的完善的保护体系,并纳入法制化的管理轨道。在推动法治化的同时,还可以针对本地区的城市历史文化资源,依托各种方式、各种平台进行公众的教育。第二,通过对建筑物、构筑物、街区等载体的保护来保留住城市的历史文脉,从各个角度体现出城市的历史演变过程,反映出城市的文化积淀。第三,注重城市特色及传统风貌的保护。特色是一个城市的灵魂,是一个城市的标示,是一笔无法估量的财富,越是有特色的东西越有生命力和吸引力。第四,有形文化保护和无形文化保护相结合的原则。有形文化是由那些可见的要素组成的,有人、建筑、景观及环境中的各种要素。无形文化是指对城市形成和发展有潜在的、深刻影响的因素。比如,针对本地区工业遗产资源的保护,实际上不仅仅是在这一部分列出的那些工厂的遗址,更重要的是当时曾经在那些工厂工作过的员工。因为从他们身上,我们就可以找出当时整个地区城市文化发展的轨迹与脉络,使城市历史文化资源的内涵更加清晰。

针对本地区近代的城市历史文化资源,我们确实可以考虑在保护的基础上进行适当的利用。第一,在城区改造中,要充分利用好城市古旧建筑,它们不仅不会成为改造的障碍,利用好了还会增加城市的品位,大有化腐朽为神奇的功效。比如,对本地区遗留下来的名人故居的运用,比如在基本保留其主格局的情况下,对所属空间进行功能上的开拓与创新的应用。第二,在做好保护工作的前提下,要发挥出保护设施在旅游中的作用,形成保护和利用互相促进,协调发展的格式。第三,有些建筑及设施的功能已丧失或弱化,可以在保护其外部形体的前提下转换其功能。

第十二章　胶州湾工程文化资源

第一节　古代胶州湾工程文化资源

一、不其城

不其城之名,源于境内不其山。秦代始设、汉代兴盛的琅琊郡不其县城位于胶州湾东北岸,曾经是一座滨海名城。

秦统一六国后,秦始皇采纳李斯的主张,在胶州湾西岸设齐郡,并于秦始皇二十六年(前 221 年)置不其县。时年,不其县疆域辽阔,东北与皋虞县(县城在今即墨区温泉街道东皋虞村)相接,西北与壮武县相连,东、南、西南三面环海,东依苍翠的不其山,周边流淌着的是大沽河、白沙河、墨水河等,可谓气候环境宜人,地理位置优越。

据清乾隆《即墨县志·古迹》记载:"不其城,一作不期,县西南二十七里,故址犹存。汉置县,属琅邪郡。"宋代《太平寰宇记》记载:"不其城,汉置。城约周十余里,后汉属东莱郡,晋于此置长广县。"秦汉不其城东、南、西南三面环海,汉代不其城曾经是青岛地区的政治、经济、文化中心。汉武帝太始四年(前 93 年)"夏四月,幸不其,祠神人於交门宫,若有乡坐拜者,作《交门之歌》"[1]。汉武帝东巡驻跸不其城,并"祀神人于交门宫",在女姑山建立"太乙仙人祠九所及明堂"。据《孟子·梁惠王下》解释:"夫明堂者,王者之堂也。"明堂是古代帝王宣明政教、举行大典的重要场所。[2] 西汉时全国仅几处,不其女姑山明堂便是其中之一,可见汉武帝对不其县的重视程度。汉高祖刘邦曾封其部下吕种为不其侯。汉光武帝刘秀封著名经学家伏生九世孙伏湛为不其侯,食邑 3600 户,此后历代

---

① (汉)班固《汉书·武帝纪》,中华书局 1962 年版,第 207 页。

② 白晓银、罗红侠《扶风召陈三号建筑基址为西周明堂考》,《文博》2011 年第 5 期,第 34 页。

伏氏不其侯在此传授经学。汉代经学大师郑玄曾在不其山下筑庐(康成书院)传经授徒。

不其县在西汉时隶属琅琊郡,东汉时隶属东莱郡,晋至南北朝时期为长广郡治所,时长广郡下辖不其县、长广县和挺县。北齐文宣帝天保七年(556年),不其县被裁撤,不其城倒塌,湮没在历史尘埃之中。今天的城阳一带仍然保留着"古庙""城子""京口"等古村庄名字,这些古村庄都是汉代不其城的历史陈迹。相传汉代在古庙村建有庙宇,是墨水河上往来船只的重要渡口,京口是当年不其城的西门口。在流亭东北后古镇村有不其城遗址。近年来,在汉不其城遗址及其周边出土了许多汉代遗物。

晋代,仍置不其县,并且成为长广郡的郡治,即郡衙门所在地。《辞海》载,长广郡,晋武帝咸宁三年(277年)置,治不其,辖境相当于今青岛、莱西、莱阳、海阳、即墨等地。到了南北朝的北齐时,废不其县。隋朝统一全国后,于隋文帝开皇十六年(596年)恢复不其县,但不久又撤销建置,并入即墨县,不其县城逐渐消失。

二、胶州古城

胶州境地,夏商为莱夷之域。《胶州市志》载:"北朝北魏永安二年(529年),设置胶州,州治在东武,辖东武、高密、平昌三郡。"这是历史上胶州建置之始,但州治在东武,也就是说州城在诸城。当时胶州境地为黔陬县,属胶州高密郡。唐高祖武德三年(620年),设立板桥镇。宋哲宗元祐三年(1088年),把板桥镇作为胶西县。即当时的胶西县城在今胶城胜利桥西北处。蒙古成吉思汗二十二年(1227年),复设胶州,辖高密、即墨、胶西三县,州治设在胶西县城。也就是说胶州州城已从诸城东迁至今胶州地域,具体来说就是在今胶城胜利桥西北处。

元顺帝至正十七年(1357年)春,农民起义军——红巾军首领刘福通(安徽阜阳人)派将领毛贵攻占胶州。这一年,胶州治所东迁至新城。明洪武四年(1371年),胶州建州署于内城。四年后,胶州用砖石甃内城,城有三门:迎阳门、镇海门、用城门。清咸丰十一年(1861年)四月,知州张廷扬下令修外城城墙防捻军。至此,胶州城池基本成形,经明清两代不断修整、建设、壮大、发展,形成内外两城。胶州内城始建于元顺帝至正十七年(1357年),历经数百年狭小的内城已不适应当时发展的需要。至清代咸丰十一年(1861年),知州张廷扬主持修筑了外城。内城位于全城的东北隅,其中东北一段城墙与外城墙相连。明洪武二年(1369 年)重修,洪武八年(1375 年)改砌以砖。城墙砖每个重 26 斤,砖缝内则灌以糯米石灰汁,非常结实牢固。城墙体分内外两层,中间用三合土夯实,周长 2 千米的小内城,只留有东、西、南三个各带瓮城的城门,东门叫迎阳门,西门叫用成门,南门叫镇海门,均建有双重飞檐,雕梁画栋的高耸城楼,坚固高大,易守难攻。城门设有双层门洞,门洞高 4～5 米。门洞设有两扇朱红大门,城门厚约半尺,每扇门面上饰有大铜金钉 56 个和金包龙头铺首。双层门洞之间的空地为瓮式,直径约 40 米,俗称"瓮城"。瓮城两门洞之间有一照壁。北城墙上建一北极台,高高的城台上筑一座镇武庙。城墙高 9 米,厚 4 米,墙顶用砖铺平,其宽度能跑开马车。东、南、西三门之上都建有炮台,竖有旗杆,城墙外有七八米宽的壕沟,沟内水深数米,沟上布有石桥,沟通三门内外。城内多是青砖青瓦的四合院建筑,古朴典雅,别具一格。内城约为方形。《胶州市志》记载:"用砖石砌成,周长 2 公里,高 7 米,厚 4 米;池宽 8 米,深 5 米(池宽 8 米,深 5 米指城墙前护城河池水宽 8 米、深 5 米);城有 3 门:东为迎阳门,南为镇海门,西为用城门。"各城门上建有城楼并设有瓮城,城楼有双重飞檐,雕梁画栋;城楼高耸,巍巍壮观,易守难攻。所谓瓮城,是把单层城墙增建,向内、向外弧形建双层城墙,并设有里外两道城门,两门之间围合空间犹如一座小城,其状如"瓮"得名"瓮城"。城北无门,在城墙上建一台子,称北极台;台上建城楼,名曰镇武庙。每道城门有两扇大门,用厚木打造,非常坚固牢靠,墙外有七八米宽的壕沟,沟内水深数米,沟上布有石桥,沟通三门内外。这座周长仅有 2 千米的内城是胶州明清时期的政治、教育、文化中心。

内城位于全城的东北部,内城北城墙与外城东北段城墙共用。内城街道整齐,有东西、南北两条交错的中心大街,把内城分成以州署衙门、石河场协府署、考院、文庙为主的四部分。由路口向东、向西各约 250 米分别为东门迎阳门、西门用成门,向北、向南各约 250 米为北极台、南门"镇海门"。首先说州署衙门。州署衙门,在东西向中心大街的西部路北,也就是整个内城的西北部分,坐北朝南,是明清两代州署所在地。大门面南,门两旁有一对石狮把门,威风凛凛。正门的两侧各设一间门房,东间安放一只大衙鼓,用以集散曹吏和击鼓告状鸣冤。明清时期大门内坊书"天威咫尺"四个大字,比喻离天子威严极近。州署衙门房屋5 进,规制 5 间,共计房屋 100 多间。衙门内设三班六房、狱所及其他机构。

青岛解放前的内城只有二三百户人家,包括当地的居民和官府人员及其眷属千余人。内城街道比较整齐,有两条交叉的"丁"字形大街,把内城分成四块。从十字街口向东约 250 米为迎阳门、向西约 250 米为用成门、向北通过弯曲小巷为北极台(镇武庙同门楼)、向南约 250 米至"镇海门"。这是一条有两座石头牌坊的大街,街东有文庙大院,其设施有大成殿、东西两庑、御碑亭、大成门(戟门)、名宦祠、乡贤祠、泮池、(月河)、灵星门、大门、魁星阁(文昌阁)、崇圣祠(启圣祠)、忠孝弟祠、明伦堂和敬一堂。文庙的大成殿即文庙正殿,其制六楹,四柱四殿,殿覆盖黄瓦、檐覆绿瓦、屋顶阳面由琉璃绿瓦铺设"万世师表"四个大字,阳光照射、熠熠生辉,黄底绿字,格外显眼。站在离城二里外的南岭上就可以望见。门上悬挂康熙皇帝亲赐御匾"万世师表",檐下设平台,门前有台阶,殿前东西各有御碑亭一座,碑底朱色金书。正殿前院有东西两院,各六楹。正殿之前为大成门(戟门)四楹,上覆黄瓦,正门在中间,两侧各设小门。大成门前为泮池,群众称为"月河",为半圆形的池子,池上分设汉白玉镂花石栏杆桥三座。月河之前设灵星门,由灵星门南出文庙大门转向西为文庙的前门(现机关幼儿园门前处),南面有文巷街,街头有座石牌楼门即潘公石坊,坊北则建有一座碑,碑义为"文武官员至此下马"。在大成殿东南角灵星门东侧的高台上建楼两层,上层为文昌宫,下层即魁星阁,魁星翘着左腿,左胳膊弯曲放在膝盖上,右腿站地,右胳膊伸在头上,手执一支笔,如下点状。文庙的最北部,临街的都是些店铺(现市政协大门附近),其东邻是"王家囤园"(王圣格家存放粮食的地方,现武装部西邻),此处对面还有大户逄宅、其南面有高宅和高家祠堂。

这条街的西面是富商李涵清的住宅(老胶州市政府东大门附近),他家人少房多,常驻有军队指挥机关。李家南邻是旧协府署街地主王家,大门南向,门口有对石狮,俗称"狮子大门"。王家西邻是旧协府署,抗日战争期间改为"爱字会"(红十字会慈善机构)。从十字街口向西到"用成门",这条街的路南是胶城首富王圣格的"惜荫堂"的住址(老市府楼和财政局楼处),这家宅邸从外形上看并不富丽堂皇,但布局得体、方方正正,大门里悬挂着一块红底金字"急公好义"的大匾,两侧的大灯笼上嵌着"惜阴堂"三个大字,门旁石鼓门磴一对,这就是当时胶州闻名遐迩的"王圣格"家。这户人家,虽算不上簪缨世胄,却也是书香门户。胶城凡大户人家、书香门户、无功名的宅邸门口都放有石鼓、官宦宅邸门旁也有石狮把门。对面街北是坐北朝南的老衙门(州署),是历代州署的所在地。首先是胶州州署的照壁,它与大门的正门相对,起着遮蔽和装饰的作用。古时照壁面对正门,一面画有一只奇兽,用以震慑官吏勿徇私舞弊、贪赃枉法。至民国初年,改画成总理遗像和书写总理遗嘱、遗训。大门外东设申明亭,西为旌善亭,于明洪武五年(1372年)建。两亭一直保存到民国时期。大门面南,大门照壁前有一个雄健的石狮把门,威风凛凛。正门的两侧设一间门房,东间安放一只大衙鼓,以集散曹吏进行衙会和告状鸣冤击鼓之用。大门由衙役即门子守护。大门内坊于明清时期书"天威咫尺"四个大字,"天威"指天子的威仪,"咫尺"是说天威不远,意指帝王所住的地方。至民国初更多是写"天下为公"四个大字。进大门沿中甬道北进便是礼仪门,简称仪门,其为官署的第二道门。在仪门的两侧,设有角门,东为人门,是州官及吏役们走出仪门迎接宾客,或者进行重大案件公开审理时,都会开仪门,便于平民百姓来堂前听审和观看。由仪门北进,至大堂前甬道正中便是戒石亭,在戒石亭的东西分别是班房和书吏房的厢房,三班六房是州衙吏役的办事处所,也是吏役的总称。

位于州署中心位置的是大堂。门首匾额书"亲民堂"三个大字,此额至民国改为"大礼堂"。大堂是知州办事和公开审理案件的正堂,其制五间,宏伟壮阔,它标志着知州在一州的核心地位,显示其独霸一统的封建权威。经历代知州重修,所以直到民国时期仍保存完好。大堂东为库房,西为吏舍。过大堂北进便是二堂,其建筑结构与大堂基本相同,其制也是五间,只不过是略小于大堂,是知州审理案件的地方,也是知州公开审理案件在此休息和准备的场所。二堂以东的厢房,为库房,以西的厢房为炉房,即银炉,为官设铸造宝银的机构,兼营银钱业务,操纵一州的金融,二堂以北是三堂,有五间,其建筑结构与式样近似大堂,是知州接待上级官员、议事和审理机密案件的地方。三堂左右为东西书房。三堂东为东院,院北边是花厅,南边是东院东书房,各五间。三堂西为西院,坐西三间西厢房为西书房,南正房为马房,北正房为厨房。在西书吏西南处是狱神庙和监狱,在西班房后有门相通。三堂后是五间内堂,为寝室,其东西各有三间厢房。内堂后是五子楼,为内寝,在五子楼后有房18间,18间房后就是北马道。州署(衙门)共计房屋130间。青岛解放后,州署拆除改建为胶县人民法院。在州署以东还有州同署,解放以后拆除改建为供销干部学校和公安局所在驻地,西北有州判署,青岛解放以后拆除改建为教师函授学校和检察院驻地,衙门东邻是大地主李少海的宅邸。从十字街口向东直通迎阳门。此街有石牌坊四座,诸如"兄弟进士"都是为考取功名的人而立。街北从东往西有刘将军庙、考院、书院。考院系封建社会考取秀才的场所,规模相当大。外设出厦大门,左右各设一扇小门,供考生们考试入场之用。门外走廊设栅栏,以供守卫和张贴榜文之用。进门后有东西两厢,各 12 间,均隔成单间,作为考场,后面是一幢两层的阁楼,系监考和办公用房。阁楼中有一拱门,穿过拱门后面建正房及两厢,两厢为考场,正房为杂务之用。从十字街口向北通过约 2 米宽的小巷弯曲到后所湾,沿湾直达北城墙的北极台。这条街的西面有当铺、地主纪家、栾家,街东面有杨家几户小财主。在此街北端的北极台顶上,有座镇武庙。在庙门处居高临下,北望火车站,如在眼前。在北极台前面是后所湾。湾东崖有仓厫,是旧时政府存放粮草的地方,湾北沿中央的北面,有处高门宅邸,房屋树栋,以青砖灰瓦所建,庭院深阔,大门坐北朝南面临大湾,外观甚有气派。此屋是大年公的住宅,后为子嗣转让于苟姓人家。

州署衙门的外层有几条较大的巷子:用成门里北巷子居住着一些中小财主和官府的听差、衙役一类的人家;迎阳门里北巷子住着一些小业主、店掌柜、店员等;镇海门里东巷子到城墙根背阴(当时叫马道)的地方,住着一些做小买卖和耍手艺的穷人;北城墙以南的后所湾四周,住着许多平民百姓。

内城外最繁华的地方要数用成门外的太平街、山货市街、城隍庙街、打水巷子。有许多内城人在这里做买卖,有照相馆、酒菜馆、杂面店、书摊、杂货摊,还摆着一些供有钱人租用的人力车。镇海门外也比较热闹,有澡堂、黄酒馆、烧肉铺、小饭店,还有很多小杂货摊。许多内城人到这里摆小摊买吃买用。由外城南门永安门进城办事的人多经过此地。迎阳门外的姜行街和金沟崖街一带做小买卖的人也不少。此处有个神泉湾,天旱时,官府和绅士们常在此设坛祈雨。湾南面有魁文阁(文昌宫),湾北面不远处还有八腊庙、铁瓦殿、大关帝庙(胶城最大的关帝庙)。

胶州不管是属州,还是清末及民国初年的直隶州,都下辖高密、即墨二县,除此之外还有胶州地域,所以管辖范围应为三地:胶州、高密、即墨。这样一来,知州既要处理所辖各县的重大事务,又要具体管理所在地的一切事情,这就很不方便。为了解决这一矛盾,知州设佐贰官州同知和州通判。知州为五品,州同为从六品。州同的职责,专管州治所在地的一切政务,即行知县事;州同的办事机构叫州同署,单独办公。同时,还设吏目 1 人,官从九品;设灵山司巡检和石河场盐场大使各 1 人。州同署在州署东,吏目署在州署西。州署衙门对面,也就是在东西向中心大街的西部路南,是石河场协府署,又称盐署,置盐场大使 1 人。

胶州有长达 4000 多年的采盐史,胶州盐场是山东重要的产盐地。民国《增修胶志》载："东海渔盐之利,齐因之从致富强,胶州,东海重镇也。"胶州的石河盐场,规模最大时统辖胶州、即墨、莱阳、海阳的滩场,滩地横跨二州,产业规模相当可观。

州署衙门东面,东西向中心大街东部街北从东往西有刘将军庙、考院、书院。刘将军庙,供奉刘猛将军,据传说刘猛将军是民俗信仰——驱蝗神。考院,系封建社会考取秀才的所在地,规模相当大。清乾隆五十一年(1786 年),知州张玉树主持建立胶西书院。道光十五年(1835 年),知州朱若炳主持建立的珠山书院倒塌,并入胶西书院。但胶西书院于道光二十三年(1843 年)失火,焚毁正楼和配房,翌年又重建。书院靠学田地租和捐款及其利息为经费。由知州聘请老成博学而有声望的学者总理院事;生员、童生来自胶州各地。至光绪十一年(1905 年),废除科举考试后停办,改书院,设师范传习所和中学堂。明清两代,胶州教育兴盛,人才辈出;科举登科的有很多,其中进士 109 名、武进士 23 名、武状元 1 名。刘将军庙、考院、书院后面是仓廒,旧时是存放粮草之地。

三、胶莱运河

元世祖至元八年(1271 年),成吉思汗之孙、蒙古大汗忽必烈正式建立元朝。8 年后,忽必烈灭了南宋。他带着庞大的官僚集团来到了大都,附近有大量的驻军,要在这里过理想中的幸福生活。可很快,他就意识到了一个问题,这么多人吃饭穿

图 12-1　胶莱运河遗址

衣,物资都得从江南运。江南鱼米之乡再富饶,粮食物资想要运往大都也是个麻烦事。南方的粮食物资运往大都,主要有三种途径,陆运、漕运和海运。先说陆运,从南到北的陆路运输,千里迢迢,跋山涉水,车运人搬,耗时耗费又耗人力。而当时的漕运,主要依靠贯穿南北的京杭大运河。但由于大运河多处早已淤塞,漕运也面临着转运困难的实际问题。最后说海运,通过海路来运输粮食和物资,办法固然不错,但是南来的海船需要绕过山东半岛东端的成山头才能

进入渤海湾,又平添了许多风险和麻烦。

至元十七年(1280 年),莱州人姚演提出了一个解决南粮北调问题的方案:由胶州麻湾在半岛开凿运河至莱州湾,由黄海直通渤海,全长 200 里,可避海上风浪,又减少海程近 800 里。忽必烈对姚演的方案很感兴趣,决定采用他的建议。次年,忽必烈任命姚演为开凿运河工程的总管,委派山东东西道宣慰使阿巴赤率领从益都、淄莱、宁海调动的万名士兵,作为开凿胶莱河的主力,又征调民工万人,拨银万锭进行施工。因工程施工影响农耕,又特意免了益都莱州等地赋税。两万兵民依靠简陋的工具,日夜劳作,不停挖掘,到至元十九年(1282年)八月,终于把胶莱水道开通。

胶莱运河南起黄海灵山海口,北抵渤海三山岛,流经现胶南、胶州、平度、高密、昌邑和莱州等,流域面积达 5400 平方千米,南北贯穿山东半岛,沟通黄海、渤海两海。胶莱运河自平度姚家村东的分水岭南北分流。南流由麻湾口入胶州湾,为南胶莱河,长 30 千米。北流由海仓口入莱州湾,为北胶莱河,长 100 余千米。胶莱运河开创于元世祖至元(1264—1269 年)中期,元朝政府动用两万名士兵和民工耗费两年时间挖出一条河,这条河贯穿胶州湾和莱州湾,沟通黄海和渤海,一度成为元代南粮北运的重要通道,历史上又称"运粮河",是因江南粮米由此运往京师而得名,胶莱运河也是中国唯一海陆一体的水运通道。

自元朝开凿以来,胶莱运河经历了一段曲折的历史,其中有兴盛的时期,也有被冷落的年代,时兴时废,命运多舛。明代中期以后至整个清代,由于沿海倭寇的动乱,政府实行海禁政策,着力利用京杭大运河的漕运,对胶莱运河的浚治则采取轻视或反对的态度,虽然期间有人提起胶莱运河的疏浚攒运之事,但也屡议屡罢,再也没有引起统治者的重视。在元代,南方经济得到迅速发展,作为政治中心的北方,特别是京津地区,各类生活和生产物资大量依赖南方,特别是漕粮运输,成为元代一个非常突出的社会问题。为了解决这一问题,元朝政府主要采取了两个办法,一个就是大规模扩修运河,另一个就是大力发展海运。就运河来说,隋朝创修的连通南北的京杭大运河,到了元代已经破败不堪。为了恢复其功能,元朝开始了大规模的整修和取直,但由于北方河段水量不够,黄河、淮河经常泛滥、改道,泥沙淤积等原因,一直发挥不了很好的作用。于是,在扩修大运河的同时,元代大力发展海运,同时由于这一时期造船技术和航海技术的不断提高,在此之后,形成了以海道为主,大运河为辅的南北运输线。

四、马濠运河

马濠运河是属胶莱运河的一部分,是元明两代为便利漕运开凿的海上运河。马濠运河的基础是胶州湾西南端黄岛半岛上的马濠,亦称马家濠,其南口唐岛湾,北口黄岛前湾,全长 7 千米,其中陆地长度 2.5 千米,自南向北途经濠南头、官厅、濠洼、濠北头四个社区。元世祖至元十八年(1281 年),元人开凿胶莱运河,在开凿马濠运河时遇石而罢。明嘉靖十六年(1537 年),按察司副使王献正式授命,"雇役民,选将士","巨石焚于烈火,沃于水潦",于当年正月二十二日开凿,历时三个月,马濠运河开凿成功,使胶莱运河全线贯通。"自兹,南北商贾,轴舻络绎,往来不绝,百货骈集,贸迁有无,远迩获利矣。"①马濠运河长 7 千米,宽 20 米。运河两侧的官厅、濠南头、濠洼、濠北头四村庄,皆因此得名。马濠运河终凿通后,海波流入,浩浩荡荡。文武登舟,旌旗飞扬。商贾百货,兴旺非常。南来商船,由马濠运河入胶州湾,经胶莱运河至莱州湾,进渤海走直沽达京师,既能避薛家岛淮子口水道礁石之险要,又可通南北商贾济当地之贫困。马濠运河的开凿缩短了江浙一带与京津之间的路程,对促进南北之间的经济、文化交流起到了重要作用。

探讨马濠运河对研究我国元明两代的经济、海运以及胶州湾的潮汐、海洋环流有着重要历史价值。可惜不久,胶莱运河泥沙积淤,马濠运河亦随之废弃。尔后历代,欲复未果。有水的地方总是人杰地灵,很多自然形成的河流在历史上不仅是水源地,在社会的发展进程中也起到了重要作用。城市发展让这些河流逐渐从人们的视线中消失,但它们的变迁史和相关故事却记载了下来。

第二节 近代胶州湾工程文化资源

一、胶济铁路

19 世纪末叶,世界资本主义进入帝国主义阶段,帝国主义列强侵略瓜分中国亦进入领土兼并阶段。1895 年 10 月 29 日,德国驻华公使绅珂首次向清政府

① 青岛市黄岛区地方史志编纂委员会办公室《黄岛区志》,齐鲁书社 1995 年版,第 577 页。

总理衙门提出割让一个军港的要求。此后两三年间,德国屡屡向清政府提出同样要求,均遭拒绝。于是,德国决定霸王硬上弓——抢! 1896 年 8 月新上任的德国驻华公使海靖竭力主张选在厦门,德国东亚舰队海军上将蒂尔皮茨则力主李希霍芬的方案——占取胶州湾。威廉二世命蒂尔皮茨亲赴胶州湾实地考察。1896 年 9 月 5 日,蒂尔皮茨在送往柏林的考察报告中无比肯定地说:"它和中国北部的开放城市一样,将是一个重要的商业港口;它是中国从上海直至牛庄(辽宁南部)之间唯一的天然良港。"蒂尔皮茨将李希霍芬的构想进一步细化:"假如修筑一条 69 英里长的通往潍县的铁路,或一条 207 英里长的通往济南府的铁路,则胶州的价值会更大,在山东占据重要地位的煤矿可以得到开发,胶州湾的影响将不亚于显然被高估的大运河。"于是,德国把目标锁定在胶州湾,并悄悄做起了准备工作。1897 年 5 月 3 日,身负威廉二世密令的海军部顾问、筑港工程师弗朗裴斯,对胶州湾进行精确技术调查。他的调查数据成为半年后德国舰队占领青岛的精确坐标。此时德国所缺少的,只是一个出兵的借口。借口终于来了。1897 年 11 月 1 日深夜,两位德国传教士在巨野县麒麟镇磨盘张庄被杀。威廉二世听闻大喜,密令停泊在上海的远东舰队司令迪特里希海军少将:"全部舰队立即开往胶州。"14 日晨,德军轻而易举占领了梦寐以求的胶州湾。李希霍芬随即上书德国政府,建议设南北两条铁路线,南线从胶州至沂州(今山东临沂),北线从胶州至济南。那时,他是柏林大学的教授,还是德国殖民委员会成员,德国政府"将制订租借胶州湾和扩建青岛港作为通向中国的大门的计划及其实施都交给李希霍芬负责,后来德国在山东的铁路建设,基本上是按李希霍芬的设想实施的"[1]。1898 年 3 月 6 日,李鸿章、翁同龢与德使海靖在北京签订了《胶澳租借条约》,准许德国在山东修筑两条铁路,一条自胶州湾经潍县、青州至济南及山东省界;一条自胶州湾经沂州、莱芜至济南。铁路两旁 15 千米内的煤矿准德商开采。条约签订后的第三个月,胶济铁路勘测设计全面开始;又过了三个月,胶济铁路建造工程在青岛开工;1904 年,胶济铁路全线通车,速度之快前所未有。德国驻上海领事道出其中奥妙:"盖我铁路所至之处,即我占地之所及之处。"开工典礼规格很高。1898 年 9 月 23 日,威廉二世的弟弟海因里希亲王亲自主持了开工典礼,足见德国对这条铁路的重视程度。1897 年 11 月 14

---

① 王斌《近代铁路技术向中国的转移——以胶济铁路为例(1898—1914)》,山东教育出版社 2012 年版,第 25 页。

日,德国借口"巨野教案"出兵胶州湾,以武力占领胶澳商埠。1898 年 3 月,德国
强迫清政府与之签订《中德胶澳商埠租借条约》,取得了胶济铁路的修造权,揭
开兴建胶济铁路的序幕。1899 年 6 月 1 日,德国政府发布命令,特许德国亚细
亚银行建筑由青岛经潍县至济南之铁路并营业。9 月 23 日,胶济铁路由青岛向
西修筑。11 月,因高密县境内爆发了大规模农民抗德阻路武装斗争,铁路工程
被迫几乎停工近一年。当年 11 月,山东铁路公司开始用轮船从德国运来所需
车辆,准备通车。1901 年 4 月 1 日,青岛至胶州一段竣工通车。1902 年 6 月 1
日又通至潍县。1903 年 9 月 22 日再通至周村。并于 1904 年 6 月 1 日,胶济铁
路全线竣工通车,同时竣工通车的还有博山支线。此时,胶济铁路干线全长
395.2 千米,支线长 45.7 千米。[①] 胶济铁路是由德国独家修筑和经营的。此期
间内,还建成了建筑面积 1 万多平方米、工人 400 多名的四方机车厂。据《胶澳
志》记载,胶济铁路共耗费修建费 5290 余万马克。1914 年第一次世界大战爆发
后,日本先后攻占青岛、济南等地,并乘机取代德国霸占胶济铁路,同年冬,日本
将胶济铁路改名为山东铁道,由日本临时铁道联队管理。1915 年袁世凯答应日
本提出的《二十一条》,由日本继承了德国在山东的包括胶济铁路在内的一切特
权。至 1922 年 2 月 4 日,中日两国华盛顿会议签订《解决山东悬案条约》及《附
约》,胶济铁路由中国赎回。抗日战争爆发后,日本再次侵占了胶济铁路,胶济
铁路工人在中共党组织的领导下,纷纷组织起抗日武装队伍,多次袭击日军。
1945 年 8 月 15 日,日本无条件投降,日本占领下的铁路脱离日军军部,恢复原
有组织。至 1949 年 6 月 2 日青岛解放,胶济铁路最终回到中国人民的手中。
至 7 月 1 日,胶济线坊子至青岛间修复,胶济线才全线通车。连接济南、青岛两
大城市,是横贯山东的运输大动脉。与邯济线一起构成晋煤外运的南线通道,是
青岛港的重要疏港通道。

　　从客观上看,胶济铁路为山东的旅客与货物运输提供了方便,促进了货物
流通,推动了铁路沿线一些城镇商业经济的发展。

　　铁路的修建与通车,大大缩短了人们的旅行时间,给人们的生活带来了诸
多方便,极大地推动了沿线城镇商业经济的繁荣,还促使山东半岛的经济格局
有所改变。铁路通车后,不仅使青岛在军事上的地位益显重要,更重要的是推
动青岛的贸易经济日趋繁荣。原来昌邑、潍县、胶州、高密、平度、掖县一带的进

---

① 山东省地方史志编纂委员会《山东省志·外事志》,山东人民出版社 1998 年版,第 583 页。

出口货物都在烟台港出入,铁路开通后逐渐都改为青岛港;在烟台的商号,有些也迁往青岛。山东半岛的贸易中心,逐渐由烟台转向了青岛。

但从主观上看,德国在山东修筑胶济铁路,是与侵占中国的领土联系在一起的。胶济铁路的修建,无疑使德国人在山东扎下了根基,使其势力范围得到了巩固与加强。有资料载:"山东诸要市,以胶州为中心,依铁路政策连络之,省中拓植之利,几全入其掌握。"[①]而且,德国侵略势力也随着胶济铁路的修建而逐步向内地扩充与延伸并直达省会济南。德华银行、礼和洋行相继在济南开设支行,其他德国商行和店铺也陆续开设于济南,且其外交机构亦在济南设立了领事馆,使济南变成了他们向内地进行侵略与掠夺的前哨阵地。尤其是德国驻济南领事馆成立后,"华政府于山东之一举一动,皆受德人指使"。史料记载:"当今江督周制军馥赴东抚任时,驻华德使告之外务部,谓:'尔后东抚更迭,必当先日见告。'其后周制军他转,胡中丞廷干嗣之,卒以德使干涉,不得莅任。至代以杨中丞士骧,华政府又以未告之故,受德使诘责。""观其干涉于东抚之更迭,直以山东为其属地然,此不独德国之意旨可知,即山东之前途,亦了然已。"

另外,通过胶济铁路,德国殖民者将大批洋货输入山东内地,又从山东掠走大批土特产品,从而使广大农民与手工业者自给自足的自然经济基础进一步遭到破坏,纷纷破产失业。与此同时,德国殖民者还利用"迁路以就矿"的办法,通过修筑铁路,霸占了山东的优良矿区,对铁路沿线的矿产资源随意挖掘、掠夺,并对山东的民营矿业进行百般压迫,使我国矿产资源遭到严重破坏,民营资本也颇受打击、压制。从而进一步加深了山东人民的贫困与苦难。

二、发电厂

1898 年,德国企业主朴尔斯曼在青岛市今河南路、天津路交叉处附近建立青岛电灯房,这是青岛电力之开始。[②] 原址距离胶州湾不足 1 千米。

1900 年,德商库麦尔电气股份有限公司择址今青岛市市南区广州路 3 号,着手进行一处较大电灯厂的建设。库麦尔在克沃特街建厂初期,由于市政规模小、人口少,所需电量甚微。但随后不久,需求量就明显增大了。于是,当局严令库麦尔增加资本,进行与城市开发相适应的扩张。这时候,资金短缺的库麦

---

① 中国史学会济南分会《山东近代史资料(第 3 分册)》,山东人民出版社 1961 年版,第 131 页。

② 青岛市史志办公室《青岛市志·电力工业志》,新华出版社 1999 年版,第 12 页。

尔公司却有些难以为继了。无奈，政府只好接收库麦尔，德胶澳殖民当局于 1904 年 1 月 1 日以 200 万马克重资将库麦尔在青岛的资产全部收买，改由德国胶澳总督府承办，于是电力就成了官营事业之一。1905 年，全厂容量达到 600 千瓦。1906 年，发电量猛增到至 86.8 万千瓦，青岛成为我国北方主要供电城市之一。1914 年日德战争，日军司令神尾中将在参谋长山梨少将的陪同下登上了浮山后西南方的演尊顶（今烟墩山），对德军在小湛山堡垒及附近地区进行仔细观察。他下令日军地面部队趁机进入第三攻击阵地，采用积极进攻的战术，突破德军的主防御线，要求各个炮兵部队加紧对德军在主防御线一侧的五大堡垒进行炮击，同时还要集中远程炮火对广州路发电厂实施摧毁性打击，对青岛市区进行零星炮击，以动摇德军的抵抗意志。在日本军队的炮火打击下，广州路发电厂周围已经成为一片火海废墟，建筑全部摧毁，青岛城内全部断电，一片黑暗。1914 年 11 月 14 日日占青岛后，立即组织电灯管理委员会，接管电灯厂，修补损坏的设备、建筑，于 12 月 12 日恢复发电。1915 年 1 月 1 日，日本人将有雇员 60 人的电灯厂改名为青岛发电所，隶属于守备军递信部。1918 年 3 月，发电所添购一部 1200 千瓦发电机。1921 年又安装了 1500 千瓦发电机。1922 年初，发电所从瑞典购置一部新发电机，在预备装机时，北洋政府收回胶澳。1923 年 5 月 27 日，改青岛发电所为中日合资胶澳电气股份有限公司。改胶澳电气公司后，电气公司多次增装发供电设备，并于 1936 年 12 月建成发电容量 35000 千瓦的四方发电所。1937 年七七事变爆发，日本帝国主义发动了对中国的全面侵略战争。12 月 13 日，南京陷落，华北日军开始加紧夺取山东。沈鸿烈在第五十一军奉令南调后，实行"焦土政策"。12 月 18 日晚 8 时，他下令将日本 9 个纱厂以及四方发电厂、两个自来水厂水源地和青岛港码头炸毁。青岛当局为使发电所不被日军所利用，从青岛撤退前的 12 月 25 日晚，将炸药置于四方发电所 3 台汽轮发电机组的连轴处，把发电机以及配电盘炸毁。1938 年 1 月 10 日，日本海军在青岛强行登陆，占领四方发电所。日本人再次接管了"胶澳公司"，发电所的主权又被日本人抢走了，后来日本人又将发电所归并到华北电业株式会社。1938 年 1 月，日本第二次侵占青岛，一方面修复发电所，另一方面将胶澳电气公司的设备陆续迁往山东各地。1941 年 11 月所有设备拆迁一空，原地改为胶澳电气公司总办事处。1945 年日本投降后，南京国民政府经济部鲁晋豫地区特派员办公处接管青岛电业，改称经济部青岛电厂。1946 年 11 月，国民政府行政院资源委员会接办后，改称行政院资源委员会青岛电厂。1949 年青岛即将解放,为了防止国民党军队临走破坏工厂设备引起全市停电,在中国共产党地下党的领导下,工厂组织起护厂队,关上大门,日夜巡逻值班,有效地防止了"敌特"的破坏活动,保护了发电设备,使其完整地回到人民手中。1949 年 6 月 2 日青岛解放,位于青岛市四方区兴隆一路 6 号的青岛发电厂成为国有企业,自此,青岛发电厂回到正轨,设备逐渐完善,到 1978 年改革开放的浩荡春风,使青岛发电厂发生了翻天覆地的变化。

三、青岛港

1891 年 6 月,李鸿章看完北洋水师的演习后,从威海南下到胶州湾视察。胶州湾的地形和所处地理位置的险要,让这位革新派大臣深有感触。他认为这里是继旅顺、威海以南的第一大隘,立即上奏朝廷胶澳设防,朝廷批准了李鸿章的奏折。1891 年 6 月 14 日,清政府出于军事战略需要,决议在胶澳建置设防,调登州镇总兵章高元移驻胶澳。这便是青岛建置的开始。

既然是基于海防需要,相应的军事基础设施必不可少。1892 年,清政府开始在青岛湾内兴建人工码头。一座是位于小青岛西北向的前海栈桥,以供装卸物资和兵员上下。青岛栈桥长 220 米,宽 10 米,以石头垒筑桥身,水泥铺面,码头两侧装有从旅顺运来的铁制栏杆,前端设有吊架,便于起卸货物,亦称南海栈桥、铁码头、大码头。另一座位于总兵衙门前方的码头,原是海礁形成的自然码头,经整修建成长 100 米、宽 6 米的桥式码头,也是石头垒筑桥身,水泥铺面,亦称衙门桥、蜗牛桥、小码头。[①] 建成后的前海栈桥码头和衙门桥码头,成为青岛正式建港的标志。

有了海港、码头,这座新兴的城市也有了生机。这两座码头对青岛地区的政治、经济、军事、文化都有重要影响。在港航业方面,船舶往来极盛,航运通达。青岛港外通朝鲜,北通辽宁,南通江浙闽粤,以及山东诸港,进出口贸易也变得活跃起来。特别是天后宫庙会期间,船舶云集于青岛口内,甚为可观。沿港的商铺越来越多,到了 1897 年春,已经增至 65 家。随着港航活动的发展和经济的繁荣,人民的文化生活也活跃起来。

"追溯青岛的城市历史,从港口发展的历史轨迹中探寻是一个有效且清晰

---

① 邵建国《中国当代文艺名家代表作典藏》,中国广播电影出版社 2014 年版,第 232 页。

的路径,青岛把清政府设防作为建置开始,其理由并不是简单的因为'青岛口'有了驻兵和总兵衙门,成了军事重镇,才定义步入城市历史,而是在德国占领前,当时胶澳区域内因为港口航运和贸易,已经形成'城镇'实体。青岛,是一座与港口伴生的城市,可以说没有港口也就没有青岛！以港立市,港兴

图 12-2　胶州湾东岸海堤

城兴,港衰城衰。"原青岛港务局副局长孙相合回忆说。

"德日占领青岛期间,青岛的港口简直就是他们的'摇钱树'。为了大肆掠夺中国的资源,他们根本不管港口工人的死活,像使唤牛马一样使唤工人。"回忆到这里,孙相合情绪越来越激动。他虽然没有亲眼见到当时的种种苦难景象,但通过文史资料和当年老工人的讲述,那段历史在他的心中打下了深深烙印。

1898 年 3 月,德国政府强迫清政府签订《胶澳租界条约》。同年 9 月 2 日,栈桥和衙门桥码头成为货运码头,作为自由港向世界开放。但德国人还不满足,他们认为这两个码头水不够深,夏天受东南风影响太大,修建防波堤难度也不小,酝酿着另建更大的码头,方便他们运输掠夺来的资源。

其实,德国人觊觎胶州湾已经很久,早在 19 世纪 60 年代,德国著名的地质及物理学家李希霍芬就曾多次考察胶州湾。"德国人早就谋划好了建造计划,他们给青岛新港的定位是'东亚最大贸易港'和'中心市场'。为此,他们投入了巨额建港经费,资金接近 7000 万马克,这笔花销在德国'青岛建设总投资预算'中,是所有建设项目中数额最大的。"孙相合介绍说,"在新港位置上,德国人相中了现在的大港、小港一带"。

在设计上,德国人认为,意大利热那亚港半圆形的坞型港池与青岛港新址的地理位置相似,于是将热那亚港列为青岛新港的"样板工程"。

1898 年,德国人启动了青岛筑港工程。建港工程由德商"回利格"公司监督进行,他们在建港中采取"移山填海""建城建港并举"的方针,将铲除大鲍岛挖出的石料土方用以建筑小港码头,将铲除小鲍岛高坡的土石方就近用于建筑大

港码头。1901 年,小港建成;1904 年,大港第一码头北岸正式对外开放。与此同时,当年的两个小码头渐渐退出了历史舞台。

在建设港口的时候,建筑工人都是沿海或是山东半岛腹地的民工,他们每天在德国人的监视下,用手推车和驴车从采石场向建筑工地运输石料和沙子,海面筑坝工程也是靠中国劳工驾驶舢板运送石料完成的。而对于德占时期劳工的悲惨生活,《青岛港的前生》一文中有这样的记载:有时,逃跑的民工甚至超过职工总数的 60%,为了防止工人逃离,德国人采取寄居、圈墙等办法剥夺工人的自由。

德占时期,依靠无数中国劳工血汗建造起来的青岛新港口,使这座新兴城市具备了其他城市没有的核心竞争力和发展潜力。仅用了 10 多年,青岛便由默默无闻的渔村,一跃成为闻名于世的港口城市。这让另一个列强——日本垂涎三尺。

1894 年中德胶澳租借条约签字后一个月,德国国会便两次拨款 850 万马克,建筑青岛港。1898 年,首先兴建青岛小港。1901 年竣工。小港水域面积 3.4 万平方米。口门有两座防波堤,港内建有一座木制码头,长 150 米,宽 6 米,门口有两座防波堤。①

1897 年 11 月 1 日,在山东曹州(今山东菏泽)巨野县有两个德国传教士,因干了坏事被当地人民打死,德国威廉二世以保护"教士"为借口,11 月 10 日命令驻上海海军将官台德罗率巡洋舰四艘向胶州湾进发。14 日,拂晓德国海军陆战队 600 余人在胶州湾登陆,武装占领了胶州湾,清朝守将章高元一弹未发逃到了沧口。

1898 年 3 月 6 日,腐败无能的清政府与德国订立了卖国的《胶澳租借条约》。德国紧接着于 4 月拨款 500 万马克,后又追加 350 万马克开始了在青岛的筑港工程。

1908 年德国在青岛筑港完工,建成了大、中、小港。为使大、中、小港免受海浪冲击,还修了一道略呈弧形的防波堤。大港中筑一、二、三、四、五号码头的一部分,上设仓库,铺设铁路与胶济线相通。中港以停靠帆船为主,港内没有特殊设备,其中小港最小,以修船为主,港里设有一座 16000 吨的浮船坞,长约 125 米,深 13 米。另外,还有 150 吨起重机一座。此外德国在前海利用章高元经营

① 山东省航运管理局编史办公室《山东航运史近代部分》,1991 年,第 14 页。

的旧址,修建供海军与检疫用的小码头。

四、下水道

1898 年 7 月至 8 月,初来乍到的德国规划者经历了青岛第一个雨季,雨量非常大,原本相对平整的土地被湍急的水流冲得沟壑纵横,当地的建筑也遭到很大破坏。这使德国规划者意识到,如果将来不想与经常发生的水患做斗争,在城建时,就必须特别注意雨水排泄问题。同时,进入雨季后,大量污水混合着雨水渗入水井,污染了饮用水源,导致肠炎和伤寒在水土不服的德国人中流行,大量德国官兵因此病死。出于公共卫生安全的考虑,德国人开始集中力量进行下水道的规划。按照 1898 年 3 月签订的《胶澳租借条约》,德国"租借"青岛 99年。因此,德国殖民者在规划之初,就按照适用 100 年的高标准来进行设计和施工,如此长远的考虑,可称之为百年"大工程"。而以德国人严谨认真的性格,占了好地段更得住得舒适安全,城市排水更马虎不得。于是完全以德国最先进工业技术修造的城市排水系统,就这样在青岛应运而生。

在修建雨水管道和污水管道的同时,又修建了地上明沟与地下暗渠,城市排水系统逐步完善。从 1898 年 10 月起,德国殖民者在青岛征购土地,设立欧人居住区,在主要街道下铺设了 3200 米下水管道,均为雨水管道。1901 年开始规划污水管道,1906 年污水下水道基本建成。到 1909 年,欧人区的房屋几乎全部接通了污水下水道。

为了完善城市的排水系统,德国人在铺设排水管道的同时,还充分利用青岛三面环海、东高西低的丘陵地形,依自然坡度在前海一带建设明沟暗渠,主要设有今龙口路、安徽路、中山路、贵州路等 12 条大的暗渠。1900 年,在今天津路、北京路、济南路等道路两侧修筑雨水明沟;1905 年,为避免雨水冲刷道路,在大鲍岛东部部分街道上修筑了 2600 米明沟,沟底及两侧均用沟石予以加固,以便更好地导流雨水。通过地上明沟与地下暗渠建设相结合,城市排水系统逐步建立完善。

青岛的排污系统分为分流式和混合式两种。分流式下水道是指雨水和污水分别排入不同管道:粪便和生活污水从一个管道流出,经过处理后流入近海;雨水则从另一个管道流出,由于雨水管内杂质少,可直接抽水放流,欧人居住区和前海一带基本铺设的是这种分流式管道。当时德国人在青岛施行华洋分居而治,华人区和欧人区之间由一道分水岭自然隔开,因此华人区的地表水不会流经欧人区,以免导致污染和疾病。建设之初,雨水下水道的尺寸是根据青岛雨季最大降水量而确定的,高达 2 米,在大雨滂沱时,具有鲜明的优越性:1911年 9 月,台风北上华北,带来大量降雨,上海、天津"街道成河、广场成海",而青岛则安然无恙。

污水处理要比雨水处理复杂得多,污水处理设施也是下水道系统设计的精华所在。在污水下水管道的规划中,总督府提出要在已建有密集房屋的欧人区、大鲍岛华人区和德国兵营,装设能冲刷粪便的下水道系统。污水处理采用当时最先进的技术,实行分区排泄。全市依地势分为四个集水区域,各区水道中的污水进入四个集水总道,顺着地势,往偏僻海域流去。为了确保青岛前海海水、海滩不受污染,德国人对排污口位置精心选择,最终在团岛最西端,紧靠胶州湾入口的海峡处选定了排污口,该地不仅水深,而且能利用强烈的潮汐海流迅速把沉淀物冲走。德国人又设立污水泵站,用电力发动机驱动污水加速流动,避免淤积。

青岛是中国最早实现下水道"雨污分流"的城市。同为租界的上海直到1923—1927 年间才实现了雨污分流。1918 年以前,香港也同样没有污水下水道,仍使用干式马桶系统,这时的青岛欧人商业区已经开始安装冲水厕所了。

体育场附近污水管道口径小,雨水管道口径大,避免下雨积水影响比赛。德国人建设青岛下水管道考虑周全,严格按照标准设计建造。主干排水管道均用陶土烧制,长约 1 米,从上游到下游逐步加粗。两管接口处有螺旋,便于衔接,周围则是用沥青混合麻丝及沙土缠涂,比较坚固持久,能防止渗漏。管道截面呈上宽下窄的鹅蛋形,下面较窄部分被贴上光滑的瓷片,这种结构,除了能加快水流,保证排水通畅、减少淤积外,还起到防腐蚀作用。青岛早期铺设的下水管道在不同区域有着不同标准,大体是依据人口密度及排污量大小确定埋设管道口径,如商业区、工业区、住宅区人口密度不同,排水量差别很大,铺设的污水、雨水管道的口径也大相径庭。普通道路的地下一般铺设 200 毫米、150 毫米口径下水管道。在体育场这类特殊区域,排水管道口径则有所不同,体育场周围人口密度低,生活污水排放量小,污水排泄能力不需太大,因此通常铺设 200毫米、150 毫米、100 毫米等口径的排污管道。但此处对雨水的排放能力则要求更高一些,铺设的雨水管道口径分为 400 毫米、300 毫米等几种,这样才不会因下雨导致附近路面积水而影响比赛。

德国占领青岛的 17 年间,关于青岛饮用水和地下管网的建设,一直没有中断,他们总共修了 12 个相互独立又彼此连接的排水系统,包括若干条地上明渠和地下管道、暗渠,至今覆盖着整个青岛西部老城区,其中雨水管道 29.97 千米;铺设污水管道 41.07 千米;雨污合流管道 9.28 千米,总长度约为 80 千米,下水道建设总共投入 600 多万马克,奠定了近代青岛城市排污系统的基础。

地下管网的建设显示了德国在东亚的"国家形象",至今青岛仍延续雨污分流,保持可持续发展。德国人对青岛的建设是煞费苦心且目光长远的。在德国人看来,青岛地下管网建设不是单纯的市政建设,而是事关德国在东亚的"国家形象"。德国迫切希望把青岛建成东亚的一个"模范殖民地",彰显自身能力,与英、法竞争,这在客观上对青岛形成现代化的城市公共设施发挥了重大作用。

谋划百年大计的德国人,只统治了青岛 17 年。第一次世界大战后,战败的德国人给取其代之的日本人留下了一座号称"东方瑞士"的现代化城市。因此青岛人有句笑话,"德国人赔了,日本人赚了"。而日本入主青岛后,也基本沿用了德国人的市政管理经验。

此间,败退的德国人,带走了全部青岛城建档案,其中包括所有的上下水管网分布图纸。结果是,生活用水在战事中遭到破坏后,日本人修不了,只得专门招募德国技工修复上下水管网。直到青岛主权被中国收回之后,德国政府才把这些档案图纸交还中国。

而无论北洋政府还是国民政府沈鸿烈主政时代,青岛的市政设施都没有因为政权的交替,进行大的改造。1930—1935 年国民政府主政时期,青岛明沟暗渠总计 37 条,达 1.5 万多米,青岛地下水网基本成型。

青岛的被迫"近代化",是以西方强盗的侵略占领和中国人尤其是青岛周边人民被奴役的血泪开启的。德国人占据青岛后,划片占地强拆,青岛口和青岛村一代的黄金地段,统统被德国人强制划走,成了白人专用生活区,当地居民统统被强拆赶走,无数人家流离失所。德国人的排水系统,对当时的青岛华人来说是场灾难。德国人花这么大力气,是为了在德国聚居区住得舒服,所以整个排水系统,都围绕德国居民区修。康有为对此有记录,青岛的德人聚居区,风光漂亮。而华人居住区,怎一个脏差了得?常年污水横流,且瘟疫传染病横行,走在街上臭气熏天,根本没法住人。

德占时期修建的地下排水设施,是青岛弥足珍贵的城市记忆。它既是青岛百年前被殖民统治这段屈辱历史的见证,也是百年前德国人为把青岛建设成为东亚"样板城市",运用当时十分先进的雨污分流设计理念,精心建造的城市地下排水系统的真实写照。

五、"波螺油子路"

"波螺油子路"位于青岛市胶州湾畔的市南区胶东路,这条由马牙石铺就的呈扭曲转盘形状的路,宽约 5 米,形成于青岛开埠初期,当时属即墨仁化乡辖地,距离胶州湾海岸线不足千米,是海岸线"城市化"的特色道路。

"波螺油子路"是极具青岛胶州湾风情的老街,代表了青岛胶州湾原汁原味的市井风情。1897 年德国侵占青岛后修筑了几十条马路,但在今热河路、莱芜一路之间,留下的是一条自南而北的喇叭口大沟。随着城市的发展,人口密集,这条大沟成了城市垃圾的倾倒场,为了便于人们来往方便,在这条长长的垃圾带上,铺上了马牙石,由此将胶州路、热河路、莱芜一路至四路等几条路连接了起来,后取"大名"胶东路。那么为何叫"波螺油子"?据青岛当地口音,"波螺"即海螺,这条路因弯道多,坡陡,螺旋而上,且凹凸不平,形状像海螺壳,加上人来人往,将马牙石磨砺得十分油滑,于是这条路也就被叫成了"波螺油子"。它自西向东有九处拐弯,地势落差最大的苏州路至热河路地段是最具典型意义的"波螺油子路",路面宽约 6 米,长约 500 米,其中一处上坡与下坡拐弯接近 360 度,近 10 米落差,便形成了上坡的人看着下坡的人是在脚下行走的奇特景象。

"波螺油子路"穿越青岛的老城区蜿蜒上下,见证着青岛的百年沧桑,是残存的"老青岛"的城市符号。错落无致的马牙石被磨蚀得油光发亮,春夏季节,石缝间还有青草伸出头来,给老街平添几分生气。"波螺油子路"不通车,少了当今城市的过分喧嚣躁动,还保持着环境的自然恬静。①

---

① 吴中正《青岛"波螺油子路"》,《科技与经济画报》2000 年第 1 期,第 42 页。

第十三章　胶州湾文学艺术遗产资源

第一节　胶州湾文学艺术资源概述

一、胶州湾文学艺术遗产的基本情况

胶州湾因其优越的海陆地理位置,几经历史变迁,几多繁荣昌盛,历代引无数名仕云集,吟咏唱和,留下大量脍炙人口的佳作。近代青岛开埠后发展成为国际大港,钟灵毓秀,人文荟萃。勤劳智慧的胶州湾人民在岁月的长河中,创造出了大量丰富多彩的艺术形式,如胶州民歌、胶州剪纸、胶州秧歌、胶州大鼓以及茂腔、柳腔等,既满足了人民群众的精神消费需求,又丰富了中华民族传统文化的内涵。

诗词方面,主要有唐苏颋《晓济胶川,南入密界》、唐李商隐《海上》、宋苏轼《海神庙不果迁》、明王振宗《云溪晚钓》《唐港秋潮》、清高凤翰《苦灶行》《海蓬莱》、清成永健《沽河行》、清法若真《沽河渡》、清李世锡《云溪》、清赵法宪《咏鼓子洋白耐冬花》、清周於智《少海连樯》《麻湾渔乐》《胶河澄月》、清法元肃《麻湾渔乐》、清张淦《麻湾渔乐》、清周在庚《薛家岛阳武侯故里》、孟昭鸿《胶东道中》、刘筠《寄呈小堂四叔,胶州(癸未)》《沧海深,丁卯》、程立生《龙江胶海(赠吴君)》、崔士杰《青岛即事》、端木蕻良《青岛怀思》、胡怀琛《哀青岛》、黄炎培《乙亥七月青岛有赠》、周馥《过胶州澳》《胶澳岛上》、刘筠《团岛》、芮麟《栈桥》等。

散文方面,近人作品较著者有芮麟《青岛游记》,洪深《青岛见闻录》以及闻一多《青岛》。

民国《时谐新集》中有《胶州湾赋》一篇,以赋为文体,重骈俪。

二、胶州湾文学艺术的历史发展

胶州湾文学艺术的历史发展自然与胶州湾历史地理环境的发展变迁密切相关。更确切地说,在古代,和胶州港的起落兴衰有着密不可分的关联。在近代,青岛的开埠与现代化的开展,则为胶州湾文学艺术的发展,提供了新的刺激与动力。

唐宋时期,密州板桥镇(在今山东胶州)港口煊赫一时,成为与泉州、明州、广州等并称的五大港口之一,仅港口商业税收即达 7338 贯。① 繁荣的经济为文化的发展奠定了坚实的物质基础,文人墨客争相游览,才子佳人莫不留踪,其中不乏李商隐、苏轼等文坛巨擘。他们或是讴歌胶州湾自然风光的绮丽,如明王振宗《唐港秋潮》;或是描写劳动人民的勤劳愉悦,如清周於智《麻湾渔乐》;或评点时事,如宋苏轼《海神庙不果迁》;或哀民之艰,如清高风翰《苦灶行》……为我们再现胶州湾地区的社会生活画面。

近代以来,西方列强对中国的攻击多来自海上,海防的重要性骤然提升。胶州湾地当南北海路要冲,且不淤不冻,为一难得之深水良港。其军事价值逐渐为清政府所关注,中国文学自古有"文以载道"的传统,且讲求文质一体。所以,虽是政府公牍文章,亦不乏文学色彩。这一时期,胶州湾多见于政府奏章文书之中,例如,《许景澄条陈海军应办事宜摺[清光绪十二年(1886 年)]》以及《琅威理布置胶澳说帖》,其中极言胶州湾地理位置之优越,应加紧建设,使之成为巩固清政府海防的军事重镇。

1897 年,德国借"巨野教案"之机,强占胶州湾,并将其作为在远东的重要基地而加以建设,兴建了大量欧式建筑。第一次世界大战爆发后,日本对德宣战,武力占领青岛。列强在青岛的殖民,开启了青岛的现代化进程。近代以来,无数文人墨客先后抵青,或是寓居,或是游历。胶州湾多进入他们的笔下。如近代文学大家闻一多在其散文《青岛》中即写到海船驶来胶州湾的情境:"远远望见一点青,在万顷的巨涛中浮沉"。诸如此类,不胜枚举。

胶州湾地区海洋文化特质显著。在已发掘的五处龙山文化遗址中,出土了大量鱼骨器具、蚌锯、贝壳等遗存。② 该地区的传统艺术如茂腔、柳腔、八角鼓、胶州民歌、胶州剪纸、胶州绒孩、胶州秧歌、胶州大鼓等,广为流传,颇受欢迎。

---

① 刘琳、刁忠民、舒大刚等校点《宋会要辑稿·食一五》卷一一,上海古籍出版社 2014 年版,第 6296 页。
② 于世永、朱诚等《近 1300 年来古胶州港位置的变迁》,《海洋湖沼通报》1995 年第 4 期,第 16 页。

近代新兴的艺术形式——电影，同样钟情于胶州湾畔美丽的自然风光，浓郁的人文气息以及散发着异国情调的各式建筑。用镜头忠实记录下它的倩影，用台词尽情讴歌它的美丽。中国话剧和电影的奠基人之一洪深，就在《劫后桃花》的电影文学剧本中，深情写道："（字幕一）青岛，即胶州湾，山富果树，海有鱼盐，人民安居乐业，原是富庶安乐的地方。"由此可见一斑。

三、胶州湾文学艺术的历史功能与作用

（一）文学艺术是胶州湾文明和文化的重要载体

胶州湾地区文学艺术的诞生，不仅是创作者个人或团体聪明才智和思想认知的体现，而且是整个胶州湾地区文化和文明生成、演进的体现。

在诗词中，我们可以一睹古胶州港的盛况。"每秋冬之际，估客骈集，千樯林立，与波潮上下。时而风正帆悬，中流萧鼓，转瞬在隐约间，又令人想蜃楼海市，咫尺云烟矣。"劳动人民热爱生活，辛勤劳作的画面更是栩栩如生，"居民以畋渔为业，当秋尤胜。八月十四日网罟骈集，号河围，渔人载酒，欢呼款乃之声闻数里"。而胶州湾地区美丽的自然风景如"一片晶光映碧流，长川夜色尽澄秋"。经由诗词的凝练，岁月的淘洗，越发显出其穿越时空而独具的震撼人心的力量。

时至近代，胶州湾地区沦为帝国主义的殖民地，沿岸居民饱受欺凌。这一时期的文学作品中有的饱含对锦绣中华的挚爱"神州东尽碧一湾，有山巉巉不可攀""浩浩渤海水，悠悠胶州湾。林木何葱郁，山峦亦巍绵"；有的充裕着山河破碎的悲愤"朔风雨雪海天寒，满目苍夷不忍看""哀郢问天骚客泪，居夷浮海圣人心"；有的激荡着优秀中华儿女不屈的抗争意识"安得鲁仲连，一日争之还"。他们用笔作刀剑，忠实记录下帝国主义侵占胶州湾的丑恶行径"乃有木屐客，见之长流涎。便将一角地，夺入囊橐间"。

在胶州湾地区成长、发展起来的各种艺术形式，极具当地特色，是民众生活体验和审美取向的集中反映。以胶州大鼓为例，因胶州方言属于汉语北方方言语系中的胶东次方言，具有鲜明地方特色，且内部差异较大。据民国《增修胶志·方言》记载："胶州处海滨，北境之人声浊上，南境之人声偃下，附城

之人生平简。"①因胶州方言的发音、词汇、音乐和内容而形成的凸显胶州湾地方色彩的胶州大鼓,就体现了这样的地方化人文和艺术特点。

胶州湾地区的文学艺术遗产,是胶州湾特定文化背景下的产物,是传统文化的延伸。中国传统文化讲求"致中庸",追求"天人合一""自然和谐",反映在诗词当中则是"含深韵于言内,余味于意境"②。在描述胶州湾的古典诗词赋中,这种特殊文化背景下积淀而成的审美趋向自然流露,反映现实生活和作者思想感情的同时,更表现着内敛、典雅、文韵的艺术风格。而近代文学艺术的创作,除有社会大环境的影响外,还有胶州湾的地域特色。

(二)文学艺术是促进胶州湾地区经济和社会发展的重要保障体现

经济基础决定上层建筑,上层建筑反过来又会对经济的发展产生影响。在传统"文以载道"观念的影响下,文学艺术更多地被赋予"教化""审美"和"认知"功能,而对文学艺术的"娱乐消遣功能"和"商品属性"则多加排斥。③ 其实,即便在古代,商品经济便已开始影响人们的文学艺术创作,郑板桥就曾明码标价出售字画"大幅六两,中幅四两,小幅二两,书条、对联一两,扇子、斗方五钱"④。

胶州湾地区的艺术形式更多的是为群众所喜闻乐见而广泛流传的。人民群众为满足精神消费及娱乐需求,胶州大鼓、胶州秧歌、茂腔、柳腔、民歌等曲艺以及剪纸、绒孩等各种工艺美术品应运而生,且在改进中不断发展。

胶州秧歌源起于胶州包烟屯村(现马店乡东小屯村)赵姓、马姓两家,往关东逃荒途中,乞讨卖场,逐步形成一种边舞边唱的形式。⑤ 从这里可以看到,胶州大鼓的诞生其实和人民的生产生活密不可分,甚至是求生存的一种方式。

胶州湾地区颇为流行的胶州大鼓,从其演唱的诸多曲目来看,诸如《三国演义》《水浒传》《西厢记》等,其中所蕴含的中国传统价值观念,如"天下大势,分久必合"的国家统一观,忠、义、礼、智、信的为人处世观,追求幸福的自由恋爱观等,通过胶州大鼓的演绎,在胶州湾群众中广为传播,满足人们精神消费需求的

---

① 胶州市志编纂委员会《胶州市志》,新华出版社 1992 年版,第 765 页。
② 薛敏《中国古典艺术歌曲的文化价值与演唱技巧》,《广东第二师范学院学报》2017 年第 37 卷第 4 期,第 94～97 页。
③ 陈尚荣《商品经济与文学艺术的世俗化》,《广东社会科学》2004 年第 5 期,第 147 页。
④ (清)郑燮《郑板桥集》,中华书局 1962 年版,第 184 页。
⑤ 胶州市志编纂委员会《胶州市志》,新华出版社 1992 年版,第 868 页。

同时，潜移默化地影响人们的思想观念和为人处世方式。这些价值观念对于形成统一认知方式，维持社会的稳定起到了不可低估的作用。

第二节　胶州湾主要文学艺术资源

历代以胶州湾为描写对象、表现主题、创作背景的诗文遗产，佳作不胜枚举，这里仅列举其中的名篇。

一、诗词

苏颋（670—727），京兆武功（今属陕西）人，字廷硕，文学家。武则天朝进士，袭封许国公唐玄宗开元年间（713—741 年）居相位工文，朝廷重要文字多出其手。当时和张说（封燕国公）并称为"燕许大手笔"。著有《苏廷硕集》。①

晓济胶川，南入密界
[唐]苏颋

饮马胶川上，傍胶南趣密。林遥飞鸟迟，云去晴山出。

落晖隐桑柘，秋原被花实。惨然游子寒，风露将萧瑟。②

李商隐（813—858），怀州河内（今河南沁阳）人，字义山，号玉溪生，诗人。唐文宗开成年间（836—840 年）进士，仕宦坎坷，潦倒终身。诗富文采，构思精密，音韵和谐，有很高的艺术价值。③

海上
[唐]李商隐

石桥东望海连天，徐福空来不得仙。直遣麻姑与搔背，可能留命待桑田？④

苏轼（1037—1101），眉山（今属四川）人，字子瞻，号东坡居士，文学家、诗人、书画家。宗仁宗嘉祐年间（1056—1063 年）进士。神宗时，曾任祠部员外郎，知密州、徐州、湖州。因反对王安石新法，以作诗"谤讪朝廷"，罪贬黄州。哲宗

① 刘才栋《胶州今古诗选》，青岛出版社 1990 年版，第 1 页。
② 刘才栋《胶州今古诗选》，青岛出版社 1990 年版，第 1 页。
③ 刘才栋《胶州今古诗选》，青岛出版社 1990 年版，第 1～2 页。
④ 刘才栋《胶州今古诗选》，青岛出版社 1990 年版，第 2 页。

时,任翰林学士,曾出知杭州、颍州,官至礼部尚书。后又贬谪惠州、儋州。最后北还,在常州病故,追谥文忠。与父洵、弟辙,合称"三苏"。诗用语清新刚健,其文,汪洋恣肆,为"唐宋八大家"之一。词,开豪放一派,对后世有深远的影响。书,取法李邕、颜真卿等而能自创新意。工画竹,喜作枯木怪石。论画主神似。著有《东坡七集》等。①

海神庙不果迁
［宋］苏轼

顷年,杨康功使高丽,还,奏乞立海神庙板桥。仆嫌其地湫隘,移书使迁之文登,因古庙而新之,杨竟不从。不知定国何从见此书,作诗称道不已,仆不复记其云何也。次韵答之。

退之仙人也,游戏于斯文。谈笑出伟奇,鼓舞南海神。顷年三韩使,几为鲛鳄吞。归来筑祠宇,要使百贾奔。我欲迁其庙,下数浮空群。移书竟不从,信非磊落人。公胡为拳拳,系此空中云?作诗颂其美,何异刻剑痕。我今以括囊,象在六四坤。②

王振宗,慈溪举人。永乐七年(1409年)任胶州学政。学问渊博,尤工诗赋;课士劝学,无间寒暑。③

云溪晚钓
［明］王振宗

素练澄澄秋万里,云溪派接沧溟水。白头渔夫了无忧,一竿独钓斜阳里。
孤鹭横飞天宇宽,绿蓑不怕秋风寒。得鱼何处卧明月,扁舟夜泊芦花滩。
云溪晚钓,在原胶城南门外云溪河上,明永乐年间,河道很宽、很深,向东入唐湾海口,有渔父,乘小船,头带苇笠,身披蓑衣,钓于河上。④

唐港秋潮
［明］王振宗

落日海门潮正长,潮声怒挟春雷响。
须臾雪浪驾天来,银练晴拖一千丈。

① 刘才栋《胶州今古诗选》,青岛出版社1990年版,第3页。
② 刘才栋《胶州今古诗选》,青岛出版社1990年版,第7页。
③ 刘才栋《胶州今古诗选》,青岛出版社1990年版,第16页。
④ 刘才栋《胶州今古诗选》,青岛出版社1990年版,第18页。

此时自觉心气豪，仗剑便欲屠神鳌。

狂风不起飓风息，扁舟万里堪游遨。①

高凤翰(1683—1749)，胶州三里河村(今胶州市三官庙乡，南三里河旧村)人，字西圆，号南阜(另有很多别号)。少具异才，工书画篆刻，并喜收藏砚石及印玺；诗才尤敏，久困诸生，雍正五年(1727 年，说为雍正六年)荐举贤良方正，授安徽歙县丞。历署歙县、绩溪两县。凤翰性醇挚，笃于孝友，跌宕诗酒，而无跅驰之讥。其经济才，人罕知之。屈居下僚，独以书画为世重，世称"扬州八怪"之一，与郑燮(板桥)、金农等相友善。晚年右手风痹，以左笔行，名满江湖。乾隆十四年己巳(1749 年)，病殁于三里河家园。②

余家近海门，籍列灶户。荒村穷黎，业盐为多。睹徒役之作苦，悼里胥之催诃。怒焉伤心，作诗以告当世之司醝政者。

苦灶行

[清]高凤翰

南风一夜卷海水，海上晨趋走妇子；荷锸持帚群相招，笑指池上雪花起。卤淹赤脚红鳞斑，灶下蓬头炊湿烟；饥肠霍霍日向午，尚待城中换米钱。得盐尽人豪贾手，终年空作牛马走；人生百役各辛勤，视此一笑正何有！就中老妇尤堪伤，长号向我泪满眶："白头半世作亭户，今年不幸阿公亡。阿公一死谁当语，家有丁男解课去；小儿觅米未归来，府牒勾人虎吏怒。只今孤苦一身支，为民为灶互参差；不惜垂老死徭役，可怜一兔两三皮。几回欲去恋乡井，儿女柔肠空鸣哽；天阊万里叫不开，直须抱石投东溟。"我闻此语首频搔，口衔石阙心忉忉："老妇老妇且莫号，好待巡盐使者行将按部来此、飞章入告救尔曹。"③

海蓬莱

[清]高凤翰

退舍沧桑地，蓬生陆海荒。常年聚沙狗，此日折黄粱。

饥婢呼群捋，赢奴并办将。妻孥煮痛泪，忍使老夫尝？④

---

① 刘才栋《胶州今古诗选》，青岛出版社 1990 年版，第 19 页。
② 刘才栋《胶州今古诗选》，青岛出版社 1990 年版，第 49 页。
③ 刘才栋《胶州今古诗选》，青岛出版社 1990 年版，第 60～61 页。
④ 刘才栋《胶州今古诗选》，青岛出版社 1990 年版，第 67 页。

成永健,盐城人,清康熙三十三年(1694 年)进士。康熙五十八年(1719 年)由日照县调任胶州牧。①

沽河行

[清]成永健

沽河岸上春树枯,河荣社里春草无。

树皮作食草根尽,青春惨淡昏鸦呼。

去年河涨蛟鳄吼,家家庐舍十去九。

积骸抛弃莽成丘,孤独流离寒露肘。

何人宴饮还旄酶,城孤肆毒犹纷嚣。

郝然震电明秋毫,芜秽迅扫天风高。

天高剥极数不返,仓皇补救事已晚。

蛟背忽复当丘山,鸷力不惜下长阪。

长阪直下沽河隈,沙飞涛起声宣豗。

河荣河荣亦奈何,吞声相向心徒哀。②

法若真(1613—1696),胶州人,字汉儒,号黄山。以五经异才膺荐,授中书舍人。清顺治三年(1646 年)举进士,官安徽布政使。书画有名气,多奇趣。康熙十三年(1674 年)召举博学宏词科。著有《黄山诗留》20 卷,《黄山文留》4 卷。③

沽河渡

[清]法若真

飞虹北望折中流,长使蛟龙半夜愁。

落落青茅遮断壁,行行白鹭宿横州。

慕容车骑双沽尽,秦帝楼船大海收。

直到穆陵三岛外,书生何事不封侯?④

李世锡(1638—1714),胶州人,字帝侯,一字霞裳。十三为诸生,十七领乡

---

① 刘才栋《胶州今古诗选》,青岛出版社 1990 年版,第 42 页。

② 刘才栋《胶州今古诗选》,青岛出版社 1990 年版,第 43 页。

③ 刘才栋《胶州今古诗选》,青岛出版社 1990 年版,第 29 页。

④ 刘才栋《胶州今古诗选》,青岛出版社 1990 年版,第 35 页。

荐。清顺治十八年(1661年)举进士,授湖北嘉鱼知县。后以疾辞官,游历山川,以诗文交海内名士。晚筑室云溪西,号"丽草亭"。好禅学,后移居东城,自名"赵州庵",以艺菊,售而自给,因更号卖菊翁。门人高凤翰为其立传。著有《绮存集》四卷。雍正《山东通志》云,又有《醉蝉吟》一卷,《滇中吟》一卷,《李嘉鱼诗录》一册。道光《胶州志》评其诗为"飘鹰野鹤,丰骨骏励"。①

云溪

[清]李世锡

家枕云溪上,溪与东海连。溪流不盈尺,海势竟吞天。

市人玩水弱,问此"何为然?"登高时放目,远近无殊观。

一者万之祖,微乃大之先。涓涓自必至,造化应无权。②

赵法宪,胶州人,诸生。著有《圣希遗诗》。③

咏鼓子洋白耐冬花

[清]赵法宪

皭然冰雪姿,遗世而独立。亭亭空谷中,寒微不能蚀。

烟岚伴其幽,玉石贞其德。霜月满林皋,点缀乾坤色。

有客海上来,疑是徐元直。云际落天花,可望不可即。④

周於智,云南人,进士。清乾隆十五年(1750年)任胶州牧。⑤

少海连樯

[清]周於智

自塔埠头至淮子口名少海,商船停泊处也。岸西为土堰百余丈,拒潮,且便登舟。旁列廛居,略如阛阓状。每秋冬之际,估客骈集,千樯林立,与波潮上下。时而风正帆悬,中流箫鼓,转瞬在隐约间,又令人想蜃楼海市,咫尺云烟矣。

去住帆樯日几回,潮声人语竞喧豗。

试从估客闲相问,可是船从返照来。⑥

---

① 刘才栋《胶州今古诗选》,青岛出版社1990年版,第38～39页
② 刘才栋《胶州今古诗选》,青岛出版社1990年版,第39页
③ 刘才栋《胶州今古诗选》,青岛出版社1990年版,第41页。
④ 刘才栋《胶州今古诗选》,青岛出版社1990年版,第41页。
⑤ 刘才栋《胶州今古诗选》,青岛出版社1990年版,第81页。
⑥ 刘才栋《胶州今古诗选》,青岛出版社1990年版,第85～86页。

麻湾渔乐

[清]周於智

新河会沽尤入海处，名麻湾口，水阔烟深，葭苇杂港。居民以畋渔为业，当秋尤胜。八月十四日网罟骈集，号河围，渔人载酒，欢呼款乃之声闻数里。已而夜静舟孤，明月独钓，芦花深处，西风一笛，又不数濠濮间情矣。

秋风举网下奔泷，换酒恰逢得双鲤。
醉旁白蘋花畔卧，不知凉月满船窗。①

胶河澄月

[清]周於智

河源出望荡山，曲流百里入新河。水色清泚，黔陬数里，尤渟泓滉瀁，堤柳烟舍，常掩映其中。每当秋空云敛，皓月沉谭，静境虚明，恍然玉宇，其或野渡无人，浮槎自至，又令人神飞广寒，逸思在斗牛间矣。

一片晶光映碧流，长川夜色尽澄秋。
浮槎从此凌波去，定到清虚府里游。②

法元肃，胶州人。

麻湾渔乐

[清]法元肃

莫放轻舟下急泷，闲看鸥鹭自双双。得鱼曝网频沽酒，醉泊菰蒲卧碧窗。③

张洤，胶州人，字南溪，性嗜学。十五入州库，为泺源书院齐鲁高才生。著有《图书质疑》《通书孝经释义》《西铭集说》《守拙堂制义》。④

麻湾渔乐

[清]张洤

秋风何事漫乘槎，学得忘机傍水涯，举网得鱼频换酒，一船明月卧芦花。⑤

周在庚，胶州人，字方白，号介城。乾隆己卯(1759 年)优贡生，官蓝山县训

---

① 刘才栋《胶州今古诗选》，青岛出版社 1990 年版，第 87 页。
② 刘才栋《胶州今古诗选》，青岛出版社 1990 年版，第 82 页。
③ 刘才栋《胶州今古诗选》，青岛出版社 1990 年版，第 88 页。
④ 刘才栋《胶州今古诗选》，青岛出版社 1990 年版，第 89 页。
⑤ 刘才栋《胶州今古诗选》，青岛出版社 1990 年版，第 89 页。

导。著有《晓园诗草》。①

薛家岛阳武侯故里

[清]周在庚

岛屿蜿蜒傍海隈,沧茫万顷水天开。潮声如吼摇山岳,疑是将军拥众来。②

孟昭鸿(1883—1947),山东诸城人,字方陆,一字方儒,号放庐,近代著名书法、篆刻家。著作有《汉印文字类纂》《汉印分韵三集》《放庐诗集》《辛亥丙辰诸城独立始末记》《围城日记》《避难纪略》等。③

胶东道中

孟昭鸿

十年又走海东湾,电掣飙轮指顾间。四野烟销初日上,万峰披絮看劳山。④

刘筠(1889—1948),山东诸城人,字少文,号秋溪,刘墉后人。清季科举废,游学青岛礼贤书院。后居青岛,力主中学讲席 20 年。著有《诗经异文考》《清代诗人徵略》《青岛百吟》《秋溪诗稿》。⑤

寄呈小堂四叔,胶州(癸未)

刘筠

胶水劳峰一苇航,相离不远各他乡。年来莫问阿闲事,愁逐春风作鬒霜。⑥

沧海深,丁卯

刘筠

丁卯秋,有日本轮船自胶州红石崖载究、沂难民三百余人来青,逾量覆沉。得救者无几。

沧海深,波涛恶,小船窄,风伯虐。我死不足惜,父老兄弟姊妹三百人命将安托?且相抱持须臾将同归冥漠。小儿无所知,亦随其父母同声泪落。家有田,难收获,盗贼犹相怜,军士怒目迫我倾囊橐。租吏随后来捉头以绳束缚。闻

① 刘才栋《胶州今古诗选》,青岛出版社 1990 年版,第 94 页。
② 刘才栋《胶州今古诗选》,青岛出版社 1990 年版,第 94 页。
③ 刘才栋《胶州今古诗选》,青岛出版社 1990 年版,第 154 页。
④ 刘才栋《胶州今古诗选》,青岛出版社 1990 年版,第 154～155 页。
⑤ 刘才栋《胶州今古诗选》,青岛出版社 1990 年版,第 167 页。
⑥ 刘才栋《胶州今古诗选》,青岛出版社 1990 年版,第 167 页。

有关外地旷可耕作。万死奔逃不免饱鲸鳄。小民命贱当死,却祝我长官一生常安乐。①

团岛
刘筠

白鸥飞起海天空,山势西来断续中。月落潮平风又静,孤台灯火夜深红。②

程立生(1908—1987),字道然,医生。幼年即从祖父学习中医,1940年于天津中国国医函授学院本科毕业,1941年定居胶县张应镇,1946年加入青岛市中医师工会。一生勤奋研医,临床经验丰富,著有《程氏临床汇集》《程氏女科》《程氏集验录》《简效针灸》《地方药产集》。业余好文学,著有《五十自述》《见彼省己录》《萃园集》等。③

龙江胶海　（赠吴君）
程立生

龙江胶海本同天,世上惟寻知己难。倘若吴君长友谊,朱沟便是子陵滩。④

崔士杰(1888—1970),山东临淄人,字景三。青年时期赴日本留学。毕业于日本东京帝国大学,获法学学士学位。1917年回国。曾在外交界任职。1922年中国政府收回青岛时,曾参与接收工作。后赴上海就任华纶纱厂经理。1929年中国政府再次收回青岛时,任外交特派员,负责接收事宜。抗日战争时隐居青岛。有《濯沧斋诗抄》五卷。⑤

青岛即事
崔士杰

琴岛青青碧水中,几经暴雨与狂风。海山处处皆新色,吊古惟凭天后宫。⑥

胡怀琛(1886—1938),原名有怀,字季仁,后改寄尘。胡朴安之弟,泾县溪头村人。

---

① 刘才栋《胶州今古诗选》,青岛出版社1990年版,第168页。
② 刘才栋《胶州今古诗选》,青岛出版社1990年版,第168页。
③ 刘才栋《胶州今古诗选》,青岛出版社1990年版,第173页。
④ 刘才栋《胶州今古诗选》,青岛出版社1990年版,第173~174页。
⑤ 青岛市文物事业管理局《青岛旅游诗选注》,青岛出版社1992年版,第9页。
⑥ 青岛市文物事业管理局《青岛旅游诗选注》,青岛出版社1992年版,第9页。

哀青岛

胡怀琛

浩浩渤海水,悠悠胶州湾。林木何葱郁,山峦亦蒇绵。乃有木屐客,见之长流涎。便将一角地,夺入囊橐间。安得鲁仲连,一日争之还。郁郁泰岱青,沈沈夕照殷。怅望田横岛,烟水空弥漫。[①]

黄炎培(1878—1965),江苏川沙(今上海市浦东新区)人,号楚南,字任之,笔名抱一。中国教育家、实业家、政治家,中国民主同盟主要发起人之一。他以毕生精力奉献于中国的职业教育事业,为改革脱离社会生活和生产的传统教育,建设中国的职业教育,做出过重要贡献。

乙亥七月青岛有赠

黄炎培

神州东尽碧一湾,有山巉巉不可攀。向阳绣错通瀛寰,殊方异种辐辏乎其间。国魂何地方雄堪叫,云开喜见田横岛。四十年来海水飞,憎主何分甲乙盗。竭来江海愁转蓬,一隅犹乐熙皥风,五十万人讴歌同。双山葡萄秋酿秫,丹山亭坞春花红。一廛许我衣褐从,与君日夕谈神农。[②]

周馥(1837—1921),安徽至德(今安徽东至)人,字玉山,号兰溪,谥悫慎。

过胶州澳

周馥

朔风雨雪海天寒,满目苍夷不忍看。列国尚尊周版籍,遗民尤见汉衣冠。是谁持算重重错,相对枯棋著著难。挽日回天宁有力,可怜筋骨已衰残。[③]

胶澳岛上

周馥

西风萧瑟动寒林,白发行吟感不禁。哀郢问天骚客泪,居夷浮海圣人心。已知春燕无归信,空听飞鸿振远音。独立苍茫谁与语,愁云漠漠夕阳沈。[④]

芮麟(1909—1965),江苏无锡人,字子玉,号玉庐,现代作家、诗人、文艺理

---

① 郭杨《青岛诗钞》,中国海洋大学出版社 2017 年版,第 46 页。
② 郭杨《青岛诗钞》,中国海洋大学出版社 2017 年版,第 53 页。
③ 郭杨《青岛诗钞》,中国海洋大学出版社 2017 年版,第 249 页。
④ 郭杨《青岛诗钞》,中国海洋大学出版社 2017 年版,第 249 页。

论家。

栈桥夜坐
芮麟

灯光照海连连空,浪鼓桥挝任好风。十万人家齐如画,胶州湾在月明中。①

二、赋

郑贯公(1880—1906),广东香山(今中山)人,名道,字贯一,笔名自立、仍旧,清末著名报刊活动家。

胶州湾赋
[清]郑贯公

有地名胶州湾者,东莱远鄙,北洋尾闾,群□□杳,巨浸□□,一水一陆,可舟可车,是尽岱岳之余气,伸一□于渤海之表,相环绕而成墟者也。原夫其湾之形势也,灵山卫其内,崂山障其外。近通登莱,远接武泰,实山左之咽喉,握津梁之要害,犹复南支□渎北,阻津沽,控制旅顺,绾联芝□,出没吞吐,利便转输,蔽空烟□,千里舳舻,外而视之,□若无洵亚东大陆之军港,浑春威海皆不可以与之俱者也。在昔德人某氏尝持此议,定为良港,最上地位。李使传言,传相解意,拟令海军改扎其地,艰于财力,徒存虚志,乃将一军镇此以备,地之出名自此始矣。无何,曹州案起,中德失和,办之不早,谋夫恐多,商量□□,犹争蹉磨,众议未决,北军渡河,胶水而立,不风而波,事势如此,人意云何。于是将军□腹,全师尽逐,大事已去,其势穷蹙,然炮枪响应山谷,寂无人声,哀闻鬼哭,军机电驰,兵书夜读曰毋鸱张□甘雌伏仲连贵息争,老骛尚退继咨尔,众庶其滋,他族三章约法,百里员幅,尚不我从,子则击斃。时也天日□色海云横流,群马惊逸,水鱼不浮,彼则以整而以暇,毋乃予取而予求,将军一去万事俱休,惟有朔风凛冽,摇撼乎□际,积雪层累坚凝乎,山丘已矣,嗟夫,青齐旧地,泱泱乎雄风也,管晏遗烈赫赫乎,崇隆也,万世师表,阙里之地,其故宫也。一代经师庸主之产,其胶东也。利普鱼盐,物其丰也,代出名将,人其雄也。思山左王气之郁葱,而吊其不终,尽盛衰兴废之□同不同,而喉咙梗塞君子已,□忧其血脉之不复疏通也已。迄于今铁道行矣,商务成矣。四□五□衙路平矣,东镇西镇驻兵营矣。山

① 郭杨《青岛诗钞》,中国海洋大学出版社2017年版,第128页。

川树木顷改旧式，胡笳长笛惟谱新声矣，水浊流何日而清，烟沈雾塞何时而明矣，人独何心而能不砰砰哉。①

三、散文

近代寓居或游历青岛的文学家，用大量笔墨描述了青岛城区或崂山的自然人文风光，而较少将其目光投向胶州湾，故而在这里，笔者只将作家散文中与胶州湾有关的文字摘录于下。

青岛游记
芮麟

一、十二时已进胶州湾。午后半行时，到达大港码头。一日半的海上生活，到此便告终了。②

二、青岛区域，以胶州湾为中心。胶州湾之周围，划出陆地若干，成为市辖区域。③

洪深（1894—1955），著名话剧和电影导演、剧作家、戏剧理论批评家，中国现代话剧的奠基人。④

青岛见闻录
洪深

德人初入胶州湾时，兵舰泊此。其后所得租借权，陆续经营。与陆上近岛处造码头，直入海中二里。山东铁路起点在此。

闻一多（1899—1946），本名闻家骅，字友三，生于湖北浠水。中国现代伟大的爱国主义者，坚定的民主战士，中国民主同盟早期领导人，中国共产党的挚友，新月派代表诗人和学者。

青岛
闻一多

海船快到胶州湾时，远远望见一点青，在万顷的巨涛中浮沉……进湾，先看

① 郑贯公《时谐新集》，中华印务有限公司1906年版，第38页。
② 芮麟《青岛游记》，乾坤出版社1947年版，第8页。
③ 芮麟《神州游记》，上海古籍出版社2005年版，第396页。
④ 韩千钧《中国名人故居游学馆：海誓山盟·青岛卷》，黄山书社2013年版，第80页。

见小青岛,就是先前浮沉在巨浪中的青点,离它几里远就是山东半岛最东的半岛——青岛。[①]

四、茂腔与柳腔

茂腔:地方戏曲剧种之一,曾有肘鼓子、周姑子、轴棍子、正歌子等名称,流传于青岛、胶州、高密、诸城一带。清代咸丰、同治年间(1851—1874年),其在民间小调"周姑子"基础上,吸收采用了本地花鼓秧歌及柳琴戏的韵曲调和伴奏乐器而形成,后来又受京剧和河北梆子较多的影响。茂腔唱腔属于板腔变化体,同时兼用部分曲牌小调。其曲调质朴自然,唱腔委婉幽怨。茂腔中女腔尤其有特色,给人以悲凉哀怨之感,最能引起妇女们的共鸣,故茂腔俗称"拴老婆橛子戏"。茂腔在早期只有鼓、钹、锣等打击乐伴奏,后来开始使用柳琴伴奏,之后受京剧梆子等的影响,采用京胡为主奏乐器,按京剧二黄定弦,并用二胡、月琴配合,陆续增添了唢呐、笛、笙、低胡、扬琴等民族乐器。在行当方面,茂腔起初只分生、旦、丑,后来根据京剧行当划分角色,分工更加细致齐全。茂腔有100多个剧目,其中代表剧目有称为"四大京"的《东京》《西京》《南京》《北京》和称为"八大记"的《罗衫记》《五杯记》《风筝记》《钥匙记》《火龙记》《丝兰记》《绒线记》《蜜蜂记》。目前茂腔的专业团体仅存三家,都处于举步维艰的境地。20世纪20年代前后的老艺人大部分已去世,目前许多传统剧目濒临失传,抢救这些剧目已刻不容缓。[②]

柳腔:地方戏曲剧种之一,是由民间说唱"本肘鼓"演变而成的,因早期没有曲谱,使用"溜腔"演唱,后来就以同音字"柳"字代替"溜",故称为"柳腔"。这一剧种大致产生于清代中叶的即墨西部地区,广泛流传于山东半岛。柳腔声调委婉悠扬,柔和细腻,对白运用即墨方言。唱腔从音乐风格上,分有悲调、花调、生调、反调及借鉴其他剧种的南锣、娃娃腔等。其中悲调和花调是基本唱腔,被称为"母曲"。花调欢快舒展,适于演喜剧;悲调低沉而缠绵,多用于唱悲哀之戏。板头有慢板、二板、三板、四不像、导板、娃娃、哭迷子等。演唱时,演员往往一唱就是几十句、上百句,道白很少。在柳腔音乐中,每当剧中人物演唱中间需要换

---

① 齐明月《再见时光里的一瞥惊鸿——民国大家的记忆》,北京时代华文书局2015年版,第13页。

② 冯骥才《中国非物质文化遗产百科全书·代表性项目卷(上)》,中国文联出版社2015年版,第387页。

韵或告一段落时,便吹唢呐当作过门衬垫,叫作"吹垛子"。主要伴奏乐器有四胡、二胡、月琴等。柳腔的传统剧目有上百出,以"四大京""八大记"为主,内容多取材于一些历史故事和民间传说,反映和宣扬男女爱情、伦理道德等。柳腔清新质朴,风趣生动,受到流传地区群众的热烈欢迎,被誉为"胶东之花"。由于柳腔有着很强的艺术感染力及广泛的群众基础,除专业柳腔剧团外,不少村庄都有业余柳腔剧团。[①]

五、胶州民歌

胶州民歌广泛分布于胶州湾畔,以胶州北乡、东乡、东北乡为主,已有 300 多年的历史。在 2006 年青岛市首批非物质文化遗产名录中是这样提示的:胶州民歌起源于民间,流行在最底层的劳动人民中间,至今仍保留着原创的许多基本特征。每当胶州秧歌剧演出前,吹奏的胶州秧歌曲牌大部分是胶州民间小调,而各种腔调就是胶州民歌。随着时代的演变,胶州民歌在演唱过程中,又逐渐地加入了唢呐、二胡、扬琴等民族乐器作为即兴伴奏。[②]

胶州民歌经历了战乱、繁荣、低谷、新生等不同时期,它曾经是穷苦人感情抒发的手段,也是人们欢庆解放的表达方式,它宣泄着人们的情感,寄托着人们的希望和追求,成为人们精神调节的平衡体,是反映底层劳动者的生产、生活、情感等珍贵的史料。浓厚的古老文化和爽快豪放的性格,使得胶州民歌流传着许多幽默风趣的民间诙谐歌曲,不仅数量多,而且很富有特色。这些民歌,充分反映了劳动人民的乐观主义精神和诙谐幽默的性格。它们具有一种独特的情趣,使人们听了轻松愉快。其艺术特点:①诙谐幽默;②歌词来源于生活,感染力强;③抒情豪迈,使人听罢有一股热血奔放之感觉。[③]

下面兹举三例。

(1)月嬷儿　嬷儿

月嬷儿　嬷儿,本姓张,朝南门儿,开药方。要点儿药,搽口疮。口疮好了,月(左女右么)儿　(左女右么)儿跑了。[④]

---

① 冯骥才《中国非物质文化遗产百科全书·代表性项目卷(上)》,中国文联出版社 2015 年版,第 387 页。
② 李革新《讲述青岛的故事》,山东省地图出版社 2013 年版,第 314 页。
③ 李革新《讲述青岛的故事》,山东省地图出版社 2013 年版,第 315 页。
④ 胶州市志编纂委员会《胶州市志》,新华出版社 1992 年版,第 780 页。

（2）拉大锯

拉大锯，割大槐。老娘家门口儿扎戏台。请他姑，搬她姨，枕破头枕刺破席。您姑您姨快走吧，过日唱戏再叫你。[1]

（3）将了媳妇忘了娘

小喜鹊，尾巴长，将了媳妇忘了娘。娘病了，要喝汤。半碗凉水端上床。媳妇病了着了慌，快快背在炕头上，关上门，堵上窗，出溜出溜地扒面汤。要吃鸡蛋给你扒，要吃甜的给你糖，咱娘那边儿你别管，反正她也活不长。[2]

六、胶州剪纸

胶州剪纸历史悠久，据1954年在胶州洋河镇山子村张家茔（明墓）出土的五幅剪纸原样，证明了500多年前剪纸已经在胶州出现过，并从民间传进官家的深闺，博得了贵妇名媛的垂青，促进了其表现艺术的更高发展。胶州自古便是中国南北海上贸易的枢纽，特定的地理位置使得南北文化在此得到了交流。胶州剪纸受其影响，形成了既具有北方粗犷豪放的风格，与黄河流域其他省份的剪纸一脉相承；更具有江南一带的纤秀细腻，以其花样密集的装饰手段，使单纯爽快的外形更加饱满丰富。胶州剪纸主要以胶州、胶南、黄岛民间剪纸最具有代表性，也将三地的剪纸艺术统称为"胶州剪纸"。[3] 胶州剪纸艺术历史悠久，很受群众欢迎，多为婚丧年结时采用，其中，胶州民间艺人高友三的剪纸造诣较深。[4]

图 13-1　胶州剪纸

---

[1] 胶州市志编纂委员会《胶州市志》，新华出版社1992年版，第780页。
[2] 胶州市志编纂委员会《胶州市志》，新华出版社1992年版，第781页。
[3] 李革新《讲述青岛的故事》，山东省地图出版社2013年版，第286页。
[4] 胶州市志编纂委员会《胶州市志》，新华出版社1992年版，第870页。

胶州剪纸不但有窗花、喜字样、饽饽花、盒子花、顶棚花、鞋花、镜花、门签花等异彩纷呈、形式多样的花样,而且题材十分广泛,有人物、花鸟、景致、传说故事等。仅就窗花一项就有山水风景(里八景、外八景)、四季花鸟、珍禽瑞兽、瓜果虫鱼等等;人物故事题材,又分神话传说(牛郎织女、刘海戏金蟾)、大小戏曲(《梁祝》《锯大缸》)、小说故事(《红楼梦》《西厢记》故事)、风俗习尚(送闺女、赶集)、生产劳动(渔樵耕种)、民间童话(老鼠嫁女、兔子捣药),其涉及面广泛实为其他姊妹艺术所少见,如仅"八仙"剪纸,就有"上八仙""中八仙""明八仙""暗八仙"等数种。

从表现形式方面来讲,胶州剪纸大体可分为单色剪纸、活动剪纸、彩色剪纸和贴彩剪纸四种。其艺术特色可分为:①根据需要,形状不一;②阴阳搭配,意趣清新;③讲究对称,简洁明快;④造型夸张,感情纯真;⑤取材生活,自由创意;⑥疏密有致,造型优美;⑦受儒家思想影响,作品含蓄、雅趣;⑧通过心里想的来创造图案。胶州剪纸的最大特点,就是以"心"造型,它重在传神,不求形似。例如,"心花怒放",便将人的胸部剪成花,表示心像开了花一样怒放;又如在猪、羊的身上剪出"钱"型,用来表示饲养家畜可致富的愿望。外表的美必有内在的心灵美。剪纸艺术是为人们所喜爱的创造,可以使人变美,心灵变善,因而它真正表现出劳动人民的期盼。[1]

七、胶州秧歌

胶州秧歌又称地秧歌,俗称扭断腰,是国内较有影响的民间舞蹈。清乾隆二十九年(1764年),胶州包烟屯村(今马店乡东小屯村)赵姓、马姓两家,往关东逃荒途中,乞讨卖唱,逐步形成一种边舞边唱的形式,他们返回关里后,经多代相传,不断改进,发展到清同治二年(1863年)基本定型,舞蹈、唱腔、伴奏均有一定程式。演员为10人,分5个行当,即4男6女,男分鼓子、棒槌各2名,女分翠花、扇女、小嫚各2名。舞蹈程式有十字梅、大摆队、正挖心、反挖心、两扇门等。伴奏乐器除唢呐外,尚有大锣、堂鼓、铙钹、小钗、手锣等。唱腔曲牌有扣腔、锯缸、打灶、送断桥、上庙、南锣、东坡、男西腔、女西腔、小腔等。后经发掘整理的唢呐音乐曲牌有得胜令、打灶、小白马、斗鹌鹑、八板、水浪音、扇簸箕等。同治

---

[1]　李革新《讲述青岛的故事》,山东省地图出版社 2013 年版,第 288 页。

三年(1864年),楼子埠村秧歌艺人刘彩创立了第一个秧歌班,坐科招生。同年,马店村秧歌爱好者纪鸣珂与同村殷洪琴合作创作了第一个秧歌小戏《裂裹脚》,由刘彩秧歌班排练演唱,从此创立了秧歌小戏。①

八、胶州八角鼓及胶州大鼓

八角鼓:胶州八角鼓又称胶州鼓子、桌戏,源于清代的北京旗人八角鼓。清雍正年间(1722—1735年),北京遭贬的胶籍官吏,把八角鼓艺术带回胶州。其内容多为传奇或公案故事,也有返乡后抒发政治失意情绪的自编自演段子。清光绪三十三年(1907年),胶城南关马台子(今水寨街)八角鼓盲人孙瞎汉邀集塾师赵华南、商人王述堂,以数年时间,大胆改革了八角鼓的唱腔和部分唱段,很快为群众承认,并在民间广泛流传。民国初年,胶城能演唱八角鼓的将近百人,至1937年,胶州八角鼓有50多个曲牌,500多个唱段,形成了3个各有特色的流派:河头源帮,多演唱文雅段子;白水泉帮,多演唱传奇式的大段子;麒麟街帮,演员多文盲,多演唱通俗易懂的段子。②

胶州大鼓:在胶州湾地区的胶州等地广为流传的一种曲艺形式,形成至今有七八十年的时间。③

1927—1933年,盲人高新阁在吉林省籍安县拜师,学习演唱东北大鼓。1934年回胶继续演唱,但因东北大鼓的行腔吐字均不适应胶县听众,他便以数年时间,根据胶县方言的发音、词汇加以改革。④ 在改革和适应环境中,他有机地将流传在胶州地区的茂腔音乐素材、民歌小调的素材以及山东东路大鼓的音乐成分巧妙地渗透融合到自己的演唱当中,并在实践中加以提炼,逐步发展形成了一种较为独特和新颖,并能被当地广大群众所接受和喜爱的曲艺形式——胶州大鼓。⑤

胶州大鼓的音乐属板腔体,其板式有三种:慢板、平板、快板。唱段一般是从慢板开始过渡到平板,最后以快板结束,特殊情况下也可以打破这种规律,大都是根据段子的内容来具体安排的。伴奏乐器主要是三弦和坠琴。演员左手持木

---

① 胶州市志编纂委员会《胶州市志》,新华出版社1992年版,第868页。
② 胶州市志编纂委员会《胶州市志》,新华出版社1992年版,第869页。
③ 李革新《讲述青岛的故事》,山东省地图出版社2013年版,第361页。
④ 胶州市志编纂委员会《胶州市志》,新华出版社1992年版,第869页。
⑤ 李革新《讲述青岛的故事》,山东省地图出版社2013年版,第362页。

板,击节拍,右手持鼓键击鼓,与伴奏音乐配合演唱。[①] 1934—1949 年,演唱的长篇曲目有《三国演义》《西游记》《三侠剑》《杨家将》《精忠说岳》《西厢记》等。[②]

第三节 胶州湾文学艺术遗产资源的 当代价值与传承保护

一、胶州湾文学艺术遗产保护面临的问题

(一)现代化对传统文学艺术的冲击

传统文学艺术的产生,有其特定的历史背景和条件。农耕经济基础上孕育出的诗词以及曲艺、工艺等艺术形式,是传统价值观念的反映,其审美取向与价值内涵与现代社会并非完全吻合。以诗词为例,由于五四新文化运动后白话文渐次普及,古诗词对于现代普通人来说,略显晦涩,尤其是非常见作品。而且,快节奏的现代生活,也使人很难静下心来去细细品味古诗词中的内敛、典雅、文韵的艺术风格。

现代化使得各地区之间的联系空前紧密,世界上各个国家和地区之间的文化交流活动多如过江之鲫。各种文学艺术形式精彩纷呈,令人目不暇接。人们进行文学艺术消费的可选项增多,对传统文学艺术的关注相对减少。

以西方文明为代表的现代工业文明引入中国后,令人大开眼界,也在一定程度上打击了民族自尊心和自信心,崇洋媚外一度盛行。虽然经过改革开放,中国国力得到很大提升,但是文化的发展并非一蹴而就,国民心理的转变也并非一时之功,所以,我们也会偶尔看到,推崇西方文化而贬低自身文学艺术成就的现象。

随着岁月的流逝,越来越多传承民间艺术的老艺人正在悄无声息地逝去,随他们而去的是那些珍贵的民俗文艺和民间技艺。随着这些珍贵的民俗的文学艺术瑰宝的不断消失,人们越来越认识到,必须要保护民间文学艺术,维护中

---

① 李革新《讲述青岛的故事》,山东省地图出版社 2013 年版,第 362 页。

② 胶州市志编纂委员会《胶州市志》,新华出版社 1992 年版,第 869 页。

华传统文化的多样性。①

(二)文学艺术遗产保护经费和力度不足

"以经济建设为中心"的现实要求,使得文学艺术遗产的保护,被放到了相对次要的位置上。大规模基础设施建设的开展,以及社会保障、医疗、卫生等公共事业上的开支,使得文学艺术遗产的保护经费相对不足。仅以《山东省 2015 年文化发展情况分析》中得出的数据为例,青岛全市 2015 年文化事业费总额为 3.92 亿元,但是仅占当年地方财政支出的 0.32%,而人均文化事业费为43.11 元。② 因胶州湾地区全部位于青岛市境内,面积占全市比例较小,且不是城市核心区,经济发达地区较少,所以胶州湾地区的文化事业费占地方财政支出的比例和人均文化事业费应比所列数据更小。

二、胶州湾文学艺术发展的对策建议

(一)借鉴学习国际先进保护与传承经验

国际上关于民间文学艺术的保护工作,起步早,经验丰富,值得我们学习和借鉴。

人类历史上第一个以法律形式来保护民间文学艺术的国家是突尼斯。1966 年 2 月 14 日制定的"文学和艺术产权法"中,突尼斯首开了以版权法保护民间文学艺术的先河。

英国则是第一个以版权法对民间文学艺术进行保护的发达国家。在 1988 年版权法中,规定应该对民间文学艺术作为一种作者身份不明的作品给予一定的保护。该法第 169 条第一款规定,如果有证据表明身份不明的文学、戏剧、音乐和艺术作品之作者(或者关系到合作作品,作者中的任何人)因与联合王国以外的国家有联系而具备合格的主体资格,在得到反证之前应该推定其具备主题资格,因而其作品应该享受版权保护,但须服从于本编之各项规定。③

世界知识产权组织顾问,瑞士音乐作品著作权法协会的前总干事乌里奇·

---

① 姜化峰《论民间艺术文学的法律保护》,黑龙江大学硕士学位论文,2004 年,第 28 页。
② 中华人民共和国文化部《2016 文化发展统计分析报告》,中国统计出版社 2016 年版,第 153 页。
③ 沈仁干《著作权实用大全》,广西人民出版社 1996 年版,第 563 页。

乌哈根博士认为,在世界范围内对民间文学艺术保护最合适的解决办法莫过于对公有领域作品的有偿使用。①

有关民间文学艺术保护的国际公约,如《阿拉伯著作权公约》,是在 1981 年由阿拉伯第三次文化部长会议在巴格达通过的。该公约涉及对民间文学艺术部分只是简要规定了关于保护民间创作作品的原则,至于法律保护民间文学艺术作品的具体形式,由公约成员国根据各自国情自主确定。但公约同时也规定了保留性条款,即每个成员国必须要保证民间创作作品的著作权能够得到维护,并要禁止对民间创作作品任意进行歪曲、修改,以及进行非法的商业性使用。②

在 1985 年 2 月,世界知识产权组织在《版权》月刊上公布了其与联合国教科文组织共同主持下的由专家起草的《民间文学艺术表达形式保护条约(草案)》。③ 该草案规定对民间文学艺术表达形式提供类似于版权但又独立于版权之外的一种智力成果的保护。条约草案要求各成员国指定一个主管机关,负责授权或禁止任何人出版、复制、销售、表演、广播、录制或以其他方式传播有关民间文学艺术的表达形式;主管机关向使用者收取使用费。条约草案要求对侵犯民间文学艺术表达形式专有权者,给予行政和刑事处罚,必要时应使其承担民事责任。④

借鉴国际上关于对民间文学艺术保护的观念和做法,加紧制定符合我国国情的法律和规章制度,对于保护本民族、本地区文学艺术遗产大有裨益。

(二)加快文学艺术遗产保护的法制化进程

在我国著作权法颁布之前,有关民间文学艺术保护的立法规定,仅在文化部 1984 年颁发的《图书、期刊版权保护试行条例》及其实施细则中有所体现。该条例第 10 条规定:民间文学艺术和其他民间传统作品的整理本,版权归整理者所有,但他人可对同一作品进行整理并获得版权。民间文学艺术和其他民间传统作品发表时,整理者应当注明主要素材提供者,并依素材提供者的贡献大

---

① 佚名《民间文学艺术法律保护研讨会综述》,《著作权》1993 年第 4 期,第 3 页。
② 〔苏〕尤·格·马特维耶夫《1981 年阿拉伯著作权公约》,焦广田译,《版权参考资料》1989 年第 5 期,第 35～36 页。
③ 郑成思《版权法》,中国人民大学出版社 1990 年版,第 354 页。
④ 姜化峰《论民间艺术文学的法律保护》,黑龙江大学硕士学位论文,2004 年,第 27 页。

小向其支付适当报酬。①

另外,《图书、期刊版权保护试行条例实施细则》第 10 条具体规定了民间文学艺术和其他民间传统作品发表时,整理者应当在前言或后记中说明主要素材(包括口头材料和书面材料)提供者,并向其支付报酬,支付总额为整理者所得报酬的 30%～50%。②

《中华人民共和国著作权法》第六条做了规定:"民间文学艺术作品的著作权保护办法由国务院另行规定。"2001 年修改后的著作权法仍然保留了同样的规定。根据这一规定,由国家文化部、版权负责局共同起草《中华人民共和国民间文学艺术作品保护条例(草案)》。《中华人民共和国著作权法》已经实施 10 多年,但这个保护条例至今仍未制定出来。③

2014 年 3 月 28 日,由青岛市十五届人大常委会第 18 次会议通过的《青岛市胶州湾保护条例》对胶州湾区域的保护做了详细安排,其内容涉及生态保护、污染防治、生态修复、监督检查,以及相关法律责任等诸多方面。但和胶州湾地区文学艺术相关的保护规章制度尚有待完善。

(三)加强理论研究与宣传教育,营造良好的保护氛围

胶州湾文学艺术遗产是中国传统文化中的瑰宝,不仅在中华文化发展史上具有重要意义,而且在当今社会依然有重要的实用价值。

人们对胶州湾文学艺术遗产的保护、传承与发扬,不应仅仅局限于文学艺术层面的陶冶情操和美感欣赏,同时也应重视其记录历史、传承文化的作用。

胶州湾文学艺术演进的过程同时也是一部胶州湾地区历史发展的过程。胶州湾文学艺术作品在历史的进步中不断滋养着胶州湾沿岸人民的精神世界,对于维持当地人民的价值认同和社会稳定有着不可低估的作用。

在正确认识胶州湾文学艺术遗产价值的基础上,举办大型文学艺术系列活动,如文艺演出、展览、学术交流、艺术创作风采等,或是开展特定主题的文艺实践活动和文学艺术系列活动,增强与群众的互动交流,加强其在群众中的影响力,力求切实做到文艺惠民,让文学艺术遗产活跃在群众中间,才能保障其传承

---

① 何山、曹三明《中国著作权手册》,四川教育出版社 1993 年版,第 412～413 页。
② 姜化峰《论民间艺术文学的法律保护》,黑龙江大学硕士学位论文,2004 年,第 30 页。
③ 姜化峰《论民间艺术文学的法律保护》,黑龙江大学硕士学位论文,2004 年,第 31 页。

与发展。

(四)与时俱进,融合现代科技,为胶州湾文学艺术的传承与发展注入新元素

从文学艺术的发展历史中,我们可以看到,影响文学艺术发展的因素,不仅包括那个时代的经济、政治、民族、文化等因素,更与科学技术的发展有着紧密的联系。每一次重大科学技术的进步都会对文学艺术的发展产生深远影响。科学进步及其所引发的传播媒介的发展变化,在一定程度上制约着文学艺术的发展进程。尤其是在传播技术、手段飞速发展的今天,现代传播媒介较之传统的传播媒介对文学艺术的影响更深入、更广泛。[1]

文化的本质即传播[2],文学艺术的发展更离不开现代化的传播方式。文学艺术是由创作行为和欣赏行为共同构成的文化现象,文学的阅读或艺术的接受并不是可有可无的部分,而是文学艺术本质的一部分,离开了特定的传播媒介,任何文学的接受都是不可能的,不同媒体阅读方式对信息内容的接受与理解会产生显著影响,文学艺术的美学、社会学、文化学特征其实都与传播有着密切的联系。[3]

胶州湾文学艺术的发展概莫能外,凭借传播媒介第三次革命的东风,充分利用计算机和互联网等新兴传播媒介,促进传统文学艺术的数字化、现代化,必将有助于胶州湾文学艺术遗产的保护。

---

[1] 柳宇新《科技的进步与艺术的发展——当代人文视野中的网络文学》,山东大学硕士学位论文,2005年,第7页。

[2] 杨瑞明《论当代中国大众文化浪潮中的大众传播媒介》,《新闻大学》1993年第4期,第22页。

[3] 柳宇新《科技的进步与艺术的发展——当代人文视野中的网络文学》,山东大学硕士学位论文,2005年,第8页。

第十四章　胶州湾中外文化名人

自春秋时起,齐文化便传入胶州湾这片海陆古域并渐渐发展、积淀形成极具特色的海陆古域文化。从战国初年算起,已有 2400 多年的历史,至今人们还能清晰地感受到它跳动不息的文化脉搏。

两汉时期,儒学便在胶州湾地区广泛传播,仅《史记》《汉书》《后汉书》所记载的儒学名家就有 10 多位。例如,胶州庸生、不其房凤、经学大师郑玄等名学大儒。

宋元明清时期,胶州湾不断涌现出闻名全国的文人雅士和曲艺巧匠名家,他们或善诗文、工书法,或精曲艺、能匠巧。代表性的有"胶州四山"(法若真、姜琯、郭经、匡璜),胶州大文人法坤宏、张谦宜,著名宫廷画师冷枚等,还有诗文书画兼备的高凤翰、柯劭忞、杨际清、王垿等。此外也不乏闺中俊秀、女艺名家。当时胶州有著名才女之称的有柯劭忞之母李长霞、四山之一姜琯之妹姜淑斋以及高梅仙、高月娟等;还有茂腔艺术的代表人物李玉香、刘顺仙等。

位于胶州湾地区的青岛,拥有着天然的优良港湾,这些良港成为许多来往船舶的停靠中转之地。中国佛家名僧法显西行求法返回途中,因所乘坐的商船遭遇大风浪而停靠在崂山沿海登陆,并在不其城停留讲法约半年之久。宋代高丽王文宗的四儿子义天就曾不畏艰险渡海乘船来到密州板桥镇(今胶州市)求取佛法。

到了近代,青岛开埠,吸引国内外各界名士纷至沓来。他们或观光游览,或躲避时政,或精研学问,或教书育人,抑或是专事文学艺术创作。他们中有康有为、洪深、沈从文等文学大家,亦有崔嵬、谭抒真等艺术名家。此外还有福兰阁、毕娄哈等外国名人,也在青岛历史上留下了足迹。

本章主要根据《史记》《汉书》《后汉书》、明清史书、山东地方志等古今史料中的相关记载,以及有关专家学者们的学术著作、论文等,参照前人诸多相关研究成果,择取其中极具代表性的人物给予介绍,借以展示胶州湾地区人文盛况,所选人物按照其出生时间,截至 1949 年。

一、山灵海秀：名僧大儒留迹胶州湾

庸生(生卒年不详)，名谭，胶东人(今胶州庸村、砚里村一带)。两汉时期，凡是有名的大儒基本都入朝为官，但是庸生却始终不肯应召入宫，一生都在自己的家乡讲学授徒。据《汉书·儒林传》记载："孔氏有古文《尚书》，孔安国以今文字读之……授都尉朝……都尉朝授胶东庸生"，庸生乃古文《尚书》正统传人。西汉末年经学家刘歆推崇古文《尚书》为"胶东庸生之学"。除了古文《尚书》外，庸生在《齐语论》等儒家经典的传授方面也起到了举足轻重的作用。[1] 庸生一生致力于讲学授课，门下有不少名儒。汉武帝时的名相张禹，东汉时的贾逵、马融等皆是其门人。宋代《论语疏》中评价庸生："生，盖古谓有德者也。"

今天，在胶州市北观砚里庄有一处池塘，据民间相传，这是当年庸生洗砚的地方，所以当地人称它为濯砚泉。在濯砚泉的东边有一条小道，据说是当年庸生同儒生们一起漫步研学的地方，这条小道被称为"庸生古道"。在民间，关于庸生的传说还有这样一件趣事。据清乾隆《胶州志》记载，明嘉靖年间(1522—1566 年)，胶州有一名

图 14-1　庸生故里碑

秀才，连续考了好多年都没有中举，秀才甚是疑惑，这时有一位当地的老者对秀才说，他应该到庸生祠去拜一拜，祈求庸生的帮助，秀才真的听了老者的话去庸生祠虔诚地祭拜，后来这名秀才真的中了举人。这件事情后来被越来越多的人知道，自此每至清明时节，当地的许多官员和书生都会到庸生祠祭拜祈福，甚至有一些外地赶考的书生，也会专程赶来拜谒，并取濯砚泉的池水洗墨，以求能够延续庸生的文脉。

庸生去世后，葬于今西庸村东，人们为了纪念庸生，又在他的墓前修建了庸生祠，供后世瞻仰，后来又经过多番重修。清乾隆五十一年(1786 年)胶州知州张玉树进行了重修，此时，庸村已绝了庸姓，几经周折，从诸城找来了他的一位

---

① 郭泮溪《帆都记忆：青岛六千年海洋文明简史》，中国社会科学出版社 2009 年版，第 88 页。

庸姓后裔来管理祠堂。道光四年(1824年)胶州知州冯云鹬又重修,树立"庸生故里"的碑。道光十三年(1833年)胶州知州吴梯再次重修。最后一次重修是在光绪十九年(1893年)胶州知州宋森荫倡导,胶城人王次山筹办,自5月开始动工,8月竣工,建庙堂三间,堂中间为庸生塑像,东墙刻有胶州画家高凤翰等人歌咏庸生的诗。

房凤(生卒年不详),字子元,西汉琅琊郡不其(今山东青岛城阳区)人,曾任太始掌故、县令都尉、光禄大夫,迁五官中郎将,后又历任九江太守、青州牧等职。王莽摄政之后,房凤辞归故里,开坛讲学不其山下。

房凤精通《春秋穀梁传》,是《春秋穀梁传》的传授人,曾与刘歆等人一起校注儒家经传,在当时官方儒学界享有很大的影响力。房凤所治《穀梁春秋》被称为"房式之学"。房凤死后葬于不其城,他的墓葬于1959年被考古人员发掘,其址位于今天的城子村被庵后沟北岸。

伏湛(?—37),字惠公,西汉琅琊郡东武(今山东诸城)人。伏湛是西汉初期今文经学大儒伏生的九世孙,伏湛的父亲伏理曾出任太傅一职,教授汉成帝《齐诗》。《后汉书·伏湛传》中这样记载伏湛"少传父业,教授数百人"。汉光武帝刘秀因伏湛是名儒旧臣,遂拜其为尚书。汉武帝建武三年(27年),出任大司徒,封阳都侯,建武六年(30年)伏湛被封为不其侯,治不其城,食邑3600户。建武十三年(37年),应召出仕,病故于赴任途中。伏湛死后,不其侯爵位共传八代,历任不其侯,皆为名儒。他的第五师孙不其侯伏无忌博学多识,是当时闻名朝野的大儒。第七世孙伏完,是汉献帝时的名儒。伏完的女儿伏寿是汉献帝的皇后。汉献帝建安十九年(214年),伏皇后被曹操所杀,其伏氏家族也被诛灭。伏氏一族的今文经学,在胶州湾一带共传播了180年有余,对于培育和延续这一地区的儒学之风具有影响深远。《后汉书·伏湛传》中评价伏湛及其后人:"自伏生已后,世传经学,清净无竞,故东州号为'伏不斗'云。"

今天城阳区城子村北汉代墓群中有"梁文墓"和"拜坟台",据清同治《即墨县志》记载:"城阳古不其城古冢八,相传为伏湛八代之墓,存以俟考。"[①]1984年,被青岛市政府列入市级文物保护单位。

郑玄(127—200),字康成,东汉北海高密人,东汉末年经学大师。郑玄从小便勤奋好学,聪颖惠达。郑玄曾遍访关东名儒,后仍不满足,于是出走关中,拜

---

① 窦秀艳、杜中新《崂山文化名人考略》,人民出版社2015年版,第82页。

师当时的经学大师马融。学成归来的郑玄已是全国著名的经学大师，慕名而来拜师求学的人多达上千。据晋伏琛《三齐略记》载："郑司农尝居不城南山中教授"①，可知郑玄曾携弟子隐居于不其城（今崂山西北部）南山下，开坛讲学。刘昭注引《三齐记》中记载当地有一处水井，古井不竭，井边长有一种细长的草，很有韧性，郑玄的弟子曾用其束书，故当地人称之为"书带草""郑草"，又叫"康成书带"，因此人们将其讲学的地方称"康成书院"。其后郑玄因受"党锢之祸"的牵连，遭受禁锢，其仕途受阻。被禁锢期间，郑玄潜心钻研经学，遍注

图 14-2 崂山康成书院

经书，其学术成就基本都是在这一时期完成的。

后来黄巾军起义，郑玄离开不其前往徐州。汉献帝建安元年（196年），郑玄从徐州返回高密。建安五年（200年），郑玄病逝于远城（今河北省大名县东），享年74岁。死后举行葬礼时，赴会者达1000余人。郑玄墓位于山东省高密市双羊镇后店村西，又称郑公墓。明正德七年（1512年），即墨知县高允中在郑玄曾经讲学的原址上重建"康成书院"；明末黄宗昌也曾因慕郑玄之名，而在康成书院附近修建"玉蕊楼"。除了这些楼院亭阁之外，还有诸多名家所作赞咏郑玄和康成书院的诗篇。现在城阳地区的书院村、院后村等地名，都与郑玄及康成书院有着深厚的渊源。

法显（334—420），本姓龚，东晋司州平阳郡武阳（今山西临汾）人，一说是并州上党郡襄垣（今山西襄垣）人，3岁出家，20岁受"具足戒"（佛教的大戒），取得和尚资格。他是中国佛教史上的一位名僧，卓越的佛教革新人物。

受了"具足戒"的法显云游四方，后来深感当时中原佛教臧律残缺不全，于是在晋安帝隆安三年（399年），同惠景、道整等从长安西行前往天竺求法，历时14年，于晋安帝义熙八年（412年），跟随商船从狮子国（今斯里兰卡）从海路回

① （元）陶宗仪《说郛》卷六一下，文渊阁四库全书影印本，台湾商务印书馆1986年版，第1273页。

国。归来途中,法显所乘商船遭遇大海浪,后来商船漂流到长广郡牢山(今山东青岛崂山)南边的栲栳岛海湾一带登陆。当时任长广郡太守的李嶷敬信佛法,于是在不其城盛情接待了法显,并筹款在栲栳岛建造了一座寺庙——石佛寺(后改名潮海院)。法显在此停留,一边翻译经书,一边传经说法,前后共在不其城住了约半年时间,之后返回建康(今江苏南京)。

法显回国后将带回来的梵文佛教经书翻译成中文,他翻译的《摩诃僧祇律》是五大佛教戒律之一,后来法显又将自己的求法经历撰写成书——《佛国记》,又名《法显传》《佛游天竺记》等。

义天(1500—1101),名煦,字义天,高丽王文宗第四子。11 岁时受父命出家通灵寺,号祐世僧统。义天作为高丽僧统,负责管理全国佛教事务数十年,是一位颇具影响力的高丽名僧,韩国天台宗创始人。义天因高丽国王子的特殊身份,曾多次渡海入宋求法。宋神宗元丰八年(1085 年),义天一行人不顾朝臣反对,偷偷搭乘宋代商船,自朝鲜半岛的贞州港杨帆,至密州板桥镇登陆,共在海上航行 20 余日,义天一行登岸后受到密州知府范锷等州县官员的热情接待,其间先后被安排在板桥镇和密州州治(今山东诸城)的知名寺院斋宿,并在圣寿寺、密州资福寺等寺院求佛、弘法。义天在密州共停留了 20 多天,他在这里的活动对于促进中朝两国的佛教文化交流起到了重要作用。

现今保存的史料中,能够明确记载义天曾登陆密州板桥镇的证据,主要有《开成兴国寺大觉国师墓志铭》《开城灵通寺大觉国师碑文》和《仙同仙凤寺大觉国师碑文》中的相关记载。

倓虚(1875—1963),俗名王福庭,法名隆衔,法号倓虚,自称湛山老人,河北宁河北塘庄人。1932 年,受叶恭卓之邀来青岛筹建湛山寺,并任湛山寺第一任住持。倓虚还在鱼山路创建湛山精舍,每周在此讲经两次,但是后来被毁。1835 年,创办湛山寺佛学院,并到平度、即墨、烟台等地弘法。倓虚一生所作佛教著述颇丰,主要有《心经义疏》《金刚经讲义》《楞严经讲义》《始终心要义记》《大乘起信论讲义》《普贤行愿品随闻记》《天台传佛心印记释要》《影尘回忆录》等,以他为代表的佛学学派称"湛山学派"。由倓虚主持修建的湛山寺于 1982 年被青岛市政府列为市级重点文物保护单位,1983 年被国务院确定为全国重点佛教寺院。寺中后殿悬挂的"海印遗风"匾额乃倓虚亲自书写,湛山寺山门横匾金字"湛山寺",门旁两侧的"常住、三宝",东西墙上的"转大法轮、佛日增辉"字样皆为倓虚法师之手迹。

二、人杰地灵：胶州湾诗文书画名家辈出

张谦宜（1646—1728），名张庄，字谦宜、稚
松，号山农、山民，晚年自称山南老人，清顺治时
胶州松山（今山东青岛市黄岛区张家楼镇松山子
村）人，明末经史学家张懋煌之子。清康熙三十
二年（1693 年）中举人，康熙五十一年（1712 年）
中进士。然拒绝入仕，闭门著书，终身不辍。张谦
宜擅书法，工诗文，潜心研读程朱理学，是当时著名
的学者，与法若真、法坤宏并称"胶州三大文人"。

张谦宜一生著述颇丰，著有《尚书说略》《春
秋左传摘评》《左转地理直指》《四书广注》《四书
疏义》《四书质言》《修史议》《幽节录》《高氏传家
录》《张氏家训》《稚松年谱》《山东盐法志》《胶镇
志》《庄子心得》《老子释注》《山农文集》《絸斋诗
选》《絸斋文录》《絸斋论文》《絸斋诗谈》《铜声集》
《注诗品》《家学堂诗钞》等经史、地理、方志、谱

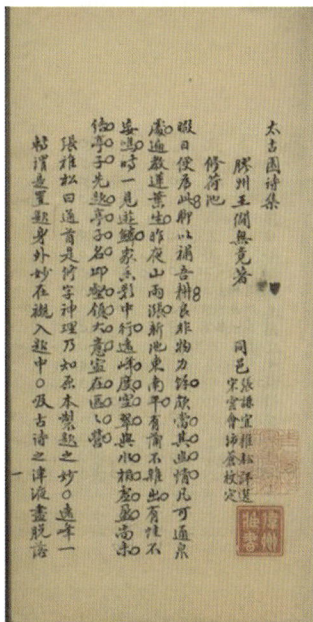

图 14-3　张谦宜手书

牒、诗文著作。其中，《絸斋诗谈》有八卷二百一十四条，收入法辉祖乾隆二十三
年（1578 年）刻《家学堂遗书二种》，今收入《清诗话续编》；国家图书馆藏乾隆二
十四年（1759 年）法辉祖刻《絸斋诗选》二卷、《补遗》一卷，收入《四库全书存目丛
书·集部》第二百六十三册；《絸斋论文》六卷收入《家学堂遗书二种》，今收入
《历代文话》。另辑有《胶州文钞》一卷，现存山东博物馆。

高宏图（1583—1645），本名弘图，因避讳清乾隆皇帝弘历而改名。字子犹，
一字研文，号砯斋，明末胶州人。高宏图自幼聪明好学，且祖父、父亲都是读书
出身。其祖父曾任河北良乡县、宛平县等知县，为官清廉，政绩突出，高宏图的
父亲高梦说是一名秀才，一生以教书为业。所以，高宏图从小就接受良好的教
育，明万历三十八年（1610 年）中进士，授中书舍人。之后又历任陕西道监察御
史、太仆寺卿、工部侍郎、户部尚书等职。后又臣于南明福王，任礼部尚书兼东
阁大学士，之后又加封太子太保、吏部尚书兼文渊阁大学士。后来南明灭亡，逃
至会稽一座荒废的寺庙之中，绝食九日而亡。

　　高宏图学识渊博，一生著述颇丰，传世的诗书代表作有《太古堂集》《易解》《史记论事》《纲目别见》《老子解》《论史》《奏疏》《杂著》《尺牍》《太古堂遗编》《画衣记》《劳山九游记》《太平宫白牡丹》《题黄石宫》《鹤山》《八仙墩》《巨峰》《吊憨山上人禅址》等。

　　法若真（1613—1696），字汉儒，号黄山，胶州人。清顺治二年（1645 年），参加科举，因其常年隐居山中，不知已废除五经应试，仍以五经答卷，本应不合规定，无录取资格，但因"异才"而被考官举荐礼部，后被破格授予中书舍人一职。第二年中进士，改任庶吉士，授编修。后又历任浙江按察使、湖广右布政使、江南布政使。康熙十八年（1679 年），辞官归故里，隐居于胶州湾西岸的黄山，潜心诗文书画。

图 14-4　法若真书画作品　图 14-5　法若真《层峦叠嶂图》（山东博物馆藏）

　　法若真的画以山水为主，偶尔也有花鸟。山水画"神奇变幻，横绝时蹊，别立风骨"；扇面画"笔力雄健而清爽，风趣油然"[1]。他的绘画代表作有《层峦叠嶂图》《华山落雁图》《溪山白云图》《云山图》《梅鹤图》《树杪飞泉图》等。

　　法若真的字承魏晋之风，笔势雄健劲瘦，妙趣古雅，草书、行书、小篆、楷书皆有其独特风格。此外，法若真的诗文造诣颇高，其《黄山诗留》十六卷被收入《四库全书》之中。其他的作品还有《黄山集》《黄山文留》《黄山年略》《介庐诗》等。

　　法坤宏（1699—1785），法若真之曾孙，字直方，又字迂斋，胶州人，著名的古文家、经学家。清乾隆六年（1741 年）乡试第二名，之后没有中进士，吏部破格授予其大理石右评事官职。法坤宏读王阳明的《传习录》，遂以王阳明之学为宗，

---

① 郭泮溪《帆都记忆：青岛六千年海洋文明简史》，中国社会科学出版社 2009 年版，第 240 页。

以"不欺"作为治学的根本,博通诸经,尤致力于《春秋》的研究。著有《法氏诗闻》《介亭诗征录》《过庭录》《墨水传经录》《抚风旧德录》《迁斋学古编》《纲目要略》《怡斋诗存》等,其中《迁斋学古编》《纲目要略》《春秋取义测》收入《续修四库全书》,以及《清史列传》经部春秋类,并传于世。

法坤厚(1704—1765),字西峰、南野,号黄裳,别号白石山人。法坤宏胞弟,监生出身,乾隆年间著名的诗人、书画家。他的书画深得法若真的真传,固有"小黄山"之称,他的山水画青墨淡雅,富有情趣。画作经后人收藏整理,现有《法坤厚山水册页》画册集。法坤厚的书法各题兼善,书风俊秀,飘逸洒脱。诗文方面也留下了不少著述,代表作有《白石山人文集》四卷、《荫松堂诗集》十六卷等。据宋弼《山左诗抄续抄》载:"乾隆十七年(1752年)南野与献县纪昀、平原董元度、历城周永年等山左名流20余人在泰山结'海岱诗社'皆推坤厚为首",不但乾隆皇帝喜欢他的诗文,当时才华横溢的大学士纪晓岚也尊法坤厚为文坛长者,享一时文坛盛名,可见深远影响。

法伟堂(1843—1907),字容叔,号小山,清末胶州人。青少年时便以博学好古而闻名。光绪五年(1879年)中举人。光绪十五年(1889年)中二甲五十四名进士,官授知县,后经山东巡抚推荐,以国子监身份到山东任教。法伟堂在青州海岱书院主讲十余年,培育人才无数。光绪十七年(1891年),经山东学政裕德奏请,赏京衔国子监学正。光绪二十八年(1902年),山东巡抚委托法伟堂筹办山东省第一朵新式国文学堂,学堂筹建成功之后,法伟堂担任学堂总教习和山东师范传习所所长。光绪三十一年(1905年),任光绪《山东通志》总纂,负责编纂人物志、金石志、艺文志三志,然编纂人物尚未完成,法伟堂在济南病逝。

法伟堂一生博览群书,治学不分门户,有"小郑康成"之称。他在天文、算术、方志等方面都有很高的造诣,尤其精通音韵、金石之学。他的著作主要有《听训馆韵书》《校勘说文解字》《校勘经典释文》《校勘列子》《校勘唐一切经音义》《山左访碑录》《说文声音考》《夏小正书笺疏》《续山左金石志》等。

法氏家族在明清时期是胶州的名门望族,家族中自法若真之父重振家学起,一直延续到法坤宏、法坤厚一带,其法氏家学达到极盛,遂有"海表世家"之称。

冷枚(1669—1742),字吉臣,号东溟,晚年又号金门画师,胶州人。冷枚出生书画世家,师承焦秉贞。其祖冷超岩,原籍登州人,元朝末年迁居胶州,擅长人物画像,精通篆刻技艺。冷超岩曾经为元顺帝画像,得到顺帝的大加赞赏。晚年,冷超岩在胶州城广收门徒,胶州著名书画家张绅便是其弟子。他的后代冷枚、冷印乾都是享誉后世的书画大家。冷超岩对胶州书画艺术的发展有着无可替代的贡献。

冷枚的祖父冷印乾,字君若,善篆刻、书法。他的篆刻技艺承温如玉,书法承姜长植。其书法结构隽秀,有作品《古文读本》抄书留世。此外,冷印乾还是一名文物鉴赏家。

冷枚善画人物、界画,尤精仕女。乾隆《胶州志》卷三〇载:"工丹青,妙设色,画人物尤为一时冠。"冷枚所画人物工丽妍雅,笔墨洁净,色彩韶秀,其画法兼工带写,点缀屋宇器皿,笔极精细,亦生动有致。清康熙二十七年(1688年),冷枚受焦秉贞举荐入宫廷,因其所绘《桐叶封弟图》而深受康熙器重,遂授其内阁中书衔。康熙三十五年(1696年),冷枚同师父焦秉贞共同奉旨作《耕织图》。康熙二十五年(1713年),冷枚主笔参与大型画作《万寿盛典图》,此画是专门为康熙六十大寿所作,由14名宫廷画师共同执笔,时著名画家原祁为总裁判官。《避暑山庄图》是他最具代表性的一幅画作,这幅画作主要是以热河离宫的平原和湖区的30处盛景为主题,具有极高的艺术价值和历史价值。雍正时期,冷枚一度受到冷落,直到乾隆时重被重用。乾隆年间(1736—1795年)冷枚奉召作《圆明园四十景》一套。这套冷枚耗时一年多,精心绘制的圆明园巨作,使后人得以一览圆明园极盛时期的全貌。

图 14-6 冷枚《梧桐双兔图》
(现藏于北京故宫博物院)

冷枚作为宫廷画师,历康熙、雍正、乾隆三代帝王,一生绝大部分时间都是在宫中应召作画,其精美画作民间甚是难得一见。除上述作品之外,留世的还有《梧桐双兔图》《南巡图》《东阁观海图》《蕉叶读书图》《莲生贵子图》等。冷枚的画作现今主要收藏于北京故宫博物院、南京博物院、台北故宫博物院以及山东博物馆中。

高凤翰(1683—1749),字西园,号南村、南屯、南阜等,晚年号南阜山人,胶州三里河村人。清代杰出的书画家、诗人、篆刻家。据民国《增修胶志·人物志》所载,高凤翰"少具异才,工书画篆刻,诗才尤敏"。清康熙四十年(1701年),

19 岁的高凤翰考中秀才,但是此后几十年中,历经 3 次乡试皆落榜,直到 45 岁时才被胶州太守黄之瑞举荐为贤良方正,考列一等,由此得以在安徽歙县做了个县丞小官。① 之后被举荐为"博学宏才科",不但没有被准允,还蒙冤入狱,得以平反后,到绩溪县任职。清雍正十一年(1733 年),高凤翰因受两淮盐运使卢见曾之邀,参加江南文坛,后来卢见曾出了事,高凤翰也受其牵连,再次蒙冤入狱长达三年之久,这次的牢狱生活,使得高凤翰右肢瘫痪,落下了终身残疾,自称"丁巳残人"。

高凤翰出狱后便隐居扬州,以左手书画,卖字画为生。其间,高凤翰结识了郑板桥、金农等书画名家,他的书画技艺在这一时期得到了空前的发展,被世人称为"扬州八怪"。《清史稿》中记载:"浙西画学称盛,而扬州游士所聚,一时名流竞逐。其尤著者,为高凤翰、郑燮、金农、罗聘、奚冈、黄易、钱杜、方薰等。"②乾隆六年(1741 年),高凤翰从江南回到了胶州,游崂山,遍少海(胶州湾)。乾隆十一年(1746 年),时任潍县知县的郑板桥还专门到胶州看望高凤翰。乾隆十四年(1749 年),高凤翰病逝于家中,郑板桥为其写了"高南阜先生墓"碑文。

高凤翰书画以山水花卉为主,造诣精湛,山水画取法宋之风骨,元之韵味,然不为古所缚,自成一家,他的画作早年偏于工细,晚年更偏于写意,其所作山水画笔法豪放苍劲,有古朴雄浑,清新俊逸之美,郑板桥称他的山水画"睡龙醒后伸爪"。花卉画采用墨晕没骨之法,以清线勾勒,兼工带写虚实相生。③ 张庚在

图 14-7 高凤翰《雪菊图》(日本收藏家私藏)

《画徵录》中这样评价:"画山水不构于法,以气韵胜"。高凤翰被称为"画中十哲"之一。秦祖永在《桐阴论画》中评价:"离奇超妙,脱尽笔墨畦径,盖其法备趣

① 民国《增修胶志·人物志》,成文出版社 1968 年版。
② (清)赵尔巽《清史稿·艺术三》,中华书局 1977 年版,第 13913 页。
③ 郭洋溪、侯德彤、李培亮《胶东半岛海洋文明简史》,中国社会科学出版社 2011 年版,第 254 页。

足,虽不规于法,而实不离乎法也。"代表性画作有《枯木寒鸦图》《五岳横秋图》《牡丹图》《新竹图》《草堂艺菊图》(大阪市立美术馆藏)、《雪菊图》(日本私家收藏)、《层雪炉香图》(南京博物院藏轴)、《许藩州图》《秋山读书图》(中央美术学院藏轴)等。

此外,高凤翰还擅长篆刻,讲求秦汉之风,苍古拙朴,刻文极其劲秀,郑板桥的"七品官耳"印就出自高凤翰之手。高凤翰很是喜爱砚台,著有传世之书《砚史》。

高凤翰除了是书画篆刻名家外,还是一位杰出的诗人,他一生所作诗文多达3000余首,代表作有《游华岩庵》《赠山中何老》《鱼鳞口看瀑布》等,他的诗文大多收入《南阜山人诗集》之中。纪昀在《四库全书提要》中评价高凤翰的诗:"不拘于绳尺,然天分绝高。兴令所至,亦时有清词丽句。故少时以诗谒王士禛,极称赏之。"在今天的山东省胶州市澳门路西段南三里河村高凤翰故里,建有高凤翰纪念馆,是集纪念、研究、展示高凤翰生平及其艺术成就的专题性纪念馆。

杨际清(1850—1878),字子会,号镜海,胶州城沙河北崖人。杨际清少年时受业于济南泺源书院,其超群才华深受院长匡源赏识,后来考取贡生。清光绪二年(1876年)入京参加会试,考取第一名,名噪京城,

图14-8　杨际清所作扇页书墨纸本

当时人们都认为杨际清必是本次科举的状元了,然而因权贵所忌,殿试试卷以卷端有瑕疵而被排名在后,殿试放榜之时,曹鸿勋成了榜首,随之掀起大众舆论。后朝廷特意为其单设殿试,独榜翰林,杨际清"独榜翰林"的说法由此而来。之后杨际清任刑部主事,但经历了殿试风波,杨际清已经无意仕途,不久便辞官归乡,后来经其舅匡源举荐,任济宁书院主讲,两年后去世,时年26岁。

英年早逝的杨际清实乃一位才华横溢的诗人和书法家,书法效仿褚遂良、欧阳询、赵孟頫、李北海等,行、草无所不工,他书写的楷书字迹端庄秀美。十几岁为乡人书扇题匾,在京期间曾为慈禧题写御扇,深受慈禧嘉赏。其作品别具异趣,可惜存世较少,深受世人珍重。杨际清诗文自幼深受匡源影响,后又研习欧阳修、刘禹锡等唐、宋名家,所作诗文、风格清新淡雅,传世的作品有《古近体

诗文》等。

王垿(1857—1933),字爵生,又字觉生,号杏村、杏坊,晚号昌阳寄叟、望石山樵,清代山东莱阳城南门里杏坛坊人。清光绪十五年(1889年)中进士,授翰林院检讨。后又升任翰林院侍讲学士国子监祭酒、河南学政、内阁学士兼礼部侍郎。1907年,又署法部右侍郎兼实录馆副总裁,专门为光绪写《实录》。王垿的父亲王兰升曾是清同治十三年(1874年)进士,任翰林院编修。王垿的哥哥是清光绪十六年(1890年)进士,授翰林院庶吉士,后任翰林院检讨,官至桂林知府。因此莱阳王氏有"一门三翰林,父子九登科"之美誉。

王垿善诗文,工书法,辛亥革命之后,长期寓居青岛,潜心翰墨,不问世事,所居住所称"寄庐",书斋名"墨香斋"。德国人卫礼贤创"尊孔文社",王垿经常参加该社的活动,还捐赠了许多图书给"尊孔文社"的图书馆(名"尊孔文社藏书楼")。王垿还曾效仿宋代文彦博,邀请寓青遗老王渭滨等人,组织了一个"耆老会",时常聚会吟诗作画,北京路上的顺兴楼饭庄是他们时常的聚饮之所。

王垿自幼从父学习行书、隶书、楷书,曾拜曹鸿勋为师,最初学习欧阳修、虞世南的书法,兼采二家之长,后又法颜真卿、柳公权,以饱笔浓墨作书,平整中寓险奇,圆润里见清劲,时称"垿体"。[①] 王垿的书法很有影响力,当时求其书法的人颇多。在京城的时候有"无腔不是谭,有匾必有垿"之说,在其客居青岛期间,继续书法创作,留下许多遗墨。青岛的一些老字号如北京路"谦祥益"、胶州路"瑞蚨祥"、博山路"天德堂"、高密路"泉祥茶庄"、芝罘路"裕长酱园"、海泊路"洪兴德绸缎庄"等地方的匾额和两侧的长联,以及天后宫等庙宇悬挂的"佛光普照""有求必应"等字,均出自王垿之手。[②] 除了这些墨宝之外,还有不少诗文著作流传下来,代表作有《墨香斋诗集》《王垿诗稿》《王垿诗选》《青岛杂吟》《崂山杂咏》等。

柯劭忞(1850—1933),字凤荪,号蓼园,室名岁寒阁,清末山东胶州大同村人。柯劭忞的祖父柯培元是清嘉庆年间(1796—1819年)举人,博学多才,著述颇丰。他的父亲柯蘅是清代山左名儒,他的母亲李长霞也是当时著名的才女。柯劭忞自幼生长在书香门第,因此自小便打下坚实的国学基础。16岁时入济南尚志书院。清同治九年(1870年)中举。之后十余年间参加会试,一直未能登榜,先后在各省名院担任主讲。清光绪十二年(1886年)中进士,入翰林院为庶

---

① 郭泮溪、侯德彤、李培亮《胶东半岛海洋文明简史》,中国社会科学出版社2011年版,第256页。

② 窦秀艳、杜中新《崂山文化名人考略》,人民出版社2015年版,第100页。

吉士,后历任翰林院编修、侍读、侍讲、湖南学政、京师大学堂总监督、清史馆代馆长、总纂。1911 年 10 月辛亥革命后,柯劭忞被派回山东省,任宣慰使兼督办山东团练大臣。后又回京任典礼院学士,负责教授溥仪读书。溥仪退位后,柯劭忞隐居,不再过问世事。

柯劭忞治学广博,尤其精于元史。1914 年,清史馆成立,柯劭忞担任《清史稿》总编纂,组织百余名史学家编写长达 536 卷的史书。他曾于 1922 年独自编纂完成《新元史》150 余万字。1925 年,柯劭忞主持编纂《四库全书提要》。此外,柯劭忞治学严谨,学术著作颇丰,代表作有《春秋谷梁传》(注释)、《尔雅注》《文献通考注》《文选补注》《新元史考证》《说经札记》《蓼园文集》等。他的诗文著作传世的不多,部分被收入《蓼园诗钞》。①

叶恭卓(1881—1968),字誉虎,号遐庵,广东番禺(今广州)人,清末举人。民国时期曾历任交通总长、交通银行总理、交通大学校长、铁道部部长。之后辞官客居青岛。叶恭卓善诗文,工书法,尤以书、画见长,是现代著名的书画家。

1931 年,叶恭卓游览崂山途径一处瀑布,当地人称"靛缸湾",陪同的人说叫"玉麟瀑",叶恭卓觉此瀑布水声如潮,震荡不已,瀑布之水三折而下,于是起名"潮音瀑",回到青岛后,还亲自提笔书写"潮音瀑"三字请人镌于瀑布旁。

叶恭卓寓青期间,还曾联合周叔迦等人建湛山寺,并请倓虚大师任主持,弘一大师曾受邀来此讲"律"。1936 年,叶恭卓参加了中华图书馆协会第三次年会、中国博物馆协会第一次年会联合大会,并担任主席。新中国成立之后,叶恭卓担任了全国政协常委、中央文史研究馆副馆长,建设开办了中国国画院,经周恩来总理批示,聘任其为院长。叶恭卓现存的著作有《历代藏经考》《遐庵汇稿》《叶遐庵先生书画选集》等。

高友三(1896—1980),又名高会益,胶州城里人,民间艺人。高友三出身铜匠世家,11 岁辍学从艺。青年时铜匠技艺即已出众。他打制的"十二生肖铜印"和"铸铜佛像"受到人们的喜爱。1922 年,胶州大同印书局从德国买进的一台自动号码机出现了故障,书局四处请人修理均无结果,后来高友三毛遂自荐,数日内便修好。通过修理机器,他详细研究了其机械性能和工作原理,并改进仿制了两台,以每台 60 块银元的价格向外埠销售。

高友三还曾学习过绘画、剪纸技艺,其《胶州八景图》剪纸作品被当时瑞典

---

① 郭泮溪、侯德彤、李培亮《胶东半岛海洋文明简史》,中国社会科学出版社 2011 年版,第 248 页。

籍牧师以重金购买收藏。1915 年他设计、制版印制的《友三铅画之宝》，以每套售价 100 块银元面世。其剪纸作品曾多次参加中国工艺品博览会、山东省工艺美术展览会、胶州专区工艺美术展览会、青岛工艺品展览会，多次荣获奖状、奖金，并被县政府授予"光荣艺人"称号，他的作品收到世界各地收藏爱好者的争相购买收集，有的作品还被国家收集珍藏。后来高友三把自己的剪纸作品汇成《高友三窗花集》20 余卷收藏，迄今仅存的两卷藏于胶州市博物馆。

1957 年 7 月 18 日，高友三出席全国工艺美术艺人代表会议，受到周恩来总理的接见。同年 10 月，毛泽东主席视察山东，在参观工艺美术品时接见了高友三，并在其剪纸作品一侧题下一个"翼"字，以示鼓励。

三、碧海蓝天：文学科研精英云集

1898 年，中德两国政府签订《胶澳租界条约》，将胶州湾及其以东以西部分土地划为德国的"租借地"，胶州湾口外侧的"青岛"，被德国人规划为城区。由于港口和贸易的发展，临海工业、物流和商业迅速吸纳了四面八方大量涌入的人口。青岛宜人的气候，秀美的山海景观，也迅速吸引了来自全国不同地区的文学名流、科研精英聚居于此。

蔡元培（1868—1940），字鹤卿，又字仲申、民友、孑民，乳名阿培，曾化名蔡振、周子余，浙江绍兴山阴县（今属浙江绍兴）人，原籍浙江诸暨，中国革命家、教育家、政治家。蔡元培一生曾多次来过青岛，清光绪二十九年（1903 年），是他首次来游青岛。国立山东大学建校于青岛，就是蔡元培当年力谏的结果，并且亲自题写国立青岛大学校名。青岛市立中学校名题字也出自蔡元培之手。

蔡元培曾与杨杏佛、李石曾等人共同倡议在青岛建立中国海洋研究所、海洋生物研究室，并筹资建立青岛水族馆。1932 年水族馆建立，蔡元培主持了开馆典礼。1934 年，蔡元培曾与韩复榘、沈鸿烈共游崂山，阅览了太清宫的珍藏《道藏》；蔡元培游览浮山朝阳庵的时候，亲自题写了南宋诗人陆游《独游城西诸僧舍》一诗中的两句诗文，如今题字的刻石楹联仍然完好地保存于朝阳洞门前。

康有为（1858—1927），原名祖诒，字广厦，号长素，又号明夷、更甡、西樵山人、游存叟、天游化人，广东南海丹灶苏村人，人称康南海，是清末民初重要的政治家、思想家、教育家。

康有为曾在广州设立万木草堂，收徒讲学。清光绪二十一年（1895 年）中进

图 14-9 康有为故居

士，授工部主事，但是康有为并未就任。后来在京创办《万国公报》，组织强学会。1989 年德国强占胶州湾后，多次上书光绪帝，要求变法。1898 年，"戊戌变法"失败，康有为被迫流亡国外。1917 年参加了张勋复辟，失败后康有为就来到了青岛。1917 年是康有为第一次来青，他拜谒在青的恭亲王，并一同游览了汇泉湾，且留有《青岛汇泉石矶望海观潮高至数丈异观也》一诗。

1922 年，中国政府收回青岛，康有为再次来青，这次康有为将原德国总督副官官邸（今福山支路 5 号）买了下来，作为在青寓所，命名"天游园"，后来因房小人多，又将原来总督的马厩改建为二层居住（今康有为故居）。康有为对青岛十分喜爱，他在《与方子节书》中这样写道："……青岛之红瓦绿树、碧海蓝天，为中国第一……俾海外人士皆知青岛之为乐土而来游……"康有为在青期间，还多次与亲友游览崂山，写有一首 330 字的五言长诗《崂山》，并附有长跋，刻于崂山太清宫后的一块山石上。此外还作有《重游太清宫》《明霞洞》等诗歌。

康有为一生著述颇丰，主要著作有《新学伪经考》《孔子改制考》《春秋董氏学》《大同书》《中庸注》《论语注》《孟子微》《长兴学记》《戊戌奏稿》《南海先生诗集》《康南海文钞》等。1927 年，康有为病逝于李村枣儿庄。"文化大革命"期间，墓碑受到破坏，但其遗骨被保存在青岛市博物馆。1984 年，青岛市政府在大麦岛村北山重建康有为墓，并举行盛大的迁葬仪式，并由刘海粟亲自撰书墓志铭。

洪深（1894—1955），学名洪达，号伯骏、浅哉，字潜斋，曾用笔名庄正平、乐水、肖振声等，江苏武进（今属江苏常州）人，中国早期电影的开拓者、导演、剧作家、戏剧批评家、教育家、社会活动家。1913 年跟随父亲避难于青岛，每至寒暑假回青时，或住在市内，或居于崂山"观川台"。1915 年，洪深在《小说月报》上发表了《青岛见闻录》，同时还发表了剧本《卖梨人》。1916 年从清华大学毕业之后赴美国留学。先是在俄亥俄州大学学习陶瓷工程，后来又进入哈佛大学学习文学与戏剧。

洪深于 1922 年回国，先后在复旦大学、山东大学、中山大学、厦门大学、北京师范大学担任教职，并从事电影和戏剧的译著、编导和演出工作。1934 年回到青岛，在国立山东大学任外文

图 14-10　洪深故居

系主任，教授《小说选读》《大学戏剧》等课程。期间在《太白》半月刊上发表了散文《我的"失地"》，接着又创作出我国电影史上第一部电影文学剧本《劫后挑花》，这两部作品皆是洪深根据在青岛崂山"观川台"被日本人侵占的经过编写而成。《劫后桃花》于 1935 年由上海明星影片公司拍摄成电影。此外，洪深导演的话剧《寄生草》也广受好评。1935 年 7 月，洪深同老舍、王统照等 12 人创办的《避暑录话》也开始发行。抗日战争前夕，洪深离开青岛，去了上海，投身抗日救亡活动。

洪深的文学作品有《洪深文集》《洪深选集》。现在的青岛市市南区福山路 1 号，是当年洪深寓居的地方。它是青岛第一个名人故居，始建于 1932 年。

沈从文（1902—1988），原名沈岳焕，笔名休芸芸、甲辰、上官碧、璇若等，乳名茂林，字崇文，湖南凤凰人，中国著名作家。沈从文从 1924 年开始文学创作，1931 年 8 月，应时任国立青岛大学校长杨振声之邀来到青岛，任国立青岛大学中文系讲师，讲授小说史和散文写作。沈从文在青岛生活的时期，是他文学创作的黄金阶段，前后共创作了几十部作品，包括《边城》在内的《八骏图》《月下小景》《记胡也频》《记丁玲》《从文自传》等文学作品。新中国成立后，沈从文曾三次来到青岛，并写下《青岛游记》《忆崂山》，现编入《沈从文全集》。除此之外，现存的还有《湘西散记》《龙凤艺术》《中国丝绸图案》《长河》《唐宋铜镜》《中国古代服饰研究》等小说、文论、散文、学术著作 70 余种。今天的青岛福山路 3 号，是当年沈从文的客居之所，同"康有为故居""洪深故居"一道成为青岛市南名人街的一道亮丽的风景。

曾呈奎（1909—2005），1909 年出生于福建厦门一个华侨世家，国际知名的海洋生物学家，是我国海藻学研究的奠基人。曾呈奎硕士毕业后，于 1935 年来到国立山东大学担任植物学讲师。后来又去美国求学，抗日战争结束后回国，

毅然放弃了当时在美国优越的工作环境和生活条件,重新回到青岛任教,担任植物学系主任,并参与创建水产学系,兼任代理主任。后来促成了朱树屏来校担任水产学系主任,并引荐赫崇本教授前来执教。新中国成立后,曾呈奎与童第周、张玺等老一辈科学家受国家所托,共同筹建起中国科学院水生生物研究所青岛海洋生物研究室(今中国科学院海洋研究所),曾呈奎被聘任为中科院附设水生物研究所青岛海洋研究室副主任。20世纪50年代以后,曾呈奎离开青岛,专心投入中科院海洋所的研究工作中。曾主持领导《中国海藻志》的编写工作。是世界上最具权威性的藻类分类学家之一,一生致力于海洋生物学的研究工作,为我国海洋生物学的发展做出巨大的贡献。

张玺(1912—1959),原名王常珍,河北省平乡县东田村人。主要从事软体动物研究。1932年回国后,曾兼任国立山东大学教授。1935年,组织胶州湾海洋动物调查团,这是第一次青岛胶州湾海洋动物调查,也是我国首次由学者组织的海洋动物综合性考察。1949年后,同曾呈奎、童第周等科学家共同筹建中国科学院水生生物研究所青岛海洋生物研究室(今中国科学院海洋研究所),并担任副主任。

张玺一生致力于中国海洋科学的研究及科学教育事业的发展,曾著有《牡蛎》《近江牡蛎的养殖》《贝类学纲要》《中国北部海产经济软体动物》的著作,以及《中国海洋动物之进展》《青岛沿海后腮类动物的研究》等近百篇学术论文。

童第周(1902—1979),字蔚荪,浙江宁波人,国际著名胚胎学家和发育生物学家,中国实验胚胎学研究创始人之一。1934—1937年,在国立山东大学担任生物系教授。抗战爆发后,暂离青岛。1946—1948年,重新回到青岛,创建动物系,并担任国立山东大学动物系主任,同时与张玺、曾呈奎等人一起参与筹集中国科学院青岛海洋生物研究室。1949年,任国立山东大学校务委员会委员。1950年,兼任水生生物研究所青岛海洋生物研究室主任。1951年,担任山东大学副校长,并主持学校工作。1955年,当选中国科学院学部委员并兼任中国科学院青岛海洋生物研究室主任,后任所长。

童第周治学态度严谨,注重科研与教学相结合,严格要求学生,致力于将自己所掌握的知识全部传授给青年学生。童第周一生共教学20多年,主要教授的课程有《胚胎学》《遗传学》《细胞学》等。他的研究精粹集中于《童第周文集》一书之中。

四、物华天宝：曲艺技巧大师会聚

崔嵬（1912—1979），原名崔景文，曾用名崔微晖、崔浚等，山东诸城人。幼年时就跟随父亲来到青岛，在四方小学就读，后来又到礼贤中学（今青岛九中就读）。1930 年，考入济南山东省立实验剧院编剧班（济南）。后来又到青岛大学中文系做旁听生，并改名崔嵬，积极参加海鸥剧社的社团活动。1932 年，到过崂山王哥庄农村演出。1935 年，离开青岛。1957 年，随《海魂》剧组重新来到青岛拍摄外景。1959 年，又一次来到青岛，为导演的《青春之歌》拍摄外景。

崔嵬的主演作品有电影《红旗谱》《宋景诗》《老兵新传》等，导演作品有《青春之歌》《天山的红花》等。

王云阶（1911—1996），曾用名雪林，山东黄县人（今山东龙口），中国著名作曲家，我国电影音乐创始人之一。王云阶初中考入胶东中学（今青岛十一中），参加唱诗班，并学习了钢琴。原本家人是反对王云阶学习钢琴的，后来经过多番努力，最终获得家人的支持，在北京师范大学学习钢琴。毕业后先是在曲阜二师任教。后来回到青岛，在市立女中（今青岛二中）任钢琴教师。平时，王云阶经常会去参加各种音乐会，并演奏钢琴独奏。"九一八事变"后，全国掀起抗日风暴，王云阶此时受国立山东大学合唱团之邀，同合唱团一起排练演出了《旗正飘飘》和《抗敌歌》两首抗日歌曲。1936 年，创作并演奏了他的第一部乐曲《紫竹调》。抗战期间，为躲避战乱，暂离青岛。抗战胜利之后，又重新回到青岛，继续音乐事业。1946 年，创作并演奏了管弦乐《音诗》。1947 年，在中外联合音乐会上，他演奏了李斯特的钢琴曲。王云阶还为《青岛文艺》杂志写了文章。

王云阶一生致力于音乐事业，他的音乐作品十分丰富，主要有《丽人行》《新闺怨》《万家灯火》《三毛流浪记》《阿 Q 正传》《林则徐》等 20 多部影片配乐及创作交响乐、室内乐和歌曲。其中歌曲《小燕子》（《护士日记》插曲）获第一届当代少年儿童喜爱的歌曲奖。《六号门》作曲获 1957 年文化部 1949—1955 年个人三等奖。专著有《音乐与管弦乐配器法》《论电影音乐》。

谭抒真（1907—2002），我国当代著名音乐教育家，小提琴家，乐器专家，是我国小提琴制作事业的开创者。谭抒真的父亲谭岳峰曾是德国胶澳当局的翻译，后来开办青岛大药房，主营西药生意。谭岳峰喜欢西方音乐，经常带谭抒真参加音乐会，所以谭抒真受其影响，很早就开始喜欢西洋音乐，尤其是小提琴。

谭抒真先是跟着当时客居青岛的一些俄国贵族学习小提琴,后来又先后在北京、上海、日本等地学习小提琴,当时的谭抒真小提琴演奏水平已经极高。

1930 年,谭抒真回到青岛结婚并继承了家业,但是仍然继续着音乐活动。后来他结识了王玫,王玫当时在一所中学担任音乐教师。谭抒真后来帮助王玫制造出了中国第一把小提琴,同时他自己也做出了一把具有国际水准的小提琴。谭抒真经常与好友们一起演奏,在当时的八大关内,经常可以听到小提琴、钢琴的演奏声。后来抗日战争爆发,谭抒真举家迁离青岛。谭抒真曾居住在八大关居庸关 8 号,如今八大关充满着浓郁的艺术气息,正如冯止所写的那般"这里流淌着琴声"。

高益伦(1905—1966),胶州葛埠岭村人,胶州民间艺人。自幼生长在民间鼓乐班世家,6 岁随父做差,11 岁学吹唢呐。1922 年,脱离其父的鼓乐班子,只身赴即墨投拜于伦仙、于理仙、于文仙三名高师学艺,1924 年学成丝竹乐奏。学成后便返归故里组建起一个鼓乐班,活动于胶县、即墨、平度、青岛一带,声名鹊起。他吹奏的单管《牧羊》,曲调悠扬入耳;双管吹奏的《哭长城》,其音如泣如诉,催人泪下;大唢呐演奏的京剧《捉放曹》《黑风帕》《扫松下书》等,不仅惟妙惟肖地模仿剧中全部曲牌,而且在曲调上能分出"马、麒、谭、言"四派特色。

新中国成立后,高益伦专门研究胶州秧歌音乐。1954 年春,随胶县秧歌队参加山东省农民音乐舞蹈会演,获个人音乐奖。省文化厅决定留胶县秧歌艺人谭敬甸、高益伦和杨洪花住济南担任秧歌舞蹈教练,筹备进京演出。山东歌舞团、原济南军区文工团、济南市歌舞团等丝竹乐器演奏者,先后向他学习演奏技巧。同年秋,胶县秧歌赴北京汇报演出,受到刘少奇、周恩来、朱德等党和国家领导人接见。中国唱片公司还专门为高益伦制作了唢呐独奏的《百鸟朝凤》唱片。1956 年,他参加华东音乐舞蹈会演,荣获一等奖,所演奏的曲目均被收入获奖作品专辑。同年,当选为胶县政协委员,还曾担任过山东省红旗歌舞团、青岛市跃进歌舞团的伴奏。

李玉香(1926—1982),艺名"大嘟",胶县(今胶州市)李家河村人。中国戏曲演员,青岛地方剧种——茂腔艺术的代表人物。李玉香自幼受母亲姜氏(肘鼓艺人,艺名"二花包")的教诲,5 岁开始盘凳子演唱。18 岁时便和弟弟妹妹组成"李家班",在胶州一带摞地摊卖唱,能演出"四大京""八大计"等茂腔传统剧目。1945 年到青岛定居,与京剧、梆子、柳腔艺人同台演出,广泛吸收其他剧种之长,改革了"木肘鼓"冗长单调的腔法,把京剧的"唱、念、做、打"及手、眼、身、步的基本功融于茂腔,她将茂腔艺术推入新境地,形成独特风格,深受青岛及外地观众的喜爱。

青岛解放后,她在当时胶东"文协"的支持领导下,于1951年成立"青岛市光明茂腔剧团",并被任命为团长。先后整理排演了《张羽煮海》《小女婿》等大型茂腔剧目。1956年,加入中国共产党。1959年,出席全国群英会,

图 14-11 李玉香演出《红灯记》

受到毛泽东主席的接见。1956—1959年,她在专业剧作家的协作下,先后整理排演了传统茂腔剧目《罗衫记》《花灯记》《隔帘》《劝嫁》等,并担任主演。1959年率团进京,在中南海小礼堂演出了《花灯记》,受到刘少奇等多位中央领导同志接见。

李兰香(1931—1965),胶县(今胶州)人。茂腔女演员。其祖父李庄儿、父亲李元林都是茂腔艺人。她7岁时在青岛随父亲学唱茂腔,后来也唱柳腔,擅演青衣、花旦。17岁与姐姐李玉香同台搭档演唱,后来玉香兼演小生,兰香便主要饰演旦行角色。1949年秋,以李玉香为主组成青岛市光明剧团,姊妹合作排演了《卖油郎独占花魁》《韩原借粮》等剧目。1954年,山东省第一届戏曲观摩演出大会期间,姊妹二人合演《闹书房》,获演员奖。1956年,山东省第二届戏曲观摩演出大会时,李兰香饰演《罗衫记》中的郑月素,获演员一等奖。1959年参加新编历史剧《花灯记》的排演,并随剧团进京汇报演出。

五、闺中俊秀:才女名伶尽显芳华

在灿若星汉的古代青岛才俊中,清代胶州才女群体分外引人瞩目。翻阅她们传世的诗作,如《绿窗小咏》《瓣香阁诗钞》《埋香坞遗诗》《红叶书屋诗稿》《雪斋小咏》《楚水词》《不夜楼诗草》《淑斋诗草》和《锜斋诗集》等,你会被她们的优美诗作和独特的审美视角所感染;被她们的文学修养和字里行间的情感所打动。像下面这首《暮雨》五言诗,就在诗情画意中传达着因客居他乡而生发的浓浓乡情:

支枕听残雨,开窗对远林。

檐花重晚霭,池影蔼秋阴。

风静落山果,荷翻出水禽。

赏心因自适,何事更追寻!

该诗的作者李长霞,是清末北方文坛颇有影响的女诗人和女学者。

李长霞,字德霄,清道光五年(1825年)出生在一个诗书传家的官宦人家,其父李少伯。少女时的李长霞就显露出惊人的才华,她的许多诗作从闺阁中传抄出来,成为文人学士争相传阅的华章。道光二十三年(1840年),博学的李少伯应邀主讲于泺源书院,便携爱女李长霞前往济南。此时,胶州名秀才柯蘅正在该书院就读。李少伯爱其才学,将爱女许配给了他。

柯蘅与李长霞的结合,曾被人们视为绝世佳配。二人婚后诗文吟唱,伉俪情深。清咸丰十一年(1861年),捻军进攻胶州,李长霞夫妇携子女到潍县居住。

在侨居潍县期间,他们与潍县诗人郭绥之等文人在县城西的孝子里结西园书诗社,终日吟咏华章,切磋诗论。李长霞的《锜斋诗集》便在此期间付梓。李长霞的诗以追忆往事见长,如《辛酉纪事一百韵》《赴潍县南留店寻儿》等篇,用诗笔写离乱感受,被认为"追从杜陵",可配唐代大诗人杜甫的"三吏""三别"。例如她的《庚申拟古》:

行行重行行,哀此生别离。别离难为情,而况赴戎机。圣主方殷忧,安顿子与妻。从军今几载?馈绝恒苦饥。天风吹败旌,部伍各东西。岂乏忠义心,举世少见知……汉武本雄才,远略思拓边。西服夜郎郡,北靖祁连山。羽书不近塞,何由达甘泉?晚世驰纲纪,和虏在偷安。寡义安知勇,饰懦籍仁言。留此青冢草,愧彼汉臣颜。

李长霞是在英法联军占领天津,进逼北京,咸丰皇帝逃到避暑山庄时写下此诗的。该诗忧国忧民,慷慨激烈。作者在诗中鼓励官兵们要敢于以死报国,不要愧对历史上拓边守土的先祖们。

李长霞的早期诗作多数毁于战火,传下来的很少。她晚年的诗作已经达到了炉火纯青的高度,使人读后不禁击节叫好。除了吟诗外,李长霞还是一位颇有见地的女学者,她在经、史、训诂学和音韵学诸领域均取得了令世人瞩目的学术成就。李长霞的两个女儿柯劭慧和柯劭蕙,也均以诗文闻名于世,被誉为"姊妹双才女"。柯劭慧和柯劭蕙的诗作,主要收在《岁寒阁诗存》《思古斋诗钞》和

《楚水词》等诗集中。

胶州的另一对姊妹才女是高梅仙和高月娟。这一对高家才女皆聪慧异常，幼承家学，长于吟咏。她们的诗作皆清丽典雅，才气盈篇，别有一番奇特意境。她们的诗作既多又精，有《瓣香阁诗钞》《埋香坞遗诗》和《涂鸦草》等诗集传世。

才女周淑履的诗作主要收入《峡猿草》和《绿窗小咏》两部自选诗集中，她的诗以清新典雅，不落俗套而被世人称誉。周淑履的女儿高氏（名字不详）幼承家教，聪慧善诗。她出嫁一年多后便丧夫，此后便抚孤守节度日。高氏的诗作多凄厉感人，从她的诗中可以深深地品读出守寡少妇的辛酸与无奈。例如：

> 除旧更新又一年，霜帷雪径尚依然。
>
> 邻家守岁喧儿女，始信人间别有天。
>
> ——《霜居诗草·元旦有感》

此诗便是作者通过过年时，自己家的冷清与邻家的热闹相对比，写出了催人泪下的诗句，读后感人至深。

清代胶州的知名才女还有冷月娟（有《砚庐阁诗集》）、杨慎徽（有《红叶书屋诗稿》）、张寂真（有《自记俚语》）和姜淑斋等人。尤其是姜淑斋，她不仅诗才受人称誉，还是清代著名的女书法家。

姜淑斋，字淑斋，名汝璋，自号广平内史，清康熙时人，其父亲姜长植、哥哥姜珀皆是闻名一时的书法家。姜淑斋幼承家学，临"二王"墨迹颇下功夫，得其真传。她的草书洒脱自如，毫无闺阁之气。民国《增修胶志》上记载了这样一件富有情趣事。

有一年，姜淑斋路过大庾岭（今江西大余和广东南雄交界处的古岭，以道路崎岖险峻著称）时，曾书写过两方石碑。一方石碑上书写"风度维严"；另一方石碑上书写"雁回人远"，字大盈尺。两方碑刻的署名皆是"八岁童子宋世勋书"（姜淑斋的丈夫是胶州籍的云南知府，名宋世星，宋世勋是姜淑斋的小叔子）。大庾岭是当时岭南岭北之间的交通咽喉，来往的文人、商贾和官宦特别多。于是一时间，胶州 8 岁神童宋世勋在大庾岭题写石碑的佳话不胫而走。后来，当人们得知云南知府宋世星的夫人姜淑斋善书法之事后，又演绎出了嫂子教小叔子练书法，在大庾岭题字的佳话。

关于姜淑斋的书法，清代大学者朱彝尊为她题诗道："三真六草写朝云，几股玉钗分？仿佛卫夫人，问何似当年右军？"卫夫人是东晋著名女书法家，王羲之的老师,右军即书圣王羲之。由此可以得知朱彝尊对姜淑斋评价之高。著名文人王渔洋在《蜀道驿程记》中说:"淑斋工晋人书,京师士大夫得纨素(指其书法作品)多珍秘焉。"当时的文人士大夫将姜淑斋的书法作品视为珍宝,精心收藏,由此可见她的书法成就之高。她的书法作品在故宫博物院、山东博物馆和青岛博物馆均有收藏。另外,姜淑斋的诗作也有很高的艺术造诣,有《淑斋诗草》等诗集传世。

清代胶州才女群体的出现,与"Ω"形青岛滨海地带文明比较开放,领风气之先密不可分。

众所周知,中国古代社会是父权制社会,男性掌握着整个社会的文化权力,女性处在失语状态之下。故而在中国古代文学史和学术史上,很少见到女性的影子。到了明清之际,这种情况却发生了微妙变化,出现了一些富有文学与学术才华的女性,并且流传下来一些令人赞叹的女性文学作品和学术成果。这一特有的文化现象,在明代晚期已初露端倪:明天启、崇祯年间(1621—1644 年),在文化繁盛的江南,在一些知名的书香门第中,开始出现一些富有才华的女性诗人。此时在文化舆论界,也开始出现了赞许女性"德、才、色"三者相一致的言论。例如,吴江世族叶氏家族的叶绍袁,就在《午梦堂全集》序言中提出了:"丈夫有三不朽:立德、立功、立言。而妇人亦有三不朽:德也,才与色也。"明确地把女性的德与才、色相提并论,并以此作为女子立身传世的理论依据。许多知名的男性文人开始注重女子的文才,并逐渐形成了一种时尚。在清代一些文人雅士中,有的还公开招收女弟子,教她们写诗作文,如袁枚与随园女弟子们。

明清之际的胶州,南北海运贸易发达,社会风气较为开放,许多书香门第逐渐接受了"女子三不朽"理论,准许或鼓励家中的妻子、女儿和儿媳吟诗作画。在这一比较开放的社会风气影响下,促使一批富有才华的女性脱颖而出,形成了富有地域文化特色的才女群体。

六、与胶州湾有缘的外国名人

(1)李希霍芬(1833—1905),又译里希特霍芬。生于卡尔斯鲁厄,德国地理学家,地质学家。1868 年 9 月,李希霍芬来到中国进行地质地理考察。直至1872 年 5 月,将近 4 年时间,他走遍了大半个中国(14 个省区)。1869 年 3 月,李希霍芬开始了对山东郯城、临沂、泰安、济南、章丘、博山、潍坊、芝罘等地区的考察活动,前后共半年时间。在他 1877 年提交的报告《山东地理环境和矿产资源》一文中,曾强调青岛的优越地理位置,并渲染胶州湾良港之说。实际上早在 1869 年,李希霍芬就向德国提议,夺取胶州湾及其周边铁路修筑权,以此将华北的棉花、铁和煤等资源转为德国所用。1897 年,德国借口传教士被杀,出兵占领胶州湾,继而强制将山东划为自己的势力范围的举措,与李希霍芬的考察结论有着密切的关系。关于李希霍芬的调查对中国国家利益之影响,鲁迅曾撰文概述说:"自利氏游历以来,胶州早非我有矣。"此后,外国人纷纷打着所谓的"游历""科研"等幌子来华勘测,实际上就是"利忒何芬之化身"(出自鲁迅)。

(2)奥托·福兰阁(1863—1946),中文名傅兰克,德国汉学家。1888 年来到中国,为德国驻华大使馆翻译学生,1890 年以后在中国各港埠德国领事馆任翻译和领事。1895—1896 年任使馆代理翻译。1901—1907 年转任中国驻柏林使馆参赞。1907—1922 年任汉堡大学汉文教授,后转任柏林大学汉文教授。1908 年 5 月,奥托·福兰阁受德方聘请到帝国海军部与清政府谈判筹办中德高等专门学堂事宜。当时中方代表是张之洞,但是谈判具体事宜则由清工部员外郎蒋楷担当。按清政府的学部惯例,凡是外国人在中国设立学堂,原则上是一概不予批准的。但当时学部又感到,此次德国的办学计划"系其政府之意,与私立者不同,而且筹定巨资、遴派专员商定章程,亦非私立学堂家自为学者可比",所以只要对方提出的办学宗旨与清政府不相违背,其课程设置符合规定,并同意中国派专员驻堂稽查,便可准许此事。

清政府的这一态度显然有利于学堂的筹办。但由于当时清政府规定京外高校不得名之为"大学",并禁止举办私立法政教育,因此在青岛办学因含有涉外因素,故清政府坚守体制,终未给予"大学堂"的名分。经过反复艰难的磋商,双方最后妥协达成了《青岛特别高等专门学堂章程》(1909 年)十八条。学堂最后定名为青岛"特别高等专门学堂",这既符合清政府的学制,同时又在学堂名称上分别杂以"特别"和"专门"字样,以示有别于各地众多的"高等学堂"。青岛"特别高等专门学堂"有关毕业生的待遇,规定学生考入中国大学堂毕业之后,可另行赏赐,毕业之后不愿升学的生员,由清政府酌情任命派遣。由此,清政府批准了学堂的办立,但是最终德方并没有得到最想要的结果。协议签订后,时任胶澳总督的特鲁普尔言严厉地指责德方做出了过分的让步。而福兰阁却为学堂总算是能够成功开办而感到欣慰,他在《论青岛高等学堂与中国之关系》一文中称赞学堂是"融道义为一冶,萃中西为一家"。张之洞更对学堂寄予厚望:"倘若学堂办得成功,则整个中国教育制度,将按照所采用的德国方案,加以修改一览。"1909 年 9 月 12 日学堂正式开学。

奥托·福兰阁作为一名汉学家,一生著述甚丰,文章和著作多达 200 多种,书评就有 100 多篇。主要著述有《东亚新貌》《中国历史》《关于中国文化与历史讲演和论文集》(1935 年北平德国学会出版)。

(3)恩斯特·阿里文(1847—?),1847 年出生于德国汉诺威希尔德斯海姆城附近的一个村庄。1868 年 5 月,阿里文通过一个偶然机会进入了中国海关。19 世纪 70 年代初,在上海的江海关工作期间,阿里文编写了一本有关鸦片交易的论文集,引起了当时的大清国海关总税务司赫德的注意。1872 年 8 月,赫德把他调入海关总税务司署,成了自己的私人秘书,深得赫德信任和重用。1877 年,阿里文被升任为税务司。1884 年起,阿里文先后到广州、福州、北海、宜昌等地海关任副税务司、税务司等职,他设计的稽核账目方案在全国推行,被认为是海关稽查的开创者和公认的海关专家。

1898 年,阿里文奉赫德之命前往胶澳,负责筹办胶澳租借地设立中国海关事宜。到青岛后,阿里文与东海关道台组建了一个委员会,前后用了不到两个月的时间,完成了勘定关界的任务,1898 年 10 月 10 日签署了勘界协定。与此同时,阿里文还草拟了《青岛设关征税办法》。根据德国总督与中国海关总税务司在青岛达成的协议,胶澳海关于 1899 年 7 月 1 日正式对外办公,阿里文就任首届税务司,管理全关行政事务。

1898 年,德国政府在青岛实行自由港政策,正式实施自由贸易政策,自由港包括整个德国租借地区。当初德方设立自由贸易区及允许把中国海关设在租借地内的实际目的,是为了解决外国商品通过自由港向中国内地销售和中国内地商品通过青岛港出口征税的管理问题,以免去税务麻烦,从而吸引商人来此经营,促进青岛贸易发展。但是随着胶济铁路的建成通车以及青岛港的陆续投入使用,客流量以及货物流量迅速增长,自由港模式的税制弊端随之显现,青岛在内地的贸易受到明显的干扰。一场"自由港"之争由此展开。

为了解决这个问题,1903 年阿里文提出了新的关税制度设想,即用保税区的监管模式取代自由港模式,但是这个设想在一定程度上维护了中国商人和海关的权益,损伤了德国商人的利益,因此遭到胶澳当局的否决。1905 年,回国休假的阿里文将一册有关青岛自由港改制的备忘录呈交海军部,引起了很大反响。后来经过赫德的多方斡旋,1905 年 12 月 1 日,穆默和赫德签订了《会订青岛设关征税修改办法》,2 日又公布了《青岛德境以内征税办法章程》,从 1906 年 1 月 1 日起正式执行。据此,德国将自由港的免税区域缩小为以大港为中心的有限地区(现代的保税区)。此后,除了自由港免税区以外,租借地内所有货物均须向海关

图 14-12 大清国胶海关

纳税。保税区域制度的实行,消除了之前干扰保护区和内地间贸易往来的关税壁垒,使青岛既具有当时一般外贸口岸的特征,同时又享有自由港体制的优势,吸引了大批商人到来,带动了货物周转和商业贸易发展,青岛口岸贸易得到了飞跃式发展。

1913 年 12 月,阿里文在青岛大港入口处建立了新海关大楼(今胶澳海关旧址),1914 年 4 月举行了落成和迁址典礼。胶澳海关旧址,亦称大清国胶海关,位于山东省青岛市市北区新疆路 16 号(一说 18 号),曾是青岛现代化程度最高的办公大楼。其设计师为施特拉塞尔,现在是青岛海关办公楼,楼体基本保存完好。

(4)理查德·威廉(1873—1930),中文名卫希圣,字礼贤,亦作卫礼贤,出生于斯图加特(时符腾堡王国的首府)。德国著名汉学家,魏玛差会的传教士,一生在中国共生活了 20 多年。1899 年,他以一名传教士的身份来到青岛,但他并非一名宗教狂热分子,他来到青岛后,将兴趣和精力投向了创办教育、医院及其他慈善事业上。自此卫礼贤开始踏入探究中国传统文化的大门。

1900 年,他创办了第一所学校——德华神学校,该学校规模很小,仅有几名学生。后来,卫礼贤的办学计划得到同善会的支持和资助,1901 年创建了独立校舍礼贤书院(今青岛九中)。书院聘请了一些中国旧文人和新式知识分子担任教员,共有学生 20 余人。1903 年,学校迁入新址,规模进一步扩大。1905 年开办美懿书院(礼贤书元女生部)和淑范女子中学。卫礼贤聘请的师资中不少是熟读儒家经籍的旧文人,他们几乎都是科举出身的举人或贡生,其中不乏饱学之士。如平度籍举人邢克昌,他是卫礼贤最早的经学老师。辛亥革命后,卫礼贤继续办学活动,同时进入学术研究领域。他曾和康有为于 1912 年在青岛

组织"尊孔文社"。卫礼贤曾将《论语》《道德经》《列子》《庄子》《孟子》《易经》《吕氏春秋》《礼记》等译成德文,迄今仍在西方再版发行。1922 年以后,卫礼贤彻底放弃传教士的工作,全身心投入到汉学的学习与研究中去。

卫礼贤对中国古典文化十分热爱,有关研究成果颇为丰硕,主要有《中国的精神》《中国文化史》《中国的乞丐》《中国哲学》《所谓秦始皇焚书事件》《中国的文化斗争》《关于中国的形势》《中国的青铜器收藏》《历史上中国与外国的联系》《中国的天文学——据中国文献资料编写》《中国的社交礼仪》《山东的丧葬风俗》《中国女孩出生的风俗》《德国在中国的文化使命》《中国妇女在婚姻中的地位》《中国的海军》《西藏问题》《山东省的教育》《西方科学与中国科学的区别》等。卫礼贤被人们誉为中西文化交流史上"中学西播的一位功臣"。

(5)毕娄哈(1880—1947),德国著名建筑师。毕娄哈于 20 世纪初来到青岛,当时的毕娄哈还不是一名建筑设计师,而是与另一位居住在青岛的外国人合伙,创办了一家转寄、运输公司。日德战争时期,毕娄哈参与了争夺青岛的战争,后来德国战败,沦为战俘,1914—1920 年期间被关押在日本。后来毕娄哈返回德国,1926 年由重回青岛,直到去世。

毕娄哈晚期住在太平路 13 号,虽然他并不是房子的业主,但是毕娄哈却在青岛留下了许多著名经典建筑。例如嘉峪关 3 号的"毕娄哈别墅"和浙江路上的天主教堂"圣弥爱尔大教堂"。毕娄哈别墅位于青岛市市南区嘉峪关路 3 号,建于 1935 年。圣弥爱尔大教堂又名"天主教堂",是青岛地区最大的罗马式建筑,也是中国唯一的祝圣教堂。1934 年竣工,后来被列为全国重点文物保护单位。

(6)亨利·鲁滨孙·鲁斯(1898—1967),美国人,世界闻名的报业大亨。出生于山东青岛,少年时,每年夏天都会跟随父母来到青岛居住,18 岁考入耶鲁大学,自此离开中国,在美国大学毕业后开始从事报纸杂志的编辑工作,后来创办了十几种报纸杂志,成了世界第一报业大亨。其中最著名的当属《时代》和《生活》。

1932 年,鲁斯再次来到从小长大的地方——青岛。由于对青岛,对中国的特殊情感,中国抗日战争期间,鲁斯手下的所有媒体,全力支持中国的抗战事业。1945 年 10 月,鲁斯又一次来到青岛,到访过青岛《民言报》报社。这次的青岛之行,鲁斯特地在滨海旅馆选择了一间能够一览胶州湾旖旎风光的房间。他还租了一辆汽车,带着妻子和同伴穿梭在青岛市区的角落,细数着当年和父母一起居住青岛的回忆。鲁斯自幼对自己的出生地青岛有非常美好的印象,一生都深爱着这个美丽的滨海城市。

第十五章　胶州湾相关历史事件一览

一、古代时期

(1)公元前 2900—公元前 2000 年,东夷先民在胶州三里河村一带繁衍生息,现存三里河大汶口—龙山文化遗址。

(2)公元前 26 世纪的炎帝时代,相传今胶州湾一代的夙沙部落发明制盐术,开始以海水煮乳成盐,为中国制盐之始。据考证,夙沙国位于西汉琅琊郡计斤境内。①

(3)商代封莱,属地包括今青岛地区在内的山东中部及胶东半岛大部。

胶州湾地区在莱国内。春秋中期,国力渐衰,周灵王五年(前 567 年)被齐所灭,其地并入齐。②

(4)周初,周王室"封邦建国,以藩屏周",姜太公吕尚在东征后,移封齐地建国,初建都于营丘,成为周王室镇抚东方的重要力量,约春秋中期胶州湾地区属齐。③

(5)周武王灭商后,封兹舆期为莒子,建都于计(今胶州市南关城子村)。春秋初迁都莒(今山东莒县),计成为莒国属城,改名介根。莒国于周贞王十年(前 431 年)为楚国所灭。④

(6)夷为商代旧国,都城壮武城(今即墨市蓝村镇古城村)。据《左传》记载,鲁隐公元年(前 722 年)"八月,纪人伐夷",于是年被纪所灭。⑤

(7)周襄王二十一年(前 631 年),西周分封介国⑥。据《左传》记载,介国国君封葛卢氏。鲁僖公二十九年(前 631 年),介君葛卢两次赴鲁朝见僖公。

---

① 青岛市档案馆《青岛通鉴》,中国文史出版社 2010 年版,第 6 页。
② 马泽《青岛事典》,青岛出版社 2006 年版,第 3 页。
③ 马泽《青岛事典》,青岛出版社 2006 年版,第 7 页。
④ 胶州市志编纂委员会《胶州市志》,新华出版社 1992 年版,第 15 页。
⑤ 青岛市档案馆《青岛通鉴》,中国文史出版社 2010 年版,第 10 页。
⑥ 胶州市志编纂委员会《胶州市志》,新华出版社 1992 年版,第 15 页。

(8)齐桓公时期,实行盐铁官营,但盐的生产放给私人。春秋末期,齐国改变盐铁官营,允许人们自由生产和运销盐铁产品,刺激了私营盐铁业的大规模经营,包括胶东在内的齐国沿海城邑出现了大手工业工场。①

(9)鲁襄公六年(前 567 年),齐灭莱,在胶州湾畔设即墨邑。

(10)鲁哀公十年(前 485 年),齐吴琅琊海战。

(11)周显王十八年(前 351 年),齐筑长城,其东端至胶州湾畔。(此为齐长城之一部分)②

(12)周赧王三十一年(前 284 年),燕将乐毅率五国联军攻破齐国。齐将田单守即墨 5 年,以火牛阵大破燕军,收复失地,史称田单破燕。③

(13)秦始皇二十六年(前 221 年),秦设琅琊郡,胶州湾地区属之。

(14)秦时在今胶州湾畔城阳、城子村一带建立了不其城(俗称里罗城)。汉太始四年(前 93 年),汉武帝扩建了不其城,城墙外均设护城河。汉光武帝建武六年(30 年),在不其县析建不其侯国。建武十九年(43 年),废不其侯国。④

(15)秦始皇二十八年(前 219 年),始皇帝东游海上,自芝罘,南登琅琊,派齐国方士徐福集童男童女数千人自徐山(在今黄岛区)入海求长生不老药。⑤

(16)秦始皇三十七年(前 210 年),秦始皇第三次东巡琅琊,再次派遣和护送徐福出海求仙。

(17)秦末汉初,楚霸王项羽分封诸侯,设胶东国。

(18)汉武帝自元封元年(前 110 年)至太始三年(前 94 年)多次东巡琅琊,在胶州湾东北岸不其建明堂,祠神仙。先后派遣齐地方士万余人入海求仙,规模远大于秦始皇的航海求仙活动。⑥

(19)汉宣帝本始四年(前 70 年)四月壬寅,河南以东 49 个郡国同日发生地震。琅琊郡处于地震中心。此次地震是先秦至两汉年间有记载的震级最高、死亡人数最多的一次地震。⑦

---

① 胶州市志编纂委员会《胶州市志》,新华出版社 1992 年版,第 16 页。
② 青岛市黄岛区地方史志编纂委员会办公室《黄岛区志》,齐鲁书社 1995 年版,第 7 页。
③ 马泽《青岛事典》,青岛出版社 2006 年版,第 21 页。
④ 中国人民政治协商会议青岛市城阳区委员会《青岛新区城阳》,青岛出版社 1995 年版,第 2 页。
⑤ 青岛市黄岛区地方史志编纂委员会办公室《黄岛区志》,齐鲁书社 1995 年版,第 7 页。
⑥ 马泽《青岛事典》,青岛出版社 2006 年版,第 35 页。
⑦ 青岛市档案馆《青岛通鉴》,中国文史出版社 2010 年版,第 20 页。

（20）晋武帝咸宁三年（277年），置长广郡，治所设在不其城内。①

（21）北魏孝庄帝永安二年（529年），置胶州。隋文帝时期，改称为密州。唐高祖武德六年（623年）裁废，并入高密县，设置板桥镇。1913年，改置胶县，属胶东道。②

（22）唐高祖武德六年（623年），始建胶州城，设立板桥镇（今胶州胜利桥西北处）。③宋哲宗元祐二年（1087年），在板桥镇设置密州市舶司，管理对外贸易，是北宋五大市舶司之一。

（23）宋神宗熙宁九年（1076年），苏轼登游琅琊台后，将其好友文勋临摹的秦琅琊石刻和秦始皇颂德碑残石碑刻，置于密州超然台，为其题跋，记叙秦始皇、二世游历琅琊之事。④

（24）金海陵王正隆六年（宋高宗绍兴三十一年，1161年）九月，金大规模南侵，双方发生激烈战斗，以金军失败告终。宋金海战是中国历史上较早的一次大规模海战。⑤

（25）金大安三年（1211年）夏初，胶州大旱；夏末，雨连绵，地震饥荒严重。⑥

（26）元世祖至元十七年（1280年），元世祖下令开挖胶莱运河，任命姚寅为总管。至元十九年（1282年）修通。南由胶西县陈村海口向西北达于胶河，长30千米。⑦

（27）元顺帝至正十七年（1357年）春，红巾军首领刘福通派将领毛贵攻占胶州，是年，胶州治所东迁至新城（今胶州内城）。⑧

（28）明洪武六年（1373年），倭寇入侵胶州沿海地区，翌年六月，倭寇再度大举入侵胶州，明总兵官靖海侯吴祯率领各卫所军队反击，倭寇败逃入海，自此在较长时期内未敢再入侵胶州湾沿海地区。⑨

① 中国人民政治协商会议青岛市城阳区委员会《青岛新区城阳》，青岛出版社1995年版，第2页。
② 胶州市志编纂委员会《胶州市志》，新华出版社1992年版，第16页。
③ 胶州市志编纂委员会《胶州市志》，新华出版社1992年版，第17页。
④ 青岛市档案馆《青岛通鉴》，中国文史出版社2010年版，第34页。
⑤ 马泽《青岛事典》，青岛出版社2006年版，第19页。
⑥ 胶州市志编纂委员会《胶州市志》，新华出版社1992年版，第17页。
⑦ 胶州市志编纂委员会《胶州市志》，新华出版社1992年版，第18页。
⑧ 胶州市志编纂委员会《胶州市志》，新华出版社1992年版，第18页。
⑨ 青岛市档案馆《青岛通鉴》，中国文史出版社2010年版，第39页。

（29）明万历十九年（1591 年），万历《胶州志》修竣，是胶州最早的志书。①

（30）清康熙十二年（1673 年），康熙《胶州志》刻印。②

（31）胶州于清乾隆十四年（1749 年）创建珠山书院，又于清乾隆五十一年（1786 年）创建胶西书院。③

二、近代部分

（一）胶州湾设防与城市建置初期（1859—1897 年 11 月）

（1）清咸丰九年（1859 年），清廷在胶州湾一带水陆通商要道的胶州塔埠头和即墨金家口设立厘金局，在青岛口和女姑口设立分局，收取厘金。④

（2）咸丰十一年（1861 年）九月十日，捻军万余人由王台向胶城进军，在三里河河滩扎营。十三日夜间，突破南圩，十四日向即墨进军。⑤ 即墨官员纠集清兵民绅据守。攻城多日不克，西撤而去。同治六年（1867 年），捻军首领赖文光、任柱率部 20 余万人入境，损失惨重，后采取分股突围的战术，越小沽河西去。⑥

（3）同治八年（1869 年）三月到五月，德国地质学家李希霍芬实地考察山东半岛。⑦ 其著作《中国》，将青岛作为华北最大和最好的港口，是德国进入整个中国市场的一扇门户。

（4）同治十一年（1872 年），棘洪滩出现百余台木织机人工织布作坊。这是青岛市最早、规模最大的工厂化纺织生产。⑧

（5）清同治十二年（1873 年）十月二十八日，美国传教士郭显德在凤山玉皇庙前率教徒传教时，与当地民众发生纠纷。郭显德赶往即墨县衙告状，经反复抗争，仍有 28 名涉案乡民被迫接受会审。之后四名乡民被杖责，撤销即墨知县的职务，赔偿郭白银 380 两。⑨

---

① 青岛市档案馆《青岛通鉴》，中国文史出版社 2010 年版，第 45 页。
② 胶州市志编纂委员会《胶州市志》，新华出版社 1992 年版，第 19 页。
③ 胶州市志编纂委员会《胶州市志》，新华出版社 1992 年版，第 20 页。
④ 马泽《青岛事典》，青岛出版社 2006 年版，第 91 页。
⑤ 胶州市志编纂委员会《胶州市志》，新华出版社 1992 年版，第 22 页。
⑥ 青岛市档案馆《青岛通鉴》，中国文史出版社 2010 年版，第 66 页。
⑦ 马泽《青岛事典》，青岛出版社 2006 年版，第 93 页。
⑧ 《棘洪滩镇志》编纂委员会《棘洪滩镇志》，黄河出版社 2009 年版，第 14 页。
⑨ 青岛市档案馆《青岛通鉴》，中国文史出版社 2010 年版，第 68 页。

（6）清同治十二年（1873 年），美国传教士郭显德到青岛进行传教活动，基督教传入青岛。1919 年，基督教由胶县传到黄岛地区。①

（7）清光绪十年（1884 年），中法战争爆发，法军屡次扬言，将占据胶州湾伺图北犯。山东巡抚陈士杰派官兵 200 人驻防胶澳青岛口，中法战争结束后撤防。②

（8）光绪十七至十八年（1891—1892 年），即墨县大桥村张义春等 14 人在村南海滩上开建 7 副盐田，面积约 70000 平方米，建滩晒盐。从此，石河及胶澳各场先后改煎为晒，青岛盐区煎盐的历史结束。

（9）光绪十七年（1891 年），胶州水师始在黄岛设巡地。③

（10）1891 年 6 月 14 日，光绪皇帝批准在青岛驻军设防，派驻总兵，设总兵府。青岛建置自此始。

（11）青岛栈桥始建于光绪十八年（1892 年），德国侵占青岛后，对栈桥加以改进，20 世纪 30 年代，栈桥再度整修，成为青岛的标志性建筑。④

（12）清光绪二十二年（1896 年）八月十一日，德国远东舰队司令蒂尔皮茨调查胶州湾的军事和经济价值，认为胶州湾是最适宜的港湾。⑤

（13）人们对德国传教士唆使教民欺压民众不满，1897 年 11 月 1 日夜，曹州大刀会惠潮现、曹继参等人到巨野县磨盘张家庄教堂，杀死在该堂留宿的德国传教士能方济和韩理。德国驻华公使海靖接口该教案向清政府提出六点无理要求。1898 年 3 月 6 日，清政府被迫与其签订《胶澳租借条约》。这一事件成为德国侵占胶州湾的直接借口。⑥

（二）德占时期

（1）1897 年 11 月 7 日，威廉二世密令德国远东舰队司令棣利斯，要求其率领全部舰队开往胶州。13 日，德国舰队抵达青岛前海，在德军的威逼利诱下，章高元撤出青岛，退到四方，所有炮台、兵营、军火库以及 14 门野战火炮全部落入

① 青岛市黄岛区地方史志编纂委员会办公室《黄岛区志》，齐鲁书社 1995 年版，第 10 页。
② 青岛市档案馆《青岛通鉴》，中国文史出版社 2010 年版，第 69 页。
③ 青岛市黄岛区地方史志编纂委员会办公室《黄岛区志》，齐鲁书社 1995 年版，第 8 页。
④ 青岛市档案馆《青岛通鉴》，中国文史出版社 2010 年版，第 75 页。
⑤ 马泽《青岛事典》，青岛出版社 2006 年版，第 97 页。
⑥ 青岛市档案馆《青岛通鉴》，中国文史出版社 2010 年版，第 81 页。

德军之手。①

(2)1898 年 3 月,《胶澳租借条约》签字。清政府将黄岛、薛家岛、竹岔岛以及沿海潮面所指之处,均归德国胶澳租界。②

(3)1898 年 1 月 22 日,驻胶澳德军百余人侵入即墨县城,驻扎于文庙和西关商户店铺内。2 月初,德军始撤回胶澳驻地。德军此次侵扰即墨城,不仅劫掠去大量财物,还将即墨文庙内的圣像四体伤坏,将先贤仲子的双目挖去。知县朱衣绣只将乡民李象凤杀死德兵一事上报,而对德兵毁圣像一事匿而不报。4 月 22 日,即墨举人黄象毂串联山东举人 103 人,告发德兵破坏即墨文庙圣像一事。由于康有为等维新人士的推动,即墨文庙圣像被毁事件成了轰动北京的重大事件。清政府在舆论压力下,要求驻胶澳德军首领赔礼道歉。③

(4)1898 年 3 月 6 日,李鸿章、翁同龢与德国驻华公使海靖在北京签订《胶澳租借条约》,共 3 端 9 款。条约规定,胶州湾租与德国,租期 99 年,租期内胶州湾完全由德国管辖。④

(5)德华银行青岛分行是德国在青岛最重要的金融机构。1898 年 5 月 15 日成立,总行在上海,在天津、汉口、广州等地都有分行。⑤

(6)1898 年 7 月,德国胶澳总督在青岛、李村两区设立区法院,审理华人案件⑥;同年设一审法庭,审理西人案件。⑦

(7)1899 年 6 月 14 日,德国成立德华股份公司,在青岛设立德华山东铁路公司⑧;10 月 10 日,设立德华山东矿务公司。

(8)1899 年 7 月 1 日,胶海关正式开关,主要常关机构由塔埠头、女姑口、沧口、灵山卫、大港口、薛家岛等分关、分卡或代办处,主要对进出口船只及其所载货物乘客进行监督管。⑨

(9)1899 年 9 月 9 日,胶济铁路开始动工兴建,23 日,德国亨利亲王在青岛

---

① 青岛市档案馆《青岛通鉴》,中国文史出版社 2010 年版,第 81 页。
② 青岛市黄岛区地方史志编纂委员会办公室《黄岛区志》,齐鲁书社 1995 年版,第 8 页。
③ 青岛市档案馆《青岛通鉴》,中国文史出版社 2010 年版,第 84 页。
④ 青岛市史志办公室《青岛市志·大事记》,五洲传播出版社 2000 年版,第 8 页。
⑤ 青岛市档案馆《青岛通鉴》,中国文史出版社 2010 年版,第 87 页。
⑥ 青岛市史志办公室《青岛市志·大事记》,五洲传播出版社 2000 年版,第 9 页。
⑦ 青岛市史志办公室《青岛市志·大事记》,五洲传播出版社 2000 年版,第 10 页。
⑧ 青岛市史志办公室《青岛市志·大事记》,五洲传播出版社 2000 年版,第 12 页。
⑨ 马泽《青岛事典》,青岛出版社 2006 年版,第 101 页。

主持开工典礼,胶济铁路开始由青岛向西修建。①

　　(10)1899 年 10 月 12 日,德皇威廉二世将胶澳租借地内的新建市区命名为青岛。1910 年,将内界原 9 个小区合并为青岛、大鲍岛、台东镇、台西镇四个区。②

　　(11)1900 年,德国侵略军建沽河铁路桥。大辛疃义和团率领大沽河一带农民英勇反抗。痛打德国侵略者,迫使德国侵略者加宽了桥洞。翌年,驻青岛德军血腥镇压了该义和团运动③。

　　(12)1901 年 2 月,朱淇在青岛创办《胶州报》,成为青岛第一份由中国人经营发行的中文报纸。④

　　(13)1901 年,胶济铁路由青岛经城阳通车到胶州,时城阳火车站已落成。同年,德国人在城阳火车站旁设军邮局。⑤

　　(14)1902 年中国沿海发生霍乱,同年 8 月,霍乱传入胶澳租借地,发病 247 人,死亡 116 人。这是青岛开埠后第一次大规模的瘟疫。⑥

　　(15)1902 年,德国胶澳督署设立专办中华事宜的辅政司,成立参事会,作为咨询机构。4 月 15 日,颁布《中华商务公局章程》。⑦

　　(16)1904 年 6 月 1 日,胶济铁路全线通车,全长 384.6 千米。该铁路是单轨建筑,火车最高时速为 60 千米每小时。胶济铁路全线通车,使得青岛港在中国沿海港口中获得了重要地位。⑧

　　(17)1905 年,胶州知州余则达在达材学堂内创建了胶州中学堂,是青岛地区最早的公立中学之一,学制五年。1914 年,迁往掖县,与山东省 14 中学合并为第九中学。⑨

　　(18)1908 年 1 月,中国同盟会会员陈干等在青岛成立震旦公学,聘请商震、陶成章等同盟会员任教。⑩

①　青岛市档案馆《青岛通鉴》,中国文史出版社 2010 年版,第 99 页。
②　青岛市档案馆《青岛通鉴》,中国文史出版社 2010 年版,第 99 页。
③　胶州市志编纂委员会《胶州市志》,新华出版社 1992 年版,第 23 页。
④　青岛市史志办公室《青岛市志·大事记》,五洲传播出版社 2000 年版,第 16 页。
⑤　中国人民政治协商会议青岛市城阳区委员会《青岛新区城阳》,青岛出版社 1995 年版,第 4 页。
⑥　青岛市档案馆《青岛通鉴》,中国文史出版社 2010 年版,第 114 页。
⑦　青岛市史志办公室《青岛市志·大事记》,五洲传播出版社 2000 年版,第 18 页。
⑧　青岛市档案馆《青岛通鉴》,中国文史出版社 2010 年版,第 121 页。
⑨　胶州市志编纂委员会《胶州市志》,新华出版社 1992 年版,第 24 页。
⑩　青岛市史志办公室《青岛市志·大事记》,五洲传播出版社 2000 年版,第 25 页。

(19)第一次世界大战爆发后,日本通告德国退出青岛,将青岛交付日本。1914年8月23日,日本对德国宣战,日德战争爆发。战争持续了两个多月,至1914年11月7日,驻青岛德国军队向日本军队投降。日本夺取了青岛、威海卫,而德国则失去了在青岛的殖民地,其在远东的陆海军兵力也全部损失。

(三)日本第一次侵占时期(1914年11月—1922年)

(1)1914年9月26日,日军控制了胶济铁路,攻占青岛外围德军前沿阵地,完成了对青岛德军的包围。① 11月7日,德军向日本投降。10日,日德双方开始谈判。16日,日军进占市区,从此青岛沦为日本的殖民地。

(2)1914年11月7日,青岛的德国侵略军投降。11日,日本侵略军侵入青岛市区,黄岛、薛家岛亦沦陷于日本帝国主义的统治之下。②

(3)1914年11月27日,日本设立驻青岛守备军司令部,直属于天皇,统辖守备军各部队及各机关,负责占领地区的警备。③

(4)1914年12月,《胶州湾》出版,是一部记录德国侵占、经营和掠夺青岛、山东的历史著作。④

(5)1915年1月12日,同盟会员吴大洲、薄子明等人领导的中华革命家山东军民,于胶州码头村与北洋军激战,打响山东讨袁(世凯)的第一枪。⑤

(6)1919年5月4日,北京13所大专院校3000名学生聚集在天安门广场,呼吁全国一致争青岛,内除国贼,外争主权,五四运动由此爆发。⑥ 胶县中学成立学生联合会,胶县铁路、邮局职工积极支持学生的爱国行为。⑦

(7)1920年2月,日本开始兴建济青长途电话工程,沿胶济铁路架设线路,一条由青岛直达济南,一条经城阳、胶州、高密、潍县、青州、张店、周村至济南,于同年冬竣工。⑧

(8)1922年《青岛》编印出版,该书记载了中国收回青岛前德国和日本侵占

---

① 青岛市档案馆《青岛通鉴》,中国文史出版社2010年版,第155页。
② 青岛市黄岛区地方史志编纂委员会办公室《黄岛区志》,齐鲁书社1995年版,第9页。
③ 青岛市史志办公室《青岛市志·大事记》,五洲传播出版社2000年版,第36页。
④ 青岛市档案馆《青岛通鉴》,中国文史出版社2010年版,第156页。
⑤ 胶州市志编纂委员会《胶州市志》,新华出版社1992年版,第25页。
⑥ 青岛市档案馆《青岛通鉴》,中国文史出版社2010年版,第169页。
⑦ 胶州市志编纂委员会《胶州市志》,新华出版社1992年版,第25页。
⑧ 青岛市档案馆《青岛通鉴》,中国文史出版社2010年版,第173页。

时期青岛的社会状况。①

（9）1922 年 8 月，土匪孙百万纠众数千人盘踞薛家岛，于董家河村成立司令部，四处劫掠。9 月 9 日，土匪孙百万部窜至扒山、牛王庙村一带，被村民打败逃回薛家岛，后，孙百万率部逃往崂山、沙子口和即墨县境。②

（10）1922 年 11 月 17 日，北洋政府批准《胶澳商埠章程及自治令》。③

（11）1922 年 12 月 10 日，中日代表在原德国胶澳总督府举行交接仪式，正式收回青岛主权，青岛定名为胶澳商埠，直属中央政府，其辖域仍沿袭德国帝国主义租借之范围。④

（四）北洋政府统治时期（1923—1929 年 4 月）

（1）1923 年 1 月 1 日，北洋政府在青岛举行胶济铁路接收仪式。胶济铁路事务从 1923 年 2 月 1 日起完全归中方官理。29 日全路接管完毕，接管仪式当日，胶济铁路管理局正式成立，位于今朝城路。⑤

（2）1923 年 4 月 25 日，青岛中学在太平路（今青岛二中校址）建立，由刘子山捐资创办，校长孙子敬，是青岛市区最早由中国人创办的私立中学。⑥

（3）1922 年 9 月，范旭东和张成勋同济南东纲公所合资共同创办了青岛永裕盐业有限公司。1923 年 9 月 5 日，北洋政府盐务署核准成立。1954 年 6 月实行公私合营，1957 年 1 月 1 日转为地方国营。⑦

（4）1924 年 2 月 8 日，胶济铁路四方机厂和工人举行大罢工，胶济铁路全线瘫痪。工人们提出五项复工条件。罢工共九天，厂方答应工人条件，工人获得完全胜利。⑧

（5）1924 年 8 月，胶澳商埠通俗图书馆成立，馆址在莒县路 2 号。南京国民政府第一次统治时期，改称青岛市立图书馆。⑨

---

① 青岛市档案馆《青岛通鉴》，中国文史出版社 2010 年版，第 188 页。
② 青岛市黄岛区地方史志编纂委员会办公室《黄岛区志》，齐鲁书社 1995 年版，第 9 页。
③ 青岛市档案馆《青岛通鉴》，中国文史出版社 2010 年版，第 182 页。
④ 青岛市黄岛区地方史志编纂委员会办公室《黄岛区志》，齐鲁书社 1995 年版，第 9 页。
⑤ 青岛市史志办公室《青岛市志·大事记》，五洲传播出版社 2000 年版，第 57 页。
⑥ 青岛市史志办公室《青岛市志·大事记》，五洲传播出版社 2000 年版，第 59 页。
⑦ 青岛市档案馆《青岛通鉴》，中国文史出版社 2010 年版，第 199 页。
⑧ 青岛市档案馆《青岛通鉴》，中国文史出版社 2010 年版，第 205 页。
⑨ 青岛市档案馆《青岛通鉴》，中国文史出版社 2010 年版，第 211 页。

(6)1925年2月中旬,四方机厂全体工人在18日召开大会,庆祝罢工胜利。在四方机厂成立工会的基础上,成立了胶济铁路总工会。[①]

(7)日商纱厂第一次同盟大罢工结束后,由于日方厂主均无意履行协议,1925年5月25日,第二次罢工开始。27日,日本公使向段祺瑞政府提出警告。28日,日舰樱号、桦号抵达青岛,同日,山东军务督办张宗昌致电胶澳商埠督办温树德"有必要即可开枪"。当夜,温调集200余人,包围工厂。29日凌晨,军警和日本人向罢工纠察队猛烈开枪,工人8人死亡,重伤17人,轻伤无数。这一事件史称"五二九惨案"或"青岛惨案",与上海次日发生的"五卅惨案"并称为"沪青惨案"。[②]

(8)1925年黄岛前湾村霍乱流行,死者众多。[③] 1926年7月,青岛在船舶及铁路火车进站乘客中检验出染疫者304人。其中,治愈137人,死亡167人。随即,8月6日至10月10日,青岛霍乱蔓延流行。

(9)1927年春,梅兰芳、荀慧生、尚小云、杨小楼、于连泉等至青岛,在大舞台(今永安大戏院)同台演出,是京剧名伶在青岛的一次盛会。共演出3场,场场爆满。[④]

(10)1927年下半年,《青岛工报》创刊,是中国共产党在青岛办的地下报纸。[⑤]

(11)1927年,民国《胶澳志》始修,1928年10月成书。[⑥] 由于印数较多,流传较广,各大图书馆和民间都有收藏。

(12)1927年,大刀会在黄岛地区兴起,薛家岛的会众赶跑了巡官薛锡久,抢了警察厅的枪。与此同时,辛安的会众还砸了东盐滩盐务局,会众多达两万余人。后被军阀张宗昌部、山东清乡总办徐海宾镇压。[⑦]

(13)1929年春,《胶州日报》创刊,是国民党胶县县党部机关报。[⑧]

(14)胶平银原为流通于青岛胶州一带的银码,后来成为青岛通行的记账货币。青岛开埠后,胶平银价格被外资银行所垄断,华资金融机构及民族工商企

---

① 青岛市史志办公室《青岛市志·大事记》,五洲传播出版社2000年版,第67页。
② 青岛市档案馆《青岛通鉴》,中国文史出版社2010年版,第220页。
③ 青岛市黄岛区地方史志编纂委员会办公室《黄岛区志》,齐鲁书社1995年版,第9页。
④ 青岛市档案馆《青岛通鉴》,中国文史出版社2010年版,第228页。
⑤ 青岛市档案馆《青岛通鉴》,中国文史出版社2010年版,第230页。
⑥ 青岛市档案馆《青岛通鉴》,中国文史出版社2010年版,第234页。
⑦ 青岛市黄岛区地方史志编纂委员会办公室《黄岛区志》,齐鲁书社1995年版,第10页。
⑧ 青岛市档案馆《青岛通鉴》,中国文史出版社2010年版,第236页。

业均受到严重制约。1929 年,青岛银钱业者一致奋起,联合废除胶平银,改用银元,打响了全国"废两改元"第一枪。

(五)南京国民政府第一次统治时期(1929 年 4 月—1938 年 1 月)

(1)1929 年 4 月 13 日,日本驻青总司令藤田同意南京国民政府接收青岛。15 日 10 时,胶澳商埠局行接收典礼。16 日,南京国民政府接收青岛。[1] 1929 年 4 月 20 日,南京国民政府确定青岛为特别市[2],属南京国民政府行政院直辖。任命马福祥为市长。

(2)1929 年 4 月,增置渔航税,引起广大渔民的强烈不满,发起抗税斗争。斗争持续了 28 天,终于迫使南京国民政府下令撤销渔航税。[3]

(3)1929 年 7 月,青岛工人为反抗日本帝国主义的侵略和国民党的统治,要求改善劳动待遇,举行了全市性大罢工。罢工工人以日商各纱厂、丝厂、木厂、火柴厂、油坊为主,英商烟厂和中国四方机厂工人也加入罢工行列,人数超过 2 万,为时持续半年,在青岛和山东工人运动史上均属空前。

(4)1930 年初,由于英美烟草公司厂主剥削、殴打、开除工人,工人开始怠工斗争。3 月 19 日,公司负责人宣布停工,向工人施加压力。全厂工人愤起斗争,变停工为罢工,并向厂方提出 7 条要求。这次罢工近一个月,4 月 14 日,工人被迫复工。[4]

(5)1930 年 5 月 14 日,市政府令第 10 号公布《青岛市禁止妇女缠足规则》,共 16 条。其规定为,自公布施行之日起,缠足妇女应立即放足,并规定要分期办理,此后两个月为解放期。[5]

(6)1930 年 9 月,闻一多任国立青岛大学文学院院长兼中国文学系主任。1930 年末,创作抒情长诗《奇迹》。[6]

(7)1930 年 9 月 15 日,青岛特别市政府改称直辖市政府,直接隶属中央行政院。主要机构有秘书处、社会局、公安局、教育局、港务局及观象台等。后增

① 青岛市史志办公室《青岛市志·大事记》,五洲传播出版社 2000 年版,第 82 页。
② 青岛市档案馆《青岛通鉴》,中国文史出版社 2010 年版,第 236 页。
③ 马泽《青岛事典》,青岛出版社 2006 年版,第 169 页。
④ 青岛市史志办公室《青岛市志·大事记》,五洲传播出版社 2000 年版,第 87 页。
⑤ 青岛市档案馆《青岛通鉴》,中国文史出版社 2010 年版,第 246 页。
⑥ 青岛市档案馆《青岛通鉴》,中国文史出版社 2010 年版,第 249 页。

设地方自治筹备委员会、保卫团总团部等机构。①

(8)1930年10月,中共山东省委决定重建中共青岛市委②,由马恒德代理市委书记,韩连会任组织部部长,隶属于中共山东省委员会,并将《青岛工人》改名为《青岛红旗》。③

(9)1931年1月1日,南京国民政府召开全国关税会议,统一划定全国海关关区,把常关改为海关,裁撤厘居,胶海关的管辖范围东起山东半岛东端的成山头,沿海岸向西南至江苏省连云港以南的燕尾港。后又有多次调整。④

(10)1932年5月8日,中国第一家水族馆在青岛落成开放。

(11)1932年6月29日,青岛大学全体学生发表宣言,否认校长杨振声,驱逐文学院长闻一多、图书馆长梁实秋。9月2日,南京国民政府行政院会议决议:将国立青岛大学更名为国立山东大学,任命赵畸(赵太牟)为校长。⑤

(12)1932年,青岛实施地方自治,将区划重新调整,把全市划分为12个自治区。⑥

(13)1935年5月,青岛市政府重划市乡区域并改定名称,按照地势、人口、事物简繁程度,每区设立办事处或办事分处。市区划分为8区,乡区划分为11区。同年9月,四方、沧口合并为四沧区。⑦

(14)明华银行开办于1920年6月,1922年10月在青岛设立分行,张绚伯兼任经理。该行秉承"一元起存"的原则吸引大量储户。至1935年,该行储蓄存款已达350余万元。1934—1934年,白银大量外流,引发中国白银风潮,殃及明华银行等多家青岛银行。明华银行青岛分行利用银行制度上的漏洞,非正常转移巨款、向政府放款、个人非法挪用等,致使大量资金停滞,欠款无法收回,并引发严重挤兑风潮,不得不于1935年5月23日晚8时宣告停业清理。

(15)中国实业银行青岛支行于1930年7月开业之后,呈准在青岛发行1元、5元、10元青岛地名兑换券。1933年发行额为100万元。1934年10月26

① 青岛市档案馆《青岛通鉴》,中国文史出版社2010年版,第248页。
② 青岛市档案馆《青岛通鉴》,中国文史出版社2010年版,第248页。
③ 马泽《青岛事典》,青岛出版社2006年版,第169页。
④ 青岛市史志办公室《青岛市志·大事记》,五洲传播出版社2000年版,第90页。
⑤ 青岛市史志办公室《青岛市志·大事记》,五洲传播出版社2000年版,第95页。
⑥ 青岛市档案馆《青岛通鉴》,中国文史出版社2010年版,第237页。
⑦ 青岛市档案馆《青岛通鉴》,中国文史出版社2010年版,第293页。

日,发生挤兑风潮,济南、潍县受到波及。1935 年 5 月 23 日,青岛再次发生挤兑风潮,比上次更为严重,交通银行助其渡过难关。①

(16)1935 年 7 月 8 日,青岛华新纱厂 800 余名工人举行罢工,反对厂方裁减工人,降低工资。厂方先后开除工人 200 名,最后工人被迫复工。②

(17)1936 年 11 月 19 日,大康纱厂、隆兴纱厂、丰田纱厂、富士纱厂、宝来纱厂等纱厂工人先后罢工、怠工,参加者达 2.4 万人。青岛市政府当局在日本压力下,出动军警镇压,逮捕罢工工人,强迫工人复工。12 月 14 日,各纱厂复工,罢工结束。③

(18)1937 年 8 月 14 日,日军头目指使日本浪人在德县路击伤日本水兵一名,反诬中国人所为,企图制造侵占青岛的借口。日军进攻青岛计划,得到日本内阁支持和批准。④

(19)1937 年 9 月,经东北军工委批准,成立中共青岛特支,李欣任书记。特支为一批失掉组织关系的老党员恢复组织关系,并开展游击战争,武装抗日。1937 年 11 月,撤销中共青岛特支,在其基础上成立了中共青岛市委员会。⑤

(20)1937 年 12 月 18 日,日本陆军参谋部下达侵占青岛的命令。21 日,国民党驻青部队首批撤离。27 日,沈鸿烈率海军陆战队、舰艇官兵、保安队等 6 个总队共 9000 余人,撤离青岛开往鲁西南。⑥

(21)1937 年冬,抗战爆发后,胶县各界抗敌后援会在城隍庙成立;学生组成宣传队向各界宣传抗日。⑦

(22)1938 年 1 月 10 日,日本海军在崂山山东头登陆,侵占青岛,在国立山东大学设司令部。1 月 17 日,伪"青岛治安维持会"成立,委员 9 人。⑧

---

① 青岛市档案馆《青岛通鉴》,中国文史出版社 2010 年版,第 284 页。
② 青岛市史志办公室《青岛市志·大事记》,五洲传播出版社 2000 年版,第 102 页。
③ 青岛市史志办公室《青岛市志·大事记》,五洲传播出版社 2000 年版,第 105 页。
④ 青岛市档案馆《青岛通鉴》,中国文史出版社 2010 年版,第 303 页。
⑤ 青岛市史志办公室《青岛市志·大事记》,五洲传播出版社 2000 年版,第 107 页。
⑥ 青岛市档案馆《青岛通鉴》,中国文史出版社 2010 年版,第 304 页。
⑦ 胶州市志编纂委员会《胶州市志》,新华出版社 1992 年版,第 28 页。
⑧ 青岛市史志办公室《青岛市志·大事记》,五洲传播出版社 2000 年版,第 110 页。

（六）日本第二次占领时期（1938年1月—1945年9月）

（1）1939年1月10日，伪"青岛治安维持会"改为伪青岛特别市公署，下设总务、警察、社会等八局。该公署直隶于中华民国临时政府。①

（2）1939年6月，日本为实现"大青岛都市计划"，将即墨县、胶县划入青岛，28日，两县接收完毕。全市面积扩至8000余平方千米，人口180余万。②

（3）1939年9月1日，台风袭击青岛，市区日降雨量达130毫米，发生海啸。栈桥一段被冲毁，灾情极为惨重。③

（4）青岛港六号码头的新建工程于1939年12月2日动工，1943年竣工。该码头及防波堤的建成，使港口面貌发生了变化，在整体排列上出现了中港。④

（5）1940年1月23—26日，在日本陆军代表的参加和监督下，汪精卫、王克敏、梁鸿志在青岛举行会谈，通过了伪中央政府大纲、政纲、国旗、首都、三民主义、伪国民政府机构等案。

（6）1940年6月，中共党员曲华在崇德中学（今青岛第十一中学）建立党支部，方勋任书记，这是青岛沦陷后，中共胶东区党委在市内恢复重建的第一个党组织。⑤

（7）1940年夏，中共中央山东分局五地委派王刚进入青岛市内，先后在工人中发展一批党员，于1941年4月成立中共青岛支部。1942年，该支部分为市内和沧口两个支部。

（8）1940年冬，日本驻青岛宪兵队特高课派特务在大康纱厂刺探工人组织工会和罢工活动，以共产党嫌疑为由抓去工人36人，严刑拷打，称为"四〇惨案"。⑥

（9）1941年5月，胶县塔埠头及红石崖2000余亩地发生蝗灾，麦苗被蚕食殆尽。⑦

（10）1942年12月14日，薛家岛、黄岛划归伪胶州区行政办事处，薛家岛为

① 青岛市档案馆《青岛通鉴》，中国文史出版社2010年版，第312页。
② 胶州市志编纂委员会《胶州市志》，新华出版社1992年版，第29页。
③ 青岛市档案馆《青岛通鉴》，中国文史出版社2010年版，第314页。
④ 青岛市档案馆《青岛通鉴》，中国文史出版社2010年版，第315页。
⑤ 青岛市史志办公室《青岛市志·大事记》，五洲传播出版社2000年版，第122页。
⑥ 青岛市史志办公室《青岛市志·大事记》，五洲传播出版社2000年版，第124页。
⑦ 青岛市史志办公室《青岛市志·大事记》，五洲传播出版社2000年版，第126页。

胶州直属镇。胶州伪警察入据薛家岛。①

(11)1942年冬,由中共胶东区委青岛工委委员杨真主持创办了《洪流》,用以揭露日伪统治,宣传抗日主张。

(12)1942年12月,青岛日军扫荡胶东抗日根据地,抓捕千余农民来青岛汇泉体育场,多数被运往日本做苦工,其中逃跑者被抛入大海淹死。②

(13)1943年10月,中共山东分局在莒南县壮岗区稻草峪村成立青岛办事处。1944年1月,在滨海、胶东分设第一、第二办事处。青岛办事处成立后即着手组建抗日民主政权,开展抗日宣传,建立抗日民族统一战线。③

(14)1944年7月23日,山东军区调集8个团发起第一次讨李战役,至8月25日取得胜利,历时34天,缴获大量军用物资。④

(15)1945年8月15日中午,日本裕仁天皇宣布无条件投降。10月25日,青岛地区受降典礼在汇泉跑马场举行。由国民党军政部特派员陈宝仓和美国海军陆战队第六师司令谢勃尔主持,青岛日军司令长野荣二为投降代表。

(16)1945年8月,薛家岛成立了黄岛地区第一个中国共产党党支部,李继村任书记。⑤

(七)南京政府第二次统治时期(1945年9月—1949年5月)

(1)1945年9月,山东军区第一师一、二、三团挥师泊里镇(位于今山东青岛黄岛区)。在此地激战,将伪李贤斋部全部击溃并跟踪推进。21日,占领泊里镇西南旺山据点,夺取东北岭制高点。⑥

(2)1945年11月24日,山东军区发起泊里战役。各路截击部队与敌人展开激战,并占领该地区各个据点。至此,藏马县全境解放。⑦

(3)1946年1月,青岛日伪金融机构由国民党中央银行青岛分行查封,日本正金银行由中国银行接收,各商店价码一律改为法币。⑧

---

① 青岛市黄岛区地方史志编纂委员会办公室《黄岛区志》,齐鲁书社1995年版,第12页。
② 青岛市档案馆《青岛通鉴》,中国文史出版社2010年版,第328页。
③ 青岛市档案馆《青岛通鉴》,中国文史出版社2010年版,第333页。
④ 青岛市档案馆《青岛通鉴》,中国文史出版社2010年版,第333页。
⑤ 青岛市黄岛区地方史志编纂委员会办公室《黄岛区志》,齐鲁书社1995年版,第14页。
⑥ 青岛市档案馆《青岛通鉴》,中国文史出版社2010年版,第339页。
⑦ 青岛市档案馆《青岛通鉴》,中国文史出版社2010年版,第343页。
⑧ 青岛市史志办公室《青岛市志·大事记》,五洲传播出版社2000年版,第155页。

(4)抗战爆发后,山东大学停办 8 年之久,抗战胜利后,散处各地的山东大学校友为复校而奔走呼号,向南京国民政府请求在青岛迅速恢复山东大学建制。1946 年春,山东大学在青岛复校。①

(5)日本投降后,青岛成为中国北方集中日本战犯的重要口岸之一,自 1945 年 6 月至 1946 年 7 月,共扣留日本战犯 130 名。1946 年 4 月 22 日,青岛警备司令部着手处理日本战犯,将其交青岛地方法院监押,听候审讯。②

(6)1948 年春,胶东解放区的土地改革结束,17 万农民分到耕地 47 万亩、耕畜 1.5 万头和农具 16 万件。③

(7)1948 年 8 月 14 日,青岛市降大暴雨,降水时间共 6 小时 50 分,总降雨量为 158.1 毫米,为 20 年来所未有。④

(8)1949 年 2 月,驻泊在青岛港的国民党军舰"黄安舰"在青岛起义,是为人民海军第一艘军舰。

(9)1949 年 5 月 3 日,胶东军区警备第四旅对国民党灵山守军发起攻击。守敌弃山南逃。警四旅跟踪追击至林戈庄,歼敌一部。取得青外围战首战胜利。⑤

(10)青即外围之战结束后,自 5 月 26 日开始向国民党军第一道防线发动了全线进攻,即墨城、盟旺山、马山、南泉、大庙山一线国民党守军全线溃逃,摧毁了国民党军的第一道防线。人民解放军乘胜追歼逃敌,攻打铁骑山、驯虎山,攻破第二道防线。中路部队在攻克丹山以后,于 6 月 1 日上午又夺下丹山南部的二六四高地,轻取第三道防线,至此,国民党防线全线崩溃,加速了青岛解放。⑥

(八)从青岛解放到新中国成立(1949 年 6 月—1949 年 10 月)

(1)1949 年 6 月 2 日 12 时,青岛全部解放。中国人民解放军青岛市军事管制委员会宣告成立,是青岛市最高权力机关,设 16 部 1 厅 1 处,主任向明,副主任赖可可、谭希林。同时成立青岛市人民政府,随之成立了市南、市北、台东、台西、浮山、四沧、李村等 7 处区人民政府。⑦

---

① 青岛市档案馆《青岛通鉴》,中国文史出版社 2010 年版,第 351 页。
② 青岛市档案馆《青岛通鉴》,中国文史出版社 2010 年版,第 352 页。
③ 青岛市档案馆《青岛通鉴》,中国文史出版社 2010 年版,第 365 页。
④ 青岛市档案馆《青岛通鉴》,中国文史出版社 2010 年版,第 365 页。
⑤ 马泽《青岛事典》,青岛出版社 2006 年版,第 215 页。
⑥ 青岛市史志办公室《青岛市志·大事记》,五洲传播出版社 2000 年版,第 178 页。
⑦ 青岛市档案馆《青岛通鉴》,中国文史出版社 2010 年版,第 375 页。

(2)1949 年 6 月 2 日下午 3 时,市军管会接收海关工作队和入城干部、武装巡缉队共 100 余人进驻胶海关。对胶海关机关各科室和所管辖的小港支所、驻邮局支所等 10 个单位进行接管,接管工作于 6 月 19 日顺利结束。①

(3)1949 年 6 月 3 日,市军管会宣布中国人民银行发行的人民币为本位币,山东银行发行的北海币为辅币。6 月 30 日以后,一切金银只准私人储藏,严禁私相买卖与代替货币流通。②

(4)1949 年 6 月 4 日,全市工人、学生及民族工商业者在市军管会的领导下,迅速复工、复课、复业,即日起实现"四通":通电,通水,通车,通邮通电话。③

(5)1949 年 6 月 6 日,青岛市军管会发布命令,宣布人民币为本位币,北海币为辅助币,废除金圆券。④ 6 月 27 日,颁布严禁金、银、美钞、非法货币的流通。⑤

(6)1949 年 6 月 15 日,青岛市各界人民群众 13 万多人举行庆祝青岛解放的盛大集会游行。上午 10 点,由解放军、工人、学生和市民等组成的游行队伍,汇集到市政府大楼前的主会场。市军管会主任向明发表讲话。集会于下午 2 点结束,整个市区沉浸在欢庆解放的气氛中。⑥

(7)青岛解放后,青岛市人民政府对区划做了调整。全市划分为市南区、市北区、台东区、台西区、四沧区、浮山区、李村区。⑦

(8)1949 年 8 月 22—30 日,中共青岛市第一次党代表会议召开,谭希林致开幕词,陈少敏到会讲话,向明、薛尚实等做报告。⑧

(9)1949 年 10 月 1 日,中华人民共和国成立。2 日,青岛市 20 万人举行庆祝活动⑨,胶城机关居民万人聚会,晚上举行提灯盛大游行。⑩ 辛安和薛家岛广大干部群众,召开庆祝大会。⑪

---

① 青岛市史志办公室《青岛市志·大事记》,五洲传播出版社 2000 年版,第 182 页。
② 青岛市档案馆《青岛通鉴》,中国文史出版社 2010 年版,第 378 页。
③ 青岛市档案馆《青岛通鉴》,中国文史出版社 2010 年版,第 379 页。
④ 青岛市史志办公室《青岛市志·大事记》,五洲传播出版社 2000 年版,第 183 页。
⑤ 青岛市史志办公室《青岛市志·大事记》,五洲传播出版社 2000 年版,第 186 页。
⑥ 青岛市档案馆《青岛通鉴》,中国文史出版社 2010 年版,第 381 页。
⑦ 青岛市档案馆《青岛通鉴》,中国文史出版社 2010 年版,第 383 页。
⑧ 青岛市史志办公室《青岛市志·大事记》,五洲传播出版社 2000 年版,第 189 页。
⑨ 青岛市史志办公室《青岛市志·大事记》,五洲传播出版社 2000 年版,第 189 页。
⑩ 胶州市志编纂委员会《胶州市志》,新华出版社 1992 年版,第 35 页。
⑪ 青岛市黄岛区地方史志编纂委员会办公室《黄岛区志》,齐鲁书社 1995 年版,第 21 页。

附　录

附录一
环胶州湾保护控制线划定与岸线整理规划方案

（2012 年 12 月 2 日青岛市第十五届人民代表大会
常务委员会第六次会议通过，颁布施行）

（一）环胶州湾保护控制线划定与岸线整理规划方案

第一章　总则

第 1 条　胶州湾是青岛的母亲湾，是青岛赖以生存的蓝色家园。环胶州湾地区也是我市未来海湾型都市区的核心区域。历届市委市政府和市人大高度关注胶州湾的保护，新一届市委市政府又将胶州湾的保护置于更加突出的位置，提出了进一步切实加强和实施胶州湾岸线终极性、永久性保护和建设要求，以解决多年来胶州湾不断填海和水域面积不断缩小的问题，编制《环胶州湾保护控制线划定与岸线整理规划方案》。

第 2 条　规划研究范围。

以胶州湾水域边界为核心，综合考虑陆域功能，将规划研究范围确定为南起团岛，沿四川路—冠县路——胶济铁路线——杭州路——四流南路——洛阳路—重庆路——白沙河——流亭立交桥——308 国道——正阳路——环胶州湾高速—江山路—嘉陵江路—漓江路（滨海大道黄岛段）至唐岛湾海岸。规划总面积约 750 平方千米。

第 3 条　规划依据。

1.《中华人民共和国城乡规划法》(2008)。

2.《中华人民共和国海域使用管理办法》(2002)。

3.《中华人民共和国城市规划编制办法》(2006)。

4.《青岛市海岸带规划管理规定》(1995)。

5.《青岛市海洋环境保护规定》(2010)。

6.《青岛市城乡规划条例》(2011)。

7. 青岛市人大《关于切实加强胶州湾水域及近海岸线保护的议案(第 9 号)》(2005)。

8.《海洋学术语——海洋地质学》(GB/T18190—2000)(2001)。

9.《908 全国海岸带调查技术规程》(2005)。

10. 国家及省、市相关技术标准、规范等。

11.《青岛市城市总体规划(2011—2020)》(上报稿)(参考)。

12.《青岛市海洋功能区划》(2009 年上报稿)(参考)。

13.《胶州湾围海填海控制线、湿地保护线、入湾河道控制蓝线及近岸地带禁建与限建区域控制线规划》(专家评审稿)(参考)。

14.《环湾保护拥湾发展概念规划研究》(2009)(参考)。

15.《发展中的环胶州湾地区保护研究总报告》(2009)(参考)。

16. 相关片区的各类规划、建设项目方案及有关部门的审批意见(参考)。

第 4 条 规划目标。

落实科学发展观和市第十一次党代会精神,确保生态安全,构建生态湾区,建设胶州湾优质生活圈,保持胶州湾生态平衡和可持续利用;严格划定环胶州湾保护控制线,严禁填海,实现水域面积不减小;编制岸线规划,实现永久性保护。

第 5 条 规划原则。

1. 严禁填海的原则。严格保护胶州湾的水域面积,严禁填海。规划取消已批未填的项目;控制住已批在填项目的现有填海范围,取消未实施填海的部分。

2. 保护自然岸线的原则。严禁破坏自然岸线,有条件的区段恢复自然岸线。

3. 退池还海的原则。拆除废弃虾池、鱼塘等设施,恢复自然岸线、滩涂和水域。

4. 保护生态湿地的原则。严格保护胶州湾生态湿地,禁止在生态湿地内实施与湿地保护无关的建设活动。

第 6 条 本次规划中岸线界定说明。

为有效保护胶州湾纳潮量,便于研究计算胶州湾实际水域面积变化情况,本次规划参照国家相关标准,以填海、围海坝体的坝顶外边缘所构成的水域边界线作为岸线(本规划中的岸线不涉及行业主管内容)。

依此界定勘定现状岸线,对相关区市政府提出的涉海、用海、填(围)海项目意向及岸线整理的意见进行全面分析、统筹把握、综合论证,划定环胶州湾保护控制线。

依据环胶州湾保护控制线进行岸线整理规划与设计,实施岸线整理工程形成胶州湾岸线。

第二章 胶州湾现状概况

第7条 胶州湾水域变化情况及 2005 年的现状情况。

胶州湾海湾面积总体处于缩小状态。据有关数据统计,1928 年胶州湾海湾面积达 560 平方千米。根据 2005 年版卫片和地形图勘测胶州湾岸线长度约215.6 千米,水域面积 362.6 平方千米。

第8条 勘定现状岸线。

依据 2010 年实测地形图,结合现场补充勘测,至 2012 年 10 月的胶州湾现状岸线长度为 206.8 千米,水域面积 343.5 平方千米。

第9条 现状岸线属性。

胶州湾现状岸线属性主要分为坝体型、堆石型、滩涂型、礁石型、混合型五类。其中:

1. 坝体型岸线主要为人工修筑完整、防护条件较好的岸线类型,长约 78.3千米,主要分布在东岸的三半岛和大、中、小港,以及西岸的前湾港和薛家岛湾区域,约占岸线总长度的 37.9%。

2. 堆石型岸线主要是经过人工堆石、填埋处理,仍需要进一步整理的岸线类型,长约 59.4 千米,主要分布在四方区、李沧区、城阳区以及黄岛区的红石崖至大炼油区域,约占岸线总长度的 28.7%。

3. 滩涂型岸线主要为自然形成坡度平缓的沙滩、泥滩,长约 12.5 千米,主要分布在河套南部大沽河入海口区域,约占岸线总长度的 6.0%。

4. 礁石型岸线主要是自然形成的基岩岸线区,长约 8.5 千米,零星分布于团岛和薛家岛湾口位置以及红岛南侧区域,约占岸线总长度的 4.1%。

5. 混合型岸线主要是由礁石、滩涂、盐田等混合形成的岸线类型,长约 48.1千米,主要分布在红岛、河套南侧及胶州市等区域,约占岸线总长度的 23.3%。

第 10 条　现状岸线功能。

现状岸线功能主要分为码头岸线、工业岸线、防护岸线、养殖岸线、滩涂岸线五类。其中：

1. 码头岸线长约 79.2 千米，主要分布在大、中、小港及前湾港和薛家岛湾区域，约占岸线总长度的 36.8%。

2. 防护岸线长约 47.5 千米，主要分布于市南区、四方区、李沧区、城阳区、墨水河口及红石崖区域。

3. 工业岸线长约 16.6 千米，主要分布于黄岛区红石崖以南至大炼油区域。

4. 养殖岸线长约 57.5 千米，主要分布于红岛、河套南部及胶州市。

5. 滩涂岸线长约 6 千米，主要分布于大沽河入海口区域。

第三章　环胶州湾保护控制线划定

第 11 条　本次规划以现场勘定的现状岸线为依据，按照严禁填海、适度"退池还海"；保护自然岸线、保护生态湿地的原则，全面分析、统筹把握、综合论证，划定环胶州湾保护控制线。划定的保护控制线长度 202.6 千米，保护控制线围合的水域面积 348.3 平方千米，较 2012 年 10 月勘定岸线围合水域面积增加 4.8 平方千米。

第 12 条　胶州湾东岸（团岛至墨水河）：按照现状岸线划定保护控制线，严禁围海填海。

第 13 条　胶州湾北岸（墨水河至大沽河），分为三段。

1. 墨水河防潮坝一期区段（墨水河至女姑口跨海大桥）：按照现状岸线划定保护控制线，严禁围海填海。

2. 红岛南部区段（红岛女姑口跨海大桥至红岛黄澜海韵苑）：按照适度"退池还海"的原则，拆除现有虾池、鱼塘，依据原有自然基岩划定保护控制线，恢复自然岸线。红岛渔港保持现状规模，结合陆域发展进程逐步向旅游码头功能转型。

3. 河套南部区段（红岛黄澜海韵苑至大沽河）：以现状养殖池塘坝顶外边沿为界划定保护控制线，养殖池塘作为生态湿地实施保护。

第 14 条　胶州湾西岸（大沽河至凤凰岛脚子石），分为四段。

1. 胶州市产业新区区段（大沽河至洋河）：以原有盐田边界划定保护控制线，以现状围堰确定围海面积，严禁新增围海面积。岸线整理不得减少保护控制线与现状围堰之间的水域面积。

2. 黄岛区红石崖区段(洋河至跨海大桥):按照现状岸线划定保护控制线,严禁围海填海。

3. 黄岛北部区段(跨海大桥至大炼油区域):按现状岸线划定保护控制线,严禁填海;辽河路按照最后批准的围海堤坝划定围海控制线,辽河路与规划保护控制线之间区域作为水体控制,不得填海。

4. 前湾港及薛家岛湾区段(大炼油区域至凤凰岛脚子石):港区及海西湾造船基地周边按照现状岸线划定保护控制线,不得继续填海建设。拆除凤凰岛脚子石周边的养殖池塘,恢复自然岸线,依据原有基岩划定保护控制线。

第四章　岸线整理规划指引

第 15 条　岸线整理规划要求。

环胶州湾地区承担城市发展的核心功能,岸线整理突出科技、旅游和商务功能,满足"安全、开放和生态"要求。根据岸线功能、安全防护和滨水公共空间要求,加固岸线,建设滨水休闲场所,塑造生活岸线、生态岸线和经济岸线。沿岸形成贯通且宽度原则上不小于 30 米的滨水公共开放空间,依据岸线功能、安全防护要求,进行岸线加固、滨水公共空间设计和场地改造。

沿岸线规划建设滨海绿道(慢行系统),与海上交通轨道交通、常规路面交通一起构成立体、多维的环湾交通系统。

第 16 条　市南区。

1. 严禁破坏团岛周边的礁石,保护现有自然岸线。

2. 结合南岛、中岛、北岛的用地功能和规划布局方案,依据环胶州湾保护控制线进行岸线详细规划设计。

第 17 条　市北区。

1. 小港区域结合批复的《小港湾改造项目方案》进一步深化细化岸线设计。

2. 大港 6 号码头在批准邮轮母港规划方案基础上细化岸线设计。

第 18 条　四方区。

1. 海泊河至航务二公司段做好出挑平台(木栈道)建设的论证和设计,出挑宽度原则上不大于 6 米。

2. 四方欢乐滨海城岸线以批复的《欢乐滨海城控制性详细规划》为准进一步深化细化岸线设计。

第 19 条　李沧区。

1. 海信填海地至白泥填海地段做好出挑平台(木栈道)建设的论证和设计,出挑宽度原则上不大于 6 米。

2. 海信填海地、白泥填海地区域,结合陆域功能定位和岸线加固工程,依据环胶州湾保护控制线进行岸线详细规划设计。

第 20 条　城阳区。

1. 结合陆域功能优化和滨水空间景观设计,依据环胶州湾保护控制线进行岸线详细规划设计。

2. 该区域是环湾区域重要景观节点,沿岸形成贯通滨水公共开放空间和活动场所。

第 21 条　红岛经济区。

1. 墨水河防潮坝一期区段(墨水河至女姑口跨海大桥):按照现状岸线,进一步优化景观设计。

2. 红岛南部区段(红岛女姑口跨海大桥至红岛黄澜海韵苑):恢复自然礁石和基岩岸线。

3. 河套南部区段(红岛黄澜海韵苑至大沽河):结合湾底生态湿地公园的规划,采取生态保护和河道整治等综合性、生态化处理手段与措施,规划实施生态岸线。

第 22 条　胶州市。

1. 以现状已实施的蓄洪水库围堰和现状盐田、养殖池塘坝体为界实施岸线详细设计。

2. 该区段陆域功能应进一步调整并符合环湾区域规划要求,严格控制产业项目。

第 23 条　黄岛区。

1. 结合陆域功能,合理确定岸线整理的工程方案。

2. 本着严格保护胶州湾,统筹把握石化产业生产安全和胶州湾生态安全,科学论证辽河路的建设方案,依据批准的辽河路工程进行岸线详细设计。

3. 薛家岛湾以现状岸线为准进行岸线详细设计。

4. 凤凰岛脚子石周边养殖池塘退池还海,恢复自然岸线。

第五章　附则

第 **24** 条　本规划由规划文本、说明书和图集三部分组成。本规划经政府批准生效后,规划文本和图集具有同等法律效力。

第 **25** 条　本规划批复后由青岛市人民政府组织实施。

第 **26** 条　本规划的解释权属青岛市人民政府城乡规划及相关行政主管部门。

(二)2012 年 10 月勘定现状岸线图

2012年10月,勘定胶州湾水域面积343.5平方千米,岸线长度206.8千米

2012 年 10 月勘定现状岸线图

(三)规划保护控制线图

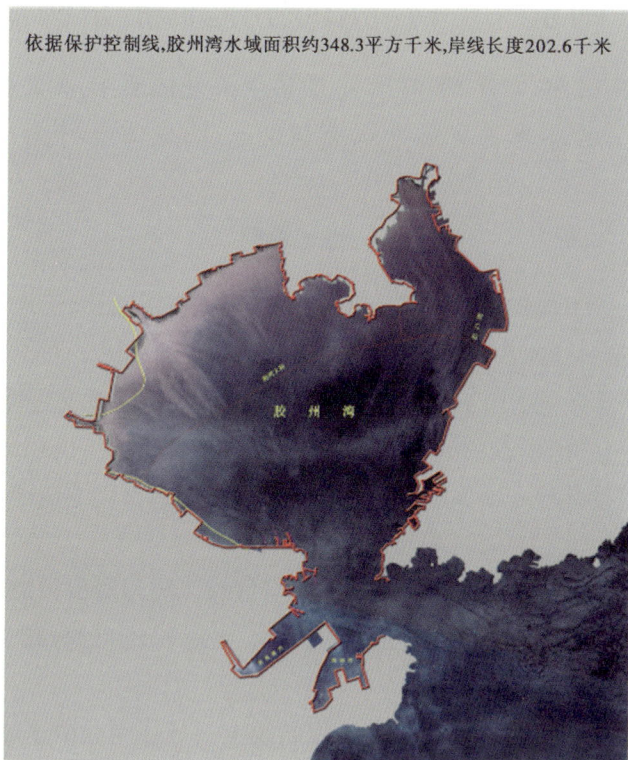

依据保护控制线,胶州湾水域面积约348.3平方千米,岸线长度202.6千米

胶州湾保护控制线图

附录二 青岛市胶州湾保护条例

(2014年3月28日青岛市第十五届人民代表大会
常务委员会第十八次会议通过,颁布施行)

第一章 总则

第一条 为了保护胶州湾的环境和资源,根据有关法律、法规,结合本市实际,制定本条例。

第二条 本条例适用于胶州湾保护范围和入胶州湾河流及其两侧控制区域。

第三条 胶州湾保护范围包括胶州湾海域和胶州湾沿岸陆域。胶州湾湿地保护规划以及其他专项保护规划划定的保护区域超出以上范围的,以保护规划确定的范围为准。

胶州湾海域为胶州湾保护控制线的围合区域。胶州湾保护控制线,是指经市人民代表大会常务委员会批准的,东起团岛湾头,沿沧口湾、红岛、河套、海西湾,西至凤凰岛脚子石的连线。

胶州湾沿岸陆域为自胶州湾保护控制线至陆域控制线的区域。陆域控制线,是指东起团岛湾头,沿团岛路、团岛一路、四川路、冠县路、新疆路、胶济铁路、仙山西路、双元路、河东路、滨河路、胶州湾高速、双积路、红柳河路、千山北路、淮河东路、江山路、嘉陵江路、漓江东路,西至凤凰岛脚子石的连线。

第四条 胶州湾保护遵循保护优先、规划先行、海陆统筹、综合防治的原则。

第五条 市和区(市)人民政府、经济功能区管理机构应当将胶州湾保护和入胶州湾河流污染防治、河道治理所需经费纳入本级财政预算。

第六条 任何组织和个人有权对损害胶州湾的组织、个人以及有关监督管理人员的违法失职行为进行监督和检举。鼓励、支持组织和个人开展保护胶州湾的公益性活动。

第七条 市和区(市)人民政府、经济功能区管理机构应当加强胶州湾保护的宣传、教育,对在胶州湾保护工作中做出突出贡献的组织和个人给予表彰或者奖励。

第二章　机构与职责

第八条　胶州湾的保护管理工作实行分级、分部门管理,以市级管理为主。

第九条　市人民政府负责胶州湾保护工作。

环胶州湾各区(市)人民政府、经济功能区管理机构和入胶州湾河流流经区域的区(市)人民政府按照有关法律、法规和本条例的规定,负责本辖区内的胶州湾保护工作。

第十条　市人民政府设立胶州湾保护委员会,负责组织、协调胶州湾保护中的重要工作,研究、审议有关胶州湾的重要规划、制度和重大项目建设,组织胶州湾保护综合执法检查或者联合执法。胶州湾保护委员会的组织形式、职能和工作制度,由市人民政府规定。

第十一条　市和区(市)规划、环保、海洋与渔业、国土资源、林业等部门按照有关法律、法规和本条例的规定,分别负责胶州湾保护范围内的规划、环保、海洋、渔业、土地、湿地等行政管理事项。海事部门按照有关法律、法规和本条例的规定,负责胶州湾保护的有关工作。市、区(市)发展和改革、建设、城管执法、安全监管、交通运输、水利、市政公用、农业等部门按照各自职责做好胶州湾保护工作。

第十二条　胶州湾保护工作涉及事项管理职责不清的,市人民政府应当及时予以明确。

第三章　规划

第十三条　市人民政府应当对胶州湾保护范围内的海岸线、建设用地等资源进行战略储备,严格控制开发时序,确保土地、海洋资源的可持续利用。

第十四条　胶州湾保护控制线是胶州湾海域范围保护控制的界限。市人民政府应当组织设置胶州湾保护控制线标志。胶州湾保护控制线未经批准不得调整。确需调整的,应当经市人民政府全体会议或者常务会议研究后,报市人民代表大会常务委员会审议。

第十五条　市海洋与渔业部门应当会同有关部门,依据上一级海洋功能区划,编制青岛市海洋功能区划。青岛市海洋功能区划应当编制胶州湾专章,根据胶州湾的自然属性和城市发展需要,科学确定胶州湾海域功能。青岛市海洋功能区划在报省人民政府批准前,应当经市人民代表大会常务委员会审议。

第十六条　市人民政府应当组织对胶州湾湿地资源进行调查,编制胶州湾湿地保护规划,并设置保护标志。

第十七条　市规划部门应当根据城市总体规划和海洋功能区划,组织编制胶州湾沿岸陆域控制性详细规划。编制胶州湾沿岸陆域控制性详细规划,应当将建筑高度、建筑密度、建筑体量、建筑退线距离作为规定性指标,严格保护胶州湾天际轮廓线和景观视廊。胶州湾沿岸陆域范围内的土地以成片利用为主,市规划部门应当在组织编制胶州湾沿岸陆域控制性详细规划时统筹考虑。

第十八条　市规划部门应当在胶州湾保护范围内的重要观景点与被观测点之间,划定视域控制范围线。在视域控制范围线内的建设项目,应当进行视线景观分析,不得对重要观景点和被观测点形成封闭式遮挡。

第十九条　胶州湾保护控制线向陆地一侧,楼山河以南至团岛湾头、洋河以南至凤凰岛脚子石、胶州湾保护控制线与经二路红岛西侧相交处至大沽河区间距离 30 米范围内,其他区域距离 100 米范围内,除景观、交通需要外,不得新建、扩建各类建筑物、构筑物。

第二十条　市排水行政主管部门应当依据城市总体规划和海洋功能区划,根据胶州湾保护需要,修订排水专业规划。市规划部门在组织编制胶州湾沿岸陆域控制性详细规划时,应当按照排水专业规划,明确污水处理厂、泵站等排水设施的位置和排水管道的走向等控制性要求。

第二十一条　市交通运输部门应当根据胶州湾保护和城市发展需要,逐步调整胶州湾内港口功能,减少大宗散货运输和堆放。

第二十二条　城市规划、海洋功能区划、土地利用规划应当相互协调。同一层级的规划之间存在冲突的,按照最有利于保护胶州湾的规划执行。

第四章　生态保护

第二十三条　在胶州湾海域内,禁止下列行为:

(一)围海、填海;

(二)采挖砂石(因清淤和航道、河道疏浚需要除外);

(三)从事筑池、网箱、浮筏等设施养殖;

(四)建设人工鱼礁。

第二十四条　胶州湾保护范围内的岸线应当保持开放,除依法批准的港口、码头、船舶修造及军事等用途外,任何组织和个人不得圈占,不得限制他人正常通行。

第二十五条 市规划部门应当根据胶州湾现状岸线以及岸线整理规划,划定自然岸线保护范围,经市人民政府批准后向社会公布。任何组织和个人不得改变胶州湾内自然岸线的属性,不得破坏胶州湾自然岸线保护范围内的礁石、滩涂、湿地以及其他自然地貌和景观。

第二十六条 禁止毁坏胶州湾保护范围内的山体、林木、湿地和绿地。有关区(市)人民政府、经济功能区管理机构应当采取措施提高胶州湾保护范围内的森林覆盖率,增加绿地面积,防治水土流失。

第二十七条 在胶州湾湿地保护范围内,禁止下列行为:

(一)房地产开发;

(二)工业生产;

(三)建设宾馆、饭店、招待所、疗养院等永久性建筑和大型游乐设施;

(四)开垦、填埋湿地,采石、采砂、取土;

(五)倾倒、堆放垃圾以及其他废弃物;

(六)擅自排放生活污水、工业废水;

(七)擅自排放湿地蓄水或者修建阻水、排水设施;

(八)擅自向湿地引进外来生物物种;

(九)放牧,猎捕陆生野生动物,捡拾卵、蛋;

(十)破坏湿地保护设施;

(十一)其他改变湿地属性、破坏湿地的行为。

第二十八条 海水淡化项目以及其他海水利用项目产生的浓盐水应当离岸排放至海水交换良好的海域或者进行稀释后近岸排放。对浓盐水进行稀释后向胶州湾海域排放的,稀释后的海水盐度不得超过胶州湾海水盐度。

第二十九条 因采用海水降温技术向胶州湾海域排放含热废水,应当采取有效措施,保证所排放海域的水温符合国家海洋环境质量标准。

第三十条 胶州湾岸线整理工程项目和入胶州湾河流治理工程项目应当制定水土保持方案,并经水行政主管部门审查同意。

第三十一条 市人民政府应当建立胶州湾生态补偿制度。

市和环胶州湾各区(市)人民政府、经济功能区管理机构以及入胶州湾河流流经区域的区(市)人民政府应当将涉及胶州湾保护的海洋、湿地、河流流域生态补偿资金列入本级财政预算,建立生态环保财力转移支付制度。因保护胶州湾所采取的措施对相关权利人造成损失的,应当依法给予补偿;对其生产、生活造成影响的,还应当做出妥善安排。

第五章 污染防治

第三十二条 实施胶州湾海域排污总量控制制度。市人民政府应当根据胶州湾海域环境保护规划,确定主要污染物排入胶州湾的总量控制指标。主要污染物排入胶州湾的总量控制指标应当逐年削减。

第三十三条 对主要污染物排入胶州湾总量超过控制指标的区(市),环保部门应当暂停审批新增主要水污染物排放总量的建设项目的环境影响评价文件。

第三十四条 市和环胶州湾各区(市)人民政府、经济功能区管理机构应当针对胶州湾内各海洋功能区的水质现状,分别确定治理期限,并采取措施,使其水质达到所在海洋功能区海水水质标准。

第三十五条 禁止向胶州湾海域排放下列船舶污染物:

(一)船舶垃圾;

(二)生活污水;

(三)含油和含有毒有害物质污水;

(四)含油和含有毒有害物质压载水。港口、码头以及从事船舶修造的单位应当配备与其吞吐能力、装卸货物种类或者修造船舶能力相适应的船舶污染物接收处理设施、设备。

第三十六条 除因码头装卸船舶运输的石油需要配套建设的管线外,禁止穿越、跨越胶州湾海域建设输油管线。

第三十七条 在胶州湾保护范围内以及入胶州湾河流的河道管理范围两侧五百米内,禁止下列行为:

(一)新建或者扩建化工、印染、造纸、电镀、电解、制革、有色金属冶炼、水泥、拆船等项目;

(二)新建或者扩建畜禽规模化养殖场、养殖小区;

(三)新建固体废物填埋场。

对不符合前款规定的已有项目,市和区(市)人民政府、经济功能区管理机构应当按照规划要求,逐步进行调整、搬迁。

第三十八条 胶州湾沿岸陆域范围内,禁止新建、扩建煤炭、煤矸石、矿石、粉煤灰等易产生扬尘污染的露天物料堆场,原有的物料堆场应当进行抑尘改造和采取防渗漏措施。临时性露天堆放的易产生扬尘污染的物料应当采用防尘网、防尘布覆盖,或者进行喷淋、固化处理。

第三十九条　胶州湾沿岸陆域范围内生产、储存危险化学品的单位,应当根据其生产、储存的危险化学品的种类和危险特性,按照国家标准、行业标准或者国家有关规定在作业场所设置相应的安全设施、设备,并进行经常性维护、保养,保证安全设施、设备的正常使用。

第四十条　市和环胶州湾有关区(市)人民政府、经济功能区管理机构和入胶州湾河流流经区域的区(市)人民政府农业主管部门和其他有关部门,应当指导农业生产者科学、合理使用化肥和农药、兽药,并应当采取措施,对使用有机肥和生物防虫技术的农业生产者给予扶持。

第四十一条　禁止在胶州湾海域、岸滩和入胶州湾河流的河道管理范围内倾倒、堆放、填埋工业垃圾、生活垃圾、建筑废弃物、农业废弃物以及其他废弃物。

第四十二条　环胶州湾有关区(市)人民政府、经济功能区管理机构和入胶州湾河流流经区域的区(市)人民政府应当建立和完善农村社区保洁及生活垃圾处理机制,实行收集、清运和处置责任制。

第四十三条　对入胶州湾河流有关截污、治污、清淤、河道交界断面水质达标、河道(岸)保洁及景观改善等保护工作,实行综合环境控制目标及河(段)长责任制。具体办法由市人民政府制定。

第四十四条　胶州湾保护范围内排水设施的规划、建设、运行、维护和污水处理及监督管理按照《青岛市城市排水条例》的规定执行。

胶州湾沿岸陆域范围内所有组织和个人的生产、生活污水,应当限期纳入城市排水设施。在胶州湾沿岸陆域范围内新建、改建、扩建项目排放的污水,应当纳入城市公共排水管道。城市公共排水管道未覆盖区域的建设项目,经市环保部门同意,并设置临时性专用排水管道将污水排入公共排水设施或者建设专用污水处理设施且达到规定排放标准的,可以新建、改建、扩建。

第四十五条　采用海水脱硫工艺处理废气,所排废水的重金属离子浓度不超过海水第三类水质标准、其他污染物浓度符合《山东省半岛流域水污染物综合排放标准》有关规定的,方可排入胶州湾。

第四十六条　市安全监管、交通运输、市政公用、环保等部门和相关区(市)人民政府应当按照各自职责,对胶州湾沿岸陆域及入胶州湾河流两侧的重大危险源进行普查、登记,组织风险评估,并根据风险评估情况,制定风险防范措施。

市环保部门和海事部门应当按照各自职责对胶州湾保护范围内及入胶州湾河流两侧的应急队伍、设施、设备进行登记,建立数据库。

第四十七条　市人民政府应当根据胶州湾实际,组织制定胶州湾重大污染事故应急预案并定期组织演练,编制应急能力建设规划,加强专业应急队伍建设和应急设施、设备、材料储备。

第六章　生态修复

第四十八条　市人民政府应当组织编制胶州湾生态修复规划,确定修复目标和主要措施。

第四十九条　市规划部门应当根据胶州湾生态修复规划和胶州湾沿岸陆域控制性详细规划,组织编制胶州湾岸线整理规划。市建设部门应当根据胶州湾岸线整理规划,组织编制胶州湾岸线整理工程实施方案。胶州湾岸线整理工程实施方案应当包括整理目标、整理工程项目、完成时间、责任单位和经费等保障措施。

第五十条　市海洋与渔业部门应当加强对胶州湾底部典型断面的冲淤监测,分析冲淤态势,并定期向市人民政府报告。市人民政府应当根据胶州湾淤积情况,每年安排资金,组织对胶州湾底部淤积重点区域进行清淤。

第五十一条　市海洋与渔业部门应当加强胶州湾海洋生物监测,采取增殖放流等救护和繁育养护措施,保护和修复水生野生动物的自然产卵场、繁殖场、索饵场、洄游通道,维护胶州湾海洋生物多样性。

第五十二条　市和环胶州湾各区(市)人民政府、经济功能区管理机构应当组织开展胶州湾退化湿地恢复工作,恢复湿地功能。

第五十三条　环胶州湾各区(市)人民政府、经济功能区管理机构应当对胶州湾保护范围内未经依法批准的建筑物、构筑物组织拆除。

第五十四条　市人民政府应当组织环胶州湾有关区(市)人民政府对胶州湾海域内的养殖池塘、养殖网箱、养殖筏架等渔业养殖设施进行清理。具体清理方案由市人民政府制定。

第七章　监督检查

第五十五条　市人民政府应当每年向市人民代表大会常务委员会报告胶州湾保护、管理情况。市人民代表大会常务委员会应当通过听取专项工作报告或者执法检查等方式,对市人民政府胶州湾保护工作情况开展监督。

第五十六条　市人民政府应当建立胶州湾保护目标责任、评估考核、终身责任追究等制度,并加强监督检查。

第五十七条　市海洋与渔业部门应当依据国家有关标准和规范,定期组织对胶州湾的海洋环境、海洋生态进行调查与评价,并按照规定发布相关质量公报或者专项通报。

第五十八条　市规划、城管执法、环保、海洋与渔业、国土资源、林业、建设、海事等部门,应当加强监视、监测网络建设,提高卫星航空遥感、远程视频以及在线自动监测能力,对胶州湾保护范围内的规划建设、污染物排放、海洋环境、海域使用、土地利用、湿地、船舶等进行动态监视、监测。市人民政府应当加大财政投入,提升胶州湾保护相关调查、监视、监测等的装备能力和技术水平。

第五十九条　市人民政府胶州湾保护委员会应当组织市相关管理部门、相关区(市)人民政府以及经济功能区管理机构建立胶州湾保护信息共享机制,实现胶州湾调查、监视、监测信息和监督管理资料的共享,并组织建立违法行为查处协调配合机制。

第六十条　规划、城管执法、环保、海洋与渔业、国土资源、林业、建设、海事等部门,应当建立日常巡查与专项检查相结合的工作制度。

第六十一条　规划、城管执法、环保、海洋与渔业、国土资源、林业、建设、海事等部门以及其他行使胶州湾保护管理职权的部门,应当建立和完善投诉、举报制度,对接到的投诉或者举报进行登记并及时核实处理,对不属于本部门职权范围的,应当告知有关部门处理。行使胶州湾保护管理职权的部门应当为举报人保密,有明确的举报人的,应当将处理结果反馈举报人。

第六十二条　市人民政府胶州湾保护委员会应当组织市相关管理部门建立胶州湾保护信息公开平台,除依法不得公开的内容外,将以下信息自形成或者批准之日起二十日内向社会公开:

(一)经依法批准或者批准修改的有关胶州湾的海洋功能区划、土地利用规划、城乡规划、湿地保护规划、胶州湾保护控制线、自然岸线保护范围等;

(二)相关管理部门依法发布的环境质量公报、通报和监测信息;

(三)涉及胶州湾的行政许可的条件、程序和做出的许可决定等信息;

(四)胶州湾保护、管理的监督检查情况以及处理结果;

(五)其他依照法律、法规和国家有关规定应当主动公开或者公布的信息。

前款第一项所列事项和胶州湾海域排污总量控制制度、胶州湾生态补偿制度等重要制度以及重大项目建设等涉及胶州湾保护的重大事项,应当采取论证会、听证会或者其他方式征求专家和公众意见。

第六十三条 市人民政府应当组织成立由人大代表、政协委员、专家学者和其他方面代表组成的胶州湾保护社会监督委员会,对胶州湾保护工作进行监督。

市人民政府胶州湾保护委员会应当每半年向胶州湾保护社会监督委员会报告一次胶州湾保护工作情况。

第八章 法律责任

第六十四条 违反本条例第二十三条、第三十六条规定的,由海洋与渔业部门责令改正,恢复原状,按照下列规定予以处罚:

(一)围海、填海的,处非法占用海域期间内该海域面积应缴纳的海域使用金十五倍以上二十倍以下罚款;

(二)采挖砂石的,没收违法所得,并处十万元以上二十万元以下罚款;

(三)从事筑池、网箱、浮筏等设施养殖或者建设人工鱼礁的,处非法占用海域期间内该海域面积应缴纳的海域使用金五倍以上十五倍以下罚款;

(四)非法占用胶州湾海域建设输油管线的,处非法占用海域期间内该海域面积应缴纳的海域使用金十倍以上十五倍以下罚款。

第六十五条 违反本条例规定,有下列行为之一的,由海洋与渔业部门、国土资源部门按照各自职责,责令恢复原状或者采取补救措施,处每平方米五千元罚款:

(一)改变胶州湾内自然岸线的属性或者破坏胶州湾自然岸线保护范围内的礁石、滩涂等自然地貌和景观的;

(二)毁坏胶州湾保护范围内的山体的。

第六十六条 违反本条例第二十七条第一项至四项规定,破坏胶州湾湿地保护范围内的湿地的,由林业部门责令恢复原状或者采取补救措施,处每平方米五百元以上二千元以下罚款。

违反本条例第二十七条第五项至十项规定的,由林业部门责令限期改正或者采取补救措施,按照下列规定处以罚款:

(一)倾倒、堆放垃圾以及其他废弃物的,处每平方米一百元以上五百元以下罚款;

（二）擅自排放生活污水、工业废水的，处二万元以上十万元以下罚款；

（三）擅自排放湿地蓄水或者修建阻水、排水设施的，处一万元以上五万元以下罚款；

（四）擅自向湿地引进外来生物物种的，处五千元以上二万元以下罚款；

（五）放牧，捡拾卵、蛋的，处一百元以上五百元以下罚款；

（六）猎捕陆生野生动物的，处五百元以上二千元以下罚款；

（七）破坏湿地保护设施的，处二千元以上一万元以下罚款。

第六十七条　有下列行为之一的，由环保部门责令限期改正，处五万元以上二十万元以下罚款：

（一）海水淡化项目以及其他海水利用项目违反本条例规定向胶州湾排放浓盐水的；

（二）向胶州湾海域排放含热废水，导致所排放海域的水温不符合国家海洋环境质量标准的；

（三）采用海水脱硫工艺处理废气所排废水未经处理或者处理后不符合要求即向胶州湾海域排放的。

第六十八条　违反本条例第三十五条第一款规定，向胶州湾海域排放船舶污染物的，由海事部门、海洋与渔业部门按照各自职责，责令限期改正或者采取补救措施，处五万元以上二十万元以下罚款。

第六十九条　违反本条例第三十七条第一款规定的，对新建项目，由环保部门报经有批准权的人民政府批准，责令关闭，处十万元以上二十万元以下罚款；对扩建项目，由环保部门报经有批准权的人民政府批准，责令限期拆除扩建部分，处五万元以上十万元以下罚款。

第七十条　违反本条例第三十八条规定，新建易产生扬尘污染的露天物料堆场、原有的物料堆场未进行抑尘改造和采取防渗漏措施或者临时性露天堆放的易产生扬尘污染的物料未采取防尘措施的，由环保部门、建设部门按照各自职责，责令限期改正，处一万元以上五万元以下罚款。

第七十一条　行使胶州湾保护管理职权的部门违反本条例规定，有下列情形之一的，由其上级行政机关或者监察机关责令改正，对直接负责的主管人员和其他直接责任人员依法给予处分：

（一）未按照规定暂停审批新增主要水污染物排放总量的建设项目的环境影响评价文件的；

（二）违法批准围海、填海的；

（三）违法批准使用胶州湾海域建设输油管线的；

（四）违法批准改变或者占用胶州湾内的自然岸线的；

（五）违法批准改变胶州湾湿地属性或者占用湿地的；

（六）未依法履行职责，造成生产安全事故、环境污染事故发生或者损失扩大的；

（七）有其他滥用职权、徇私舞弊、玩忽职守情形的。

第七十二条　违反本条例规定，造成损害的，依法承担民事责任；构成犯罪的，依法追究刑事责任。

第九章　附则

第七十三条　本条例所称入胶州湾河流是指直接入湾的海泊河、李村河、板桥坊河、楼山河、白沙河、墨水河、羊毛沟河、大沽河、跃进河、洋河、漕汶河、岛耳河、龙泉河、九曲河、辛安后河、辛安前河、南辛安前河、镰湾河；间接入湾的昌乐路河、张村河、水清沟河、洪江河、洙河、小沽河、猪洞河、五沽河、落药河、流浩河、南胶莱河、桃源河、云溪河。

第七十四条　入胶州湾河流作为生活饮用水源的，按照生活饮用水源环境保护的规定，其保护标准严于本条例规定的，从其规定。

第七十五条　本条例自 2014 年 9 月 1 日起施行。

附录三
青岛市人民政府关于加强文化遗产保护的意见

（青政发〔2006〕33 号，青岛市人民政府 2006 年 8 月 28 日颁布实施）

各区、市人民政府，市政府各部门，市直各单位：

文化遗产是不可再生的珍贵资源。加强文化遗产保护，是建设社会主义先进文化，贯彻落实科学发展观和构建社会主义和谐社会的必然要求。为认真贯彻落实国务院《关于加强文化遗产保护的通知》（国发〔2005〕42 号）精神，现就进一步加强我市文化遗产保护工作提出如下意见。

一、基本方针

（一）物质文化遗产保护要贯彻"保护为主、抢救第一、合理利用、加强管理"的方针；非物质文化遗产保护要贯彻"保护为主、抢救第一、合理利用、传承发展"的方针。坚持保护文化遗产的真实性和完整性，坚持依法和科学保护，正确处理经济社会发展与文化遗产保护的关系，统筹规划、分类指导、突出重点、分步实施。

二、总体目标

（二）按照国务院提出的关于加大文化遗产保护力度的要求，加快实施青岛市文化遗产保护工程。到 2010 年，形成较为完善的文化遗产保护体系和保护制度，建立文化遗产保护规划及保护名录；全市的文物保护与管理工作实现信息化、数据化、网络化；城市博物馆群达到规范化建设标准。各区市按国家要求，在文物管理方面做到"五纳入"，确保全市具有历史、文化和科学价值的文化遗产得到有效保护和利用。

三、实施文化遗产保护工程

（三）制定不可移动文物保护规划。要认真做好文物保护的"四有"工作（有保护范围、标志、记录档案、保护组织）。全市文物保护部门要会同规划部门，进一步开展文物普查工作,按照《文物保护法》的规定,及时划定不可移动文物的保护范围和建设控制地带,设立和完善文物保护标志。对不可移动文物,要及时建立文物保护组织,层层签订保护协议书,制定和落实各项保护措施。各区市要定期检查本行政区域内不可移动文物的保护情况,及时公布文物保护单位和未核定的文物保护单位。

(四)切实抓好重点文物的保护修复工程。要统筹规划,确保完成青岛德国总督官邸旧址、平度天柱山摩崖石刻等一批文物保护重点工程;要在对市级文物保护单位进行全面普查的基础上,积极实施相关的抢救、保护与维修工程;要依法严格限制文物"复建"工程,禁止对文化遗产进行建设性破坏和拆除真文物修建假古董的行为,确保文物的真实性。要严格建设工程管理,落实文物保护工程队伍资质制度,确保工程建设质量标准。

(五)完善重大建设工程中的文物保护工作。严格执行重大建设工程项目审批、核准及备案制度。凡涉及文物保护事项的基本建设项目,必须依法在项目审批前征求文物行政主管部门的意见,在进行必要的考古勘探、发掘并落实文物保护措施后方可实施。基本建设项目中的考古发掘要充分考虑文物保护工作的实际需要,加强统一管理,落实审批和监督责任。切实做好重大遗址的考古研究、规划保护与利用工作。有关区市要以三里河、琅琊台、即墨故城及六曲山汉墓群等古文化遗址为重点,抓紧开展相关学术研究,并制定整体性保护利用规划。

(六)加强历史文化名城风貌保护。依据《文物保护法》《青岛城市风貌管理规定》《青岛历史文化名城保护规划》等法规,加强对历史文化名城风貌保护。政府各有关部门要明确职责,严把规划建设审批关,切实保护好历史文化名城的人文环境原貌。要结合最新进展,对原有历史文化名城保护规划进行修编,增补里院建筑,同时积极做好八大关建筑群、德式建筑、文化名人故居等重点文物的保护、研究与利用工作,争取尽快开放一批名人故居。

(七)加强博物馆规划、建设与管理工作。统筹规划并建设一批能够反映城市文化内涵与文化个性的专业博物馆,大力推进与海洋、建筑、奥运和工业文化遗产等主题相关的特色博物馆的规划与建设。加强对各博物馆藏品的登记、建档和安全等管理,落实藏品丢失、损毁追究责任制。实施馆藏文物信息化和保存环境达标建设,加大馆藏文物的科技保护力度。提高陈列展览的质量和水平,充分发挥馆藏文物的教育引导作用。坚持向未成年人等社会特殊群体减、免费开放,不断提高服务质量和水平。

(八)加强文物管理人才和专业技术人才的培养,努力造就一支人员精干、结构合理、素质优良的文物工作队伍。积极引进高素质的复合型、管理型人才以及急需专业人才,适应不断发展的文物管理和业务工作的需要。加强对文物工作者的培养、培训和继续教育,每年有计划地对全市从事文物的工作人员进行培训,提高文物工作者的思想水平和业务素质。同时要充分利用社会资源,广泛吸纳相关学术机构、企事业单位、社会团体等各方面力量,共同参与文化遗产保护研究工作。

(九)积极推进非物质文化遗产保护。各区市要进一步做好本地区非物质文化遗产的普查、认定和登记工作,全面掌握非物质文化遗产资源的种类、数量、分布状况、生存环境、保护现状及其存在的问题,同时制定非物质文化遗产保护规划。在科学论证的基础上,抓紧制定国家和地区非物质文化遗产保护规划,明确保护范围,提出长远目标和近期工作任务。有条件的区市和单位可以建立非物质文化遗产资料库、博物馆或展示中心。

四、完善促进文化遗产保护的措施

(十)加大公共财政对文化遗产保护工作的支持力度。各区市政府要发挥公共财政的主导作用,将文物保护所需经费列入本级财政预算,加大对文物事业的经费投入和对公益性文物事业单位的扶持,使文物事业经费随着财政收入的增长而增加。对文物保护和文物库房、安全技防等基本建设项目,以及涉及历史文化名城、历史文化保护区和省、国家文化遗产等申报工作,要安排必要的专项经费予以支持。文物保护专项经费支出安排要坚持突出重点、专款专用原则,严格审计,加强管理,努力提高使用效益。

(十一)加强文化遗产保护的制度建设。认真贯彻落实《文物保护法》等法律法规,结合我市实际,制定有关的文化遗产保护规定,构建和完善我市文化遗产保护的制度体系。

(十二)加强文化遗产保护的执法力度。根据《文物保护法》的要求,制定文物保护单位和未核定为文物保护单位的不可移动文物的具体保护措施,并公告施行。加强我市文物执法力度,各区市要进一步充实文物执法队伍,按属地化管理的要求,将执法人员经费和财务管理等纳入县级财政全额预算管理。各级文物保护单位要分别设置专门机构或专人负责管理,建立专门的文物执法队伍体系。严厉打击破坏文化遗产的各类违法行为,重点追究因决策失误、玩忽职守而造成文化遗产破坏、被盗或流失的责任人的法律责任。坚决制止田野盗墓、擅自挖掘及破坏文物等行为。对构成犯罪的,及时移送司法部门。

(十三)进一步落实审批和监督责任。各级政府在制定城镇建设规划时,应当根据文物保护的需要,事先由城乡建设规划部门会同文物行政部门商定对本行政区域内各级文物保护单位的保护措施,并纳入规划;建设单位进行大型基本建设项目时,事先应当会同文物行政部门在工程范围内可能埋藏文物的地方,进行文物调查、勘探工作,确认无文物埋藏后,土地和城乡建设管理部门方可准许征地施工。凡因进行基本建设和生产建设需要的考古调查、勘探、发掘,所需费用由建设单位列入建设工程预算。要严格落实文物保护单位和历史优秀建筑的保护范围,严格执行建设控制地带内施工审批制度,抓好专家论证、社会公示以及社会各界意见征集等制度的落实。

五、加强对文化遗产保护的组织领导

(十四)各级政府要高度重视文化遗产的保护与管理工作,将其纳入各级政府的重要议事日程,纳入经济和社会发展规划。建立文物保护工作目标责任制,把文物工作列入创建文明城市、文明单位、文明村镇等相关评价体系。不断加大文化遗产保护工作的经费投入。市财政安排专项资金,支持市级文化遗产的保护和研究工作;各区市要相应地设立专项资金,切实把本辖区内的文物保护好、利用好、管理好。为加强对文化遗产保护工作的协调与指导,成立青岛市文化遗产保护管理委员会(名单附后),委员会办公室设在市文物局;各区市可以根据实际,成立本地区的文物保护协调指导机构,通过建立文化遗产保护定期通报制度、专家咨询制度以及公众和舆论监督等机制,推进文化遗产保护工作的科学化、民主化。

(十五)各级建设、公安、工商、海关及城市管理行政执法等部门,要按照法律法规的要求,加强与文物等相关行政管理部门的密切配合,切实履行好本部门职责,积极做好文物保护管理工作。风景名胜区内以及作为宗教活动场所使用的文物保护单位,其使用和管理单位应依法做好文物保护工作,主动接受文物等行政管理部门的指导和监督。

附录四　青岛市城市风貌保护条例

2014 年 6 月 27 日青岛市第十五届人民代表大会常务委员会第二十次会议通过,2014 年 9 月 26 日山东省第十二届人民代表大会常务委员会第十次会议批准,2014 年 9 月 26 日青岛市人民代表大会常务委员会公告公布,自 2014 年 11 月 1 日起施行。

青岛市城市风貌保护条例

第一章　总则

第一条　为了加强城市风貌保护,根据有关法律、法规的规定,结合本市实际,制定本条例。

第二条　本市行政区域内城市风貌的保护适用本条例。

法律、法规对城市风貌保护中涉及的文物、古树名木、风景名胜区、自然保护区、森林公园、海岛等的保护另有规定的,适用其规定。

第三条　城市风貌保护应当遵循科学规划、整体保护、严格保护的原则,正确处理经济社会发展与保护自然资源、生态环境、历史文化遗产的关系。

第四条　市、区(市)人民政府应当加强城市风貌保护工作,将城市风貌保护工作纳入国民经济和社会发展规划、计划,所需经费列入政府财政预算。

第五条　市、区(市)人民政府应当定期组织有关部门和专家对城市风貌保护状况和规划实施情况进行评估,向本级人民代表大会常务委员会报告并向社会公布。

第六条　市、县级市城乡规划主管部门按照规定的权限,负责本行政区域内的城市风貌保护工作。

其他相关行政管理部门应当按照各自职责,做好城市风貌保护的有关工作。

第七条　鼓励组织和个人以捐助、志愿服务或者提出意见、建议等方式,参与、监督城市风貌保护。

城乡规划主管部门和有关部门应当依法公开城市风貌信息,完善公众参与程序,为组织、个人参与和监督城市风貌保护提供便利。

第二章　保护内容

第八条　城市风貌的保护内容为体现本市地域特色和历史文化传承,具有生态、景观或者历史、文化、科学、艺术价值的自然风貌和人文风貌,主要包括:

（一）由海岸线、海湾、海岛、海滩、礁石、岬角以及山体、河流、湖泊、丘陵地形、湿地、植被等构成的自然风貌;

（二）反映本市历史文化传承的城区、街区、镇、村和建筑物、构筑物、街道、院落、名胜古迹等人文风貌。

第九条　本市建立城市风貌保护名录,根据本条例第八条所列内容,确定城市风貌保护项目。

经批准公布的历史城区、历史文化街区、历史文化名镇名村、历史建筑等应当纳入城市风貌保护名录。

第十条　青岛市城市风貌保护名录的编制和调整,由市城乡规划主管部门会同有关部门、区(市)人民政府研究提出,经专家评审、向社会公示后,报市人民政府批准并公布。青岛市城市风貌保护名录的编制和调整,应当征求市人民代表大会有关专门委员会的意见。

县级市人民政府应当根据本地风貌特色,参照前款规定的程序,编制本地风貌保护名录,向社会公布。

任何组织和个人都可以向城乡规划主管部门提出将具有保护价值的项目列入保护名录的建议。

第十一条　市、区(市)人民政府应当组织建立城市风貌保护管理信息系统,对城市风貌保护内容、保护项目进行动态监测和管理。

城乡规划、文物、海洋与渔业、林业、水利、城乡建设、城市园林、国土资源等部门,应当按照各自职责,做好城市风貌保护项目的详细测绘、信息记录和档案数据保存、更新等工作。

第三章　保护规划

第十二条　市城乡规划主管部门应当会同有关部门、区(市)人民政府,组织编制城市风貌保护规划,确定城市风貌分区控制体系和控制措施。

县级市城乡规划主管部门应当根据本地实际情况,编制本地城市风貌保护规划。

　　编制城市风貌保护规划,应当根据城市总体规划和不同区域的发展条件、用地性质以及分区关系,科学规划、控制城市建设,培育、延续城市风貌特色,塑造城市整体形象。

　　第十三条　市、县级市城乡规划主管部门应当根据城市风貌保护要求,组织编制城市设计导则,对规划区域的景观体系、街道、开敞空间以及建筑体量、高度、形态、色彩等,确定控制要求。

　　第十四条　对城市风貌保护名录中的保护项目,城乡规划主管部门或者相关主管部门应当组织编制专项规划或者控制性详细规划,分别明确保护范围、风貌要素、保护措施和实施方案。

　　第十五条　城市风貌保护规划、专项规划、控制性详细规划、城市设计导则的编制,应当进行科学论证,广泛征求有关部门、专家以及有关方面的意见,经依法批准后向社会公布。

　　经依法批准的规划、导则不得擅自修改;确需修改的,按照有关法律、法规的规定进行。其中,城市风貌保护专项规划、控制性详细规划的修改,不得缩小保护范围、减少风貌要素。

　　第十六条　海岸带规划以及综合交通、基础设施、公共服务设施、绿地系统、河湖水系等专项规划,应当与城市风貌保护相关规划相衔接,符合城市风貌保护要求。

　　城市风貌保护相关规划涉及海域使用的,应当符合海洋功能区划或者与海洋功能区划相衔接。

　　第十七条　城市规划区内的建设工程审批,应当符合城市风貌保护规划、专项规划、控制性详细规划、城市设计导则的要求。

　　在城市风貌保护项目的保护范围内进行建设的,建设单位应当按照保护要求,组织专业设计,按照规定征求相关部门意见后,依法向城乡规划主管部门办理规划许可。城乡规划主管部门在做出规划许可决定前,应当组织专家论证、向社会公示,并提请城乡规划委员会审议。公示期限不得少于二十日。

　　第十八条　下列区域内的建设工程,市城乡规划主管部门在规划许可前,应当向市人民代表大会有关专门委员会报告:

　　(一)团岛湾头至王哥庄晓望河入海口的海岸带范围内;

　　(二)历史文化街区的核心保护区内;

（三）浮山、太平山山体绿线外延一百米范围内。

第十九条　在城市风貌保护项目的保护范围内,不符合规划要求的现有建筑物、构筑物以及其他设施,应当在更新、改造时按照规划要求进行整修、迁建或者拆除。

第四章　自然风貌保护

第二十条　保护青岛"山海相依"的整体自然地理格局,加强对影响城市空间形态和特色的关键区域、景观轴带、生态廊道等的规划控制。

第二十一条　对本市行政区域内海岸带的自然风貌保护工作实行市级统筹。市人民政府应当建立对海岸带自然风貌保护实施统一领导和组织、协调的工作机制。

第二十二条　严格保护海滨自然风貌。在海岸带范围内:

（一）禁止破坏海湾、沙滩、礁石、沙丘、沙坝、河口等特殊地形地貌以及自然景观;

（二）禁止开挖山体、采矿、采石、采砂;

（三）严格限制围海、填海、建设堤坝、筑池养殖等改变、破坏海滨地形地貌的活动。

第二十三条　市城乡规划主管部门应当根据城市总体规划、海岸带规划以及海洋功能区划,结合海岸带的自然环境与资源现状,划定自然岸线保护范围,经市人民政府批准后向社会公布。

在自然岸线保护范围内,禁止围海、填海、建设堤坝、筑池养殖以及其他改变岸线自然属性的行为,禁止破坏自然岸线的自然地形地貌与景观。

第二十四条　海岸带范围内,禁止新建高层建筑,严格控制建筑密度、建筑体量、容积率。

历史城区、历史文化街区、风景名胜区、旅游度假区、自然岸线保护范围内的海岸带,自大陆岸线向陆地一侧,距离一百米范围内,除依法批准的码头、市政、公共服务设施以及军事等用途外,不得新建、扩建建筑物;其他海岸带区域,应当划定海域保护控制线、围填海控制线、生态湿地保护线、禁建限建控制线,明确建设控制要求。

城市风貌海岸带内的建设管理,按照《青岛市城市风貌保护条例》的规定执行。

第二十五条　保护海滨的天际轮廓线、景观视廊。海岸带及其临近区域内的建设项目,应当在审批时进行视线景观分析,不得对海滨形成封闭式遮挡。

第二十六条　保持滨海岸线通畅,除依法批准的港口、码头、船舶修造、军事等用途需要封闭的外,任何组织和个人不得圈占。

第二十七条　城市规划区内的山体应当按照城乡规划主管部门、城市园林绿化行政主管部门划定的绿线严格保护。经批准对山体绿线调整的,不得减少绿线范围内的绿地面积。

在山体绿线范围内,禁止建设非供公共游憩的建筑物,禁止开山、采石、采砂、取土、筑坟等破坏山体的活动,严格限制人造景观和永久性设施的建设。

第二十八条　城乡规划主管部门应当按照不超过山体海拔高度三分之二的原则,确定山体周边建筑高度控制线。山体周边区域新建、改建、扩建建筑的屋脊线海拔高度不得突破高度控制线。

历史城区内主要山体的周边建筑高度控制线分别为:贮水山为 45 米,观海山、鱼山、八关山为 50 米,观象山、青岛山、信号山为 60 米,太平山为 80 米。

第二十九条　城乡规划主管部门应当划定重要观景点与主要山体之间的眺望视域。

眺望视域范围内禁止建设高层建筑。前景区域建筑遮挡山体不得超过山体海拔高度的三分之二,背景区域建筑不得突破山体轮廓线。

第三十条　城市规划区内的山体应当向公众开放,与邻近的城市开放空间保持通透,规划建设绿色通廊。

第三十一条　城乡规划主管部门应当会同有关部门,按照国家有关规定,对城市规划区内的河流、湖泊、水库、湿地等划定城市蓝线,并在控制性详细规划中明确城市蓝线范围内的保护要求和控制指标。

第三十二条　在城市蓝线范围内,不得从事下列活动:

(一)建设建筑物、构筑物(水工程和环境保护设施除外);

(二)开垦、填埋湿地;

(三)擅自填埋、占用水域;

(四)影响水系安全、破坏景观的爆破、采石、采砂、取土;

(五)其他破坏城市水系、湿地的活动。

第三十三条　城乡规划主管部门应当根据山体、水体、湿地等的风貌保护要求,在保护专项规划、控制性详细规划中,将山体绿线、城市蓝线外侧的一定区域划为建设控制地带,明确建筑退线距离以及其他建设控制要求。

第三十四条 对具有特殊风貌保护价值的海滨红礁石、崂山绿石、硅化木等的集中区域,市人民政府应当划定保护地带,采取更为严格的保护措施。

第五章　人文风貌保护

第三十五条 保护人文风貌的真实性、完整性和延续性,保持其传统格局、历史风貌和空间尺度。

第三十六条 保持历史城区以红瓦、黄墙和石材本色为主的建筑群整体色调,控制建筑屋顶和立面的色彩、材质。建筑物、构筑物的所有权人,应当保持建筑物、构筑物外观整洁、美观。未经市城乡规划主管部门批准,不得改变建筑物、构筑物的原有色调。

第三十七条 保护历史城区的天际轮廓线形态,保持其起伏有致、平缓舒展的特点。

保护历史城区内重要的景观视廊和道路对景,控制视廊两侧建筑高度,对景视线内不得出现障碍。景观视廊和道路对景的具体保护范围、控制要求,由市城乡规划主管部门在专项规划、控制性详细规划中确定。

第三十八条 历史城区、历史文化街区应当保持该区域特有的风貌和建筑特色,严格控制建设活动。经依法批准进行建设的,建设项目的高度、体量、形态、色彩应当与整体风貌相协调。

在历史文化街区的核心保护区内,不得新建、扩建建筑物。

第三十九条 在历史城区、历史文化街区内,根据整体风貌特点和不同风貌要素的保护要求,分区控制建筑高度。市城乡规划主管部门应当在专项规划中确定具体的建筑高度控制范围和控制要求。其中:

(一)新建建筑高度不得高于其周边的被认定为文物保护单位的建筑、历史建筑等保护主体;

(二)历史文化街区建设控制地带内建筑高度不得超过18米;

(三)历史城区南部滨海岸线与其北侧首条城市干路之间的街坊建筑高度不得超过十五米。

第四十条 保护历史城区道路路网格局和骨架。禁止取消现状道路,禁止改变道路线型、断面、竖向标高。

对历史文化名城保护规划确定的历史风貌道路,应当保护其沿街界面、空间尺度,保持道路的红线宽度和转弯半径,并在控制性详细规划中明确两侧建筑的具体高度控制要求。

第四十一条 禁止减少历史城区、历史文化街区内现有的绿地面积。新建建设项目的绿化用地面积不得低于建设用地总面积的百分之四十。

保持历史文化街区内的原有绿化特色,禁止改变街区内的行道树种类。

第四十二条 严格保护历史建筑及其周边环境。

对优秀历史建筑的保护参照县级文物保护单位的保护规定实施。一般历史建筑根据其历史文化价值和保存现状,按照市人民政府的有关规定进行分类保护。

第四十三条 未经批准不得迁移或者拆除历史建筑。因公共利益需要进行建设活动,对历史建筑无法实施原址保护必须迁移异地或者拆除的,应当依法报批。

历史文化街区核心保护区内的历史建筑不得迁移、拆除。

第四十四条 保护历史城区内的特色院落,保持其空间形态和风貌。禁止在特色院落内擅自搭建建筑物、构筑物,禁止擅自打通、封堵特色院落。

第四十五条 保护历史城区、历史文化街区内的大门、围墙、铺地、石阶、桥梁、驳岸等历史环境要素。禁止擅自拆除、改造上述历史环境要素;因倒危、损毁需要更换、修复的,应当保持原有风貌特色。

第四十六条 对历史文化名镇、名村,区(市)人民政府应当按照有关法律、法规,参照本条例有关历史城区、历史文化街区的保护规定,组织编制保护规划,落实保护措施。

第四十七条 其他具有保护价值的街区、镇、村、建筑物、构筑物等人文风貌,经过规定程序列入城市风貌保护名录后,参照历史城区、历史文化街区、历史建筑进行保护,具体保护措施按照专项规划、控制性详细规划的规定执行。

第四十八条 对人文风貌保护项目及其相关设施、历史环境要素等,其所有权人应当合理使用,按照规划要求做好保养、维护、修复、修缮,并接受指导、检查和监督。

市、区(市)人民政府应当对所有权人保养、维护、修复、修缮人文风貌保护项目的活动给予资金补助和相关技术指导。

人文风貌保护项目的修复、修缮,应当保持原有风貌特色,不得改变其原有体量、样式、风格、形态以及相应的地形地貌等;建设单位或者个人应当委托具有相应专业设计资质的单位编制方案,按照规定征求有关部门意见,报城乡规划主管部门批准后实施。

第四十九条　市、县级市人民政府应当组织在人文风貌保护项目的主要出入口设置保护标志。任何组织和个人不得擅自设置、移动、涂改或者损毁保护标志。

第五十条　对城市风貌的保护，涉及工业遗产、乡土建筑、军事遗址等历史文化遗产的，应当结合城市风貌保护要求一并加以规划、保护。

对名人故居建筑的保护，属于文物保护单位、登记不可移动文物的，按照有关文物保护的法律、法规执行；其他名人故居建筑，经文物行政部门认定、公布后，参照文物保护的规定确定保护措施。

第六章　法律责任

第五十一条　对违反本条例规定的行为，法律、法规已有规定的，依照相关规定处理。

第五十二条　有关行政管理部门及其工作人员有下列情形之一的，由本级人民政府、上级部门或者监察机关依据职权责令改正，对直接负责的主管人员和其他直接责任人员依法给予处分：

（一）未组织编制或者未按照法定程序组织编制有关规划的；

（二）擅自修改有关规划的；

（三）违反法定程序或者违反规划要求进行许可的；

（四）未依法履行职责，造成具有风貌保护价值的项目破坏或者损毁的；

（五）有其他滥用职权、徇私舞弊、玩忽职守情形的。

第五十三条　违反本条例第二十二条第一项规定的，由海洋与渔业部门、国土资源部门按照各自职责，责令恢复原状或者采取补救措施，处每平方米五千元罚款。

违反本条例第二十二条第二项规定的，由海洋与渔业部门、国土资源部门按照各自职责，责令改正、恢复原状，没收违法所得，并处十万元以上二十万元以下罚款。

第五十四条　违反本条例第二十三条第二款规定的，由海洋与渔业部门责令改正、恢复原状，处非法占用海域期间内该海域面积应缴纳的海域使用金十五倍以上二十倍以下罚款。

第五十五条　违反本条例第三十二条规定，开垦、填埋湿地或者在湿地内采石、采砂、取土的，由林业部门责令恢复原状或者采取补救措施，处每平方米五百元以上二千元以下罚款。

第五十六条　违反本条例规定,有下列行为之一的,由城乡规划主管部门责令停止违法行为、限期拆除、恢复原状或者采取其他补救措施,没收违法所得,并处以下罚款:

(一)在城市风貌保护项目的保护范围内违法进行建设的,处五十万元以上一百万元以下罚款;

(二)擅自打通、封堵特色院落的,处十万元以上二十万元以下罚款;

(三)违法更换、拆除历史环境要素的,处一万元以上十万元以下罚款;

(四)未按照本条例第四十八条第三款规定修复、修缮人文风貌的,处五万元以上十万元以下罚款。

第五十七条　违反本条例第四十九条规定,擅自设置、移动、涂改或者损毁保护标志的,由城乡规划主管部门责令限期改正;逾期不改正的,对单位处一万元以上五万元以下罚款,对个人处一千元以上五千元以下罚款。

第五十八条　违反本条例规定,造成损害的,依法承担民事责任;构成犯罪的,依法追究刑事责任。

第七章　附则

第五十九条　本条例所称海岸带,是指城市风貌及青岛市其他近岸海域和毗连的相关陆域、岛屿。其控制范围自海岸线量起:海域至十海里等距线;陆域未建成区一般至一千米等距线;陆域建成区一般以临海第一条城市主要道路为界,海泊河以北以铁路为界;特殊区域以青岛市人民政府批准的海岸带规划控制范围为准。

第六十条　本条例自2014年11月1日起施行。1996年2月9日青岛市人民代表大会常务委员会公布的《青岛市城市风貌保护管理办法》同时废止。

2014年9月26日批准施行。

后　记

　　中国是世界上历史最为悠久、幅员最为辽阔的大陆—海洋兼具的文明大国,中国海洋文明是中国文明整体的"半壁江山"。我国作为历史悠久的世界"海洋大国"和正在建设中的世界"海洋强国"的面貌及其地位,越来越得到凸显。而海湾地区,在这其中正在承载、担当着艰巨的时代重任、光荣的历史使命。海湾,是人类海洋文明的摇篮;海湾文化,也是人类海洋文明历史的精华所在。人类海洋文明的主要成果最为集中的区域所在,多是海湾。海湾不但往往是人类海洋文明历史上人口聚落最为集中的区域,而且到了现代社会,海湾往往更是沿海主要大中城市的集中分布区域,因而更成了人类现代港口—城市海洋文明的集中体现空间。

　　我国海岸线绵延漫长,海湾历史文化资源内容丰富多样,形态多姿多彩。但是,在现代化条件下,也正是因为我国的海湾区域承载着现代高速度的城市化、高密集度的人口集聚、高资本化的对外开放和国际化、高科技化工程化的经济发达模式的压力,我国大部分的海湾区域的历史文化资源,正在面临着越来越严重的侵蚀、破坏、减损、消失的濒危局面。因此,如何充分认知、保护乃至抢救我国的海湾历史文化遗产资源,绝不是仅仅关系到保护我国历史文化遗产的"文物"问题、"非遗"问题,而是关系到传承我国海洋文化,乃至整个中国文化文脉的根本问题,关系到我们当代的"海洋文明"发展能不能"可持续"的问题。

　　胶州湾是我国大陆18000千米海岸线上呈"Ω"形内嵌大陆的大型海湾之一,又是我国东部沿海中心城市青岛市、世界大港之一青岛港的"母亲湾"和青岛城区的"内湖"。自1978年青岛作为沿海14个城市"进一步对外开放"以来,工业化、城市化、国际化、港口—城市经济快速发展,但胶州湾面临、遭受的环境资源压力和破坏也越来越重。这一严重局面早已经引起国家和青岛市的重视,但治理的手段主要是"末端管理"和"科技治理",而一直没有从"文化"上进行根本性治理。这样"治标不治本"的"治理",是不可能真正"治"得住、"理"得好的。

要使胶州湾的污染、淤积、填海、破坏的趋势得到有效遏制,并得到根治,应该首先、至少是同时,从重视保护胶州湾的历史文化资源,提高对胶州湾历史文化资源功能价值的认识,自觉保护并传承胶州湾历史文化,由此转变"发展"的理念、"发展"的模式做起。因此,全面调研青岛胶州湾历史文化资源暨遗产,摸清"家底",让全市人民、政府相关部门提高对胶州湾暨青岛市历史悠久、丰富深厚、灿烂多彩的文化内涵及其遗产形态的认识、重视和全面对其实施保护的文化认同感、文化自觉性,具有无可替代的重大公益价值意义。基于此,在青岛市委、市政府的高度重视下,由青岛市海洋与渔业局立项,委托我主持的"胶州湾历史文化资源调查研究"于 2017 年 10 月正式开展。项目的主旨和任务,就是对青岛市划定为胶州湾保护范围海陆空间的相关历史文化遗产资源做一全面调查、分析和研究梳理,摸清胶州湾历史文化资源的"家底",编写出版一本较为全面、系统、"权威"性的文献资料读本,使之成为国家和省、市政府相关部门、相关机构、相关学界以及社会各界关注和了解胶州湾海洋文化资源情况、强化海洋意识、建设"美丽胶州湾"和"海洋大青岛"的重要参考书。经课题组全体成员历时近两年的努力,完成的书稿经青岛市海洋与渔业局组织验收,这本《胶州湾历史文化资源》终于付梓面世。

本书是通过大量实地田野调研和文献资料收集,对已有相关文献资料和现存物质的和非物质的文化遗产进行全面搜集、系统爬梳的基础上,由我们集体研究、编写完成的。书中广泛征引了相关政府部门、相关学者已有的出版成果、文献资料和文物保护资料,我们在此表示诚挚感谢。研究中我们全面、系统地梳理了胶州湾历史文化资源的各个方面,创新建构了整体内容框架体系,力求做到内容相对完整、全面、系统,尽量做到重要内容、主要内容上不存在遗漏。同时注重观点、理念相对准确、正确,理论观点与实证材料统一,既注重学术性也注意体现普及性,在深挖胶州湾历史文化资源现状、内涵的同时,力求使社会大众加深对胶州湾的认识,并将此认识投入到保护胶州湾的实践当中。通过近两年的努力,本书基本上达到了立项之初的研究目的。其鲜明特色体现在既关注历史文化,又注重实践应用;既揭示了胶州湾丰厚的历史文化底蕴,又能对环胶州湾历史文化遗产的保护与开发提供参考借鉴与指导作用,体现了学术性与文献性、理论性与知识性、系统性与案例性、基础性与应用性的有机统一。

本书是对胶州湾历史文化资源的首次全面系统的研究整理和出版成书,可以称得上是呈现胶州湾文化的第一本"大全"。需要说明的是,尽管本次调查研究是以胶州湾为主体,其空间范围依据的是《青岛市胶州湾保护条例》所确定的胶州湾保护范围的海陆空间主体区域,但历史文化资源是人类活动的文化遗存,人类活动的主体在胶州湾、环胶州湾,但又不是孤立、局限于胶州湾,而是随着环胶州湾海陆人文社会的发展而不断扩大着范围、不断丰富着文化,其文化资源的分布、海陆一体性往往超越了狭义的地理上的胶州湾,不能割裂,更不能舍弃。因此,基于对"环胶州湾"地区历史文化资源的空间跨越性与完整性的认识和把握,我们把与胶州湾相邻区域的密切相关、一体的历史文化资源,特别是海洋历史文化资源,纳入此次调查研究与编写的范围之内,以期更为完整、全面、系统地认识胶州湾地区历史文化的整体面貌。

我们的用意,还在于我国作为一个海陆同构、海岸线绵长、历史悠久的海洋大国,大小海湾众多,海湾历史文化资源十分丰富,对其保护利用(绝不应只求利用而忽视保护,甚至故意破坏)在当今时代"摧枯拉朽"的"现代化"发展模式面前形势严峻,而各地对其各自的全面性"家底"的调查研究与保护尚未系统、全面展开,形势逼人,任重而道远,本书的出版,可以为全国沿海地区的其他海湾历史文化资源的调查研究,提供一个"先行"的可资参考的示范性案例。

本书的完成,首先要感谢原青岛市海洋与渔业局领导,特别是时任该局、现任青岛市生态环境局的毕玉广副局长和时任该局、现任青岛市海洋发展局的胶州湾管理处李继强处长对本人暨本课题组的信任和重托,并感谢他们对本项目研究暨本书编写的政策指导。还要感谢该局聘请的项目评审和验收专家们的大力支持和高水平意见。

本书是集体研究编写的成果,由我忝列主编,青岛大学郭泮溪教授、青岛市社科院张树枫研究员、青岛市档案馆周兆利研究员、青岛市文物局邱玉胜研究员、中国海洋大学博士研究生朱雄、徐文玉担任副主编,主要执笔人即编委会成员,还有中国海洋大学历史、文化相关专业的博士、硕士研究生。全书 15 章加附录,各章的主要执笔人依次是:第一章,郝志刚;第二章,周劲聪;第三章,王可佳;第四章,刘惠;第五章,苗旭慧;第六章,薛程程;第七章,戴靖怡;第八章,翁贤良;第九章,樊晶晶;第十章,徐文玉;第十一章,宫磊;第十二章,崔海洋;第十三章,杜光辉;第十四章,高孟钰;第十五章,张梦杰。博士生朱雄、徐文玉对全书进行了统稿,并从立项到内容设计、组织调研、编写、结项、修改定稿,全程参与,协助我付出了大量心血,做出了重要贡献。书中的图片,除尽量引录采用已出版图书文献外,主要是朱雄负责拍摄的。

　　这里我要特别表示对以上副主编、编委成员的感谢。书尚未出版，大多博士、硕士生已经毕业离校，走上工作岗位了，还有多位尚未毕业，不管他们现在、将来是不是做与本研究暨本书编写相关的工作，这本书留下了他们的汗水，体现着他们的功劳，也记住了他们的名字。相信读者们是会通过本书更多地了解胶州湾的历史文化内涵，从而更加重视对胶州湾的整体保护的，因此也相信参与了本书的研究编写的各位，会因为有着自己的贡献而感到欣慰的。

　　尤其要感谢郭泮溪教授、张树枫研究员、周兆利研究员、邱玉胜研究员。他们都是青岛历史和文化研究的著名专家，在百忙中应请承担本书的研究编写，既是对本研究重要性的高度看重，也是对本人的热情支持。他们从立项到内容设计、组织调研、编写、结项、修改定稿，都付出了大量心血，特别是在内容设计安排上把关定向，在研究过程中提供书目文献，多次带领课题组成员实地考察调研，对有的内容亲自执笔，对重点章节、全书成稿多次通读把关并提出修改完善意见，对保证本书的高质量顺利完成，起到了高水平专家作用，做出了不可替代的重要贡献。

　　还要感谢中国海洋大学出版社杨立敏社长、纪丽真编审、孙宇菲责编，是他们的高度重视、大力支持和辛勤付出，才使本书得以高质量出版。近些年来海大出版社在杨社长领导下组织策划出版了大量重大选题，多项获得国家、省部级奖励以及国家出版基金，学术性、普及性社会影响日隆，我作为海大一员和出版社"常客"，也有多项忝列其中，为出版社感到荣光。相信本书尽管是为"青岛"、为"胶州湾"而作，也一定会因其所具有的青岛市政府相关决策参考价值，全市人民热爱胶州湾、海内外相关人士关心胶州湾的普及价值，全国海湾文化资源与遗产保护研究"先行"案例的学术与应用参考价值，发挥其应有的社会效应的。

　　这也就是本项目立项、本书编写出版的"初心"。

　　最后需要说明的是，本书尽管业经多次修改，虽力求做到理论系统、资料翔实、内容全面，但因时间、功力所限，深知未逮，肯定还存在不少错讹、遗漏甚至谬误之处，恳请读者批评教正，以待以后有机会修订，更有待后来方家们更多更好的大著出现。

　　是为记。

曲金良　谨识

青岛，中华人民共和国成立 **70** 周年大庆月日